Grigorij Kurlov

DER WEG ZUM NARREN
DEN VERSTAND VERLIEREN, DAS LEBEN GEWINNEN

GOLDMANN
Lesen erleben

© Foto privat

Grigorij Kurlov

Der Weg
zum Narren

Den Verstand verlieren,
das Leben gewinnen

Aus dem Russischen von
Felix Eder

GOLDMANN

Verlagsgruppe Random House FSC® N001967

1. Auflage
Deutsche Erstausgabe Mai 2016
© Wilhelm Goldmann Verlag, München,
in der Verlagsgruppe Random House GmbH
© Grigorij Kurlov, www.nibbe-wiedling.com
Umschlaggestaltung: UNO Werbeagentur, München
Umschlagmotiv: FinePic®, München
Lektorat: Birgit Groll, Benediktbeuern
SSt · Herstellung: cb
Satz: Satzwerk Huber, Germering
Druck: GGP Media GmbH, Pößneck
Printed in Germany
ISBN: 978-3442-22137-0

www.goldmann-verlag.de

Inhalt

Phase eins.
Die Eroberung des Lachraums

Phase zwei.
Aneignung des Spielraums

Vorwort

Die Bücher, die in der Reihe »Philosophie des Lachens« veröffentlicht werden, sind nicht nur durch ein gemeinsames Thema miteinander verbunden. Das in ihnen erforschte LACHEN eröffnet etwas Größeres als einfach eine Gesamtheit von Begriffen. Die einigende Qualität des Lachens hilft, das Potenzial für eine völlig neue Art der Existenz freizulegen, mehr noch – sie gestaltet einzigartige Mechanismen, um diese zu realisieren.

Heute bezweifelt niemand mehr, dass die Menschheit in ihrem Verhältnis zur Welt, und vor allem zu sich selbst, längst in eine Sackgasse geraten ist. Der Zustand des ununterbrochenen Kampfes mit allem und jedem – mit Krankheiten, Naturkatastrophen und mit sich selbst, hat ihre Lebenskraft endgültig untergraben und ihre natürliche innere Dynamik vollständig aufgehoben.

Die heutige Menschheit leidet an einem kolossalen Mangel an Optimismus, was ihre Gegenwart, ihre Zukunft und auch ihre Fähigkeit, glücklich zu sein, betrifft. Vielleicht hegt sie inzwischen auch den Verdacht, dass die Natur ihr nicht länger wohlgesinnt ist, nach allem, was sie ihr angetan hat. Insbesondere ihrer eigenen Natur, der menschlichen.

In den Büchern, die diese Reihe bilden, wird ein mehr als unerwarteter Ausweg aus der entstandenen Situation vorgeschlagen. Ein äußerst einfacher Weg, absolut natürlich und für jeden gehbar.

Jedes Buch ist vor allem eine praktische Anleitung. Eine Anleitung nicht nur zur Lösung der existenziellen Probleme, sondern gleichzeitig zur Rückkehr zur wahren menschlichen Natur. Eine Anleitung zum Entdecken eines wirklich vollwertigen und reichen Lebens. Zum Entdecken des Lebens als solchem.

Dieses Buch ist ein Spiel. Ein Spiel für Sie und ein Spiel mit Ihnen, liebe Leserin und lieber Leser. Das ist ein Spiel, das Ihnen niemand aufdrängen kann, und das nur dann zustande kommt, wenn Sie es erlauben.

Aber ich will Sie gleich warnen: Wenn Sie die Möglichkeit haben, es nicht zu spielen, dann spielen Sie lieber nicht. Wenn Sie die Möglichkeit haben, das Buch nicht zu lesen, dann lesen Sie es bitte nicht. Denn die Folgen können für Sie unvorhersehbar und unumkehrbar sein, und es wird Ihnen wohl kaum gelingen, so zu bleiben wie Sie sind.

Wenn aber Ihre Kühnheit ausreicht, um an dem vorgeschlagenen Spiel teilzunehmen, wenn Sie sich entschließen, Ihr ganzes Leben in dieses Spiel zu verwandeln, dann haben Sie die reale Möglichkeit, ein Meister zu werden.

Wessen Meister? Vor allem Ihrer selbst. Und als Folge daraus – Meister Ihrer Umgebung, Meister **Ihres Universums.**

Ja, Sie haben völlig Recht – das ist wirklich schon der Status eines Zauberers. Wie könnte es auch anders sein – wenn ich jetzt im Namen der **Schule der Lachenden Zauberer** mit Ihnen spreche, wenn ich Sie einlade, einen Blick hinter die Kulissen eben dieses ungewöhnlichen Gebildes zu werfen? Freilich, vorläufig nur mit einem Auge, aber was kann man auf einem Blatt Papier schon sehen außer gewöhnlichen Schnörkeln? Leider kann man damit nicht die Empfindungen vermitteln, die nur im unmittelbaren Spielgeschehen des »Er- und Verlernprogramms« unserer Schule erfahren werden können.

Deshalb ist das Buch, das wir Ihnen anbieten, gewissermaßen ein Abenteuer. Umso mehr, als es eigentlich gar kein Buch ist, sondern nur gesammeltes methodisches Material, das in den Seminaren der Schule der Lachenden Zauberer ausgegeben wird. Und ob diese Sammlung von Zaubererweisheiten nun wirklich ein Buch geworden ist – das müssen Sie selbst entscheiden.

Aber zweifellos werden Sie eine Vorstellung von dieser Schule bekommen. Des Weiteren werden Sie erleben, dass Sie sich die einfachen, aber phantastisch transformierenden Techniken, die wir Ihnen anbieten, leicht selbst aneignen können. Und das Wichtigste – Sie erfahren als einer der Ersten, welch erstaunlichen inneren Schatz Sie besitzen, mehr noch, Sie werden erfahren, wie Sie richtig mit ihm umgehen, wie Sie seine Zauberkräfte zum Vorschein bringen, wie Sie sich selbst verändern und eine ähnliche Chance auch Ihrer Umgebung eröffnen.

Und jetzt wundern Sie sich nicht und denken Sie nicht vorschnell, dass man Sie betrogen hat, wenn ich Ihnen den Namen Ihres inneren Schatzes nenne – **es ist Ihr LACHEN.**

Ja, es ist gerade das Lachen, das unserer Schule zugrunde liegt, mehr noch, sehr bald werden Sie erfahren, dass diese Qualität unserer ganzen Welt zugrunde liegt. Das ist der Mechanismus, den Sie unbewusst jeden Tag nutzen (Ich hoffe sehr, dass es so ist!), ohne nur im Entferntesten an seine potenziellen Möglichkeiten zu denken und an seine gewaltige Bedeutung für Ihre spirituelle Entwicklung.

Außerdem werden Sie erfahren, wie und in welcher Sprache Sie mit Ihren Problemen umgehen können, mit den heiß geliebten Wehwehchen und mit allen übrigen inneren »Monstern« und »Vogelscheuchen«. Ihnen wird sich das innere Geheimnis aller Probleme eröffnen, und plötzlich werden die gewohnte Feindseligkeit und die Angst von großmütigen freundschaftlichen Umarmungen abgelöst.

Sie werden erfahren, wie einfach es ist, ein glücklicher Mensch zu sein, und wie natürlich es ist, erfolgreich und gesund zu sein. Und vermutlich werden Sie sich unglaublich wundern, wie wenig man dafür tun muss.

Also, schauen Sie in sich und entscheiden Sie, ob es sich lohnt, sich uns anzuschließen.

Es gibt schon viele Menschen, die sich auf den Weg der »Lachenden Zauberer« gemacht haben, an denen weder Missgeschick noch Probleme haften, dafür aber umso mehr Gelingen und Erfolg. Wenn Sie wollen, treten auch Sie in die Reihen dieser wahren Kandidaten für **echtes Narrentum** ein.

Wie man mit diesem Buch arbeitet, und ob es sich lohnt, das überhaupt zu tun

Ich möchte Sie gleich warnen, liebe Leserin, lieber Leser, dass ich im Verlauf unserer ganzen »Unterhaltung« beabsichtige, Sie völlig unverantwortlich zu belügen. Mehr noch, ich mache das schon die ganze Zeit, praktisch vom ersten an Sie gerichteten Wort an.

Wie sollte es anders sein? Denn genau Sie sind es, der mich zwingt, Sie in dieser vorläufig einzigen Ihnen verständlichen Sprache anzusprechen, der Sprache der Lüge.

Ja, in der Sprache der Wörter, in der Sprache unseres Verstandes, leider – gibt es in dieser Welt etwas Tückischeres und Verlogeneres als die Sprache?

Und dennoch eröffnet sich uns damit die Möglichkeit, gehört und verstanden zu werden, denn was für einen Sinn hätte dieses Buch sonst überhaupt? Meine Lüge kann sich allmählich für Sie in eine Wahrheit transformieren, aber nur in dem Maße, wie Sie die Sprache dieser Wahrheit erlernen. *Die Sprache der Empfindungen.*

Also, gerade die Empfindungen sind das in uns, was niemals lügt, sie sind die Stimme der Intuition, sie sind das Flüstern des Universums selbst, das pausenlos in unserem Körper erklingt. Aber sagen Sie mir – wann haben Sie sich zuletzt erlaubt, es zu hören? Gestehen Sie sich ein, dass Ihre Vorliebe doch der »Stimme des Verstandes« gilt und der »Sprache der Logik«, denn gerade das hat man Ihnen von Kindheit an beigebracht.

Aber in mir wächst die Hoffnung, dass Sie dieses Buch nicht nur lesen, nicht nur »verstehen« werden (wie es Ihnen vielleicht erscheinen wird), sondern dass es in Ihrem alltäglichen Leben auch *wirksam* wird. Dass die angebotenen Techniken aktive Instrumente für die Umwandlung des Spielraums Ihrer Existenz werden – und für die Umwandlung des Raumes der Lüge in einen Raum der Wahrheit. Derselben Wahrheit, die, wenn sie Sie mit wahrhaftem Wissen durchdringt, sich in konkreten Empfindungen äußert und uns irgendwann erlaubt, uns wirklich in einer (einzigen) Sprache zu unterhalten, der Sprache des Meisters dieser Welt, der Sprache von Gott selbst …

Haben Sie jetzt verstanden, wie man mit diesem Buch am besten arbeitet? Richtig, man muss damit arbeiten. Nicht nur lesen, was in der Regel mentale Masturbation ist, das heißt eine völlig fruchtlose Selbstbefriedigung des eigenen Verstandes, sondern im gegebenen Tempo und in den angebotenen Zuständen zu **leben**. Einfach zu leben, dieses Leben und sich selbst zu genießen – den, der dieses Leben genießt.

Schluss, genug der … Sie wissen, was ich meine, kommen wir zur Sache.

Und wir beginnen, wie alle sich selbst achtenden Narren, mit dem Ende, denn das ist die wirksamste Methode, dem Anfang näher zu kommen.

Phase eins

Die Eroberung
des Lachraums

Immer mehr Menschen
teilen unser Geheimnis …

ZUSTAND EINS –
leicht zaubererhaft

Lüften wir den Schleier des Geheimnisses der Dinge, die in alten Zeiten geschahen, den Zeiten der Sagen, der Bibelerzählungen, in den Zeiten des Ursprungs.

Damals war der Schöpfer. Im Übrigen war er nicht nur damals, sondern bereits unendlich früher, aber über diese Zeit sind die Zeugnisse so dürftig und so strittig, dass wir es vorziehen, von ihnen bescheiden zu schweigen.

Aber uns ist überliefert, dass es dem Schöpfer irgendwann reichte, einfach zu »sein«. Und er dachte heftig nach über das Leben im Allgemeinen und über sich im Besonderen.

So ein Elend, dachte er, während er hartnäckig versuchte, seinen Blick aus der Distanz auf sich selbst zu richten. Nichts klappt. Ich kann mich nicht einmal richtig anschauen. Soll ich vielleicht einen Spiegel erfinden?

Und gerade, als er im Begriff war, einen Spiegel zu erschaffen, hielt er plötzlich inne, weil eine viel interessantere Idee in ihm aufblitzte.

Und je mehr es blitzte, desto klarer leuchteten die Stellen auf, die man später Augen nennen sollte.

Dem Schöpfer gefiel seine Idee. Und wie sie ihm gefiel! Eine unerschöpfliche Vielfalt von Empfindungen strömte auf ihn ein – so unerschöpflich wie er selbst.

Lange dachte er nach … Vielleicht auch nicht so lange, wer weiß? Damals gab es ja auch noch keine Zeit.

Schließlich erhob er sich zu seiner vollen Größe (Es ist ein Kreuz mit diesen Schöpfern, sogleich will ich die Erzählung unterbrechen und mich mit der Erforschung der Frage beschäftigen, ob es damals so eine Eigenschaft wie »Größe« überhaupt gab. Und ob er sich vielleicht strecken konnte. Aber nehmen wir an, dass es das gab, und dass er sich strecken konnte.), überblickte sämtliche weite Fernen (Na ja, wir nehmen es einfach mal so an, es klingt doch gut …) und sagte: »So sei es!«

Und so wurde es …

Aber was wurde eigentlich? Und wie gerade so? Schauen wir uns das genauer an, versuchen wir, in das Wesen der göttlichen Idee einzudringen. Wo ist unsere Erzählung aus dem Fluss geraten? Beim Spiegel. Der Schöpfer wollte sich nicht in einem banalen Spiegel betrachten. Nein, er beschloss, seinen eigenen göttlichen Spiegel zu schaffen, in dem er sich besser betrachten, und in dem er spielen konnte.

»Alles was ich erschaffen kann, kann ich nur aus mir erschaffen, aus was sonst?«, überlegte er. »Wenn der Spiegel, den ich erschaffen habe, einen Sprung bekommt, dann heißt das, dass auch ich einen Sprung habe.« Da wird es interessant. Das ist ein Anlass zum Nachdenken.

»Und wenn der Spiegel matt wird«, fuhr er in Gedanken fort, »dann ist diese Mattheit auch in mir verborgen. Das ist ja logisch. Und weiter? Je mehr Details der Spiegel hat, desto mehr meiner schlummernden Eigenschaften realisieren sich, desto besser kann ich mich betrachten …

Aber ein Spiegel ist unbeweglich, statisch, tot«, grämte er sich. »Bin ich etwa statisch? Vielleicht ist es besser, wenn die Details des Spiegels leben, wenn sie zusammen spielen, sich bewegen?

Jetzt weiß ich, was ich für einen Spiegel brauche!«, jubelte der Schöpfer bei sich. »Einen lebenden! Lebend und unaufhörlich in Veränderung, so wie ich.

Wenn ich ihn beobachte und ihn im Detail studiere und spiele, erkenne ich auch mich selbst«, sagte er und rieb sich erfreut die Hände (vielleicht auch nicht die Hände, vielleicht rieb er auch nicht, aber irgendwie musste er seine Befriedigung ja ausgedrückt haben).

Gesagt, getan. Was sonst? Es ist doch ein göttliches Wort.

»Welt erscheine!«, sagte der Schöpfer.

Und es erschien die Welt.

Und der Schöpfer ging durch die Welt, und in einem verwirrten Staunen blickte er sich nach allen Seiten um. Er hatte sich das alles ein wenig anders vorgestellt … Eigentlich war ja alles da … Aber irgendwie auch nicht. Erscheine – da ist es, aber wie kann man es sehen, wie kann man es nennen – das weiß Gott allein.

»Eine irgendwie ungestalte und unbeschreibliche Welt ist dabei herausgekommen«, murrte der Schöpfer, und in seinem Ärger hob er ein Stück Etwas vom Boden auf. Er warf es – keine Ahnung wohin – und dachte noch einmal kräftig nach.

»Mensch!«, sagte er plötzlich und erschrak selbst über das gehörte Wort.

»Mensch …«, brummte er und machte sich eilig an die Sache. Und neue Wörter in ungewohnten Zusammenhängen sprudelten aus ihm hervor.

»Ein Mensch – das klingt stolz«, fügte er hinzu, während er etwas knetete und knautschte. »**Gott hat keine anderen Hände als die menschlichen. Gott hat auch keine Augen außer den menschlichen, dasselbe gilt für die Gefühle und Empfindungen …**

Jetzt erkenne ich mich«, resümierte er und betrachtete das Werk, »**durch den sich und die Welt erkennenden Menschen.**«

Gesagt, getan, alles lief nach Plan. Der Mensch zuckte und regte sich. Er öffnete die Augen.

»Wer bin ich?«, fragte er.

»Ein Mensch!«, sprach der Schöpfer stolz die vorbereitete Antwort.

»Und was für ein Mensch?«, fragte der Mensch.

»Der erste!«, antwortete der Schöpfer mit dem gleichen Enthusiasmus.

»Hm, und das soll jetzt mein Name sein?«, rätselte der Mensch.

»Nein«, empörte sich der Schöpfer, und er fühlte, dass er in der Eile nicht an alles gedacht hatte. »Das ist deine Nummer. Und den Namen, den kannst du selbst wählen. Egal welchen. Wenn du willst … Adam … wenn du willst … Peter … zum Beispiel.

»Adam will ich nicht«, sagte der Mensch mit unerwartetem Enthusiasmus und lächelte erfreut, »das ist irgendwie trivial. Ich will Peter sein …«

Und der Mensch wurde Peter.

»Aber wo bin ich hier eigentlich?«, fragte der Mensch Peter und sah sich vorsichtig um. »Was ist das?«

»Das ist deine Welt«, sagte der Schöpfer stolz und zeigte mit der Hand im Kreis herum. »Das ist sozusagen dein … hm … Paradies …, man könnte es auch den Garten Eden nennen.«

»Was – das?!«, fragte Peter, und zeigte mit dem Finger herum. »Diese Bänder, diese Funken, diese fliegenden Blasen?«

»Nicht doch«, der Schöpfer runzelte ärgerlich die Stirn, er spürte wieder, dass seine Arbeit noch lange nicht abgeschlossen war. »Du versuchst, das alles mit meinen Augen zu sehen. Aber du sollst jetzt lernen, mit menschlichen Augen zu sehen. Mir ist schon klar, dass das nicht auf Anhieb klappt. Aber was kann man da machen? Du bist als Mensch geboren, also lerne, die Welt auf menschliche Weise zu sehen. Auf göttliche Art gibt es nichts zu sehen.

Aber im Grunde ist es ganz einfach«, fuhr der Schöpfer fort und führte Peter zu einem vibrierenden regenbogenfarbenen Bündel. »Das ist ein Baum. Verstanden?«

»Nein«, antwortete der Peter-Mensch ehrlich und betrachtete das Bündel, das sich keinen Deut veränderte.

»Gleich wirst du verstehen. Ein Baum ist ein Gewächs. Er hat einen festen, rauen Stamm, Äste und grüne Blätter. Wiederhole.«

»Ein fester Stamm«, wiederholte Peter gehorsam, »rau, grüne Blätter …«

Der regenbogenfarbene Ball streckte sich, verholzte, raschelte mit dem Laub und ergrünte.

»Wozu das?«, wunderte sich der Peter-Mensch.

»Weil du ein Mensch bist«, erklärte der Schöpfer stolz, und nach dem Bild und …«, er zögerte, »nach meinem, übrigens.«

»Und?«, beharrte Peter.

»Was, und?«, fragte der Schöpfer gekränkt. »Der Gestalter bin ich, ist doch klar, oder? Der Schöpfer. Und du bist nach meinem Bild geschaffen, also auch Gestalter … fast … also Mitgestalter.«

»Und wo ist jetzt der Ball hin?« Der Peter-Mensch gab sich nicht geschlagen.

»Nirgendwohin. Er ist nur für mich ein« –, auf der Suche nach den richtigen Worten wedelte Gott mit den Fingern in der Luft –, »so etwas wie eine leuchtender Ball. Energie. Aber das ist nichts für dich. Du musst hier leben. Du hast ihn Baum genannt. Und jetzt ist er ein Baum. Er ist dasselbe, aber eine andere Form, du kannst ihn sogar schon betasten.«

»Und was sind diese rauschenden Stäbe?«, interessierte sich Peter-Mensch.

»Ach, das ist ein See«, lächelte der Schöpfer, ein kleiner mit zweihundert Metern Durchmesser und mit Schilf.«

»Ein See … klein … mit Schilf«, wiederholte Peter, und betrachtete neugierig die Veränderungen. »Wasser – ist nass, durchsichtig … Schilf, Pflanzen, Gras …« Er dachte nach.

»Also, mir gefällt's«, sagte er etwas später, während er ein Stück Schilfrohr zwischen den Fingern rieb und daran roch. »Und es riecht gut – nach Kräutern.«

»Nach Kräutern«, wiederholte der Schöpfer und hörte sich selber zu, »und Frische«, fügte er hinzu. »Und diesen Baum, den schönen, sehe ich. Jetzt sehe ich, fühle und rieche ich.« Und zärtlich zauste er dem Peter-Menschen den wilden Haarschopf. – »Meine Hände, meine Augen, meine Ohren …«

———

Was weiter folgte, ist bekannt. Ich erinnere kurz. Garten Eden. Harmonie und Schönheit. Paradies und ewige Seligkeit.

Ewige Seligkeit. Ewige …

»Ewige, ewige …«, murmelte der Schöpfer, während er durch den Garten schritt. »Ich pfeife auf das Ewige. Das hatten wir schon.« Schon wieder macht sich die Langeweile breit …

»Außerdem hab ich nicht das Gefühl, dass dieser Spiegel, den ich zu meiner vollständigen Abbildung geschaffen habe, schon alles von mir gezeigt hat.

Nein, nein und nochmals nein! Ich brauche eine unerwartete Wendung im Plot. So was wie einen Rösselsprung …«

Der Schöpfer blieb stehen und blickte auf den vor ihm wachsenden Apfelbaum. Und wieder blitzte etwas in ihm auf.

»Wow!« Er setzte sich sogar hin. »Dieser, wie hieß er noch, na gut, meinetwegen kann er auch Hurra heißen …«

Und der Schöpfer rief den Peter-Menschen. Und deutete auf den Apfelbaum.

»Iss nicht davon«, sprach er, »oder ich jag dich fort …«

———

Hier lassen wir wieder etwas aus und schließen bescheiden die Augen vor dem Prozess der Verwirklichung der Idee des Schöpfers. Wir überspringen eine Vielzahl von Epochen und versuchen, unseren Menschen-Peter wieder zu finden, um die Fortsetzung des grandiosen Spiels zu sehen, das vom Schöpfer angezettelt wurde.

———

Da stand der jung gebliebene Alte Peter direkt am blauen Meer und warf zum wiederholten Mal eine Fischerleine in die stürmischen Wogen. Und er sah die bitterböse Alte, die mit einem zerbrochenen Waschtrog winkte.

Eine solch große Sehnsucht ergriff Peter, dass er nicht bemerkte, wie es schüchtern an der nassen Fischerleine zog.

»Was hab ich nur für ein sinnloses, freudloses Leben bekommen. Von früh bis spät kann ich meinen Rücken nicht strecken und hole mir Blasen, und das Glück hat sich früher nicht gezeigt und ist auch heute nicht zu sehen«, sang er das von Kindesbeinen an gleiche Lied und zog sachte an der Leine.

»Ja, du bist doch wirklich ein Simpel und ein komischer Vogel«, hörte Peter da unerwartet eine feine Stimme.

»Oh, wer ist das?«, erschrak der jung gebliebene Alte gehorsam, um das Klischee des Märchenhaften nicht zu verletzen.

»Ja, ich halt dein Glück, dein unerwartetes, dein unverhofftes«, kicherte die feine Stimme zur Antwort.

»Was, du, Goldener Fisch? Klasse! Und du wirst mir jetzt einen großen Wunsch erfüllen?«, sagte der jung gebliebene Alte Peter gerührt und befreite den Fisch aus seiner verzweifelten Lage.

»Sonst noch was?«, lachte der Goldene Fisch und spreizte die Flossen, »Du kannst mich mal! Die Dummheit ist natürlich eine Gabe Gottes, aber man muss nicht alle Löcher damit stopfen. Warum soll ich dir deine Arbeit abnehmen?«

Der jung gebliebene Alte war irritiert von des Fisches Worten. Vor Aufregung verheddderte er sich in der Leine …

Und der Goldene Fisch sprach mit strengen Worten:

»Du abgetragener Bauernschuh, du standhafter Schlaumeier, Jahrhunderte hast du gelebt, aber an Verstand hast du nichts zugelegt. All deine Fähigkeiten hast du verjubelt. Dein ganzes Glück hast du verspielt …«

Die Beine glitten dem alten Peter aus vor Gram, sodass er in den nassen Sand auf die Knie fiel. Die knorrigen Hände, mit Schwielen bedeckt, streckte er als letztes Alibi dem Fisch entgegen.

»Von morgens bis abends, mein Fisch, mein Herrscher, habe ich kein Licht gesehen …, habe den Kopf nicht erhoben … Mein ganzes Gesicht ist voller Furchen …, meine Hände zittern, unter dem Türken, unter dem Deutschen, und diese Steuern, diese unseligen … Und das Glück, wo ist es? Und wie soll man denn leben?«

Der Goldene Fisch schluckte nur, während er Peter zuhörte.

»Ach ja, ach ja, das alte Lied, du bist nicht der Erste, der es singt. Dein Gesicht ist verrunzelt ... Und klüger geworden bist du kaum. Weisheit, Peter, hat man dann, wenn die Falten nicht im Gesicht sind, sondern im Kopf. Da heißen sie dann Windungen. Und auch das ist noch keine Garantie ...

Dabei«, seufzte er, »schläft in jedem von euch ein Schöpfer. Das Dumme ist nur, dass er mit jedem Tag tiefer schläft ...«

Und dann fügte er schon etwas mitfühlender hinzu:

»Ach Peter, Peter-Mensch, ist es schon so lange her, dass du diese Welt, mit den Vollmachten des Schöpfers ausgestattet, praktisch mit einem einzigen Wort geschaffen hast? Dass du mit dem Welterschaffer Arm in Arm spaziert bist und seine Lektionen gehört hast?

Und jetzt willst du ein Wunder von mir, deinem Geschöpf? Wo ist denn deine Erinnerung an die einstige Vollkommenheit?«

Da fasste sich der Alte in die wilden Haare, als hätte ihn der Fisch an einen alten Traum erinnert ... Lange stand er schweigend da, die Augen stierten in den Sand, und er lauschte den schäumenden Wellen in der Stille ...

»Und jetzt?«, fragte er, unerwartet verändert und vielleicht sogar mit jünger gewordener Stimme. »Vielleicht erinnere ich mich wirklich, oder vielleicht glaube ich dir einfach, und jetzt? Was bringt mir dieses Wissen? Glaubst du, der Waschtrog lässt sich damit flicken?«

»Vielleicht lässt er sich flicken«, sagte der Goldene Fisch und blickte Peter aufmerksam an. »Wenn du das willst.«

»Das will ich!«, sagte der jung gebliebene Alte, kniff die Augen zusammen und ballte die Fäuste. »Ich will, ich will, ich will! Und?«, fragte er und öffnete die Augen. »Hat er sich erneuert, der Trog?«

»Ich fürchte, nein«, seufzte der Fisch und blies langsam die Kiemen auf. »Wer hat wegen des Trogs gebeten?«

»Was heißt hier wer?«, wunderte sich Peter. »Ich natürlich.«

»Ich – wer ist das?« Der Goldene Fisch gab nicht nach.

»Ich eben, der Alte Peter«, sagte der Alte Peter.

»Genau!« Der Fisch kicherte kaum hörbar. »Und woher hat der Alte Peter die Kraft, Wunder zu vollbringen?«

»Aber du hast doch gesagt …«, setzte Peter zum Reden an.

»Ich habe gesagt, dass du das früher gemacht hast, als du noch wusstest, dass du das machen kannst«, unterbrach ihn der Fisch. »Aber jetzt weißt du etwas anderes, jetzt weißt du, dass du **der Alte Peter bist, und dass der Goldene Fisch Wunder wirken kann.**«

Tief senkte der Alte seinen Kopf und versuchte, die Worte des Fisches zu begreifen.

»Schade, dass im Kopf niemals ein Wind vorbeikommt«, seufzte er, »vielleicht kannst du es mir altem Narren erklären?«

»Gut, ich versuch's«, lenkte der Goldene Fisch ein und setzte sich bequem auf seine Schwanzflosse. »Ich weiß nicht, was zwischen dir und dem Schöpfer vorgefallen ist, aber im Spiel seiner Erinnerung daran, was war, bist du überflüssig.

In der Erinnerung, wohl gemerkt«, fuhr der Goldene Fisch fort, aber nicht in den Fähigkeiten. Die kann dir niemand nehmen, weil sie Teil deiner Natur sind. Die Fähigkeit, etwas zu schaffen und die Fähigkeit zur Vervollkommnung besitzt du vollständig.

Als du geboren wurdest«, fuhr der Fisch fort, »bedeutete dein erster Schrei, den niemand verstand: ›Hier bin ich, der Schöpfer, der Erzeuger, ich bin in die Welt gekommen, die von mir erschaffen wurde. Ich bin gekommen, um mich zu freuen und zu spielen.‹ Aber den Schrei hat man sofort unterbrochen, indem man dir einen Schnuller in den Mund gesteckt und dir Hände und Füße gebunden hat, damit du deine Drohung nicht wahr machst.

Deine Aufgabe im Spiel des Schöpfers ist nun, dich an dich zu erinnern. Dich an deine Eigenschaft als Co-Schöpfer zu erinnern, als Meister des eigenen Lebens. Solange dir das nicht bewusst ist, bist du eine Marionette, eine Puppe. Du bist eine Puppe, mit der man spielt, die man benützt, und die gar nicht auf die Idee kommt, dass sie eine Puppe ist. Aber vielleicht ist es für sie einfach bequemer, nicht auf diese Idee zu kommen? Das ist natürlich deine Entscheidung, Meister, aber bedenke, wenn du Scheuklappen aufsetzt, gehören auch noch Zügel und Peitsche dazu … **Solange du dich als Alter Peter fühlst, bringst du gar nichts zuwege. Sobald du dich als Meister fühlst, kannst du alles.«**

»Entweder hab ich das alles schon gehört«, murmelte der Alte und griff sich wieder an den Kopf, »oder ich schlafe und habe einen seltsamen Traum …«

»Wach auf …«, flüsterte der Goldene Fisch. »Nur wenn du erwacht bist, kann dir bewusst werden, dass du geschlafen hast.«

»Aber wie denn, wie?« Der untröstliche Alte Peter sackte in sich zusammen. »Ich will es ja, aber wie? Ich glaube, dass ich alles kann, aber ich fühle, dass ich immer noch der von vorher bin, ein alter Mann eben …«

»Fang bei dir an, streife die Puppenhülle ab, die deine ursprüngliche Freiheit gebunden hat. Schenke deiner Puppe mit dem Namen Peter die Freiheit, hilf dir selbst, dich zum Schöpfer aufzurichten, der immer in dir gewohnt hat, erlaube ihr, die Weite zu fühlen, lass sie sich freispielen …«

»Was braucht es dafür?« Der Alte richtete sich entschlossen auf, wenn auch mit einem Knirschen in den Gelenken. »Sag an, ich werde alles auf die beste Art und Weise erfüllen.«

»Erinnere dich: Die Welt, in der du lebst, sowie dich selbst hast du doch selbst geschaffen. Woraus geschaffen? Wie ein richtiger Schöpfer – aus dir heraus, aus deinem Wissen darüber, wie die Welt sein soll; aus deinen Launen, ob guten oder schlechten, aus deiner Freude oder deiner Trübsal. Also, wenn etwas in deiner Welt nicht stimmt, dann such den Grund in dir, dem Schöpfer, dem Meister des Geschaffenen. Einverstanden?«

»Wie könnte ich anders …,« nuschelte der Alte unsicher, aber er hörte dem Fisch dennoch aufmerksam zu.

Dieser blickte ihn mit seinen großen Augen an und wedelte mit seiner breiten Schwanzflosse und fuhr fort:

»Willst du deinem Leben eine Wendung geben? Dann musst du dich im Inneren wenden. Tausche deine Verzagtheit, aus der du deine graue kleine Welt gebaut hast, gegen die Lebensfreude eines Meisters – und aus ihr heraus wird alles nach der Freude geraten. Dein wahres Leben ist ei-

nes, von dem du nicht einmal zu träumen wagst. Bist du dazu bereit?«

Der nicht so alte Alte krächzte nur und nickte zur Antwort mit dem Kopf.

»Schau zuerst in dich«, setzte der Fisch fort, spüre das Bild deiner Puppe, deines inneren Zustandes, benenne laut, als wen du dich im Augenblick empfindest.«

»Wie ein Baumstumpf fühle ich mich«, brummte der Alte, nachdem er in sein Inneres geguckt hatte. »Wie ein mit Moos überwachsener morscher Baumstumpf, von Ameisen zerfressen und für niemanden gut.«

»Was fehlt dem morschen Baumstumpf?«, hakte der Goldene Fisch nach. »Was hätte er am allerliebsten, um Freude zu erleben?«

»Das ist doch klar«, meinte der nicht alte Alte, ohne nachzudenken. »Die eigene Morschheit loswerden, die eigene Kraft und Nützlichkeit spüren, und dafür noch einmal neu austreiben, ein dichtes Blattwerk bilden und über den Wald hinauswachsen ...«

Der Alte Peter spreizte die Finger, um die Äste zu zeigen, und fing an zu wachsen – er stellte sich auf die Zehenspitzen.

Seine Augen glänzten, sein Gesicht begann zu leuchten.

»Was noch?«, fragte ihn der Goldene Fisch weiter. »Gut, du hast dich mit neuen Blättern über den Wald erhoben, und weiter? Sonst hast du keine Wünsche, Baum?«

»Es wird mir nicht reichen«, lachte Peter, »diese Höhe ist ein bisschen wenig ... Ich will noch höher ... Ich will Weite, ich will Freiheit, um ... zu fliegen ...

»Dann flieg«, gestattete ihm der Fisch und grinste.

»Ich fliege los«, sagte Peter erstaunt, nachdem er die Arme ausgebreitet und in sich geblickt hatte. »Ich hebe ab ... ich fliege ... höher ... schneller ...

Und jetzt sind mir auch noch Flügel gewachsen«, lachte er. »Mir, dem Baum. Jetzt bin ich ein geflügelter Baum!«

»Ist dein Baumstumpf zufrieden?«, fragte der Goldene Fisch.

»Was für ein Baumstumpf? Ich sage doch, ich bin ein Baum mit Flügeln!«, rief Peter fröhlich.

»Woher kommt deine Fröhlichkeit, Peter?«, wollte der Fisch ihn spöttisch zur Vernunft bringen. »Hast du vielleicht dein schweres Schicksal vergessen?«

»Irgendwie ist mir freudig zumute, als hätte ich einen Vogel aus seinem Käfig gelassen«, lächelte der gar nicht alte Alte und stockte plötzlich. »Aber richtig – was ist mit mir? Bin ich noch bei Trost? Woher diese Leichtigkeit, diese kindliche Sorglosigkeit?«

»Du hast den Meister in dir geweckt, deinen vergessenen Schöpfer. Er war immer in dir, hat immer gewartet – erinnerst du dich? Nur in diesem unscheinbaren Spiel konntest du dir die Freiheit geben ... Jetzt, im Schöpferzustand, kannst du sehr vieles, aber was überhaupt nicht mehr klappt, ist das Hineinschlittern ins Unglück. Das ist nichts für Meister.«

»Aber so eine Freiheit gibt es nur für kurze Zeit, oder?«, fragte der Alte Peter besorgt. »Es fühlt sich nämlich so an, als würde die alte Traurigkeit wieder heranrollen ... Und der Gram zurückkehren ...«

»Bei wem?«, interessierte sich der Fisch mit spöttischer Neugier.

»Bei wem schon, bekanntlich bei mir, bei Peter ...«, sagte Peter, und dann stockte er plötzlich. »Obwohl, warte ...«, murmelte er. »Peter, wer ist das? Ein morscher Baumstumpf ist er ... Und wer bin ich? Ich bin ein Baum mit Flügeln, in den Himmeln schwebend ...

Ich schwebe in der Höhe!« Der ehemals Alte Peter riss die Flügelarme hoch. »Ich bin mein eigener Herr, ich bin Herr der blauen Weite ...«

Er hielt inne, und das Lächeln der inneren Ruhe erschien wieder auf seinen Lippen.

Eine Zeitlang beobachtete der Goldene Fisch ihn noch, aber dann, nachdem er ihm zum Abschied mit seiner goldenen Schwanzflosse gewinkt hatte, murmelte er leise einen Zauberspruch und begab sich ins blaue Meer zurück.

Und nicht weit von der Stelle, in der halb verfallenen Hütte mit dem zerbrochenen Trog am Tor, rief Peters Alte beim lokalen Fernsehen an, weil sie die richtige Antwort bei einem Quiz wusste, dessen erster Preis eine Waschmaschine war.

Die Technik des »Zauberstabs«

Der Mensch lebt in der Welt, die gleichzeitig auch in ihm lebt. In seinem Wesen als »Fortsetzung« der Welt spiegelt der Mensch gleichzeitig all ihre Eigenschaften und Besonderheiten, bzw. ist identisch mit diesen.

Diese Annahme kann gleichermaßen für materialistische Dogmatiker wie für die metaphysischen Beschreibungen unserer Welt gültig sein, die den Platz des Menschen in ihr bestimmen.

Aus dem Blickwinkel zeitgenössischer Sichtweisen auf die Struktur des Universums kann man sich dieses als ein mehrdimensionales Hologramm vorstellen, das sich in jedem einzelnen ihrer Kettenglieder, in jedem Teilchen wieder findet, von denen wiederum eines der Mensch ist.

Sowohl in esoterischen Quellen als auch in orthodoxen Religionen und anderen okkulten Lehren ist die Idee vertreten, wonach der Mensch ein Ebenbild Gottes ist.

Wobei es hierbei nicht so sehr um eine äußere Ähnlichkeit geht, sondern vielmehr um eine innere, eine gemeinsame natürliche Basis. Der Mensch ist ein »Mit-Schöpfer«. Er ist ein schlafender Gott, dessen Unglück darin besteht, dass er meist stirbt, ohne sein göttliches Wesen erkannt zu haben, ohne erwacht zu sein. Ohne das verlorene Paradies und das Glück darin erlangt zu haben.

Das heißt, der Mensch, der von einer einheitlichen Struktur (»Gott«) geschaffen worden ist, hält nicht nur ununterbrochen Kontakt mit dieser, **sondern er ist auch identisch mit dieser Struktur** und entfaltet dadurch in sich alle Qualitäten, Besonderheiten und Eigenschaften dieser ursprünglichen und absoluten Form.

Wir Menschen sind keine menschlichen Wesen mit geistiger Erfahrung. Wir sind geistige Wesen mit menschlicher Erfahrung. Das ist prinzipiell so. Mit unserer größeren, nicht verkörperten geistigen Komponente existieren wir in einer Welt nicht linearer Quantenbeziehungen, in einer Welt, wo der Teil immer dem Ganzen gleich ist.

In dieser Welt, die »aus sich selbst« entstanden ist, existiert nur ein einziges ehernes Gesetz – das Gesetz der Ganzheit und Einheit. Alles Übrige, das von uns wahrgenommen wird, ist nur seine Folge. Und das äußert sich vor allem in zwei grundlegenden Qualitäten, die die göttliche Natur des Menschen bestimmen: in der Fähigkeit zum Schöpfertum und in der ursprünglichen Vollkommenheit.

Bezüglich ersterer Qualität könnte man sagen: Der Mensch ist nicht nur fähig, sondern er ist quasi verurteilt zum Schöpfertum. Dieser Mechanismus ist in jedem Menschen angelegt und realisiert sich in ihm – vom Erleuchteten bis zum letzten Bettler.

Und jetzt die zweite Qualität, die Vollkommenheit … Sie wurde verschüttet unter einem Berg von weltlichen, fehlerhaften Vorstellungen. Und so schafft der Mensch und gestaltet die ihn umgebende Welt nicht aus vollkommenem Material, das seiner Natur entsprechen würde, sondern aus einem Surrogat von Vorstellungen und Wahrheiten seines sozialen Umfelds, dem Sozium.

Bei der Realisierung dieser falschen Lehre sondert er sich ab und gliedert sich aus seiner Umwelt aus – unter Verlust sowohl seiner ursprünglichen Ganzheit und Einheit mit der Welt als auch seines harmonischen universalen Wesens.

Was kann man unternehmen, um diese Lage zu verändern?

Als ersten Schritt schlagen wir eine Umorientierung des Bewusstseins auf ein neues, räumlich-energetisches Bild der Welt vor, in welchem der Mensch nur eine der energetischen Komponenten dieser Welt ist.

Was ist bei solch einem Bild der Welt ein »Ding«? Es ist einfach komprimierter Raum, »zusammengepresste«, festgehaltene und fixierte Energie; das Ergebnis des Drucks des Bewusstseins, welches jedes beliebige Objekt auf dem Weg der Konzentration der Aufmerksamkeit auf dieses materialisiert. Entfernen Sie die Kräfte der Verkettung, des Drucks, schwächen Sie Ihre Aufmerksamkeit ab – und das Objekt zerfällt und verwandelt sich in eine Elektronenwolke oder einen Wellenimpuls.

Aber unser Bewusstsein ist ebenso Ergebnis von Druck, dem Druck der uns lehrenden Konzepte, die uns vom Moment unserer Geburt an eingepflanzt werden. Wir befinden uns im Raum des Soziums ebenso als etwas Beschränktes und künstlich Hergestelltes, das heißt als Objekte, die aufgrund von Druck gebildet wurden. Der Mensch ist etwas »Gemachtes«, ein Puppengeschöpf, vom Sozium für seine Zwecke geformt.

Dafür verwandeln sich Qualitäten wie Glück und Überfluss (nach welchen wir ständig auf der Suche sind – überall, nur nicht in uns!) in diesem Lichte gerade in innere Kategorien, die ständig in uns präsent sind. *Wir leben in einer Welt der Energie, und folglich in einer Welt des Überflusses, denn buchstäblich alles in unserem Raum ist Energie.* Deshalb sind Maßnahmen zur Umverteilung von Energie, wie sie in unserem Leben angezettelt werden, so sinnlos: Aufteilung von Eigentum, Geld, Territorien, Macht und Ähnlichem.

Das heißt, solange der Mensch sich an sein harmonisches natürliches Wesen erinnert, an die Einheit mit der

Welt, hat er den vollen Zugang zum gesamten Lebensüberfluss der Welt.

Wir stoßen jedoch in unserem Leben auf etwas ganz anderes: Das Niveau unseres »Überflusses« wird von Problemen, Krankheiten und Schwierigkeiten bestimmt. Das erscheint uns immer als ungerecht und zufällig, obwohl es sehr einfach zu erklären ist: Jedes destruktive Ereignis, jeder destruktive Zustand ist nichts als eine Erinnerung daran, dass wir die Ganzheit verloren haben. Somit ist **das entstandene Problem immer eine Möglichkeit zur Wiederherstellung der verlorenen Einheit mit der Welt, denn gerade das Problem ist der Durchgang zu diesem Zustand der Einheit.**

Aber ungeachtet des Umstands, dass wir dafür überhaupt nicht viel tun müssen, unternehmen wir fast immer etwas genau Gegenteiliges. Warum?

Das Sozium, diese »Marionettenwelt«, in der wir alle leben, hat eine Unzahl ihrer Vorgaben, Regeln und Beschränkungen in uns eingebaut, und sie stolz »Bildung« genannt. Aber im Wesentlichen hat sie aus uns nur eine weitere »Marionette« gemacht und verlässlich die Schnüre verhüllt, mit denen diese zu lenken ist.

Durch die zahlreichen Schichten des »sozialen Lernens« hindurch zu unserer eigenen natürlichen Grundlage zu kommen, zur Möglichkeit des realen Austretens aus der marionettenhaften Beschränkung, ist ganz und gar nicht einfach. Aber es gibt solche Wege. Und beginnend mit dieser Lektion werden wir sie erforschen. Wir werden die Wege erforschen, die zum Meister führen.

Der Meister* ist die Einheit des physischen und geistigen Prinzips des Menschen, das ist die harmonische natürliche Basis, die uns ursprünglich gegeben und immer in uns vorhanden ist. Immer vorhanden, aber nur selten durch uns nach außen dringend, meist nur in Extremsituationen.

Die erste, die mächtigste Schicht, die uns von der Empfindung des Meisterprinzips trennt, ist unser »Wissen« darüber »welcher Art« wir sind: keine Meister, ein bisschen krank, mäßig erfolgreich, mäßig gebildet, in Maßen lebend und brav sterbend in der Frist, die wir uns selbst setzen.

Das Axiom dieses Wissens ist die Vorstellung, dass uns eine **Außenwelt** umgibt. Egal, ob sie uns freundlich oder nicht ganz so freundlich gesinnt ist, entscheidend ist, dass sie *außen* ist. Das heißt, diese Welt ist nicht »Ich«. Jetzt sind »Ich« und »Die Welt« verschiedene Dinge, unterschiedliche Kategorien, und gerade deshalb kann eine solche Umgebung in jedem Moment feindlich, problematisch und krankmachend werden.

Die Grenze zu löschen, die die Innenwelt von der Außenwelt trennt, sich in der Umwelt zu erkennen und sie als meine eigene Schöpfung zu erkennen – das ist gerade das, was wir uns anzusehen vorschlagen.

Im Verlauf unseres Lebens begegnen wir immer wieder mal diesem Zustand des Meisters, wobei wir ihn als etwas Natürliches und Selbstverständliches betrachten. Das ge-

---

* Der Terminus »Meister« kommt häufig in den Arbeiten von Sri Aurobindo vor. Genau diese Transskription des Begriffs verwenden wir in unserer Schule, wie auch den daraus abgeleiteten »Zustand des Meisters«.

schieht in kreativen Momenten, beim Schreiben eines Gedichts, beim Malen, in Momenten der Verliebtheit, in Augenblicken, wo wir dem Schönen begegnen.

Was verbindet diese Augenblicke? Ein Zustand des inneren mentalen Schweigens, der inneren harmonischen Ruhe, ein Zustand der schöpferischen Fülle und des erweiterten Bewusstseins. Also haben wir einen ersten Schritt zur Meisterqualität gefunden, und er führt über den Zustand der Kreativität, über das Schöpfertum.

Versuchen wir diesen Zustand zu modellieren, indem wir dazu das folgende Spiel spielen: Blicken Sie tief in Ihr Inneres, achten Sie dabei auf alle Empfindungen, inneren Signale, das heißt auf die »Komponenten«, aus denen sich in diesem Moment Ihr »Selbst-Befinden« zusammensetzt, eine Art Bild Ihrer selbst.

Jetzt helfen Sie diesem Bild mit einer gewissen inneren Anstrengung, in etwas Konkretem Gestalt anzunehmen. Das kann ein Gegenstand, ein Tier, eine Pflanze, auch eine Abstraktion sein.

Das, was Sie jetzt geschaffen haben, ist gleichsam ein »Abguss« unseres *fließenden* Zustandes. Woher kommt er? Sie haben ihn wohl kaum schon früher in sich bewahrt. Er ist gerade jetzt entstanden, für die gegebene konkrete Situation – ein Akt der Schöpfung und des Schaffens.

Wenn Sie Maler oder Bildhauer sind, können Sie das geschaffene Bild jetzt auf der Leinwand oder im Stein verkörpern, und möglicherweise wird der, der es erblickt, von Ihrer Stimmung durchdrungen und empfindet Ihren Zustand.

Aber, ehrlich gesagt, wozu ist das nötig? Wozu müssen wir unsere Umgebung mit unseren wohl unmeisterlichen »Inhalten« irritieren? Solche Werke gibt es wirklich viele: talentiert gemacht spiegeln sie nichtsdestoweniger das Chaos, das in ihren Schöpfern herrscht. Nicht so selten sind Fälle einer Verschlechterung des Wohlbefindens (des Betrachters), bis hin zur Ohnmacht, nach der Betrachtung von derartigen Skulpturen oder Bildern. Deshalb steht ungeachtet des Fakts, dass uns unser Schaffen dem Zustand des Meisters um eine Dimension näher gebracht hat, die Arbeit zu seiner »Befreiung« erst am Anfang.

Ein geschaffenes Bild ist eine Spiegelung Ihres inneren Zustandes, und folglich Ihrer selbst. Von wem wurde dieser Zustand geschaffen? Natürlich von Ihnen – als Schöpfer, als Meister. Deshalb werden diese Zustände sich nicht verändern, solange Sie Ihr Werk – Ihre Wut, Ihre Angst, Ihre Krankheiten und Probleme – nicht als Teil von sich anerkennen. Solange Sie mit Ihrer Existenz nicht einverstanden sind und den Widerstand dagegen nicht aufgeben, wird sie Ihnen als etwas Ihnen Fremdes erscheinen, etwas, das Ihnen feindlich gesinnt ist und Druck auf Sie ausübt.

Dieses Thema ist sehr wichtig, wir werden noch öfter darauf zu sprechen kommen, aber jetzt interessiert uns die rein technische Seite des Geschehens. Wir müssen die verlorene Einheit mit unseren Empfindungen herstellen, damit wir uns so dicht wie möglich dem Meister annähern können – unserer Ganzheit.

Ist es leicht, das Negative anzunehmen, sind Sie einverstanden mit Missgeschicken und Unannehmlichkeiten, mit

Ihrem Schmerz und Ihrer Verzweiflung? Klar ist es nicht leicht, auch dann nicht, wenn Sie nur ein abstraktes Bild all dessen haben.

Aber was ist dieses Bild? Ein Abdruck unserer Unabhängigkeit vom Marionettentheater, in das wir unabhängig von unserem Willen gleich nach dem Eintritt in diese Welt gezogen wurden. **Gönnen wir ihm endlich die Freiheit.**

Wie genau ist das zu bewerkstelligen? Wenn wir uns unser Zustandsbild vorstellen, treten wir mutig mit ihm in Kontakt, wir fragen es, was es am liebsten hätte, was ihm fehlt, was sein größter Wunsch ist, wo und wie es ihm gut gehen könnte. Dann hören wir auf seine Empfindungen und bemühen uns, die Wünsche des Bildes zu ertasten, sie zu fühlen, wir hören sogar seine Stimme …

Sie empfinden sich zum Beispiel – um ein Bild zu nehmen, das jeder von uns kennt – als eine »brennende Kerze, die an dem einen Ende stark heruntergebrannt ist«. Auf Ihre Frage bezüglich ihres Wunsches **spüren** Sie plötzlich, dass ihr »die Sicherheit, was die Zukunft betrifft« abgeht, und es ihr größter Wunsch ist, sich »in einen unerschütterlichen Kristall zu verwandeln, der weise und ohne Hast in den Tiefen des ewigen Berges wächst …«

Auf Ihrem inneren Bildschirm erlauben Sie sich augenblicklich diese Verwandlung. Äußerlich unterstützen Sie sich durch Pantomime, durch Posen, vielleicht sogar durch Laute. Sie werden förmlich zu diesem Kristall, sie spüren seine Festigkeit, seine Stabilität, seine Sicherheit. Bewerten Sie in dem Moment Ihren Zustand und vergleichen Sie ihn mit dem vorherigen. Den Unterschied werden Sie zweifel-

los merken. Spüren Sie auch hin, um wie viel das abschließende Bild Ihnen näher gekommen ist als das erste. Können Sie es annehmen, sind Sie mit ihm einverstanden? Gar
kein Problem! Das wird jetzt tatsächlich ein harmonischer
meisterlicher Zustand sein.

Sie sind harmonisch – und Sie sind ein Schöpfer. Wenn
Sie sich im Zustand des Meisters befinden, dann schaffen
Sie, dann formen Sie Ihre Umwelt aus diesem harmoni-
schen Zustand heraus, aus Ihrem »Baumaterial«. Und diese
Welt wird ebenso harmonisch und problemlos sein.

Sie haben Probleme? Das heißt, dass Sie nicht in dem
Zustand des Meisters sind. Was müssen Sie jetzt tun? Vor
allem sollen Sie sich keineswegs an ihren vorherigen Zustand erinnern. Wozu auch? Ihr gegenwärtiger Zustand ist
schon ein anderer, und so »tanzen« Sie nun von ihm ausgehend. Fühlen Sie ihn wie ein Bild, helfen Sie ihm, frei zu
werden, werden Sie eins mit ihm, und Sie können sicher
sein, all Ihre Probleme verschwinden unvermeidlich.

Gibt es einen Konflikt in Ihrem Umfeld? Aus welchem
schlechten Material haben Sie Ihre Umgebung gebaut? Gehen Sie in den Zustand des Meisters, und der Konflikt löst
sich auf. Die Nachbarn versöhnen sich, das Kind hört auf
zu trotzen und die Nachbarin bekommt endlich das Paket
von ihrem Sohn.

Bevor wir all das Gesagte zusammenfassen und es in
eine konkrete Technik verwandeln, ein paar Worte zu dem
nun Folgenden:

Das Hauptziel des gesamten Projekts ist es, den Einfluss
der tief in uns sitzenden stereotypen und einschränkenden

Verhaltensprogramme maximal abzuschwächen. Sie steuern uns unmerklich, indem sie für sämtliche von uns durchgeführten Handlungen eine logische Rechtfertigung vorbringen, wie absurd diese auch aussehen mag. *Das heißt, der Ausstieg aus dem Diktat der mentalen Programme ist das Erste, was wir tun müssen.*

Das Denken und die von ihm aufgebaute Logik zeigt sich in erster Linie in der *Ernsthaftigkeit.* Wir möchten dieser eine andere Qualität entgegensetzen, die der Mensch ursprünglich besitzt – seine Fähigkeit zum Spiel, seine kindliche Unmittelbarkeit, den »Unernst«, der in jedem Spiel steckt.

Mehr noch: Alles, was wir Ihnen jetzt vorschlagen, ebenso wie das, was später kommt, wird eines zur Grundlage haben – den Aufruf zum Spiel. Den Vorschlag, einfach zu spielen, und eine Vereinbarung, alles wie im Scherz zu tun.

Beobachten Sie Kinder, erinnern Sie sich an Ihre eigene Kinderzeit, wie leicht alles ging. Stellen Sie sich vor, wie verlustarm sich alles ergibt, wenn Sie nicht auf ein Ergebnis warten, wenn Sie einfach sorglos spielen, wenn alles wie im Scherz geschieht und keine Angst vor einem möglichen Misserfolg vorhanden ist, davor, dass etwas nicht klappt. Denn das Ganze ist ein Spiel, und in ihm ist alles möglich. Im Spiel gibt es keine Verlierer. Deshalb ist das Spiel selbst der eigentliche Gewinn, das Gefühl des Wohlseins, das das Spiel bereitet.

Vielleicht beginnen Sie mit der vorgeschlagenen Technik gleich einmal anhand eines schmerzlichen Problems, das

Sie schon ziemlich lange belastet. Dabei kann es schnell zu Stress bezüglich des Ergebnisses dieser Arbeit kommen. Vielleicht fragen Sie sich: Wird es denn helfen? – Vielleicht doch nicht? – Aber wenn das Problem so ernst ist, und wir ziehen es ins Lächerliche …? – Kann ich das überhaupt, wird es denn gelingen?

All diese Zweifel und vorgestellten Hindernisse verschwinden augenblicklich, sobald Sie sich auf das Spiel einlassen und sagen: »Ich spiele!« Wenn Sie sich einfach erlauben zu spielen. Und jetzt kommt die Überraschung: ob es gelingt oder nicht, was macht das schon! Hauptsache, Ihnen ist die Handlung selbst angenehm und interessant – der Prozess des Spielens selbst. Sie brauchen jedoch nicht zu zweifeln – ein optimales Ergebnis wird unverzüglich in Ihr Leben treten.

Aus diesen Gründen ist – besonders am Anfang, wenn Ihnen die Technik noch nicht vertraut ist – Ihre physische, pantomimische Teilnahme am Prozess sehr wichtig, das heißt – sowohl das Bild als auch alle Metamorphosen, die mit dem Bild einhergehen, stellen Sie »lebend« nach, Sie formen dieses Bild buchstäblich an sich selbst, Sie spiegeln es durch Ihren Körper.

Dabei wird, je nachdem, wie aktiv die Teilnahme Ihres Körpers ist und je weniger der »Denkkörper« dominiert, die innere Freiheit wachsen, und die Zweifel werden verschwinden. Und desto früher tritt das Gefühl der Harmonie in ihren Alltag und erfüllt ihn.

Es ist nämlich so, dass es unmöglich ist, sich von irgendetwas Neuem zu überzeugen, wenn man nur Erklärungen verwendet und nur auf den Denkkörper einwirkt. Echtes Wissen, ein neuer Zustand – das ist immer ein Gefühl, das ist etwas Erlebtes. Deshalb sollten Sie das, was Ihnen vorgeschlagen wurde, wirklich spielen und dabei alles fühlen, was mit Ihnen geschieht.

Und jetzt zur Technik selbst, deren Bezeichnung den »zauberischen« Traditionen unserer Schule entspricht.

Die Technik des Zauberstabs

1. Ausgehend von Ihren Empfindungen, suchen Sie dafür eine Entsprechung in Form eines bestimmten Bildes.
2. Drücken Sie diesem Bild nun einen Zauberstab in die Hand, potenzialisieren Sie die Energie, die in ihm enthalten ist, und helfen Sie dem Bild des problematischen Zustandes gleichsam »die Flügel auszubreiten« und die Freiheit zu erlangen. Erlauben Sie ihm, seine »größten Wünsche« zu realisieren und sich freizumachen von den Fesseln Ihres Puppenwissens über dieses Bild.
3. Indem Sie sich mit dem Bild identifizieren, fühlen Sie seinen harmonischen Zielzustand als den Ihren. Damit stellen Sie die Einheit mit der in dem Bild enthaltenen Energie her.

Mit diesen Handlungen vollziehen Sie quasi drei Schritte »in die Tiefe des Selbst« und erwachen in dem vergessenen Status des Meisters.

Gehen wir nun die einzelnen Schritte genauer durch:

1. Klarerweise kann man für jeden seiner Zustände ein Bild finden, auch für einen ruhigen, einigermaßen harmonischen Zustand. Aber wichtiger ist es wohl, mit destruktiven, problematischen Zuständen zu arbeiten.

Damit es leichter ist, ein konkretes Bild zu formen, stellen Sie sich einige Leitfragen: *Aus welchen konkreten Empfindungen besteht das Problem? Welche von ihnen dominieren? In welcher Körperregion »lebt« die Empfindung des Problems? Welche Maße hat die Empfindung? Welche Form? Gewicht? Farbe? Geruch? Geschmack?*

Jetzt fassen Sie die ganze erhaltene Information mit der Frage zusammen: *»Womit hat die Empfindung Ähnlichkeit?«*

Bedenken Sie, das Bild kann ganz konkret und erkennbar sein, aber auch völlig abstrakt und amorph.

Ihre nächste Aufgabe ist es, dieses Bild zu spiegeln, selbst zu dem Bild zu werden, es zu spüren.

2. Dann überreichen Sie dem Bild feierlich den Zauberstab, der in der Lage ist, sämtliche Wünsche zu erfüllen – aber nur konkrete. Solche Wünsche wie »Mir soll es gut gehen« oder »Ich will glücklich sein« versteht der Zauberstab nicht.

Deshalb versuchen Sie, wenn Sie »in sich geblickt« haben, die Antworten auf folgende Fragen zu *fühlen*: *»Hat das Bild Wünsche? Fühlt es sich jetzt wohl oder sind Verbesserungen möglich? Wovon träumt es? Wo könnte es sich wohl fühlen?*

Oder Sie akzentuieren: *Welchen Sinn hat sein (des Bildes) Vorhandensein in mir?*

Manchmal werden Sie empfinden, dass die Wünsche des Bildes Ihnen eindeutig feindlich gesinnt sind. *»Ich will dich fressen!«* oder *»Ich will dir weh tun!«*. Erschrecken Sie nicht vorschnell: ungeachtet ihrer äußeren Bedrohlichkeit kann diesen Wünschen nichts Feindliches zugrunde liegen.

Man muss nur klären, was dahinter steckt. Das kann man tun mit der Frage: *Und warum? Wofür brauchst du das? Was hast du davon?* Sehr schnell werden Sie entdecken, dass die ganze äußerliche Feindseligkeit von dem völlig unschuldigen und kindlichen Wunsch gesteuert wurde, *Aufmerksamkeit auf sich zu ziehen, sichtbar zu sein, entdeckt zu werden oder Respekt für sich zu empfinden.*

Wenn die Bedürfnisse und Wünsche des Bildes geklärt sind, winken Sie augenblicklich mit dem Zauberstab, um sich an deren Erfüllung zu machen.

Hier sind zwei Varianten möglich. Das Bild kann Ihnen entweder sogleich den finalen Zielzustand »einsagen«, an dem es teilhaben will. Aber das kann auch etappenweise geschehen – von einem realisierten Wunsch zum nächsten. In diesem Fall fragen Sie jedes Mal: *»Ist das alles? Oder willst du noch etwas?«* Und Sie führen die Entwicklung des Bildes bis zur vollständigen Realisierung aller seiner Bedürfnisse fort.

Das Spiel mit dem Bild muss *immer* mit einem Zustand von *Rundheit, tiefer Befriedigung* enden, das heißt mit einem besonderen Gefühl von Sättigung, von innerem Komfort und – in der Regel – mentaler Stille.

Lenken wir Ihre Aufmerksamkeit nochmals auf Folgendes: Im Ergebnis dieser einfachen Übungen **lösen Sie unmerklich und gleichsam »im Vorübergehen« eine Aufgabe von großer Wichtigkeit: Sie geben dem kreativen Potenzial der Energie, die lange Zeit von Ihrem »Problembewusstsein« blockiert war, die von Ihnen zum »Problem« erklärt worden war, die Freiheit zur Entwicklung.**

Denn jede gebremste und gebundene Energie ist »tote« Energie. In unserer Welt muss alles in Bewegung sein, muss alles leben. Nur die Marionette in uns braucht eine maximale Vorhersehbarkeit und Festgelegtheit der Dinge.

Durch Ihre Übungen geben Sie der »problematischen« Energie die Freiheit zurück, erwecken Sie zu neuem Leben und schließen sie in den Prozess des meisterlichen Schaffens ein.

Jede befreite Energie verliert augenblicklich ihre Schmerzhaftigkeit und Aggressivität Ihnen gegenüber, denn all ihre Feindseligkeit war nur hervorgerufen vom Streben nach Aufmerksamkeit und dem Wunsch, sich mit Ihnen zu verbinden.

3. Wenn Sie die Einheit mit dem Zielbild spüren, geben Sie damit Ihr *Einverständnis mit der Anwesenheit des »Themas« in Ihrem Raum, das Sie noch eben als ein Problem gesehen haben – Sie beseitigen den Widerstand diesem »Problem« gegenüber.* Das ist ein bedeutsamer Schritt, der weitreichende Folgen haben wird.

Eine richtig ausgeführte Übung kann zur Lösung *jedes* Problems führen, und zwar augenblicklich und für immer.

Aber wenn Sie entdeckt haben, dass noch ein Echo des Problems da ist, wenn Sie sich häufig beim ungeduldigen Erwarten von Ergebnissen ertappen, oder bei einem misstrauischen In-sich-Hineinschauen (»*Tut es wirklich nicht weh?*«), dann gehen Sie sofort in dieses Bild der Unvollkommenheit, potenzialisieren es und stellen erneut den harmonischen meisterlichen Zustand her. *Wir betonen nochmals: Der Clou besteht in dem Einverständnis mit allen Empfindungen, in ihrem absoluten Annehmen.*

Das Problem, das in seinen Empfindungen sorgfältig untersucht worden und in dessen Folge aus Ihrem inneren Raum verschwunden ist, verschwindet als Problem ganz. Anders kann es nicht sein.

Auf keinen Fall sollten Sie ein einmal gefundenes meisterliches Bild für die Lösung eines anderen Problems verwenden. In diesem Fall kann keine reale Lösung entstehen. Das wäre nur ein Versuch, das Problem zu umgehen und sich in einem pseudomeisterlichen Zustand zu verstecken.

Ihre Aufgabe besteht letztlich darin, sich ununterbrochen im harmonischen Zustand des Meisters zu befinden und damit einen harmonischen Raum Ihrer Existenz einzurichten. Je nach Ihrem Vorankommen in dieser Richtung entfällt allmählich die Notwendigkeit des ständigen Kampfes mit Unannehmlichkeiten – sie hören einfach auf, Ihnen zu begegnen.

Und sie werden abgelöst von einem Zustand, bei dem Sie gleichsam ohne die geringste Anstrengung »durch das Leben gleiten«, wie eine Möwe über das Meer, wo die Ereignisse ringsum gleichsam »von selbst« geschehen, ohne von

Ihnen überflüssige Anspannung zu erfordern, wo das Leben sich in ein Spiel verwandelt, voll von angenehmen Überraschungen und spannenden Abenteuern. Aber haben Sie keine Eile, Sie kommen unvermeidlich dorthin, aber nur allmählich.

Vorläufig wird Ihr Zustand im Lauf des Tages, und erst recht im Lauf der Woche, sich ununterbrochen ändern: neue Umstände, Begegnungen, die Notwendigkeit, Entscheidungen zu treffen … **Aber sobald Sie in sich Anspannung, Sorge, Nichteinverständnis mit etwas, Unsicherheit empfinden – fangen Sie augenblicklich mit den Maßnahmen an, die Sie in einen harmonischen Zustand bringen.**

Auch hier wirkt das allgemeine Prinzip: »**Wenn du die Welt verändern willst, ändere dich selbst**«, das heißt, bring dich in einen harmonischen Zustand, in den Zustand des Einverständnisses mit all dem, was Sorge oder Schmerz ausgelöst hat. Wenn Sie lernen, sich das ehrlich zu erlauben, müssen Sie sich nicht wundern über die zielstrebig wachsende Freundlichkeit der Welt Ihnen gegenüber, über die aufkommende Welle des Gelingens, über Ihr Gefühl unvergänglicher Freude am meisterlichen Schaffen, auch Leben genannt.

Zusammenfassung

In unserer Welt existiert nur ein Gesetz – das Gesetz der Fülle und der Einheit. Alles andere, was im Raum des Menschen zu beobachten ist, ergibt sich daraus.

Der Mensch kommt in die Welt, wobei er die vollständige Einheit mit dem System bewahrt, das ihn geboren hat – mit dem Universum, mit Gott. **Aber diese Wechselbeziehung bewusst aufnehmen kann er nur über den Kanal der Empfindungen.**

Mit der Entwicklung des mentalen Bewusstseins (Verstand, Urteilskraft) wird der Kanal der Empfindungen zunehmend blockiert. Mentales Bewusstsein und Empfindungen werden zu Antagonisten, das heißt, sie können nicht gleichzeitig aktiviert werden.

Das mentale Bewusstsein ist nur die Gesamtheit aller möglichen Programme, die uns im Verlauf der Erziehung eingepflanzt werden. Zu einem Ganzen macht sie unser Superprogramm – unsere Persönlichkeit, für deren Stabilität unser Name sorgt. Das heißt, der Mensch ist im Wesentlichen ein Automat, er ist ein Hyperprogramm des Systems, in dem er aufwächst, mit einem individuellen Zugangscode – dem Vor- und Nachnamen.

Unser mentales Bewusstsein wird vom Sozium geformt, und es spiegelt umgekehrt das Sozium mit all seinem »Lehrwert«, mit allen seinen Beschränkungen und Verirrungen. Gerade in Entsprechung zu diesem »Wissen« *bewertet* das mentale Bewusstsein ununterbrochen die wahrgenommenen Empfindungen, und lehnt jene ab, die seiner Meinung nach gefährlich und unerwünscht sind.

Aber alle unangenehmen und abgelehnten Empfindungen sind notwendig und wichtig für unsere ganzheitliche Existenz. Dazu kommt, dass Empfindungen ihrer Natur nach *niemals* negativ oder schmerzhaft sind. Wir erfahren Qualen immer nur *aus Anlass* von Empfindungen, nicht aber wegen dieser. *Jeder Schmerz entsteht nur als Ergebnis unseres Widerstandes gegen die Empfindungen, die mental als schädlich bewertet werden.* Das heißt, gerade unser Verstand mit seinem Wissen bzw. seinem Vorurteil darüber, was gut und was schlecht ist, zwingt uns zu leiden und Schmerz zu empfinden.

Damit wird deutlich, dass wir die ganze Zeit nicht die Welt erleben, sondern unsere Bewertung dieser Welt. Das mentale Bewusstsein teilt ununterbrochen unsere Empfindungen der Wirklichkeit in gute und schlechte ein und entscheidet »fürsorglich«, was wir annehmen und was wir zurückweisen sollen.

Genau dadurch geschieht die Zerstörung der Ganzheitlichkeit der Welt. Denn im Grunde ist alles äußerst einfach: Wenn man die lebendige Welt wirklich nur über die Empfindungen wahrnehmen kann, dann sollten diese vollständig sein, und nicht vom Verstand selektiert.

Im Lichte dessen sieht das, was wir gewöhnlich ein Problem nennen, ganz anders aus. Was ist für uns ein Problem? Jedes Problem drückt sich *immer* durch Empfindungen aus. Seinem Wesen nach ist ein Problem identisch mit Empfindungen, denen schon vorher eine mentale Färbung, eine bewertende Charakteristik gegeben wurde.

Gerade *über ein Problem kommen die Empfindungen zu uns (zurück), die wir schon einmal abgelehnt haben, welche wir der Meinung des mentalen Bewusstseins nach nicht durchleben wollten, nicht anzunehmen entschieden hatten.* Aber in Wirklichkeit hatten wir einen Teil des Universums abgelehnt, indem wir ihn als »schlecht« bewertet haben, und als Folge hatten wir die Einheit mit der Welt verloren.

Also ist ein **Problem identisch mit früheren unangenehmen Empfindungen.** Daraus folgt ein sehr wichtiger Schluss: **Jedes (jedes beliebige!) Problem verschwindet unverzüglich, sobald wir sämtliche mit ihm auftretenden Empfindungen akzeptieren.** Wenn wir das nicht tun, kommen sie in Form aller möglichen, ständig mehr werdenden problematischen Situationen in unser Leben, bis zum Ende unserer Tage. Und sie beschleunigen auch noch das Näherkommen dieses Endes.

Das Annehmen, die Akzeptanz ersetzt jede Analyse, jede Frage nach dem »Warum?«. Viel konstruktiver ist die Frage »Wo?«. Wo in uns wohnt das Problem? Durch welche Empfindungen drückt es sich aus? Wenn wir sie dann nachvollziehen, fixieren wir diese Empfindungen mit unserer Aufmerksamkeit und arbeiten an ihnen mit Hilfe der vorgeschlagenen Methoden.

Worin besteht ihr Wesen? **Alle Techniken unserer Schule sind *immer* nur auf eines gerichtet – auf die Beseitigung des Widerstandes gegen die erlebten Empfindungen. Danach, wenn das getan ist, verschwindet das Problem *für immer* aus unserem Lebensraum.**

Und genau hier findet sich die Antwort auf die etwas paradoxe, aber gleichzeitig sehr wichtige Frage: *»Sie möchten aus dem Problemraum austreten? Wo möchten Sie eintreten?«*

Das ist unbedingt erforderlich – zu wissen, was man wirklich will. Wenn wir uns nur wünschen, dass »alles gut ist«, passiert unterm Strich *NICHTS*. Das Universum reagiert immer sehr feinfühlig auf all unsere Anfragen, aber formulieren müssen wir sie präzise. Deshalb müssen wir uns sehr genau vorstellen, was sich hinter der berühmten »Problemlösung« verbirgt.

Gewöhnlich versteht man darunter die Veränderung *äußerer* Ereignisse und Umstände. Aber im Rahmen unserer Schule interessieren diese uns wenig. Für uns ist etwas anderes bedeutend wichtiger: *der innere Zustand*. Und wenn der harmonisch ist, besteht überhaupt kein Zweifel, dass sich auch im Äußeren die Ereignisse auf maximal günstige Weise entwickeln.

Wir haben schon gesagt, dass jedes Problem immer nur unseren Empfindungen entspricht. Wenn diese harmonisiert werden, verschwindet das Problem. Dann treten wir tatsächlich in einen neuen und ganz besonderen *problemlosen Raum* ein.

Wodurch ist er charakterisiert? Vor allem durch ein *Einverständnis mit jeglichen Empfindungen*, dem Fehlen innerer Konflikte und Anspannungen, das heißt, durch ein *totales, unbedingtes Erleben jedes Partikels des eigenen Lebens*. Dieses Thema ist sehr wichtig, und wir werden darauf im Verlaufe unserer weiteren Untersuchung noch mehrmals zurückkommen.

Reaktionen

»Gleich nach dem Vortrag hatte ich das Gefühl, dass ich mich erkältet habe, offenbar vom Wetterwechsel. Ich spürte Gliederschmerzen und Schüttelfrost. Ich sah mich als eine Wanduhr mit herausstehenden Federn, als hätte man sie beim Aufziehen überdreht. Die Uhr »wünschte sich«, dass man sie mit Schokolikörcreme einspritzt und einschmiert. Nachdem sie mit der entsprechenden Dosis versorgt war, ging sie wieder, aber jetzt bewegte sich das Pendel schwebend, wie in Zeitlupe. Es entstand ein Gefühl der Ruhe und Entspanntheit. Ich schlief für eine halbe Stunde ein. Ich erwachte in einem Superzustand.«

— — —

»Ich machte die ganze Prozedur der »Befreiung« des Bildes meiner Marionette, aber ich empfand keine Erleichterung. Warum?«

»Beschreiben Sie, wie Sie gearbeitet haben!«

»Ich bemühte mich um die richtige Entwicklung eines Bildes, um alles Schlechte darin in etwas Gutes zu verwandeln.«

»Das war der Fehler. Und nicht nur einer. Nach Ihrer Schilderung haben Sie das alles viel zu ernst gemacht, das heißt, unter mentaler Kontrolle. Ihre »richtige Entwicklung des Bildes« wurde von der Puppe bestimmt, von der Sie doch wegwollten. Also – unter deren Diktat? Sie sollen nichts ›richtig‹ machen, orientieren Sie sich nur an Natürlichkeit und Annehmlichkeit des Geschehens. Und vergessen Sie das Wort ›bemühen‹. Kann man denn ›bemüht spielen‹? Lassen Sie los, erlauben Sie dem Bild, sich selbst zu realisieren. Und bewerten Sie nicht, was gut und böse ist. Wer weiß das wohl? Schon wieder die Puppe. Wenn zum Beispiel Ihr innerer Tintenfisch die Wände mit Ketchup bemalen oder Hibiskusblüten rauchen will – ist das gut oder schlecht? Erlauben Sie es ihm – und Schluss. Sonst tauschen Sie ein Marionettengefängnis gegen ein anderes ein.«

———

»Ich hatte für meinen Chef einen Entwurf für einen Brief an die Geschäftspartner gemacht. Ich brachte ihn zu ihm, damit er ihn studiert, er war sehr nervös, aufgedreht, jemand hatte ihm die Laune verdorben. Er überflog den Brief, machte mich fertig, ich sei völlig unfähig und bekäme auch noch Geld dafür. Ich verließ den Raum, warf den Entwurf auf meinen Tisch, beschloss, auf alles zu pfeifen und ging ins Café um die Ecke, bestellte mir einen Kaffee und rauchte eine Zigarette. Beim Rauchen erinnerte ich mich an den Zustand des Meisters. Ich arbeitete mein Bild durch, ein komischer Nonsense kam heraus. Auf dem Rückweg hatte ich den Konflikt vergessen. Ich ging zurück, setzte mich auf meinen Platz: Der Chef kommt rein und nimmt denselben Entwurf in die Hand – und lächelt: ›Na schau, du kannst ja, wenn du willst …‹«

———

»Und wenn mir mein Meisterbild nicht gefällt? Soll ich es trotzdem verwenden?«

»So etwas kann nicht sein. Die Arbeit mit dem Bild machen wir immer bis zur vollständigen Befriedigung seiner ›geheimsten Wünsche‹ und Bedürfnisse. In diesem Fall ist das abschließende Bild immer angenehm für Ihr Bild und auch für Sie – denn Sie sind ja identisch.

In Ihrem Fall wurde die Arbeit entweder nicht zu Ende geführt, oder sie wurde vom Kopf aus gemacht – bewertend. Versuchen Sie, die Arbeit in ein Spiel zu verwandeln und vertrauen Sie mehr auf die Spontaneität und Ihre schöpferischen Fähigkeiten.«

——

»Ich wartete schon ewig auf ein Linientaxi, die Schlange war gigantisch. Anfangs ergab ich mich dem gewohnten Ärger, aber mit der Zeit erinnerte ich mich an den Meister.

Das Bild meines Zustandes war ein kleiner Koffer, in dem es klopft. Ich stellte mich auf das Bild ein und begann im gleichen Rhythmus mit einem Bein auf den Boden zu stampfen. So weit wie möglich, verwandelte ich mich in diesen Koffer. Aber ich war ja an einer Haltestelle! Die Leute sahen mich komisch an. Dennoch führte ich das Bild bis zu seiner ›Zauberqualität‹, es verwandelte sich in einen Bären, der sich Honig von der Tatze leckte. Ich überlegte nicht lange und kaufte mir ein Eis und spielte mit diesem Bild vor allen Leuten.

Plötzlich hörte ich hinter mir eine Stimme: ›Was machst du denn hier?‹ Ich drehte mich um – eine Freundin, wir hatten uns gefühlte hundert Jahre nicht gesehen. Die verbleibende halbe Stunde Wartezeit verging wie im Flug. Mir ist klar, dass das der Meister organisiert hat, aber ich habe eine Frage: Kann man die Arbeit mit dem Bild nicht nur für sich machen, um die umstehenden Leute weniger zu irritieren, wenn ich zum Beispiel plötzlich ein Igel oder eine Zahnbürste bin?«

»Je mehr Sie selbst an der Entwicklung des Bildes teilnehmen, indem Sie das Ganze durch Pantomime unterstützen, desto deutlicher wird das Ergebnis sein und desto tiefer der meisterliche Zustand. Und am Anfang ist das unumgänglich – Sie müssen sich diese Technik in ihrer besten Qualität aneignen. Das können Sie ja zu Hause, für sich machen.

Aber je nach Beherrschung dieser einfachen Technik kann man sie auch immer mehr ›unter die Leute‹ bringen, und in dem Fall wird sich das Spiel mit dem Bild tatsächlich mehr in Ihrem Inneren abspielen, ohne die Umgebung zu irritieren.

Hauptsache, nichts übereilen – alles hat seine Zeit.«

———

»Trotzdem, ich verstehe nicht ganz: Wenn das Problem nicht das meine ist, auf welche Weise kann ich, wenn ich nur an mir arbeite, dem anderen helfen?«

»Im Rahmen unserer Schule, das ist ein Prinzip, ist Hilfe für jemand anders nicht vorgesehen …

Ja, das ist wirklich Egoismus. Aber ein Egoismus etwas anderer Art, als Sie wahrscheinlich denken. Denken wir an den Spruch: Rette dich selbst, und neben dir retten sich Tausende. Wenn wir uns im Marionetten-Zustand befinden, ist es völlig ausgeschlossen, jemandem zu helfen. Wenn eine Marionette einer anderen Marionette helfen will, dann wird auch diese Hilfe marionettenhaft sein, nur eine Scheinhilfe.

Wir werden von falschen Vorstellungen geleitet: wenn ein Mensch Schmerzen hat, und Sie haben dafür gesorgt, dass der Schmerz verschwindet, haben Sie ihm real geholfen. Aber dieser Schluss ist fast immer fehlerhaft – manchmal müssen wir einfach einen Schmerz erleben, um bestimmte Schlüsse daraus für uns zu ziehen, uns einer Sache bewusst zu werden und in der Folge einen viel größeren Schmerz zu vermeiden. Schade natürlich, aber für den Menschen ist das der Haupt-, wenn nicht sogar der einzige Weg zu lernen.

Wie unterscheidet man eine Situation, wo Sie sich einmischen sollten, von der, wo Sie nur distanzierter Beobachter sind? Die Marionette kann das mit ihrem Verstand nicht unterscheiden, nur der Meisterzustand erlaubt es, das zu spüren und erteilt nötigenfalls einen Aufruf zum Handeln.

Vergessen Sie nicht, wir sind nicht nur ›egoistische Zauberer‹, wir sind auch Mit-Schöpfer, wir schaffen tatsächlich die Realität um uns herum, und die Qualität dieser Realität wird immer (!) von der Qualität unseres Zustandes bestimmt. Gerade sie ist das ›Baumaterial‹, aus dem wir unseren Alltag gestalten. Wenn wir in Harmonie sind, ist auch die Welt um uns in Harmonie.

Deshalb schlagen wir vor, all Ihre ›äußere Hilfe‹ auf Ihre innere Arbeit an sich selbst zu konzentrieren. Sie haben sich harmonisiert, und es verschwinden Angst und Sorge bei Ihren Freunden, die Kopfschmerzen bei Ihrem Kind, und die Nachbarin wird aufhören, Gerüchte über Sie zu verbreiten.

Und wenn bei äußeren Ereignissen dennoch Ihre Teilnahme erforderlich ist, vollziehen Sie im Meister-Zustand alles Notwendige – nicht ›aus dem Kopf‹, sondern aus dem inneren, intuitiven und sicheren Wissen, nicht um zu helfen, sondern zur Fortsetzung des Meister-Spiels.«

—

»Ist so eine spielerische Lösung des Problems nicht nur die Illusion einer Lösung? Gibt es eine Garantie, dass nach einiger Zeit nicht dasselbe Problem wieder in meiner Umgebung auftritt?«

»Sie gehen im Moment noch mit ›geschlossenen‹ Augen an der schon mehrfach erteilten Antwort auf diese Frage vorbei. Das ist übrigens sehr typisch – die mentalen Puppenmechanismen verbieten uns sehr real, was für sie bedrohlich ist. Deshalb unterstreiche ich nochmals: in allem, was Ihnen zu tun vorgeschlagen wurde, ist die Hauptsache gerade die Vereinigung, das Einverständnis mit Ihren destruktiven Zuständen. Das ist der wirklich meisterliche Zugang – die Wiederherstellung der verlorenen Ganzheit.

Das, was Ihnen im Augenblick das Wichtigste zu sein scheint, vielleicht das einzig Wichtige – die Lösung des Problems, ist nur ein angenehmer Nebeneffekt der getanen Arbeit.

Das allgemeine Schema der Entstehung eines Problems sieht so aus: Irgendwann wurde von Ihnen in der einen oder anderen Situation das Gesetz der Ganzheit und Einheit verletzt. Entweder wurde Ihnen diese Verletzung im Laufe Ihrer Erziehung von Ihrer Familie vermittelt, und im Ergebnis hat Ihre Wahrnehmung der Welt einen schadhaften Charakter angenommen. Das heißt, Sie nehmen etwas in Ihrem Leben nicht an, Sie verurteilen es, Sie weichen einer Sache aus. Oder umgekehrt, Sie geben einer Sache zu große Bedeutung, sie klammern sich daran und werden davon abhängig.

Vor diesem Hintergrund und zur Bestätigung dessen taucht in Ihrem Lebensraum unvermeidlich ein Problem beliebigen Charakters auf. Aber der Sinn seiner Existenz ist nur einer – es ist eine Erinnerung daran, dass eine Verletzung des Gesetzes der Ganzheit und Einheit stattgefunden hat, **mehr noch – das Problem ist immer ein unmittelbarer Hinweis darauf, woran man konkret zu arbeiten hat, um in seinem »Raum« die verlorene Ganzheit wiederzufinden**.

Wenn wir die beschriebene Arbeit mit dem Bild des Problems durchführen, lösen wir zugleich zwei wesentliche Aufgaben: über die Potenzialisierung des Bildes beseitigen wir die Schmerzhaftigkeit des Problems, seine Aggressivität im Verhältnis zu uns, das heißt, wir arbeiten quasi an seinen Symptomen; und über die Integration, die Vereinigung mit dem Problem selbst in Form seines Bildes regenerieren wir die meisterliche Ganzheit und arbeiten dabei auf der Ebene der Ursache.

Jetzt beantworten Sie sich Ihre Frage selbst: Wenn Sie alles gemacht haben, ehrlich und korrekt durchgespielt haben – wird es einen Anlass geben, wird sich ein Grund finden für ein wiederholtes Auftreten des ›als hausgemacht anerkannten‹ Problems in Ihrem Lebensraum?«

———

»Ich bin ein sehr nüchterner und praktischer Mensch. Ich sage es ehrlich: Ich habe gegenüber all dem Gehörten vom ersten Tag an ein gewisses Maß an Skepsis mitgebracht: Das ist ja alles interessant, aber ob das in einer ernsten Situation hilft? ... Als wäre sie bestellt worden, kam nach kurzer Zeit die Bewährungsprobe. Ein Geschäftsabschluss drohte zu scheitern, den ich schon fertig vorbereitet hatte. Für mich wäre das erstens mit bedeutenden finanziellen Einbußen verbunden gewesen und zweitens mit Unannehmlichkeiten in der Arbeit. Alles hing jetzt von den Ergebnissen der bevorstehenden Verhandlung mit Auftraggeber und Klient ab. Beide Seiten waren sehr feindselig gestimmt, für einen Kompromiss nicht zu haben. Als ich mich vor der Sitzung innerlich betrachtete, fand ich als Bild meines Zustandes ein ›schneeweißes Hochzeitskleid, über den ein Trupp Soldaten geschritten war‹. Ich arbeitete an dem Bild, und seinem Wunsch entsprechend gab ich ihm die ursprüngliche Reinheit zurück; doch das Bild wollte kein Kleid mehr sein – es fühlte sich zu wenig frei. Es entschwand als Wolke nach oben und fiel als Sommerregen herab und erklang wie ein kleiner Bach, der fröhlich von einer Anhöhe herab plätscherte. Während der Verhandlungen stellte ich ein Glas Wasser vor mich und klopfte von Zeit zu Zeit mit dem Stift daran, was einen leichten Klang erzeugte und mich an den ›klingenden Bach‹ erinnerte. Überraschend drehte sich das Gespräch in eine andere Richtung – es eröffneten sich neue Aspekte, die für beide Seiten interessant waren. Im Übrigen kam der Vertrag nicht nur zustande, er wurde sogar über eine höhere Summe abgeschlossen, als ursprünglich vorgesehen war.«

Empfehlungen zur Herstellung des Zustandes

Im Lauf der kommenden Woche bearbeiten Sie sämtliche destruktiven oder kritischen Zustände, jede Unzufriedenheit oder Ablehnung egal in welcher Angelegenheit sofort mit der Technik des Zauberstabs und finden sich auf diese Weise im Zustand des Meisters wieder. Vergessen Sie nicht – das ist ein Zustand der vollständigen Offenheit und des Einverständnisses sowohl mit der Sie umgebenden Welt, als auch damit, was mit Ihnen persönlich geschieht. Gewöhnen Sie sich an, den Meisterzustand zur Prophylaxe von Problemen einzusetzen statt zu deren Lösung.

Beobachten Sie alle Veränderungen, die in der neuen Qualität mit Ihnen geschehen, auf innerer Ebene wie auf der äußeren Ereignisebene. Wie sehr verändert sich das körperliche Wohlbefinden im Meister-Zustand? Ist die Welt um Sie herum freundlicher geworden? Wie äußert sich das?

Beobachten Sie, wie sich die Qualität Ihres inneren Zustandes auf die Qualität der äußeren Ereignisse auswirkt. Gewöhnen Sie sich an, für die Qualität des von Ihnen geschaffenen Universums verantwortlich zu sein.

ZUSTAND ZWEI –
lachbereit

Ist es ein Windstoß, der das Meer aufreißt, oder der Himmel, der die Augen kneift, ist es das Märchen, das Schmarrn erzählt, oder ein Gott, der in Zorn gerät. Das Wasser steigt, der Mensch wird kleiner, aber er geht – unserer, nicht irgendeiner.

»Ein Märchen ist schnell erzählt«, brummte der Alte Peter, »aber eine Sache ist nicht schnell gemacht.« Und er wandte sich dem Meer zu, dem blauen Meer, dem Meer des Überflusses, mit einem goldenen Fisch in der Schatzkammer seiner Wellen.

»Meister sein ist eine raffinierte Sache«, sagte der Alte, über ein Grasbüschel stolpernd. »Fein, aber unbeständig. Und mit meiner alten Hexe kann man sich auf den Weg machen, aber wenn sie das Maul aufreißt, dann wehe dir – wo willst du dich verbergen?

Die alten Sorgen, die alte Qual. Die alten Leidenschaften – ist es nicht fatal? Kein Respekt vor dem Meister, nur Geläster, Spott, Hohn. Und meine Alte, die Wolgalaus, hat mich wieder zum Meer hinausgejagt – mit einer Bittschrift!«, brummte der Alte, als er ans Ufer trat und die schaumigen Wellenrücken von seinen Knien strich.

»*Fischlein, hörst du mich?*«, rief er. »*Komm sofort her! Viele süße Worte hast du mir eingeflüstert. An meine vergangenen Zeiten hast du dich sogar erinnert. Viele Rechte und Kräfte hast du mir zugesprochen, aber ich stecke bis zum Hals in Problemen.*«

Da teilten sich die blauen Wasser, die stürmischen Wellen, die starke Strömung. Und auf dem Wellenkamm, im goldenen Licht, tauchte der Fisch aus der Tiefe und sprach:

»*Bist du's, Peter? Bist du völlig im Märchen aufgegangen, oder hast du dich in deiner Marionette verloren? Oder hast du vielleicht Schaden an deinem Kopf genommen?*«

»*Sei nicht zornig, Fischlein, zürne nicht mir Leichtsinnigem*«, *sagte der Alte*, »*ich bin dem schönen Märchenklang nicht gewachsen. Ich habe viel Kraft aufgewendet, viele Spiele gespielt. Ich dachte, es wird was bringen – aber es ist alles weg. Ein einziges Durcheinander ist geblieben, das ist es, ja.*«

Da tat dem Goldenen Fisch der alte Peter wieder leid. So alt ist er doch noch gar nicht!, dachte der Fisch.

Er schwamm näher heran.

»*Ja*«, *murmelte er*, »*zumindest sieht es so aus, freilich sagt man, dass es den Menschen eigen ist, die alten Fehler in neue zu verbessern. Wenn du es geschafft hast, dich nach unserem letzten Gespräch unglücklich zu machen … Na gut, heraus mit der Sprache, was ist dir denn geschehen?*«

»*Na, meine Alte eben*«, *sagte Peter*, »*die ist wie ein eingezogener Schiefer. Kein einziger Meister kann neben ihr bestehen. Nein, am Anfang sah alles gut aus, solange ich mich als Wolke gefühlt habe oder als Wind im Feld oder als ein kleiner Regen, besser geht's nicht.*

Aber wehe, ich vergesse mich darauf«, seufzte er, »und alles ist wie gehabt. Aber wie soll ich mich nicht vergessen? Es passiert einfach, dass sie keift: ›Alter! Wo bist du? Was machst du? Rühr dich, Verfluchter!‹ Da fällt mir das Herz aus Gewohnheit in die Hose!

Du glaubst nicht, mein lieber Fisch«, seufzte der Alte, »wie viele Jahre sie mich schon auf diese Weise verspottet. Jede meiner Zellen ist davon durchdrungen. Wie soll sich da ein Meister neben ihr einleben? Sogar die Kakerlaken haben wegen ihr längst das Weite gesucht …«

»Und warum hast du nicht«, sagte der Fisch und wackelte mit der Flosse, »deine Bitterkeit genommen und deine Uneinigkeit mit deiner Alten und hast sie in ein spielerisches Bild verwandelt? Warum hast du ihm nicht die Freiheit gegeben, dem Bild? Warum hast du dich nicht verbrüdert mit ihm, warum bist du nicht mit ihm verschmolzen, warum hast du dein Missfallen nicht ausgeräumt?«

»Weiß der Geier!«, erregte sich der noch gar nicht so alte Alte, »ich bin dem wohl noch nicht gewachsen, wie es aussieht, überhaupt ist mir das alles ganz neu … Ich bin es nicht gewohnt, ein Techtelmechtel mit einem Problem anzufangen, noch neige ich dazu, mich dagegen zu stemmen …«

Er bewegte die Lippen, zupfte an seinem Bart und sagte vertraulich zu dem Fisch:

»Siehst du, die Frau ist so ein schwaches und schutzloses Wesen, von dem man sich keine Rettung erwarten darf. Auch wenn man sie verstehen kann – wer erwartet schon was Gutes von einer Rippe? – aber ich habe einfach keine Kraft mehr.

Unlängst erst«, fuhr der Alte fort, »saß sie vor dem Spiegel, da saß sie also und fragte mich: »Und wie viele Jahre würdest du mir geben, wenn du mich so anschaust?« Als hätte die alte Hexe nicht genug an eigenen Jahren, dass man ihr noch welche extra geben muss. Genau so hab ich ihr geantwortet … Du hättest darauf ihr Keifen hören sollen! Sie schickte mich zu dir, ›geh zu deinem Fisch und frag um eine neue Jugend für mich‹.

Sie hat sich wohl verausgabt, sie hat sich abgenutzt, ihr Haltbarkeitsdatum ist wohl abgelaufen«, kicherte Peter schadenfroh.

»Ja«, sagte der Goldene Fisch, nachdem er aufmerksam gelauscht hatte. »Nicht alles ist so schlecht, wie du denkst. Alles ist noch viel schlimmer. Verstehst du wirklich nicht, dass du von allen Seiten nur von dir selbst umgeben bist, dass es sich niemals lohnt, schlecht über andere zu sprechen, weil er doch als Teil von dir immer zuhört?

Ich wollte dir eigentlich nur durch die Erinnerung an deine ursprüngliche Vollkommenheit helfen. Ich ließ dich den Zustand des Meisters erneut fühlen. Aber wie man sieht, war das zu wenig.

Also, alles wie gehabt«, fügte er nachdenklich hinzu. »Aber kränke dich nicht, wenn das Erwünschte nicht sofort eintritt, das kann manchmal auch ein Glück sein. Und mit dir zusammen werden wir ein Bündel Maßnahmen ergreifen. Dein Fall ist kompliziert in seiner Banalität …«

»Eine Banalität?«, fragte der Alte irritiert. »Wenn es um etwas Kompliziertes geht, dann schaff ich das wohl nicht. Ich bin nicht mehr in dem Alter …«

»Lernen werden wir gar nichts«, lachte der Fisch. »Wir werden nur ein bisschen herumblödeln. Und was deine Jahre angeht, da denk dir nichts, du schaffst das, und nicht nur im Märchen. Du kriegst ein Rezept zum Jungbleiben, und wirst überhaupt ein richtig toller Kerl.«

»Danke dir, mein Fisch«, sagte der Alte ganz aufgeregt. »Ich dachte, das ist alles nur Geflunker mit der Jugend. Aber du wirst mir helfen, hast du beschlossen …«

»Ach!«, rief der Goldene Fisch »Auch ein Knebel, der in Honig getaucht ist, ist ein Knebel. Besonders, wenn man ihn nicht in den Mund steckt, sondern direkt ins Hirn … Die Zeit zu helfen ist vorbei, Peter, such dir jetzt selber dein Glück. Einen Rat gebe ich dir noch, aber nicht mehr.

Meine Zeit in deiner Geschichte läuft ab«, fuhr der Fisch fort. »Andere werden dir über den Weg laufen, höre ihnen aufmerksam zu. Es gibt keine zufälligen Begegnungen im Leben. Auch wenn der Zufall die Welt regiert, so bist es doch du, der den Zufall regiert. Dir steht noch bevor zu begreifen, dass sich dein ganzes Schicksal unter deiner Mütze versteckt.

Vergiss niemals, dass in dieser Welt nur das existiert, was du über diese Welt empfindest.

Und suche dich selbst«, fuhr der Fisch fort, »aber nicht den armseligen, gequälten, sondern den freien und glücklichen Peter. Schweife nicht in die Ferne. Sei nicht vorschnell klug. Zum Anfang schau dich einfach an. Wer in dir wohnt, das weißt du bereits.

Tritt aus dir heraus, Peter«, sagte der Fisch, »verlasse dich, den unansehnlichen, aber gewohnten und vertrauten Peter. Betrachte dich von der Seite. Schau dich an, bis du zu lachen anfängst. Denn es ist wirklich komisch, wenn du deine Marionettenwichtigkeit wie im Theater von außen betrachtest. Dann beginnt vielleicht dein richtiger Weg.«

So sprach er, wedelte mit der Schwanzflosse und verbarg seinen Glanz im blauen Meer.

—

Lange noch stand der Alte am Ufer und starrte auf die schaumigen Wellenkämme, bis er zitterte vor Kälte. Da umschlang er sich selbst mit seinen Armen, so nass und erbärmlich wie ihm zumute war, und schleppte sich hängenden Kopfes fort.

Im Gehen stützte er sich auf die Uferfelsen und murmelte vor sich hin.

»Es ist Zeit zum Steinewerfen«, grämte er sich, »und Zeit, über diese Steine zu stolpern …

Wenn ein Stein auf einen Menschen fällt, ist es schlecht für den Menschen. Wenn ein Mensch auf einen Stein fällt, ist es wiederum schlecht für den Menschen … Wie man es dreht und wendet, für den Menschen ist es immer schlecht …

Moment, was hat das mit mir zu tun?«, rief sich Peter zur Ordnung. »Die Alte ist gar nicht hier, und trotzdem jammere ich. Kopf hoch, ein bisschen dreister, versteck dich nicht, du Meister!«

Peter blickte nach innen, da sah er sein schweres Herz, er fühlte den Steinbrocken seiner Seele, grau und kalt, vom Wind gezeichnet … Da umgab er den Stein mit seiner inneren Wärme, tat, als würde er ihm Zauberkraft schenken, und dachte:

Such dir dein Glück selber! Da löste sich der Stein und fiel ins Nirgendwo. Er spürte die Weite und eine seltsame Leichtigkeit, die im Winde spielte. Und schon erblickte ihn Peter, der Alte, aber nicht mehr als Stein, sondern als, ja, als Vogelscheuche, bunt und auf der weiten Ebene im Wind flatternd.

Da spreizte der Alte seine Arme, richtete sich zu seiner ganzen Größe auf, spürte eine hölzerne Schlankheit in sich und eine lumpenhafte Leichtigkeit, als wäre er wirklich zur Vogelscheuche geworden. So stand er da und schwankte im Wind, und wurde von Ruhe erfüllt ...

Und da hatte er genug davon, mit zur Seite gestreckten Armen im Feld zu stehen, er sah sich nach allen Seiten um und erstarrte vor Verwunderung: nur ein paar Schritte vor ihm stand eine richtige Vogelscheuche, die sich im Winde wog.

Er ging näher heran, da stand sie, inmitten des leeren Feldes, von Raben belagert ... Der Alte verglich sie mit seinem inneren Bild, und als er den Unterschied bemerkte, erfasste ihn Mitleid.

»Ach, du kleines Waisenkind«, sagte er, während er aufmerksam die Vogelscheuche betrachtete, und fügte mit Verwunderung hinzu: »Irgendwie kommst du mir bekannt vor ...«

Da warf Peter entschlossen seinen alten Umhang und seinen löcherigen Hut der Vogelscheuche über. Dann holte er aus einer alten Feuerstelle ein Stück Kohle und ging ganz nah an die Vogelscheuche heran.

»Jetzt aber«, murmelte er und zeichnete an dem Lumpengesicht herum. Als er fertig war, trat er zur Seite, neigte leicht den Kopf und betrachtete sein Werk.

»Ach du liebe Zeit! Ganz der Peter!«

Sein Mund stand ihm offen vor Begeisterung. Er stocherte mit dem schwieligen Finger an der Vogelscheuche herum und lachte los, und war nicht mehr zu halten.

»Ich kann nicht mehr«, prustete er los. »Wirklich, ganz der Peter!

Und du bist also noch gar nicht alt, alter Peter«, lachte er weiter und wischte sich die Tränen vom Gesicht.

Er warf noch einen Blick auf seine Puppenkopie, und der frischgebackene Meister spürte verwundert seinen Empfindungen nach.

Diese waren so ungewöhnlich, dass es ihn unerwartet zum Reden drängte und zum Genießen der ungewöhnlichen Situation.

»Die haben schon recht. Wer über sein Unglück lachen kann, der hat immer einen Grund zum Lachen.

Und wie kann man über Unglück und Missgeschick lachen?«, führte Peter seine weisen Gedanken weiter. »Nur wenn man sie von der Seite betrachtet! Wenn der Fisch nicht gelogen hat, so stehen die Missgeschicke dem Meister im Licht, weshalb du ihn nicht in dir sehen kannst.

Es lebt also ein Meister in meinen Tiefen, und was ist oben? Wer versucht, mir etwas anderes unterzuschieben, wer erzeugt Missgeschick und Unglück?«

Der Alte blieb ein wenig stehen, strengte seinen Kopf an, zupfte sich am Bart und stupste die Vogelscheuche entschlossen mit seinem dreckigen Finger.

»Sie ist es, die das versucht. Sie stellt sich dem Meister ins Licht, meine innere Vogelscheuche, mein Puppengesicht, das ich wenigstens nicht selbst erfunden habe. Es hat sich fest an

mich gesaugt ... So dicht, als wäre ich dieses Gesicht. Nein, meine Lumpen sind das nicht! Fremder Plunder ist das!« Und er klopfte der Vogelscheuche gutmütig auf die strohene Schulter.

»Was ist hier wichtig?«, fragte Peter. »Man muss sie rechtzeitig in sich erkennen, die Vogelscheuche, und über sich als Puppe nachdenken. Das ist gar nicht so einfach! Wenn nämlich die Puppe und der Meister in ein und demselbem Körper wohnen. Hier ist eine Gewohnheit vonnöten, hier muss man die Unterscheidung gelernt haben, nur dann kommt allmählich das Verständnis – was bin ich doch für eine Vogelscheuche! So lächerlich, unbeweglich und hilflos, gar nicht echt; und das heißt, auch all meine Probleme sind nicht echt und ebenso puppenhaft. Und wenn man sich als Puppe von der Seite sieht? Das kann man, indem man einfach die Augen des Meisters verwendet. Und wie kann die Puppe mit den Augen des Meisters schauen? Nur indem sie sich seiner bewusst wird und zu ihm wird. Und so verschwindet die Puppe – und als Einziger bleibt der Meister.«

Da umarmte der alte Peter zärtlich seine Vogelscheuche:

»Du hast viel durchmachen müssen mit mir, du Unglücksrabe, aber das wird dir gutgeschrieben, für einen geschlagenen Alten gibt es, so sagt man, zwei ungeschlagene, und die auch noch in jüngerer Version ...«

———

War es unser unglücklicher Alter Peter, der an der Weggabelung stand, oder war es ein Meister – von außen ist das nicht zu unterscheiden, so ähnlich sind sich die beiden.

Er las die Aufschrift auf dem Stein:

»Gehst du nach links, verlierst du dein Pferd.« Der Alte seufzte leise und schielte auf seine abgetretenen Bastschuhe.

»Gehst du nach rechts, verlierst du deinen Kopf.« – »Auch ein Verlust«, murmelte er.

»Gehst du geradeaus ...« So sehr er sich auch bemühte, weiter zu lesen, es war vergeblich. Die Aufschrift war zu alt.

»Was man davon halten soll, ist auch einem Narren klar«, jammerte er nochmals und schrieb mit der Kohle die Fortsetzung.

Es kam heraus: »Gehst du geradeaus, prallst du gegen einen Stein.«

»Was machst du hier?«, fragte eine Stimme hinter Peters Rücken.

Er drehte sich um und erblickte einen kräftigen Kerl in roten Schuhen, mit Bogen und einem Schaft mit Pfeilen am Rücken. In der Hand hielt er einen Lappen, und darauf saß ein Frosch mit einem Pfeil im Mund.

»Na ja, ich zerstreue mich mit Künsten«, sagte der Alte Peter vor Aufregung und versuchte, dem Gespräch eine andere Richtung zu geben. »Und wer bist du, guter Recke? Und wohin trägst du diese grüne Ekelei? Oder bist du von den Franzosen? Vielleicht holst du dir was zum Essen?«

»Selber Franzose!« Der Kerl war gekränkt. »Kein Grund zum Streiten. Du lachst, aber bei mir steht Heiraten auf dem Plan.«

»Ich dachte gar nicht daran zu streiten«, rechtfertigte sich der Alte. »Ich sehe nur, du bist aus einem anderen Märchen.«

»Aber nein, du bist aus einem anderen«, protestierte dieser. »Hier kenne ich jeden Ort, aber an dich kann ich mich irgendwie nicht erinnern.

Obwohl ich gar nicht verstehe, wie das möglich ist«, fuhr er fort und betrachtete den Alten. »Die Grenzen der Märchen stehen doch fest?«

»Ist doch klar, der Zustand des Meisters«, sagte der Alte Peter, als spräche er über eine jedem geläufige Sache.

»Nun gut, obwohl …« Es war offensichtlich, dass sich der wackere Kerl keine Blöße geben wollte. »Mein Vater hatte auch so etwas … Das hat ihm der unsterbliche Kostschej geklaut …«

Es entstand eine verlegene Pause.

»Das ist die Königstochter«, sagte unerwartet der junge Ritter und deutete auf den Frosch. »Und ich bin Iwan der Zarensohn. Ich soll sie heiraten.« Er schwieg. »Aber ich hab keine Lust.«

»Kein Wunder«, antwortete der Alte verständnisvoll. »Wer hat schon Lust auf einen Frosch?«

»Idiot«, antwortete der Zarensohn gekränkt. »Man sieht gleich, dass du kein Hiesiger bist. Ich sage doch, das ist eine Königstochter. Sie ist eine Prinzessin, nur verhext. Wenn sie einer küsst, wird sie sofort befreit.«

»Und warum küsst du sie nicht?«, wunderte sich der Alte.

»Der Weg ist noch weit. Als Frosch kann ich sie leichter transportieren, und sie braucht weniger Futter. Außerdem hab ich keine Lust«, flüsterte er plötzlich. »Ich hab schon eine Braut, aber der Vater weiß es nicht.«

»Und warum flüsterst du?«, fragte der Alte. »Was zettelst du an, und überhaupt, warum erzählst du mir das alles?«

»Wenn du willst, kannst du sie küssen«, flüsterte der Zarensohn mit pfeifender Stimme. Sie wird deine Prinzessin, und ich mach dir noch ein Geschenk dazu. Und dem Vater sage ich, ein anderer Königssohn hat sie gefreit. Sonst lässt er sich nicht besänftigen.

»Küssen werde ich sie nicht,« sagte der Alte, dafür habe ich ja meine Alte, na ja, aber immerhin habe ich eine, immerhin. Und was für ein Geschenk?«

»Oh, das ist ein Wunder-Geschenk«, sagte der Königssohn lockend. »Aus Übersee. Ein Sack mit Lachen gegen alle Probleme. ›Made in China‹ heißt er.«

»Gegen alle?«, zweifelte der Alte. »Ist es ein Zaubersack?«

»Was hättest du gedacht?«, ließ der Königssohn nicht locker. »Ich sage doch – made in China. Hier lies, wenn du es nicht glaubst. Erfüllt die kühnsten Wünsche!«

»Und wenn sie nicht kühn sind?«, interessierte sich der Alte. »Ach was«, dachte er. »Den Sack nehme ich, und der Prinzessin gebe ich die Freiheit, soll sie sich selbst einen Bräutigam suchen.«

»Kann er einem die Jugend zurückgeben?«, fragte er misstrauisch.

»Dafür wurde er doch ersonnen.« Vor Ungeduld begann der Königssohn herumzutänzeln. Er griff nach dem Frosch und setzte ihn auf einen Stein. »Und? Wirst du ihn küssen?«

»Komme, was wolle«, brummte der Alte und berührte mit seinen Lippen etwas Kaltes, Schleimiges.

»Mutter Gottes!«, hörte er den verzweifelten Aufschrei des Königssohns. »Schon wieder die Falsche! Wie viele Frösche muss ich noch dem Vater zuliebe küssen, bis ich die richtige Königstochter finde!?«

Der Alte öffnete die Augen. Der Frosch saß immer noch auf dem Stein und schaute ihn mit großen Augen an. Dann riss er das Maul auf und rief: »Quaak, quaak!«

»Beim nächsten Mal«, antwortete der Alte höflich, aber bei sich dachte er: »Mein Sack!«

—

Eine Meeresbucht.

Ein sandiges, flaches Ufer. Die halb verfallene Hütte der beiden Alten. Daneben herumstehende oder sitzende Menschen – die wenigen Fischersleute aus der Nachbarschaft haben sich versammelt.

Alle starren unentwegt auf die Hütte der beiden Alten.

»Das ist jetzt schon der dritte Tag«, sagt jemand.

»Und das alles ohne Pause«, nimmt jemand den Faden auf.

»Wer hat sie wohl verhext?«, wird gemutmaßt.

»Oder haben sie den Verstand verloren?«, zweifelten andere Stimmen.

»Die Alte hat ihn so weit gebracht, und dann hat sie vor Sehnsucht selber durchgedreht«, sagten gewichtig die, die mehr Erfahrung auf dem Buckel hatten.

Die Fenster der alten Hütte zittern, das Klirren von Geschirr dringt nach draußen, der Staub fällt von den Wänden.

Und aus den Fenstern und der angelehnten Tür dringt Gelächter, Gegacker, Gewieher und Geschnatter. In dem Haus

wird gelacht und gelacht und gelacht, die beiden Alten krüm-
men und biegen sich.

»Aber es war noch jemand Drittes dabei«, sagte einer von
denen, die schon länger hier waren. »Der lachte am lautesten
von allen.«

»So muss es wohl sein, zum Teufel, und der hat sie so zum
Lachen gebracht …«

»Und wo ist er jetzt?«

»Offenbar vor Lachen geplatzt …«

Plötzlich ist es still. Zum ersten Mal nach drei Tagen
herrscht um die Hütte herum Ruhe.

Langsam, knarrend öffnet sich die Tür, und die vom La-
chen kraftlosen Alten kriechen heraus.

Die Leute eilen zu ihnen, helfen ihnen auf und weichen vor
Erstaunen zurück.

»Und wo ist der Alte Peter mit seiner Alten?«, ist eine ver-
wunderte Kinderstimme aus der Menge zu hören.

An der Schwelle stehen die beiden natürlich nicht mehr
jungen, aber völlig verwandelten und bedeutend verjüngten
ehemaligen Alten. (Wie soll man sie jetzt nennen?)

»Wenn die Batterien nicht leergelacht wären,« brummte
der ehemalig alte Peter, während er sich schwankend auf ei-
nen Balken stützte, »könnten wir noch weitere fünf Jahre so
weitermachen …

Freilich haben wir auch ohne Batterien zum Lachen ge-
funden«, fuhr er mit schwacher Stimme fort. »Aus dem
Bauch, von innen heraus eben. Aber wenn einen jemand von
außen mit Lachen ansteckt, gelingt es viel leichter, besonders
am Anfang.

Ich dachte, der macht dir was vor, der Iwan, der Königs-
sohn, aber denkste. Alle Wehwehchen hat das Lachen ver-
zehrt. Und die Falten haben sich geglättet. Und meine Alte
hat ihre Feindseligkeit eingebüßt. Und sie ist auch keine Alte
mehr.

Und leichter ist es, Meister zu werden, wenn man lacht.
Man kommt nicht zum Grübeln und Problemewälzen, wenn
man lacht.

Und sich im Nachdenken zu verirren, klappt auch nicht
mehr.

Nur eines klappt – einfach lachen und leben.

Einfach lachen und leben.«

Ein Blick von außen
auf die »innere Vogelscheuche«

Bei der vorigen Lektion haben Sie sich nur erlaubt, vorsichtig das Potenzial der riesigen Möglichkeiten zu berühren,
das im Zustand des Meisters verborgen liegt. Wir hoffen,
dass Sie sich schon überzeugen konnten, dass sogar dieser
erste Schritt spürbar die Richtung Ihres Lebens verändern
kann, es geordneter und offener für Freude und kreativen
Erfolg macht. Im Verlauf der Lektion haben wir herausgefunden, dass alle Objekte, sowohl unserer Umwelt als auch
unseres inneren Raumes, nur Energie sind, die in eine Hülle menschlichen Wissens eingeschlossen ist. *Ein Problem ist*
eine ebensolche Energie, ein negativ geladenes Programm,
das in uns lebt.

Es ist sehr verlockend, es endgültig loswerden zu wollen, indem man es sozusagen »auf den Müll wirft« und vergisst. Aber es lohnt sich nicht, dieser Verlockung zu folgen, denn es geht nicht um das Problem als solches, sondern darum, was dahintersteckt, hinter den Ursachen, die es hervorgerufen haben. **Es gibt immer nur eine Ursache – das Vergessen der Einheit und Ganzheit mit der uns umgebenden Welt,** der Versuch, die daran erinnernden Signale (gerade das, was wir Probleme und Schwierigkeiten nennen) in etwas Fremdes zu verwandeln, in etwas, das vernichtet werden soll.

Im Augenblick des Auftretens eines beliebigen Programms bildet sich in unserem Gehirn ein stabiles Energiefeld, das eine bestimmte Anzahl von Neuronen in Bewegung bringt. Im Verlauf der Zeit, beim Zusammentreffen verschiedener Faktoren, beginnt dieses Programm, sich zu realisieren, indem es sich mit quasi zufälligen Umständen und Ereignissen umgibt, die wir ein Problem nennen. Aber im Grunde ist das nichts anderes als das in sich selbst geschlossene Energiefeld, das einmal in unserem Bewusstsein geboren wurde. Ja richtig, geboren, von uns geboren und dem Wesen nach identisch mit uns.

Mit anderen Worten, alle destruktiven Programme sind unsere fehlerhaften und nicht vollständig entwickelten »Kinder«. Das sind die »Kinder«, die einmal vom vollwertigen Leben getrennt wurden und im direkten Wortsinn in die Tiefen des Bewusstseins »verbannt« worden sind. Hier hat die Illusion ihres aggressiven Verhaltens uns gegenüber ihren Ursprung – sie wissen nicht, sie verstehen nicht, was sie uns antun! Von ihrem »kindlichen« Standpunkt aus ist alles, was sie in unserem Leben inspirieren, dazu da, um uns zu helfen, weil es eine Erinnerung daran ist, dass wir in unserer Grundlage mit ihnen eins sind; dies aber einfach vergessen haben, weil uns ihre äußerliche Bedrohlichkeit erschreckt hat.

Ist es da zulässig, sie völlig von uns zu isolieren? Werden wir uns damit nicht selber schaden?

Aber um wieder eins zu werden mit ihnen, reichen pathetische Äußerungen »über unsere Einheit« nicht aus. Die Erinnerung an Missgeschick und Schmerz, die uns die Probleme gebracht haben, wird nun mal zum »Stein des Anstoßes« für die Wiederherstellung der Einheit. Wir können einfach nicht glauben, dass sie wirklich »Fleisch von unserem Fleisch« sind. Und kaum jemand ist bereit, in ihnen sich selbst zu erkennen. Denn in der Zeit der »langen Trennung« sind sie, wie richtige verwahrloste Kinder, »abgemagert«, »verlaust«, und »in ihrer Entwicklung zurückgeblieben«. Die schöpferische Energie, die ihnen am Anfang gegeben war, erfuhr keine Entwicklung, sie hat ihr Potenzial nicht realisiert.

Wenn wir versuchen, sie sofort zu uns zu holen, wird kaum etwas dabei herauskommen: diese »kleinen Wilden« werden wie richtige Moglis kratzen und beißen … Was macht man in solch einem Fall? Man hilft ihnen, sich zu entwickeln, sich zu realisieren, man hebt sie auf die eigene Ebene. Nur dann wird eine Umarmung möglich. Dieser Zugang wird dann wahrlich ein meisterlicher sein.

Genau damit haben wir uns in der vorigen Lektion befasst, wo wir mit verschiedenen Bildern unserer Problemzustände in Austausch getreten sind und der in ihnen »verschlossenen« Energie geholfen haben, ihr kreatives Potenzial zu entfalten. Und möge es Sie nicht irritieren, dass der meisterliche Selbstausdruck eines ehemaligen Problems häufig kindlich unernst wirkt, vielleicht sogar primitiv. Vergessen Sie nicht, das sind nur »Kinder«, sie haben nur einen geringen Teil unseres gesamten Bewusstseins. Nehmen Sie ihre Meistertätigkeit mit Verständnis auf, wie unsolide sie auch aussehen mag. Ihre Freiheit liegt im Kleinen.

Zweifellos werden sie in der ersten Zeit noch mit Problemen einer erhöhten Emotionalität konfrontiert sein, was auch schmerzhaft sein kann. Oder mit Problemen, die sich vor langer Zeit in Ihnen eingenistet haben und Auswirkungen auf Ihre Gesundheit, Ihren Charakter oder Ihre Weltsicht gezeigt haben.

Ihrer »technischen« Komplexität nach sind sie nicht bedeutender als etwa ein gewöhnlicher Schnupfen, und können prinzipiell genauso einfach und schnell beseitigt werden. Aber wenn sie über Jahre zur Gewohnheit wurden, haben sie ihr Dasein in einer »inneren Matrix« im Zellgedächtnis verfestigt.

In allen Fällen eines nicht meisterlichen Zustandes wird Sie diese »Problemmatrix« in frühere, verzagte und schmerzhafte Stimmungen zurückversetzen. Vielleicht haben Sie diesen Schwankungsprozess zwischen harmonisch-meisterlichen und destruktiv-unmeisterlichen Zuständen bei sich schon festgestellt.

Noch ist das normal. Im Weiteren führt die Gewohnheit, sich dauerhaft im Meisterzustand zu befinden, zu einer völligen »Immunität« gegenüber destruktiven Ereignissen. Aber die Annäherung muss fließend und allmählich geschehen.

Wir haben schon davon gesprochen, dass die Hülle des falschen »Wissens« von sich, die uns das Sozium übergehängt hat, eine der hartnäckigsten und tückischsten Fallen ist. Sie wird dem Meister im Augenblick seines Erscheinens in dieser Welt »übergestülpt«. Von Tag zu Tag wird sie dann immer monumentaler und unerschütterlicher und verwandelt sich allmählich in ein missgestaltetes Puppengesicht – die Sozium-Persönlichkeit.

Wenn Sie sich im ganzheitlichen Meisterzustand durch die Vereinigung mit dem befreiten Bild neu erschaffen, haben Sie schon einen wesentlichen Schritt zu Ihrer Unabhängigkeit von der Sklaverei des Soziums getan. Der nächste Schritt in diese Richtung wird die Fähigkeit sein, in jeder Situation seinen soziumbedingten bzw. Marionettenanteil zu sehen.

Die Fähigkeit, seine Persönlichkeit nachzuvollziehen, sie in ihrer grotesken Puppenform zu erkennen, stellt eine starke Transformationsübung dar. Es geschieht das, was man »Des-Identifikation« nennt, das heißt, die Sozium-Hülle, die immer abhängig und den Umständen unterworfen ist, von dem Selbst des harmonischen und ursprünglich freien Meisters abzulösen.

Wofür ist das nötig?

Ein Problem kann nicht auf derselben Ebene gelöst werden, auf der es entstanden ist. Solange wir »im Problem« sind, sind wir auch mit ihm identisch. Es ist erforderlich, über seine Grenzen zu treten und einen »äußeren« Blick auf das Problem selbst und auf unsere puppenhafte Hilflosigkeit in seinen Folterkammern zu werfen.

Wenn wir uns gleichsam von außen betrachten, entdecken wir die völlige Relativität der Vorgänge, das heißt ihre Nicht-Zwangsläufigkeit, was es uns erlaubt, selbst jene Zustände furchtlos zu betrachten, die wir bisher nicht wagten zu berühren, weil das zu schmerzhaft war.

Die Sorgfalt und Ehrlichkeit einer solchen Untersuchung sind sehr wichtig. Denn wenn dabei irgendetwas vor uns selbst verborgen bleibt, auch wenn das aus »guten Absichten« geschieht, dann bleibt natürlich auch die Angst vor diesem Problem, also das Problem selbst. *Wir haben immer Angst vor dem, was nicht bis zum Ende erkannt ist, wovon wir nicht überzeugt sind.*

Auch hier gilt ein allgemeines Prinzip: »**Alles, was endgültig verstanden ist, hört auf zu existieren.**« Warum? Sie haben noch nicht vergessen, dass wir Mit-Schöpfer sind und unsere Umwelt ausschließlich aus uns bauen, aus »unserer Qualität«? *Etwas endgültig verstehen heißt, sich selbst darin erkennen.* Aber der Moment eines solchen »Erkennens« führt zu einer Aufhebung jeglichen Widerstandes, Sie »fusionieren« mit dem Problem – mit Ihrem rechtmäßigen Anteil, und dieses »schmilzt«, es löst sich in Ihnen auf. Freud hat in diesem Zusammenhang geschrieben, dass »krankhafte Zustände nicht existieren können, wenn ihre Auflösung möglich ist … Das ist wie in den Märchen von den bösen Geistern, deren Kraft erlischt, sobald man sie beim richtigen Namen nennt, den sie geheim halten.«

Diese Fähigkeit erlaubt es, sich von der Seite zu sehen, seinen Puppenanteil nachzuvollziehen, den Ernst und die Wichtigkeit aller negativen Ereignisse zu nivellieren; sie schafft die Möglichkeit zur Durchführung einer ehrlichen Untersuchung anhand der Empfindungen, und hilft beim Erkennen des »Geheimnisses des bösen Geistes«, des Problems. Sie hilft, den eigenen Anteil daran zu erkennen und sich mit diesem zu verbinden, ihn zu integrieren.

Dabei ist zu unterstreichen: Die Künstlichkeit der Teilung des eigenen Selbst in Meister und Marionette ist offensichtlich. Es ist klar, dass die Puppe, die vom Meister »aus sich selbst« geschaffen wird, ebenso Meister ist. Aber das wird in ihr erst deutlich, wenn ihre meisterliche Basis entdeckt ist, nachdem sie sich als Schöpfer erfahren hat, welcher die Verantwortung für das von ihr geschaffene Universum trägt.

Solange die Puppe die Außenwelt, die Probleme und Umstände als etwas »Fremdartiges« versteht, solange eine derartige Trennung erhalten bleibt, bleibt sie Puppe. Sie bleibt ein abhängiges Geschöpf, unselbstständig und künstlich.

Aber man muss auch berücksichtigen, dass unser Streben nach Des-Identifizierung auf keinen Fall eine Annullierung sämtlicher Spiele bedeutet, an denen die Marionette teilgenommen hat.

Unsere Aufgabe ist es, während wir in unserem physischen Körper bleiben und unser mentales Bewusstsein aktiv nutzen, dennoch frei von seiner Macht über uns zu bleiben. Die beiden sind nur Instrumente unserer Anwesenheit in dieser Welt, aber solange wir uns mit ihnen identifizieren, hängen wir von ihnen ab, und sie nützen uns gnadenlos aus.

Wenn wir es jedoch geschafft haben, diese Abhängigkeit zu erkennen, bekommen wir eine reale Chance zur Verwendung unserer mentalen und physischen Bestandteile nach Ermessen unseres Meisters, das heißt, wir erlauben uns jetzt jede beliebige Existenzform im Sozium, jede Weise des Selbstausdrucks, aber nur unter der Bedingung des meisterlichen Blicks von der Seite auf uns.

Auf dieser Etappe schlage ich vor: im Kontakt, bei der gewöhnlichen Arbeit, und besonders in Stresssituationen den Blick von der Seite auf das Geschehen zu wahren und zu sehen, dass nur die »Puppe«, Ihre »innere Vogelscheuche« darin verstrickt ist, die im Auftrag des Soziums hergestellt wurde.

Das erlaubt es Ihnen, sich von dem unvermeidlichen und immer falschen Ernst des Geschehens zu distanzieren, und die Freiheit des Meisters und die Unabhängigkeit zu wahren.

Das Innere Lachen

> *»Das Lachen ist die Sicherheitstechnik der Existenz.«*
> Oscar Wilde

Im Prozess der Menschwerdung und der Entwicklung des Bewusstseins kam seine physische Entwicklung praktisch an ein Ende. Natürlich heißt das nicht, dass er tatsächlich die »Krone der Schöpfung« wurde und seine Vollkommenheit erlangt hat. Nur treten jetzt andere Entwicklungskriterien auf den Plan, die nur am Rande mit seiner Physis zu tun haben.

Sie haben noch nicht vergessen, dass wir in höherem Maß geistige Wesen sind als körperliche?

Gerade diese Situation bestimmt auch die Richtung unseres weiteren evolutionären Fortschreitens, und konkret **die Befreiung und Vervollkommnung der geistigen Komponente des Menschen, die Evolution des BEWUSSTSEINS.** Und folglich – die Evolution sämtlicher Komponenten des BEWUSSTSEINS.

Welche Eigenschaften hat der Homo sapiens abgesehen von der *Selbsterkenntnis*? So viele sind es gar nicht, und eine der erstaunlichsten und, so seltsam das klingen mag, am wenigsten erforschten ist das *Lachen*.

Es erweist sich, dass gerade das Lachen, also die Fähigkeit des Menschen zu lachen, eine der wichtigen Qualitäten ist, eine der Bedingungen, die für seine geistige Evolution unverzichtbar sind. Und wenn wir uns erlauben, diese Fähigkeit ehrlich und aufmerksam zu betrachten, erkennen wir sie als Gottesgeschenk und erfahren das Lachen als eine der überraschendsten und interessantesten Wege, zur Meisterschaft zu finden.

Tatsächlich ist die Fähigkeit zum Lachen der Tierwelt fremd, sogar bei den höchsten Primaten. Nicht zufällig hat jemand kürzlich sehr treffend gescherzt, dass von allen Tieren der Mensch als Einziger lachen kann, obwohl er am wenigsten Grund dazu hat.

Also, was ist das Lachen?

In der Regel entsteht das Lachen, wenn im Gehirn, unserem »Steuerungszentrum«, zwei unterschiedliche Befehle zusammentreffen, die einander blockieren; oder es tritt ein Hindernis auf, das die Realisierung eines Standardprogramms stoppt. Erinnern Sie sich an den Witz: »Den Kaffee ins Bett?« – »Nein, besser in eine Tasse ...«, und beobachten Sie Ihre Empfindungen. Sie sind nicht mitgekommen? Also, versuchen wir es noch einmal, alle zusammen. Also ...

Ein Nervenimpuls, der in eine gewöhnliche Richtung geht (»Herr Ober, einen Zahnstocher bitte!«) und plötzlich der Möglichkeit beraubt wird, das ursprüngliche Kommando umzusetzen: »Ist gerade keiner frei!«, findet seine Entladung gerade im Lachen.

Bei jedem Tier führt eine ähnliche Situation (nicht mit Kaffee und Zahnstocher natürlich, aber als Unterbrechung eines Erwartungsmusters) unvermeidlich zur Irritation – zu einem Zustand der Erstarrung, der Trance oder vorübergehenden Hilflosigkeit. Vielleicht haben Sie schon mal gesehen, wie man Frösche oder Hühner »hypnotisiert«, indem man sie unerwartet auf den Rücken legt und somit bewegungslos macht? Genau dieser Mechanismus kommt hier in Gang. Wenn so etwas häufig wiederholt wird, kann das zu einem Nervenzusammenbruch, Schock oder sogar zum Tod führen.

Der Mensch dagegen hat das Lachen gelernt. Statt sich zu quälen und an der Nichtübereinstimmung seiner Handlungen mit dem inneren Programm zu sterben, kann er sogar seinen Spaß daran haben. Aber gerade dieser Moment zeigt die grundsätzliche Heterogenität des menschlichen Bewusstseins.

Können denn wirklich alle Menschen lachen, wenn nicht das Erwartete, sondern das eintritt, was man überhaupt nicht angenommen hat? Was überwiegt bei uns in unerwarteten Situationen – eine Stimmung wie bei einem lustigen Abenteuer oder eine quälende Empfindung, dass »wieder alles daneben gegangen ist«? Wem stehen wir näher, dem Tier oder der »Krone der Schöpfung«? Wir sehen, das ist alles nicht so einfach …

Manche Menschen lachen freudig, wenn sie sehen, wie die Festtagstorte jemandem ins Gesicht geschmiert wird. Aber wehe, es passiert ihnen selbst! Andere wiederum werden nur befremdet grinsen, wenn sie diese Szene sehen, aber womöglich schallend lachen, wenn sie selbst betroffen sind. Und ein totales Lachen, selbstvergessen und ungebremst, reinigt und beseitigt Anspannung.

Im ersten Fall wirkt ein primitiver Mechanismus der Selbstbestätigung auf fremde Kosten. Das ist eine hypertrophierte Form des Überlebenswillens. Hier geschieht immer eine Zerstörung und Spaltung.

Im zweiten Fall haben wir es mit einem aufrichtigen, verbindenden Lachen zu tun. Es zerstört nur die Barrieren, die uns von uns selber, voneinander und von der Welt abtrennen. Das ist eine wahrlich göttliche Qualität. Dabei ist in den Prozess des Lachens nicht das alles bewertende Hirn involviert, sondern das alles annehmende Herz. So ein Lachen ist der Eintritt ins Überbewusstsein. Nicht umsonst sind fast immer Momente des *Satori*, der Erleuchtung, vollständiger innerer Durchbrüche von Lachen begleitet – da »zerreißen«, da entladen sich die Hüllen der Programme, die unsere Fragmentierung und Abspaltung von der Welt steuern.

Gerade um dieses Lachen und seine verbindende Kraft, welche es erlaubt, sehr leicht seine harmonische, natürliche Grundlage zu erreichen, geht es im Folgenden.

In seiner Bewusstseinsentwicklung hat sich der Mensch immer wieder mal dem Rätsel des Lachens angenähert. Aber nur bis zu einem bestimmten Punkt, um sich dann wieder verlegen abzuwenden, weil er nicht in der Lage war, die unwahrscheinlich anziehende Kraft dieser irrationalen, nicht zu steuernden, »unsoliden« Beschäftigung rational zu erklären.

Aber es blieben »Spuren« dieser Beschäftigung und geheimen Leidenschaft für die Freiheit des Bewusstseins – in Märchen und Parabeln, in Witzen, und in den Geschichten von Pinocchio, Nasreddin Hodscha, dem braven Soldaten Schwejk und Till Eulenspiegel. Zu Ehren eines Volksnarren hat das Volk sogar einen Tempel in Moskau benannt – die allseits bekannte Basiliuskathedrale.

Wie ist diese unglaubliche Anziehungs- und Transformationskraft dieser unschuldig daherkommenden und unernsten Sache zu erklären?

Darüber reden wir später, wenn wir uns die »Aneignung des Lachraums« vornehmen.

Uns interessiert jetzt mehr die praktische Seite des Lachens, die es erlaubt, die Reinigung des Problemraums zu beschleunigen und den Meisterzustand zu festigen. Wir nennen es das »Lachen der ersten Ebene«. Daoisten, Sufis und einige Anhänger Oshos wenden schon lange und erfolgreich das Lachen für derartige Ziele an.

Dem Amerikaner Norman Cousins gelang es sogar, durch fünf bis sechs Stunden tägliches Lachen eine seltene und unheilbare Krankheit zu überwinden.

In letzter Zeit tauchte eine ganze Lawine von Meldungen über Versuche auf, Alkoholismus, Drogensucht und Krebs mit Lachen zu heilen.

Aber in all diesen Fällen ist die Rede von einem Lachen, das von außen ausgelöst wurde (Komödien, Witze etc.), oder von Gruppensitzungen in der Lachtherapie.

Wir gehen zusammen viel weiter, wir erlauben dem Lachen, Autonomie und Unabhängigkeit von äußeren Lachreizen zu erreichen. Wir wollen das Lachen in jedem erforderlichen Augenblick »einschalten« können, um eine innere Entspannung zu erreichen, schlechte Stimmungen loszuwerden und den stabilen Meisterzustand zu stärken.

Wie kann man das erreichen? Ist es wirklich möglich, Lachen absichtlich hervorzurufen, allein für sich, und es dann lange genug zu tun? Und ist das auch normal?

Warum nicht? Schauspieler sind sehr gut in der Lage, einfach loszulachen, wie sie auch sehr überzeugend weinen können – obwohl das etwas schwieriger ist. Sie fühlen sich in das entsprechende Bild ein, spielen in ihrem Inneren die entsprechende Emotion durch, und es kommt zum Lachen.

Man kann es aber auch einfacher haben. Man muss keinen emotionalen Zustand herstellen, um ihn in ein Lachen zu verwandeln. Man kann das Pferd auch von hinten aufzäumen: Wir imitieren einfach die für das Lachen typische Atmung, die Bewegung des Brustkorbs, unterstützen das mit einem Lächeln, und nach zwei oder drei »gelachten« Atemzügen entsteht ein Lachen, das psychophysiologisch nicht von einem spontanen Lachen zu unterscheiden ist. Erstaunlich einfach und ebenso effektiv. Sogar Skeptikern fällt es leicht, dieses »Innere Lachen« zu mobilisieren, vorausgesetzt, sie lassen es auf einen Versuch ankommen.

Sehr wichtig ist es, diese Technik mit sehr einfachen, rein körperlichen Übungen zu beginnen, und nicht von der Emotion her, denn das erlaubt es, das Innere Lachen in jeder problematischen und emotional schwierigen Situation anzuwenden. Zur Emotion wird das Innere Lachen erst nach dem »Zuschalten« des Lächelns, wodurch es häufig in ein äußeres, ungehemmtes und aufrichtiges Lachen übergeht. Nun denn …

Die Technologie des Inneren Lachens

Für den Anfang erinnern wir uns daran, wie wir eigentlich lachen. Am natürlichen Lachen sind immer drei Komponenten beteiligt: ein sehr kurzes, beschleunigtes Einatmen; ein freies und unkontrollierbares, impulsives, lachendes Ausatmen, das in ein »falsches Ausatmen« übergeht, in eine Art »Lachkrampf«, sowie ein permanentes Lächeln, und zwar mehr von den Augen ausgehend als vom Mund.

Bevor wir das Lachen in uns entstehen lassen, wärmen wir uns ein bisschen auf.

Atmen Sie normal ein. Dann fangen Sie an, impulsartig auszuatmen, in kleinen Portionen, wobei Sie in der unteren Brustregion ein »leichtes Surren« auslösen, eine starke Vibration oder gar ein »inneres Husten«. Jetzt beziehen Sie in diese Vibration des Ausatmens den ganzen Bauchbereich ein und atmen Sie auf diese Weise die gesamte Luft aus.

Wiederholen Sie das alles noch einmal, aber schon akzentuierter, und am wichtigsten – im Finale verwandeln Sie diesen Vorgang in ein Lachen.

Und so atmen wir nach einem neuerlichen Einatmen etwa zwei Drittel der gesamten Luft wie gewöhnlich aus, ruhig und fließend, aber das letzte Drittel »lachen wir hinaus«, indem wir zum impulsartigen Ausatmen übergehen und seine Vibration dem Rhythmus unseres gewöhnlichen Lachens anpassen.

Jetzt passen Sie auf: wenn Sie so ein »lachendes Atmen« bis zum Ende ausführen, bis Sie in der Lunge quasi einen luftleeren Raum erzeugt haben, fahren sie dennoch fort damit, aber jetzt ohne Luft in einer Art Vakuum-Phase, wobei Sie die typischen körperlichen Lachkrämpfe spüren.

Gerade in dieser letzten Phase des »lachenden Ausatmens« lassen Sie ein Lächeln auf Ihrem Gesicht und unbedingt auch in Ihren Augen erscheinen.

Hier gibt es eine interessante Besonderheit – sobald es Ihnen gelingt, die »Vakuum-Lachkrämpfe« zu spüren, werden Sie bemerken, dass Sie gleichsam von ihnen ins Lachen hineingezogen und darin gehalten werden. Das ist ein Zeichen dafür, dass Sie Ihren Lachmechanismus eingeschaltet haben, der nun von selbst weiterlaufen wird. Sie müssen ihm nur noch die Richtung geben.

Aber das ist noch nicht alles. Der nächste wichtige Moment ist: Nachdem Sie eine Zeitlang in der Vakuum-Phase gelacht haben, ergibt sich danach auf völlig natürliche Weise ein schnelles, buchstäblich explosives Einatmen, bei welchem Sie gleichsam mit dem Mund nach Luft schnappen. Dabei ist das ein sehr kurzes und überhaupt nicht tiefes Einatmen, die ganze Luft bleibt quasi im Mund, und die Lunge wird praktisch nicht gefüllt.

Wieder atmen Sie – ruhig und entspannt – etwa zwei Drittel der Luft aus und den Rest lachen Sie nach dem erwähnten Schema hinaus. Wobei Sie, auch wenn das Einatmen ziemlich kurz war, sofort mit dem »Hinauslachen« der Luft beginnen können.

Wenn Ihr Zustand davor neutral war, geht gleich der erste Zyklus dieser »Lachatmung« in ein gewöhnliches Lachen über. Wenn Sie emotional geknickt waren, kann es sein, dass Sie einige Zyklen brauchen. Aber unausweichlich geht dieser Prozess in ein natürliches Lachen über, weil mächtige Reflexmechanismen wirken.

Sehr wichtig ist zu sehen, dass das vorgeschlagene Schema für das Innere Lachen nur ein *Schema* ist. Für eine vollkommene Erfassung der Technik ist eine Beobachtung der Besonderheiten des eigenen natürlichen Lachens erforderlich, worauf dann das Innere Lachen »aufgesetzt« werden muss. Mit anderen Worten, Sie modellieren Ihr natürliches Lachen und schalten den ihm entsprechenden Reflex mit Hilfe des Inneren Lachens ein.

Bei der Beschreibung der »Ingangsetzung« des Lachens wurde bisher angenommen, dass Sie dabei atmen, und entsprechend durch den Mund lachen, das heißt, so, wie das gewöhnlich vor sich geht. Und genau auf diese Weise sollten Sie lachen, wenn Sie diese Methode erlernen und zu Hause anwenden – erlauben Sie dem Inneren Lachen, sich nach außen auszubreiten, zu einem vollkommenen, stimmbetonten Lachen zu werden. Insbesondere, wenn Sie an einem konkreten Problem arbeiten.

Denken Sie daran, dass Sie das Innere Lachen haben, weil es Ihnen die Freiheit gibt, überall zu lachen: zu Hause, in der Arbeit und unterwegs. Natürlich wird sich in diesem Fall die gesamte »Lachatmung« durch die Nase vollziehen. Auf Ihren Lippen ein leichtes Lächeln, und drinnen ein nur für Sie fühlbares Lachen.

Was gibt uns die Praxis des Inneren Lachens? Was ist sein Wirkungsprinzip und Anwendungsspektrum? Erinnern wir uns nochmals an einige Ausgangspunkte.

Jede Unannehmlichkeit in unserem Leben, jede Erkrankung oder auch jeden schlechten Charakterzug haben wir als Mit-Schöpfer selbst erzeugt. Sie alle sind künstlich und verdanken ihre Beständigkeit nur der energetischen Konstruktion, die in ihnen existiert.

Jedes Haus, das ohne Fundament ist, stürzt ein und genauso zerfällt jede negative gespeicherte Information oder innere Blockade und verwandelt sich in die Energie, die ursprünglich in sie gesteckt wurde, sobald wir sie von innen »sprengen« und damit das energetische Korsett zerstören, das sie stützt.

Ist das machbar? Durchaus. Mit einigem Erfolg machen das Psychoanalytiker, Hypnosetherapeuten, Gestalttherapeuten und Vertreter anderer Richtungen. Freilich nimmt das viel Zeit in Anspruch und erfordert nicht nur erhebliche finanzielle Mittel Ihrerseits, sondern eben auch Hilfe von außen. Und leider führen derartige Maßnahmen oft nicht auf Dauer zu dem gewünschten Ergebnis. Nach den absolvierten Sitzungen sind Sie nämlich wieder offen für alle negativen Einflüsse und Programme. Zudem wird meist nur den akutesten und schmerzhaftesten Symptomen des Problems die nötige Aufmerksamkeit geschenkt.

Aber latente, in den Hintergrund gerückte Zustände bleiben häufig unbeachtet. Gerade sie sind jedoch das hauptsächliche »Baumaterial«, aus dem wir unseren Alltag kreieren.

Die angebotene Technik des Inneren Lachens kommt ausgezeichnet mit beiden Aufgaben klar.

Wenn wir in das Problem »eintreten«, wenn wir uns auf die Empfindungen eingestellt haben, durch welche es sich geäußert hat, schalten wir das Innere Lachen ein, um das Problem gleichsam von innen zu »durchlachen«. **Dabei kommt es zu einer schnellen Entspannung und Auflösung des Problems**. Seine innere Stütze bricht in sich zusammen und die gebundene Energie wird frei. Wobei der Charakter des Problems bedeutungslos ist: Eine Depression oder körperliche krankhafte Zustände, Ängste oder Aufregung, somatische Störungen und Entzündungsprozesse – alles wird von einer »gebundenen« Energie aufrechterhalten und entsprechend entspannt es sich mit dem Inneren Lachen.

Wir werden jetzt nicht im Detail den ganzen Wirkmechanismus des Inneren Lachens untersuchen, wir verweisen nur auf die Hauptmomente, die uns interessieren.

Das Lachen ist eine Emotion. Was geschieht, wenn wir lachen? Wir fühlen uns gut, wir haben angenehme Empfindungen. Der Hypothalamus, ein wichtiges Zentrum in unserem Gehirn, aktiviert als Antwort auf ein Lachen die Hypophyse, die für das hormonelle bzw. endokrine System zuständig ist. Dadurch wird die Arbeit des Immunsystems aktiviert, und auch die Stoffwechselprozesse werden harmonisiert.

Aber die wohl wichtigste Reaktion des Hypothalamus liegt in der Freisetzung von *Endorphinen*. Das sind »körpereigene Drogen«. Sie sorgen für eine gute Stimmung im Alltag und verleihen dem Leben fröhliche, wohlige Momente und machen uns zu Optimisten.

Die Tagesdosis an Endorphinen ist bei einem Erwachsenen ziemlich begrenzt, wobei wir uns selbst diese Grenze anerzogen haben durch unsere Gewohnheit zu negativen Reaktionen auf äußere und innere Signale und durch unsere Lebensweise.

Untersuchungen zeigen, dass ein fünfjähriges Kind im Schnitt 110 Mal am Tag lacht. Mit dem Erwachsenwerden sinkt der Lachfaktor in katastrophaler Weise, und mit vierzig lächeln wir gerade noch zehn Mal täglich.

Wozu brauchen wir auch einen Überfluss von etwas, das wir nicht benützen? Das führt dann dazu, dass in den seltenen Fällen, wo es uns immerhin gelingt, aus vollem Halse zu lachen, uns dabei die Kraft ausgeht, und das Lachen buchstäblich zur Erschöpfung führt. Wir haben unseren Vorrat an körpereigenen Drogen aufgebraucht. *Aber je öfter wir uns erlauben zu lachen, desto mehr werden die entsprechenden Zentren stimuliert, und unsere Tagesdosis an Endorphinen steigt.*

Daher schlagen wir vor, das Innere Lachen nicht nur zur Entspannung von offensichtlich negativen Zustände einzusetzen, sondern vor allem zur Herstellung eines positiven Tonus über den ganzen Tag hinweg. *Damit können wir die Entstehung neuer Problemsituationen vermeiden.*

Das heißt, es wäre wünschenswert, mit dem Inneren Lachen zu beginnen, bevor es zu heftigem inneren Stress kommt, und es zu beenden, sobald der erwünschte Zustand der Sättigung erreicht ist. Das können zwei oder drei Zyklen sein, oder auch fünfzehn bis zwanzig. Zur Prophylaxe.

Erinnern Sie sich noch daran, dass Sie ein Schöpfer sind und dass die Qualität Ihres inneren Zustandes immer den Charakter der Ereignisse bestimmt, die Ihnen begegnen? Wenn man seinen inneren Raum organisiert, harmonisiert man gleichzeitig die äußere Welt und ordnet die Ereignisse im positivsten Sinn – das ist Ihre Magie, das ist Ihr Werk als Zauberer! Das Innere Lachen ist ein tolles Instrument, um in den Meisterzustand einzutreten.

Der Zustand des inneren Komforts, zu dem das Lachen führt, entspricht sämtlichen Bedingungen des Meisterzustandes: innere mentale Ruhe, sehr gleichmäßige, harmonische Empfindungen, völlige Offenheit hin zur Welt und die Bereitschaft, sie vollständig anzunehmen.

Die Aufgabe unserer Schule ist es, diesen Zustand beständig und stabil zu machen.

Alles, was jetzt von Ihnen verlangt wird, ist Ihre Aufmerksamkeit für sich selbst und Ihren Zustand. Wenn Sie jedes beliebige künstliche Programm in sich beobachten, zum Beispiel den Wunsch zu essen, obwohl Sie gar keinen Hunger haben, oder einen durch die Werbung hervorgerufenen Kaufwunsch, Gefühle von Aggression, Kränkung, Niedergeschlagenheit, Ablehnung, zwanghafte sexuelle Erregung etc., schalten Sie das Innere Lachen ein, und Sie werden mit Staunen feststellen, wie in Ihnen schmilzt, was eben noch normal und notwendig schien.

Sie müssen sich nur noch davon überzeugen, wie wenig Natürliches es in unserem Verhalten gibt, und wie vieles programmiert oder durch jemand anderen induziert ist.

Sie haben eine Verstauchung, eine Zerrung, Schmerzen in den Gelenken, fühlen sich einfach nicht wohl? Machen Sie das Gleiche. Das Anwendungsgebiet des Lachens ist gewaltig groß. *Das Einzige, was Sie vorläufig lassen sollten, ist das Lachen bei Kopfschmerzen oder Herzbeschwerden. Konkrete Vorschläge für diese Fälle heben wir uns für später auf.*

Nach demselben Prinzip arbeiten Sie auch mit anderen Zuständen. Jedes äußere Problem der sozialen oder persönlichen Beziehungen, Geldmangel und Ähnliches, erfahren wir entweder auf körperlicher oder auf einer noch feineren sensorischen Ebene. *Das heißt, es äußert sich an beobachtbaren Empfindungen.*

Schenken Sie ihnen Ihre Aufmerksamkeit, wickeln Sie sie in Ihre Zärtlichkeit und lachen sie. Lachen Sie wie immer, bis Sie gesättigt sind. Und ob Sie es glauben oder nicht, gleichzeitig mit der inneren Wahrnehmung des Problems werden ganz reale Veränderungen im Äußeren geschehen, wovon Sie sich in Kürze werden überzeugen können.

Warum schlagen wir vor, alle negativen Empfindungen in *Zärtlichkeit* zu packen? Weil es unmöglich ist, Zärtlichkeit zu empfinden und dabei sein Herz nicht zu öffnen. Wenn Sie Ihr Herz öffnen, drücken Sie Ihr Einverständnis aus, Ihre Bereitschaft zur Akzeptanz, womit Sie die Integration des Problems fördern und jeden Widerstand dagegen beseitigen, es zu Ihrem legitimen Anteil machen. In der vorgeschlagenen Technik wird das als das Zentrale gesehen.

Wichtig ist, dass das Lachen immer gleichsam in zwei Richtungen »arbeitet«: an den Krankheitssymptomen des Problems und an seiner Ursache. Das heißt, das Lachen beseitigt nicht nur augenblicklich die schmerzhafte Empfindung, sondern auch jeden Widerstand gegen das Problem, es stellt die Einheit mit ihm her und gibt uns somit den Zustand der verlorenen Einheit zurück.

Wenn Sie das Lachen praktizieren, lösen Sie einfach und spielerisch eine Aufgabe von enormer Komplexität und Wichtigkeit – Sie »entautomatisieren« und »entprogrammieren« sich, um von neuem Ihre Freiheit im Verhalten zu erwerben.

Diese Praxis führt allmählich, manchmal auch ziemlich rasch dazu, dass das Niveau Ihrer alltäglichen Stimmung, des körperlichen Zustandes, die Qualität der Sozialkontakte sich stark harmonisieren.

Wenn Sie das Innere Lachen regelmäßig praktizieren, **werden Sie bald zu einem vollständigen, chronischen und unheilbaren Optimisten. Das ist Ihr Weg!**

Das »grüne Licht« auf Ihren Wegen wird permanent und das Lächeln im Gesicht zu Ihrer Visitenkarte.

Schon in den Anfängen kann man unbemerkt und unaufdringlich die tägliche Lachdosis auf eineinhalb bis zwei Stunden festlegen. Man kann es überall üben: bei der Arbeit, unterwegs, in den Pausen beim Gespräch. Lachen Sie auf Ihr Wohl und stellen Sie fest, wie unaufhaltsam sich die Qualität Ihrer Existenz verändert und wie sich Ihre Gesundheit verbessert.

Die Intensität der Lacharbeit ist übrigens steuerbar – und je nach Bedarf werden Sie einen anderen Grad an Intensität wählen. Bei der Arbeit an einem konkreten Problem werden Sie die Lachtechnik in vollem Maß anwenden. Aber häufiger noch (unterwegs, in der Arbeit, im öffentlichen Verkehr, beim Fernsehen, im Gespräch) werden Sie eine oberflächlichere Variante wählen, eine kaum merkbare Form.

Bei dieser Variante des Lachens entsteht die »Lachvibration« weniger aus der Bewegung des Brustkorbs oder des Bauchraums heraus als vielmehr in der Kehle oder gar in der ausgeatmeten Luft. Wenn Sie auf diese Weise lachen, können Sie sich die ganze vom Lachen ausgelöste Dynamik auch einfach nur vorstellen – die Vibration in der Brust, die Lachkrämpfe im Bauch – und das alles real nur sehr schwach empfinden. Halten Sie dabei jedoch unbedingt das ganze Schema des »lachenden Atmens« durch: das sehr kurze, explosive Einatmen, die lang gezogene Vakuum-Phase und – ganz wichtig! – das Lächeln!

Nach einiger Zeit werden Sie merken, wie sich Ihre Atmung von selbst umstellt, das Einatmen wird auf natürliche Weise kürzer sein als das Ausatmen. Das ist für den Körper sehr gut und hängt direkt mit dem »Post-Effekt« des Inneren Lachens zusammen. Genau bei diesem Atemrhythmus nähert sich das Verhältnis zwischen Sauerstoff und Kohlendioxid im Blut dem Optimum.

Manchmal können Sie vielleicht in einem Gemütszustand sein, in dem Sie sich ein Lachen schwer vorstellen können, nicht einmal ein »inneres«, – in diesem Fall beginnen Sie direkt mit der Atmung. Ein kurzes, oberflächliches Einatmen, und ein langsames, fließendes und ruhiges Ausatmen.

Sie werden sich wundern, wie schnell sich Ihr Zustand ändert, und dann können Sie ganz leicht das Innere Lachen starten. Und hier sollten Sie die beschriebene oberflächliche Variante wählen. Einige wenige Lachzyklen bringen Ihr Gemüt ins Gleichgewicht, und Sie können zum vollständigen Inneren Lachen übergehen, einschließlich des gesamten »äußeren Ausdrucks«.

Wenn Sie bei der vorgeschlagenen Atemweise ein starkes Bedürfnis nach tiefem Einatmen spüren, dann machen Sie das, aber achten Sie darauf, dass das folgende Ausatmen nicht kürzer wird.

Allmählich sollten sie sich angewöhnen, auch dann, wenn Sie das Innere Lachen nicht aktivieren, folgende Atemweise beizubehalten: ein kurzes oberflächliches Einatmen und ein deutlich längeres Ausatmen. Der Effekt dieser komplexen Maßnahme wird vielfältig sein.

Manchmal kann es bei der »Lachpraxis« vor allem im Anfangsstadium zu kurzfristigen Nebeneffekten wie Apathie, depressiven Stimmungen oder sogar grundloser Aggression kommen. Woher kommt das? Vom ungewohnt hohen Verbrauch an Endorphinen, welche für unser Wohlbefinden zuständig sind. *Die Endorphine, die Sie für einen Tag produziert hatten, haben Sie nun in ein paar Stunden aufgebraucht.*

Was tun? Weiterlachen. Dadurch bestellen Sie sozusagen eine höhere Tagesproduktion von Endorphinen, bis zu dem Punkt, wo der Optimismus Ihr ständiger Begleiter wird. Sie überwinden also die vorübergehende Absenkung des Tonus mit derselben Waffe – dem Lachen.

In den Fällen, wo Sie eine kurzzeitige Aggression empfinden, wirkt ein anderer Mechanismus – es kommt zu einer Art Entspannung im Bereich negativer Erinnerungen und Blockaden. Das ist herrlich, auch wenn es ein wenig schmerzt. In der Regel kommt es dazu durch »prophylaktisches«, bzw. äußerlich unmotiviertes Lachen.

Um mit unbewussten destruktiven Programmen klarzukommen, muss man sie unbedingt sichtbar machen, sie an die Oberfläche heben, auf eine Ebene, die für einen bewussten Kontakt erreichbar ist. In der Vergangenheit wurden schon viele Methoden zu diesem Zweck erfunden. In unserer Technik erfolgt das praktisch automatisch, und wir kommen gar nicht dazu, uns bewusst zu machen, welches innere Monster gerade erst mit einem leichtem Knall verschwunden ist. Wir lachen weiter, gleichen unseren Zustand aus und gehen bewusst auf das emotionale Gebrodel der nächsten Entladung zu.

Derartige Stimmungsschwankungen werden nicht lange anhalten, höchstens ein bis zwei Wochen. Vielleicht braucht es für eine tiefe innere Reinigung eine längere Zeit – was natürlich auch von der Intensität Ihrer Arbeit abhängt. Aber der Lohn bleibt Ihnen für das ganze Leben – ein freies, erweitertes Bewusstsein, offen für Kreativität und Freude. Und ein Instrument zur Prophylaxe vor destruktiven Zuständen – das Innere Lachen.

———

Das Lachen beseitigt und zerstört also die Puppenhülle, die die künstliche von der lebendigen Welt trennt. Diese Eigenschaft des Lachens können Sie jetzt auch bei der Technik mit dem Zauberstab anwenden.

Als ersten Schritt sind Sie in Kontakt mit dem Bild getreten, das Ihren »nicht meisterlichen« Zustand ausdrückt, und in der Kommunikation mit ihm fanden Sie seine Wünsche heraus und halfen auf der inneren Ebene, diese zu verwirklichen.

Jetzt können Sie versuchen, das gleiche Spiel zu spielen, aber etwas anders. Wenn Sie sich auf den Zustand Ihres inneren Bildes eingestellt haben, starten Sie das Innere Lachen und laden das Bild gleichsam ein, zusammen mit Ihnen zu lachen. Sie hüllen es förmlich mit Lachen ein und stellen sich vor, dass es ebenso zu lachen beginnt.

Wenn Sie das Bild im Feld des Inneren Lachens halten, können Sie bemerken, wie es sich lachend transformiert. Das geschieht unvermeidlich! Im äußersten Fall verändert sich weniger sein Äußeres als seine innere Qualität: Das Bild wird »heller«, es verliert seine beunruhigte Färbung, wird spürbar ungefährlicher. Diese Veränderungen sind in der Regel sehr deutlich – nehmen Sie sich einfach an, ohne zu werten. Lachen Sie bis zur Sättigung, und wenn diese eintritt, dann ist das ursprüngliche Bild vollständig überwunden und hat die meisterliche Freiheit errungen.

Wir haben schon gesagt, dass es bei jeder Arbeit an einem Problem sehr schwierig ist, das Festhalten an einer Erfolgserwartung zu überwinden. Eine gute Möglichkeit, diesem Erwartungsdruck zu entgehen, ist das Innere Lachen. Immer wenn Sie merken, dass Sie in die Bahn Ihrer gewohnten Gedanken und Ängste abgleiten, schalten Sie das Lachen ein und entladen Sie damit die negative Energie.

Fragestunde

»Was tun, wenn es mir schwerfällt, die angebotenen Techniken anzunehmen? Sie sind mir irgendwie zu unernst … Ich habe einen Revisionstermin, und ich … spiele Kinderspiele …«

»Was heißt, was tun? Dasselbe wie immer: Erlauben Sie sich wie immer, gemächlich und in Würde im Boden zu versinken … In Puppenwürde, versteht sich. Im Übrigen, vielleicht zieht es auch vorüber, das Unwetter – ach was, eine Revision … Dieses Mal werden Sie eben nicht im Boden versinken, regen Sie sich nicht auf, morgen ist auch noch ein Tag. Darauf stützt sich ja der ganze Puppenzustand – auf das ewige ›Vielleicht‹ und ›Sicherlich‹.

Das heißt, dieses ganze Puppengezauder, das ist die Welt der ›inneren Vogelscheuche‹, die man Ihnen vor langer Zeit eingepflanzt hat. Wenn Ihnen diese Welt passt, phantastisch, inhalieren Sie sie, das ist ein echter Meisterzug. Aber wenn sie Ihnen irgendwie unangenehm ist, denken Sie darüber nach, welcher Teil von Ihnen ein Interesse hat, dieses gewohnte Unwohlsein zu bewahren.

Das Gefühl der vermeintlichen Bedeutsamkeit der Puppe wird häufig zum Stolperstein auf dem Weg zur Selbsterkenntnis. Sie will halt nicht anerkennen, dass sie eine Puppe ist, sie war immer Mittelpunkt der Welt, und plötzlich soll sie eine Puppe sein? Aber zur Meisterschaft gibt es keinen anderen Weg. Nur wenn man sich seiner selbst als gemachtes und abhängiges Geschöpf bewusst wird, durch die Akzeptanz der Tatsache, durch sein Einverständnis damit, kann man den Weg gehen.

Und beachten Sie – in all unseren künftigen Maßnahmen werden wir immer nachdrücklicher eine bewertungsfreie, totale Teilnahme an jedem Spiel empfehlen. Was wäre, wenn wir gleich damit anfangen? Ohne in puppenhafte Bewertung und Selektion zurückzufallen?

Im Übrigen ist es wie immer Ihre Entscheidung.«

———

»Kürzlich kam es bei mir zu einer Verschlimmerung der Radikulitis. Ich machte mir ein Bild des Problems in Form eines metallenen Igels mit rostigen Nadeln. Ich empfand, dass er mir die Beschwerden durch seine Unnatürlichkeit machte, durch seine ›Unlebendigkeit‹. Ich begann, ihn zu durchlachen, da verwandelte er sich in einen lebenden Igel; es stellte sich heraus, dass es eine Igeldame mit einem ganzen Wurf junger Igel war, und zuletzt verwandelten sie sich in fünf duftende Äpfel in einem geflochtenen Korb.

Gewöhnlich dauert bei mir eine Verschlimmerung mindestens zwei Wochen, aber diesmal ... Ist natürlich seltsam, aber ich hatte danach keine Schmerzen mehr. Vielleicht kommen sie ja noch ...«

»Natürlich kommen sie noch, daran ist nicht zu zweifeln – vorausgesetzt, dass Sie weiter daran denken.«

»Wie soll ich nicht daran denken? Gedanken kommen und gehen ja nicht auf Befehl ...«

»Richtig, wenn Sie anfangen zu befehlen, werden sie sich Ihnen noch mehr aufdrängen. Aber Sie haben ja schon das Innere Lachen, das ist gut für das Abschütteln von Zweifeln.«

———

»Wenn man mit seinem Zustand arbeitet, kann man da auch fremde Probleme bearbeiten?«

»Beunruhigen Sie diese Probleme, binden Sie Ihre Energie?«

»Natürlich, es geht um mein Kind!«

»Wo ist hier das ›fremde Problem‹? Alles, was in Ihrem Lebensraum offenbar wurde und Sie emotional berührt, ist Ihr Problem. Aber Sie arbeiten wie immer – nur mit Ihrer Beunruhigung bezüglich dieses Themas.

Und bedenken Sie – es ist eine Entwicklung möglich, bei dem sich nur Ihre Wahrnehmung der Situation ändert, Sie beruhigen sich und erkennen, dass nichts Schlimmes passiert, dass alles, was vorgeht, aus den und den Gründen notwendig ist.

Ein Beispiel: Ihr Kind hat hohes Fieber. Natürlich beunruhigt Sie das, und Sie beginnen mit der Arbeit. Aber während Sie sich Ihre Puppenreaktionen anschauen, kommen Sie zu der Erkenntnis, dass ein Reinigungsprozess vor sich geht, dass Schlacken im Organismus verbrennen und Ihr Kind das braucht. Sie beruhigen sich, Ihr Zustand überträgt sich natürlich auf das Kind, und die Krankheit vergeht leicht und schnell und hat Ihr Kind gereinigt.«

—

»Mit dem Inneren Lachen gelingt es hervorragend, mit jeglichem emotionalem Stress umzugehen. Aber wie es der Teufel will, fiel mir kein einziges ernsthaftes Problem ein, an dem ich die Technik testen könnte. Ich habe dann doch noch eines gefunden: Jemand hat mir einen geliehenen Geldbetrag nicht pünktlich zurückgegeben – ich brauchte ihn aber dringend. Ich fing an, das zu bearbeiten … Und was denken Sie? Die Schulden habe ich nicht zurückbekommen. Aber unerwartet brachte mein Mann die erforderliche Summe – er hatte eine längst versprochene, aber verschlampte Prämie kassiert.«

»Zwei Bemerkungen. Typisch ist erstens die Suche nach einem Problem, das unserer Beachtung würdig ist. Tatsächlich werden Sie je nach Fortschritt auf dem ›Weg der Zauberer‹ immer weniger auf Schwierigkeiten stoßen, und es ist schön, dass Ihnen das schon aufgefallen ist.

Und zweitens entwickeln sich die Ereignisse beim Starten des Meisterzustandes häufig ganz anders, als sich die Marionette das vorher vorgestellt hatte. Das Problem löst sich auf seiner eigenen Grundlage: Es gab einen Geldmangel? Er löste sich auf. *Wir arbeiten jeweils nicht an der äußeren Situation, sondern wir arbeiten mit unseren Empfindungen in diesem Zusammenhang.* Der Meister kann besser sehen, wann das Ihnen geschuldete Geld zurückzuzahlen ist, oder ob Sie es überhaupt zurückbekommen sollen, aber in jedem Fall wird er Sie nicht im Regen stehen lassen.«

———

»Ich wollte auch etwas über das Innere Lachen sagen. Ich weiß nicht, warum, aber lange Zeit sträubte ich mich, es zu versuchen. Irgendwie ungewohnt …

Nicht umsonst heißt es: ›Kein Unglück ist so groß, birgt es doch immer Glück im Schoß‹. Unlängst ließ ich mir meine Zähne richten. Ich bekam Arsen. Der Zahnarzt warnte mich, dass der Zahn kompliziert ist, und solange der Nerv nicht tot ist, kann es zu Schmerzen kommen. Aber was für Schmerzen! Ich sitze im Linientaxi, der Schmerz ist unerträglich, ich habe kein Schmerzmittel dabei, wo ist eine Apotheke? Da denke ich an das Innere Lachen. Nach einer Minute war es besser, und dann war es ganz gut. Aber kaum hörte ich auf zu lachen, war der Schmerz wieder zurück. Wie das?«

»Das Lachen ist ein Sofort-Anästhetikum. Aber der Entzündungsprozess war ja nicht weg, und das Arsen wirkte weiter. Wie lange hat es gedauert?«

»Fast eine Stunde. Die ganze Zeit lachte ich innerlich. Das Lachen half, die Agonie des Nervs zu ertragen, danach gab es keinen Grund mehr für Schmerzen. Aber die Erfahrung zwang mich, an das Innere Lachen zu glauben. Danach setzte ich es gegen meine Angst vor einer Warenpräsentation ein und durchlachte meine Feindseligkeit gegenüber meinem Chef. Wir machten uns schon lange gegenseitig das Leben schwer. Aber dieser Tage überschüttete er mich mit Komplimenten und bot mir sogar an, mich nach Dienstschluss nach Hause zu bringen.«

———

»Ich mache eine Ausbildung, und es kam die Zeit der Prüfungen. Ich bin eigentlich sehr ängstlich, und in so einer Zeit nehme ich schachtelweise Beruhigungsmittel. Heute reicht mein Inneres Lachen als Beruhigung. Bei der letzten Prüfung bin ich richtig frech geworden. Als ich antworten sollte, erzählte ich einen Witz, der ins Schwarze traf. Der ganze Saal lachte, und der Prüfer fiel fast vom Stuhl. So etwas hatte ich noch nie erlebt.«

———

»Den ganzen freien Tag arbeitete ich auf der Datscha. Am nächsten Morgen lag ich im Bett und spürte, dass ich nicht aufstehen konnte – der ganze Körper tat mit weh. Eine bekannte Situation – normalerweise brauche ich dann ein paar Tage, um zu mir zu kommen.

Noch im Liegen fing ich an, systematisch meine Glieder zu durchlachen. Dann konnte ich leicht aufstehen. Müdigkeit und Muskelkater waren wie weggeblasen.«

———

»Und wenn das ›durchlachte‹ Programm nicht verschwindet?«

»Konkreter bitte!«

»Ein einfaches Beispiel. Ich hatte riesigen Durst, aber es gab nichts zu trinken. Nach der Lachbehandlung war der Durst nicht verschwunden.«

»Hat sich denn wirklich nichts verändert?«

»Doch, leichter ist es schon geworden, aber das Bedürfnis als solches ist geblieben.«

»Wo hätte es auch hinsollen, Sie sind ja schließlich ein Mensch geblieben, und Essen und Trinken gehörten nun mal dazu … Natürlich bleiben die Signale, dass der Organismus etwas zum Trinken braucht, aber es verschwindet das Schmerzhafte und Quälende daran – gerade das, was das Unbehagen ausmacht.

Das heißt, es verschwindet nur die vom Geist ausgehende ›Leidenschaft‹, aber die Empfindung der natürlichen Bedürfnisse bleibt. So kann Ihr inneres Programm zum Beispiel fordern: ›Ich will unbedingt ein Pepsi.‹ Und ohne sich Gewalt anzutun, finden Sie dann ein einfaches Wasser, das Ihren Durst stillt.

Bedenken Sie, dass das Lachen nur die künstlichen, uns aufgedrängten Programme löscht, und die natürlichen und lebenswichtigen Programme von ›Fremdem‹ gereinigt werden.«

———

»Das Lachen hilft wirklich sehr. Aber es gibt da eine Frage. Gewöhnlich bin ich ziemlich ausgeglichen, aber nachdem ich angefangen hatte, das Innere Lachen zu praktizieren, kam es zu deutlichen Stimmungsschwankungen von Apathie bis Aggression. Jedes Mal musste ich dann das Lachen einschalten. Ist das normal?«

»Das ist phantastisch. Das heißt, Sie machen real eine sehr tief gehende Arbeit. Die Ausgeglichenheit war nur eine Illusion, und Sie trugen eine Zeitbombe in sich. Jetzt treten die Monster negativer Programme aus Ihnen hervor, aus der Tiefe. Wenn Sie lachen, entschärfen Sie sie.«

»Kann das lange dauern?«

»Je nachdem. Das hängt von der Menge der Programme ab und davon, wie tief sie verborgen sind, auch vom Mut und der Entschlossenheit Ihrer Arbeit. Aber seien Sie unbesorgt. Sie decken nicht nur Ihre Probleme auf, Sie reinigen sich auch. Jetzt haben diese Programme keine Chance mehr, das Kommando zu übernehmen. Hier ist die Hauptsache, bis zum Ende zu gehen. Drei Monate sind ausreichend für eine tiefe Reinigung. Dann kommt es zu einer Stabilisierung des Zustandes und einer Art Immunität gegen neue Programme.«

»Liegt hier nicht etwas Künstliches vor? Denn manchmal muss man sich fast zwingen, dieses innere Schütteln zu erreichen und die Lippen zu einem Lächeln zu verziehen.«

»Künstlich ist *nur* der Eintritt ins Lachen. Und in der ersten Etappe des Erlernens ist das unvermeidlich – denn wir haben alle *schon lange verlernt zu lachen, ohne Bewertung und grundlos zu lachen, einfach aus einem Überschwang heraus, aus der Fülle des Lebens, wie die Kinder.* Wir Erwachsenen sehen rundherum keine Gründe zum Lachen, und man kann uns nur mit Gewalt zum Lachen bringen, nur wenn man unseren Verstand durcheinanderbringt, durch einen Witz oder eine Komödie. Deshalb sieht es anfangs wirklich künstlich aus, wenn man ›eine Vibration in der Brust‹ auslösen soll oder das Gesicht zu einem Lächeln in die Breite zieht. Aber antworten Sie mir auf eine Frage: Halten Sie Ihre Fähigkeit, auf Ihren Beinen zu gehen, für natürlich?«

»Keine Frage.«

»Und jetzt betrachten Sie diese Natürlichkeit einmal mit anderen Augen, mit denen eines Kindes, das erst das Gehen lernt. Die Beine gehen in verschiedene Richtungen, knicken ein, es gibt Beulen und blaue Flecken auf der Stirn. Was kann noch künstlicher sein als das Gehen für jemanden, der natürlicherweise bisher gelegen hat?

Es kann jetzt gar nicht anders für Sie sein – Sie lernen, vielmehr Sie lernen es von neuem, denn die Fähigkeit zum

Lachen ist in Ihrer ursprünglichen Meisterschaft schon da. Mehr dazu später.

Außerdem erinnern wir daran, dass Sie beim Inneren Lachen nicht so sehr die beschriebene Technik nachahmen sollen (sie ist sehr allgemein), sondern Ihr eigenes natürliches Lachen einsetzen werden. Deshalb wird nur der erste Anstoß künstlich sein, und dann schaltet sich Ihr Reflex ein.«

——

»Ich habe bemerkt, dass ich mich mit Hilfe des Lachens leichter harmonisieren und in den Meisterzustand eintreten kann. Ich lache bis zur Sättigung, und fertig! Danach halte ich nur ein latentes Lachen wach.«

»Sehr gut, Sie haben das Wichtigste verstanden. Wenn Sie harmonisch sind, ist auch die Welt um Sie herum harmonisch. Erstaunlich einfach.«

Empfehlungen zur Herstellung des Zustandes

1. Für die Lösung des einen oder anderen Problems versuchen Sie vor allem zu sehen bzw. zu spüren, wer es denn ist, bei dem diese Probleme vorkommen. Anders ausgedrückt, versuchen Sie auch im Dickicht des Lebens zu spüren, dass Sie nicht mit Ihrem Puppenanteil identisch sind, Sie erinnern sich an Ihre meisterliche Grundlage.

Vergessen Sie nicht, dass alle Probleme und negativen Programme unsere »Kinder« sind. Lehnen Sie sie nicht ab und versuchen Sie nicht, sie zu vernichten. Helfen Sie ihnen, sich zu realisieren, ihr kreatives Potenzial zu öffnen und »erziehen« Sie sie, befreien Sie sie von der Problembehaftung und ziehen Sie sie auf Ihr Niveau hinauf. Sie wissen schon, wie das zu machen ist.

2. Mit der Technik des Inneren Lachens entschärfen Sie alle negativen Zustände, alle problematischen Stimmungen. Wenn Sie durch das Lachen in den Meisterzustand eintreten, versuchen Sie, es so lange wie möglich zu halten, aber fixieren Sie sich nicht auf dieses Ziel. Spielen Sie einfach.

Setzen Sie das Lachen mutiger und in immer mehr Situationen ein. Neben der genannten Möglichkeiten, das Lachen zu nutzen, werden sich unvermeidlich neue eröffnen.

Und sammeln Sie Lachstunden, führen Sie sich auf eine neuen Ebene der Existenz – auf eine chronisch optimistische.

Beginnen Sie den Tag mit Lächeln und Lachen. Verbringen Sie ihn lachend. Spüren Sie, wie in Ihnen eine neue Qualität des Daseins keimt.

ZUSTAND DREI –
inadäquat

Frisch erwacht, aber die Augen noch geschlossen, hörte der ehemalige Alte Peter eine große Fliege summen und gegen das Fenster stoßen. Er lag da und spürte, wie etwas in ihm zielstrebig im Wachsen begriffen war.

»Jetzt mache ich die Entdeckung des Jahrhunderts«, dachte er und öffnete das linke Auge. Dann nach kurzem Zögern auch das rechte. Und wieder hörte er in sich hinein, richtete die Augen auf den blauen Himmel, den er durchs Fenster sehen konnte, und begriff, was genau in ihm gewachsen war – der Morgen.

Aufstehen wollte er diesmal anders als sonst, und so schaltete er nach der neuen Gewohnheit sein Inneres Lachen ein. Er wartete, bis das Gesurre in seiner Brust ihn zwang, seine Lippen zu einem Lächeln zu öffnen, und als er die ganze Luft hinausgelacht hatte, atmete er tief ein und streckte sich genüsslich. Der Schlaf war verflogen.

»Hinter den sieben Bergen soll es ein Wundergetränk geben«, murmelte er leise, während er am Bettrand saß und das Hemd überzog. »Es soll Kahfej heißen. Es soll auch morgens wach machen. Das muss man erst einmal finden, aber das Lachen hab ich immer in der Tasche. Und ich brauche nicht einmal ein Gefäß dafür ...«

Der ehemalige Alte Peter erhob sich und blickte auf die schlafende, ehemalige Alte. Sie hatte sich sehr verändert in der letzten Zeit.

»Jetzt verstehe ich, jetzt kann ich sehen, aus wem die erste Frau gemacht wurde«, sagte er leise, »nämlich aus einem Mädchen. Jetzt kann man es sehen. Und nicht aus einer Rippe, wie man überall hört ...«

»Schläfst du, Alte?«, fragte er leise.

»Nein, ich schlafe nicht«, sagte sie, ohne die Augen zu öffnen.

»Und warum sind deine Augen dann geschlossen?«

»Ach einfach so. Ich blinzle nur langsam«, murmelte die ehemalige Alte schläfrig.

»Dann blinzle eben ohne Eile, ich gehe inzwischen zum Brunnen.«

Er nahm den Eimer, und auf dem Weg aus der Hütte blickte er in den Spiegel. Wie schon so oft stand er staunend davor.

Im Spiegel sah der Alte verdächtig jung und klug aus.

»Die sollen sich nur daran gewöhnen«, murmelte er und verbarg ein zufriedenes Lachen in seinem schütteren Bart.

Peter trat unter das Vordach, hob den Kopf und sog das blaue Morgenlicht ein.

Und plötzlich verspürte er das dringende Bedürfnis zu niesen. Er ließ den Eimer fallen, fasste nach seiner Nase und erlaubte sich das zu tun – laut und dreifach.

Als er seine Nase gereinigt hatte, öffnete er die tränenden Augen und – erstarrte vor Staunen.

Es war, als wären da weder Hütte noch Eimer. An das steinerne Ufer, das sich vor seinen Augen erhob, schlug eine stürmische Welle. »Eine Insel«, dachte Peter. Mitten auf der Insel wuchs ein riesiger Baum, ganz in eine dunkel glänzende schwere Kette geschlungen.

»Ach du liebe Zeit!«, sagte Peter verblüfft zu sich selbst, »wo bin ich denn jetzt gelandet?«

»Auf der Insel Bujana«, sagte eine seltsam glucksende Stimme in seinem Inneren.

»Wozu das?«, sagte der ehemalige Alte.

»Diese Insel, ebenso wie deine Begegnung mit mir, gehört zu den Maßnahmen, die wir mit dir vorhaben«, sagte die Stimme trocken.

Peter war verdutzt, er stand, vor Staunen die Arme gespreizt, drehte sich nach allen Seiten um und bemühte sich, den Sprecher zu entdecken.

»Was für ein Komplex …«, sagte er fast verzweifelt und erinnerte sich plötzlich. »Moment, der Goldene Fisch hatte doch was gesagt … die Kupferrohre dort …«

»Die Kupferrohre laufen dir nicht davon, beruhige dich, aber du bist dafür noch nicht bereit, hab keine Eile.« Jemand räkelte sich schwerfällig im Laub und sprang direkt vor Peters Beine – ein kräftiger Kater mit rötlichem Fell stand vor ihm. »Alles zu seiner Zeit.«

Solch einen Kater hatte Peter noch nie gesehen, aber noch mehr überraschte ihn, dass der Kater lächelte. Lächelnde Kater hatte er noch seltener gesehen. »Der übt wohl das Innere Lachen«, sagte er und beschloss, sich über nichts mehr zu wundern.

»Da gibt es nichts zu üben«, gab der Kater lächelnd zur Antwort. »Ich bin das Lachen.«

»Du bist ein Kater«, widersprach Peter, der besorgt registrierte, wie schon wieder jemand versuchte, etwas lang Vergessenes und in der Tiefe Schlafendes in ihm zu wecken.

»Ich bin genauso ein Kater, wie du ein Mensch bist«, sagte der rothaarige Kater, diesmal ganz ohne das Maul zu öffnen. Er lächelte schweigend, und in Peters Kopf ertönte seine ruhige, glucksende Stimme. »Und du bist genauso ein Lachen wie ich. Ganz ruhig, jeder Begriff hat seine Zeit. Du hast dich schon an deine Meisterschaft erinnert und hast dich als Leere empfunden … **Dir steht noch bevor, das Lächeln dieser Leere zu fühlen, und ihr Lachen zu hören. Und dieses Lachen zu werden …**«

Laut rollten die Wellen ans Ufer und zerstoben an den nassen Steinen. Der große Baum wiegte seine Krone und knarrte klagend. Erst jetzt erkannte Peter, dass es eine Eiche war. Etwas massives Dunkles und Rechteckiges leuchtete durch ihre Äste hervor …

»Wozu bin ich hier?«, fragte schließlich der ehemalige Alte, als ihm klar wurde, dass er verwirrt war.

»Wegen mir«, antwortete der rote Kater, machte einen Katzenbuckel und stellte die Barthaare auf. »Ab jetzt bin ich dein Begleiter. Begleiter und Ratgeber.«

»Und wem überlässt du deinen Hof?«

»Mir selbst«, kicherte der Kater. Er drehte sich um die eigene Achse und begann zu verschwinden. Pfoten und Schwanz lösten sich in Luft auf, und schließlich auch das Maul. Nur ein Lächeln hing noch in der Luft.

Und auf den leeren Platz sprang wieder der geschmeidige rote Kater.

»Das Lächeln nimmst du mit«, sagte er und zog seine Lippen in die Breite – unisono mit dem Lächeln in der Luft. »Und ich bleibe hier. Du hast recht, ich habe hier noch was zu erledigen.«

»Verwegen bist du«, sagte Peter und tastete vorsichtig nach der Stelle in der Luft, wo bei dem verschwundenen Kater die Barthaare sein mussten.

Beide grinsten – der Kater und das Lächeln.

»Das habe ich bei meinem Cousin gelernt«, sagten die beiden gleichzeitig. »Sieh dich vor, denn es werden Prüfungen auf dich warten, und nicht so wenige. Alles, was du gelernt hast, wirst du brauchen können, und noch mehr als das. Wenn du alles überwindest, wirst du dich noch höher erheben, und wenn nicht … davon wollen wir lieber nicht reden …

In schweren Zeiten werde ich unsichtbar neben dir sein«, fuhren sie fort. »Ich werde nichts an deiner Stelle tun, aber dass du Meister bist, daran will ich dich erinnern. Und vielleicht einen Rat geben. Oder auch nicht. Denn es ist dein Leben, und niemand außer dir kann es leben.«

»Ach«, fing Peter an, Trübsal zu blasen, »und ich dachte, alles regelt sich schon. Ich und meine Alte leben einfach so weiter … Aber nein, schon wieder ist irgendwas … Was ist das für ein Leben?«

»Klage niemals über das Leben, du könntest nicht einmal das haben«, sagten der Kater und das Lächeln, »und jammere nicht, dass man deine Puppe das Leben nicht genießen lässt. Solange sie Puppe ist, kann sie nicht glücklich sein, mit welchen Mauern sie sich auch vom Leben abschirmt. Das Glück sollte sie nicht um sich herum suchen, sondern in sich,

117

im Meister. Freu dich über die Hindernisse – es sind Stufen für dich.«

»Und jetzt musst du zurück«, sagte diesmal nur der Kater, weil das Lächeln langsam in der Luft zerrann und beinahe verschwunden war, »die Ereignisse haben sich schon weiterbewegt.«

»Und wie komme ich zurück?«, wunderte sich Peter, der auf das verschwundene Lächeln blickte.

»Das ist kein Problem?«, sagte er kokett und kitzelte Peter mit seinen Schnurrhaaren an der Nase. »Wenn du dreimal geniest hast … Ich heiße übrigens Mauz«, hörte Peter durch das Niesen hindurch die verhallende Stimme des Katers.

———

»Hatschi!«, nieste Peter zum dritten Mal und öffnete die Augen. Er stand in seiner Hütte, als wäre er niemals weggewesen. Die Alte war irgendwohin verschwunden, und dann war plötzlich alles voll mit fremden Menschen. An der Tür drängten sich einige Wachleute in himbeerfarbenen zerschlissenen Kaftanen und Hellebarden in den Händen. Und unmittelbar vor Peter stand ein kräftiger schnauzbärtiger Kerl mit blitzenden Augen.

»Ein Heerführer«, begriff Peter voller Angst.

»Sie verstehen mich nicht«, sagte der Heerführer gerade zu jemandem. »Aber der Mensch kann alles, wie man sieht. Und gerade das macht mich hellhörig …« Er hielt inne, öffnete den Mund und starrte auf Peter.

»Da haben wir ihn ja!«, johlte er und riss sich dann bestürzt zusammen. »Dort wartet der Zar auf dich, das ganze Gefolge hat er in Aufregung versetzt, und du treibst dich weiß Gott wo herum!«

»Der Zar?«, fragte Peter verdutzt. »Der Zar will etwas von mir?« Er fühlte sich wieder wie der frühere Alte Peter, von allen gepeinigt und gegängelt, und er wollte sich verstecken und wünschte sich weit, weit weg ...

Er war schon ganz gebeugt, bereit, auf die Knie zu fallen, als er plötzlich in seinem Inneren eine ruhige, glucksende Stimme hörte: »Mach dich los, mach dich sofort frei von dem Heerführer und von deiner Puppe. Denk daran, du bist ein Meister. Mach was, fang unverzüglich an, etwas zu kreieren.«

»Was denn?«, fragte sich Peter verwundert. »Was kann ich jetzt kreieren?«

»Was du willst«, antwortete Mauz in Peters Innerem. »Wörter, Bilder, was immer du willst, Hauptsache du bist kreativ ...«

»Dir nach, dir nach«, donnerte der Heerführer weiter. »Du hohes Tier, ich selbst wurde auf den Weg geschickt. Was hast du angerichtet – gesteh!«

Peter schlug die Augen auf, aber plötzlich sah er den Heerführer nicht als lebendigen Menschen, sondern als Kinderpuppe, in einer Theaterbude auf dem Rummelplatz. Die Nase war rund und rot wie eine Rübe. Der breite, drollige Mund schien im Schrei erstarrt, und alle Töne kamen gleichsam aus dem Bauch geflogen. Die Augen waren mit Farbe bemalt, und auf dem Kopf saß statt eines Helms ein Nachttopf.

Dieser Puppen-Heerführer hing drohend über ihm und flüsterte ihm mit unbeweglichem Mund etwas zu. Sich selbst aber sah Peter als Vogelscheuche – da stand er, die Finger gespreizt, frei im Wind flatternd und lustige Fratzen schneidend.

Obwohl ihn der Heerführer mit drohenden Reden belästigte, fühlte Peter nicht den gewohnten Schrecken in dieser grotesken Theaterszene, im Gegenteil: Sein Lachen war fröhlich und frei. Aus welchem Grund auch immer, aber diese puppenhaften Leidenschaften rührten ihn nicht mehr, denn alles wirkte wie ein Scherz und unwirklich.

Nur mit Mühe hielt Peter das Lachen zurück, und dann sagte er einfach, und zu seiner eigenen Überraschung:

»So ein Gesetz gibt es nicht, dass alle in einer Hütte enden müssen. Zum Zaren lasse ich mich bitten ...« Er sah dem Heerführer gerade in die Augen und, vom eigenen Mut überrascht, fügte er noch hinzu: »Der Mensch ist zwar seiner Probleme Schmied, aber nicht jeder kann sich Ärger erlauben ...«

»Ärger, sagten Sie?«, fragte der Heerführer nachdenklich und offensichtlich beeindruckt nach einer Pause. »Zum Zaren lässt er sich bringen, der fahrige Kerl ... So ein Depp bin ich nicht, wie du vielleicht meinst ... Soll der Zar das selbst mit dir ausmachen. Wir können ja im Hof warten ...

Und dass es so ein Gesetz nicht gibt«, brummte der Heerführer und wies den Wachmännern die Tür, »das befreit nicht von der Pflicht, es zu erfüllen ... Das Gesetz, verstehst du ... vielleicht bin ich ja zu seinem Schutz beordert worden, damit es nicht jeder Idiot für sich nutzen kann. Und du mach dich jetzt fertig, der Weg ist nicht der kürzeste.«

Einen Kanten Brot in die Tasche gesteckt – mehr war gerade nicht greifbar – trat Peter unter das Vordach.

Der Heerführer saß in der Sonne, umringt von seinen Wachmännern. Als er Peter erblickte, runzelte er wieder die Stirn. Was hier vorging, verstand er nicht, und das beunruhigte ihn.

»Jeder Mensch mag auf seine Weise recht haben«, sagte er mit Blick auf den näher kommenden ehemaligen Alten, »aber ohne mich. Wozu ruft dich denn der Zar, he? Was habt ihr denn gemeinsam, ihr beide?«

Peter zögerte und wollte schon den Mund aufreißen, um sich zu rechtfertigen, als er ein warnendes »Miau« hörte. Da sah er wieder die Puppe in dem Heerführer. Seine kleinen Fäustchen schwingend brummte er irgendein Zeug mit seinem starren Mund und drohte. Und wieder glaubte Peter dem Theater nicht – im Gegenteil. Wenn er diese künstlichen Leidenschaften sah, musste er innerlich lachen.

Er kicherte lautlos über diesen Schmarrn, den er da gerade entdeckt hatte, und sprach dann mit Blick zum Himmel:

»Regen hängt in der Luft! Wir sind spät dran, mach …«

»Ja, ja«, sagte der Heerführer eifrig und erhob sich. »Es ist höchste Zeit.«

———

Man brachte Peter etwas zu früh in die Gemächer des Zaren, denn er und die Zarin waren noch im Gespräch. Wie es schien, ging es schon dem Ende zu, weil es in so hohen Tönen geführt wurde. Dem ehemaligen Alten taten die Ohren davon weh. Er steckte einen Finger ins Ohr, kratzte sich und lächelte gönnerhaft, weil er an sich und seine Alte denken musste. »Ist lange her«, dachte er.

Die Zarin war ein ganz gewöhnliches Weibsbild. Als er ihr ins Gesicht blickte, kam es Peter in den Sinn, dass sie krumme Beine haben musste. Aber der Zar gefiel Peter. Nicht besonders groß, dicklich, mit glänzender, lebensfroher Glatze und gutmütigem Blick.

»Nun gut, du sollst es haben«, sagte er mit müder Stimme zur Zarin. Aber als er die Eintretenden erblickte, schwieg er und richtete sich stattlich auf. Er klatschte in die Hände.

»Geleitet die Zarin in ihre Gemächer«, befahl er, »und bringt die Gäste näher heran.« Dann winkte er und schickte alle hinaus. »Lasst uns allein.«

Allein mit Peter wurde der Zar sofort wieder sanft und gutmütig.

»Sorgen über Sorgen«, murmelte er und strich sich mit beiden Händen über die Glatze. »Dieses Gebettle und Gezerre …

Man droht mit Aufständen, ich habe dem Volk schon so viel versprochen, aber es reicht ihnen immer noch nicht. Essen wollen sie alle … Ich weiß doch, wie man das Volk füttern kann, aber das wollen sie nicht essen, die Mistkerle«, sagte der Zar mit gütigen Augen.

Peter stand belämmert daneben und verstand nicht, wie ihm geschah. Wie proletenhaft sich der Zar benahm, das schreckte ihn mehr, als dass es ihn freute. Er hörte die Zarenworte und zum x-ten Mal wollte er auf die Knie fallen und beteuern, dass er wohl etwas falsch verstanden habe.

Er richtete den Blick auf den Zaren und erstarrte. Auf seiner Glatze glänzte mit katzenzähnefletschendem Lächeln Mauz …

»Richtig, ich bin ja ein Meister«, erinnerte sich Peter.

Er warf einen meisterlichen Blick auf die zwei Puppen im Raum: auf sich selbst und auf den Zaren. Sehr klein war der Zar geraten und weitaus dicker als nötig, aber geschäftig und quirlig. Eine gigantische Krone aus bemalter Birkenrinde drohte ihm ständig auf die Nase zu rutschen. Manchmal schob er sie wieder gerade und lief um den Puppen-Peter herum und klaubte unsichtbare Staubfäden von seiner Jacke. Listig lugte er mit glänzenden Mäuseaugen unter der Krone hervor, er kicherte mit einem feinen Stimmchen und tänzelte mit kurzen Beinchen in geheimnisvoller Eile …

Peter hustete, unterdrückte ein Lachen und sagte überraschend:

»Eure Hoheit, regen Sie sich nicht auf, fragen Sie, wenn Sie was brauchen …«

Der Zar stockte, dann sagte er prüfend zu dem Gast:

»Du bist kein Dummkopf, Peter, und du wirkst tapfer, wenn ich dich so ansehe. Wie es aussieht, hat man mir die Wahrheit über dich berichtet … Kommen wir also gleich zur Sache.

Ich habe eine Tochter«, fuhr der Zar fort, »mein Zarentöchterchen. Du hast sicher von ihr gehört?«

Peter wusste nicht, sollte er mit dem Kopf wackeln oder die Schultern zucken.

»Ich sehe, du hast von ihr gehört«, fuhr der Zar fort. »Sie ist ein Mädchen, das niemals lacht, und deshalb gelingt es uns einfach nicht, sie zu verheiraten. So viele Bewerber waren schon da. Aber wer braucht schon so eine Trauerweide?

Und dann noch die Staatskasse, wie leer ist sie geworden …«, der Zar schürzte verträumt die Lippen, »da würde ein halbes Zarenreich hineinpassen …

Also Peter«, fuhr er in Zarenmanier fort: »Wenn du sie zum Lachen bringst, wenn du sie das Lachen lehrst, werde ich dir so was von danken … Da reden wir noch drüber … Und wenn nicht, kommt der Kopf, natürlich, runter von den Schultern …« Er kam zum Ende und blickte den ehemaligen Alten mit guten Augen an. »Komm, ich mache euch bekannt.«

Sie traten in die Stube. Ein kräftiges Mädchen mit zerzausten Haaren in kurzem Rock sprang aus dem Bett und ihnen entgegen.

»Väterchen!«, klagte sie. »Schon wieder dreht sich mein Kopf!«

»Das sehe ich auch selbst«, unterbrach sie der Zar trocken. »In der Tat dreht er sich … Und dann?«

»Siehst du, so dreht er sich«, heulte die Zarentochter und wischte sich die Tränen mit den Fäusten ab.

Peter betrachtete sie vom Kopf bis zu den Füßen und kam zu dem Schluss, dass die Zarentochter besser keinen kurzen Rock getragen hätte. »Sie ist wohl nach der Mama geraten«, dachte er.

»Weine nicht, Zarentöchterchen«, jammerte der Zar mit unveränderter Miene zurück, »nimm halt einen Lebkuchen oder ein Zuckerl …«

»Hab alles so satt-t!«, heulte die Zarentochter weiter, »ich will nicht mehr essen, ich hab auch so schon mit Zellulitis zu kämpfen …«

»Wenig zu essen ist schädlich«, erklärte der Zar mit dem Blick eines Schulmeisters. »In den Pausen dazwischen bildet sich Karies.«

»Wer bildet sich da?«, horchte die Zarentochter auf, und die Tränen trockneten sogleich. Da erblickte sie Peter. »Und wer ist das?«

»Dein Heiler«, sagte der Zar. »Er wird dich das Lachen lehren.«

»Mich, das Lachen?« Die Zarentochter wusste nicht, ob sie erstaunt oder gekränkt sein sollte und verzog ihr Gesicht, dass Peter glaubte, sie müsse jeden Moment loslachen, aber die Heulsuse fing wieder zu klagen an.

Der Zar blickte abwartend zu Peter, dieser wiederum blickte nach innen – auf der Suche nach Mauz. Aber Mauz zeigte sich nicht. Völlig konfus schaltete Peter das Innere Lachen ein und versuchte, Ruhe zu bewahren. So standen sie beinander: Die Zarentochter schluchzte, der Zar wartete ab, Peter lachte.

Als er bis zum Gehtnichtmehr gelacht hatte, fiel ihm plötzlich ein Kinderspiel ein. »Soll ich … Man kann nie wissen, ich hab ja keine Wahl!«

»Hörst du, Zarentochter, willst du heiraten?«

»Was denkst du denn?«, schluchzte die Zarentochter.

»Ich glaube«, sagte der frühere Alte besonnen, »wenn du wirklich willst, wirst du alles ausprobieren, was man dir vorschlägt. Sogar eine Dummheit. Selbst wenn Zarentöchter so etwas nicht machen. Natürlich nur, wenn du heiraten willst ...«

»Sag mir, was ich tun soll«, sagte die Zarentochter entschlossen und wischte sich die Nase.

»Wir werden ein Spiel spielen«, sagte Peter und wandte sich zum Zaren. »Volk ist vonnöten. Publikum. Je mehr, umso besser. Sag allen, die Zarentochter gibt eine Vorstellung. Eine Komödie.«

Nach kurzer Zeit füllte das Volk die Stube. Misstrauisch blickten sie auf den gutmütigen Zaren und verlegen auf Peter.

»Fangen wir an«, befahl Peter und wandte sich zur Zarentochter. »Ich frage noch einmal – spielst du mit? Wirst du auch nichts durcheinander bringen? Wirst du nicht zu früh befehlen, mir den Kopf abzuhacken?«

»Ich werde es nicht zulassen,« mischte sich der Zar ein. »Fang an!«

»Du wirst jetzt von deinem Unglück erzählen«, sagte Peter zur Zarentochter gewandt. »Aber so tränenreich wie möglich, so gequält, wie es nur geht.

Und sobald ich die rechte Hand hebe, machst und sagst du, was ich dir auftrage.« Peter trat zur Seite, riss die Augen auf, und unter einer leichten Verbeugung fasste er sich an den Bauch. »Ach«, sagte er, »ich will nicht furzen!«

Und wenn ich die linke Hand hebe, machst du, was ich dir zeige.« Peter ging auf die andere Seite, rümpfte die Nase und wedelte mit der Hand, als wolle er etwas verjagen. Und sagte: »Oh, das war ich nicht ...«

Der Zar runzelte schweigend die Stirn. Das Volk stand ungläubig still. Doch wild entschlossen war das Mädchen.

126

»Groß ist mein Leid«, begann sie. »Wie viele Jahre schon kein Lächeln in meinem Gesicht. Tränenbäche haben meine Wangen durchfurcht, die Taschentücher werden nicht trocken. Alle Brautwerber haben das Weite gesucht. Wenn jemand kommt und mich ansieht, würde er gerne bleiben, aber sobald sie mein »**Ach, ich will nicht furzen!**« hören, sind sie über alle Berge.

In die Menge kam Bewegung, Glanz trat in die Augen. Da standen sie und verbargen ihre Gesichter. Der Zar blickte ernst.

»Neulich kam Väterchen Zar zu mir und sprach ... ›**Ach, ich will nicht furzen!**‹... Nein, anders ... nicht so, er sagte ... ›**Ach, ich will nicht furzen!**‹... Nein, nein, ich sagte zu ihm ... ›**Ach, ich will nicht furzen!**‹ ... Vielmehr ...«

Das Volk lachte verstohlen, das Gesicht in den Ellbogen verborgen. Der Zar hob erstaunt die Augenbrauen, aber was er empfand, war nicht klar.

Und die Zarentochter, die rundum errötet war, versuchte hartnäckig zu erklären.

»Nein, nein, er kam in einer Angelegenheit, und nicht um diese Dummheiten zu sagen. Er wollte über die Brautwerber sagen, dass sie ... ›**Ach! Sie furzen auch nicht ...**‹«, sagte die Zarentochter verwundert und grunzte seltsam. Dann ballte sie die Fäuste und fuhr wichtig fort: »Alles ging irgendwie schief ... Väterchen und ich sprachen ernsthaft darüber, zuerst er, dann ich, und dann beschlossen wir gemeinsam, dass ... Ach!...« Die Gesichtszüge des Mädchens entgleisten, sie sprang zur Seite und wedelte mit der Hand vor ihrer Nase. »**Das war nicht ich!** ... Vielmehr ... nicht er!!... Vielmehr – ... **nicht wir!!!**«

Die Zarentochter wollte noch etwas sagen, aber zu mehr kam sie nicht. Die Stube tobte von einem unerhörten Lachen. Die Leute hielten sich die Bäuche, sie klammerten sich aneinander, wanden sich vor Lachen und fielen auf die Knie.

Der Zar wischte sich lachend Tränen von seinem Gesicht.

Und dann … Alle verstummten. Denn sie hörten – eine laut lachende Zarentochter. Sie lachte schallend und ansteckend …

—

»*Gut gemacht, Peter, bist ein toller Kerl!*« *sagte der Zar, noch ganz rot von dem Geschehen.* »*Hast mich nicht reingelegt. Ich lasse einen Wagen einspannen. Bis nach Hause soll er dich fahren. Aber eins musst du die Tochter noch lehren.*«

Das Mädchen stand am Fenster mit leuchtenden Augen, die strahlten wie die Sonne, und der frühere Alte Peter dachte bei sich: Und doch steht ihr der Minirock. Ich muss meiner Alten auch so was kaufen. Dann sagte er, dass es alle hören konnten:

»*Das ist noch nicht alles, Zarentochter. Niemand wird dich dauerhaft zum Lachen bringen können. Wenn du wieder die alte* ›*Lach-nicht*‹ *wirst, wird man dich schwer aus dem Zustand rausholen können. So weit darf es also gar nicht erst kommen.*

Sobald du in deinem Inneren eine Erregung spürst«, *fuhr Peter fort,* »*schalte in deinem Bauch dein Inneres Lachen ein. Ich sag dir später, was für ein Inneres ich meine. Aber hör gut zu:*

Wenn dich jemand kränkt oder – sagen wir – erschreckt, lache sogleich mit deinen Eingeweiden. Lache so lange, bis es sich von selbst lacht. Wenn es dann reicht, lass es gut sein. Und von Kränkung und Angst bleibt nur ein feuchter Fleck.

Sobald du mit etwas nicht einverstanden bist – das Wetter ist schlecht, der Brautwerber ist eine Niete, Väterchen Zar verlangt Unmögliches von dir –, dann lache gleich los mit deinen Innereien. Wenn es genug ist, kommt alles ins Lot.

Warte nicht auf den großen Schmerz oder ein großes Unheil. Da wieder herauszukommen ist mühsam. Wenn du ein bisschen Trauer fühlst – lache! Eine Kleinigkeit passt dir nicht – lache! Lache einfach so, ohne Grund. Lachend komme dem Übel zuvor.

Der Kummer hat Angst vor dem Lachen, und das Unheil haftet nicht daran. Selbst der Tod tritt zur Seite, wenn gelacht wird. Denn wenn ihn das Lachen in Stücke reißt, kann er seine eigenen Knochen einsammeln.« Peter beendete seine Belehrung. Und plötzlich hörte er von innen ein zufriedenes Grunzen: »Ha-ha-hast du gut gemacht …«

Peter saß in der Zarenkutsche, dachte über den langen Tag nach und war mit sich zufrieden. In einer Schatulle führte er ein Geschenk mit, von Botschaftern aus dem Land hinter den sieben Meeren gebracht.

»Eine Solartaschenlampe«, hatte der Zar gesagt, als er es ihm überreichte. »Ein Wunder ein wundersames …«

Die Hinterhältigkeit der sozialen Stereotypen

Das Sozium, das heißt die Welt der zwischenmenschlichen Beziehungen, das einst von uns errichtet wurde und das aus uns besteht, ist längst zu einem völlig abstrakten Gebilde geworden. Es hat keine reale Beziehung zu den Bedürfnissen des Menschen und ist zu seinem Parasiten geworden, einem »virtuellen Monster«, das uns von innen auffrisst.

Statt sich um den Menschen selbst zu kümmern – seine Hoffnungen, seine Freiheit und sein Glück, sichert das Sozium seine eigene Unerschütterlichkeit gerade durch die Ausbeutung dieser Eigenschaften. Einst von unseren Händen und Köpfen geschaffen, das heißt von unseren Überlebens- und Selbsterhaltungsprogrammen, hat es sogleich seine Grenzen mit einem System von Verboten und festen Regeln abgesteckt und diese unerschütterlich gemacht.

Sie waren einst nützlich, aber nur in einem Stadium des »Erwachsenwerdens« in der Entwicklung der Menschheit. Inzwischen haben sie sich jedoch in starre Gefängnismauern verwandelt. Und das Sozium entwickelt sich wie jedes andere System, das seine Flexibilität verloren hat und »geschlossen« wird, zielstrebig zu einem »toten« System hin, das bestrebt ist, alle seine Elemente »abzutöten«, die durch Unvorhersehbarkeit und Freiheit gefährlich sind. Also letztlich uns.

Dieser Akt der »Abtötung« vollzieht sich im Moment der Verwandlung des freien Meisters in eine Puppenhülle, die mit voller Kraft sein göttliches Wesen und seine unbegrenzten Möglichkeiten nivelliert.

In dieser Hülle aus obsoletem und erstarrtem Wissen stecken sowohl wir als auch die Welt, in der wir leben. Als eine Gabe von höchstem Wert wurde uns dieses Wissen von unseren »Lehrern« überreicht, wie es auch denen einst überreicht wurde.

Kann man sich da noch wundern, dass wir uns *in beinahe allen Lebenssituationen wie aufgezogene Automaten verhalten?* Aus ganzer Kraft bemüht, »nicht mit dem Gesicht in den Dreck zu fallen« und in allen unseren Handlungen so auszusehen, wie es die anderen wünschen, aber im Kern unser Leben zu opfern zum Gefallen der uns umgebenden »Programmierer«?

Und was wird geschehen, wenn wir lachend die meisterliche Freiheit erlangen und allen in uns eingebauten Programmen und Vorschriften den Stinkefinger zeigen?

Sie wissen schon – es wird einen Meister geben, der frei ist von Bedingungen und Begrenzungen. Und das »sorgsame« Gespenst, das Sozium mit seinen unzähligen Absicherungen, Regeln und Ängsten wird seine Macht über uns verlieren. Aber das zu erreichen ist alles andere als einfach – denn das Monster des Soziums ist sehr stark. Zahllos sind seine Sensorenprogramme, die tief in uns eindringen.

Versuchen Sie zu verfolgen bzw. sich zu erinnern, wie Sie sich gewöhnlich in Standardsituationen verhalten.

Wenn Sie einigermaßen ehrlich sind, entdecken Sie sogleich, dass *je trivialer eine Situation ist, desto besser Ihr Verhalten in diesem Rahmen vorhersehbar ist.* Gewöhnlich ziehen wir es vor, das nicht zu bemerken. Es ist tatsächlich irgendwie kränkend, denn wir sind MENSCHEN, und plötzlich wirken wir wie einfach programmierte Maschinen, Automaten aus einem weichen, angenehm anzufassenden, elastischen Plastik, die man auf jedes Programm festlegen kann. In seiner Totalität wurde damit gleich nach unserer Geburt begonnen, aber Korrekturen werden das ganze Leben lang vorgenommen.

»... *So etwas machen gut erzogene Kinder nicht ... Es gehört sich nicht, laut auf der Straße zu lachen ... Nimm den Finger aus der Nase, sonst zerkratzt du dir das Hirn ... Heute hast du die alte Frau nicht über die Straße geleitet, und morgen wirst du die Heimat verraten? Du hast bei den letzten Wahlen nicht gewählt? Was? Bist du noch ein Mensch? Zivilisiert? Ein Mann?*«

Wir laufen gehorsam und tun, was »man« von uns verlangt. Und argwöhnisch schauen wir auf diejenigen, die es nicht machen. Aber gerade diese Traumtänzer, die in aller Ruhe an einer uns unverständlichen Sache tüfteln, schaffen all das, was den Begriff »MENSCH« ausfüllt.

Der amerikanische Psychologe Eric Berne hat wunderbare Bücher geschrieben – »Spiele der Erwachsenen« oder: »Was sagen Sie, nachdem Sie ›Guten Tag‹ gesagt haben?« Nach dem ersten Protest, der sich in fast jedem regt, der diese Bücher in die Hand nimmt, schwant es einem, dass das wohl genauso ist, wie hier beschrieben. Und auch wenn man in den Details mit dem Autor streiten könnte – zweifellos gilt, dass wir *tatsächlich das ganze Leben, ohne uns dessen bewusst zu werden, ununterbrochen armselige Spiele*

nach Regeln spielen, die weiß Gott wer geschrieben hat, und
dass wir dankbar die Rollen annehmen, die in ihrer Anlage
ausgesprochen primitiv sind, die uns aber wie eine aktive Le-
bensposition erscheinen. Ohne dabei zu bemerken, wie unser Leben immer mehr Züge einer Groteske oder einer Ka-
rikatur annimmt.

Unsere technischen Möglichkeiten laden uns förmlich
dazu ein, diese Groteske auf einem hohen Niveau auszukosten. Egal, ob heute kleine oder große Brüste »in« sind,
wer der Mode folgen will, kann dies zur Zufriedenheit aller
mit Hilfe hoch qualifizierter Ärzte tun. Wer nicht, hat immer noch die Möglichkeit, unter seinem »falschen« Körper
zu leiden.

Und es gibt viele Gründe zu leiden. Ein unmodernes Gesicht, ein nicht prestigeträchtiger Beruf, ein seltsamer Geschmack oder eine ausgefallene Nationalität, es gibt Millionen Möglichkeiten.

In diesem Zusammenhang sind die folgenden Zeilen sehr
vielsagend:

Arbeitstiere, Diplomaten
Kollektive, Bürokraten
und am Ende dieser Reihe
fehlen noch die Idiaten.
Ist am Ende diese Reihe
nicht etwas zu lang geraten?
Einer fehlt noch – wer das sei?
Wer schon! Dreimal darfst du raten.

Was kann man tun, um diesem trostlosen Los der Normierung zu entkommen? Um endgültig das Puppengesicht abzuwerfen und Meister zu werden?

Zuallererst durch das Anerkennen und das innere Einverständnis damit, dass es genau so ist. Ja, wir sind Maschinen, ja, wir sind Puppen. In dem Spiel, das der Schöpfer einst angeleiert hat, haben wir genau diese Rolle. Das ist nicht schlecht und nicht gut. Es ist einfach so. Wir brauchen es nicht zu bewerten.

Und erinnern Sie sich, zu welchem Punkt wir in unserer letzten Lektion gekommen sind: **die Puppe, die sich als Puppe erkannt hat, hört auf, Puppe zu sein.** Sie wird zum Meister, sie wird das, was sie auch niemals aufgehört hat zu sein. Aber das Wissen darüber, die Empfindung dafür muss sie nach den Spielregeln selbst wieder in sich generieren. Gerade für diesen Moment der Bewusstwerdung wurde das Spiel mit dem Namen Leben erfunden.

In einer ruhigen Umgebung haben wir schon gelernt, den Verbindungskanal mit dem in uns lebenden Meister herzustellen. Wir haben gelernt, unser puppenhaftes Äußeres zu erkennen und haben uns eingestanden, dass all unsere Probleme Puppenprobleme sind und vom Meister nicht ernst genommen werden können.

Wir haben das Innere Lachen gelernt, eine mächtige und sehr einfache Technik, die leicht die schmerzhafte Ladung jedes Problems entschärft und uns mit einem Lächeln im Meisterzustand regenerieren lässt. **Wir sind zu einer völlig neuen Sicht auf den Meister gekommen, als einen fröhlichen, lachenden Schöpfer, der in uns lebt.** Dieses

Thema werden wir in den kommenden Lektionen noch fortführen.

Nachdem wir den Geschmack der meisterlichen Freiheit gefühlt hatten, stellten wir uns die folgende Aufgabe: Wie kann man seinen Meisterzustand bewahren und nicht verschleudern im Strom der Lebensereignisse? Wie kann man es vermeiden, sich wieder an die dargebotenen Stereotypen des Verhaltens zu hängen und stattdessen die innere Freiheit bewahren?

Das Leben ist ein Spiel. Ein lachender, freudiger Meister kann die Welt nicht ernst, starr und in Habachtstellung einrichten. Wenn wir das Leben aber gerade auf diese starre Weise erleben, so ist das nur eine Umsetzung unserer negativen Programme – derselben, aus denen wir »erfolgreich« unsere alltägliche Umgebung formen.

Wenn wir in Verhalten, Rede und Gedanken den vom Sozium vorgegebenen Situationen entsprechen, schlucken die uns einfach. Sie nivellieren den Meister in uns und zwingen uns zurück in den Puppenstatus, in unsere »Verernstung«.

Das Sozium provoziert uns in dem Bestreben, seine beherrschende Stellung über uns zu erhalten, ständig mit Prüfungen, die auf eine Verstärkung der Gefängnismauern unserer Puppenpersönlichkeit gerichtet sind. Dabei wirkt das zunächst äußerst natürlich und unschuldig – wie ein gewöhnlicher menschlicher Umgang.

Was ist schon so besonders an unschuldigen Fragen wie: *»Wie geht's? Was macht Ihre Gesundheit? Können Sie selbstständig arbeiten? Ich weiß, auf Sie kann ich mich verlassen,* *denn Sie schätzen immer die Wahrheit.*« Oder an folgenden Worten: »*Sie sehen heute blendend aus ... Sie haben bemerkenswerte Kinder ... Ich habe immer Ihren Geschmack, Ihren Verstand, Ihre Würde bewundert ...*« In Wirklichkeit ist das nichts anderes als die Forderung, unseren Puppenstatus zu verfestigen: All diese Wendungen rufen augenblicklich, buchstäblich automatisch, jahrzehntelang geübte Schablonen von Antworten, Reaktionen und Verhalten in uns ab.

Und jedes Mal schafft es der Verstand (der treue Diener des Soziums), den Schein von Natürlichkeit und der Rechtfertigung unserer Antwortreaktionen aufrechtzuerhalten, obwohl sie in Wahrheit immer nur von einem motiviert sind – von der Umsetzung des Programms »zu sein wie alle«, »zu entsprechen«, »nicht aufzufallen«. Und das heißt, gehorsam sein Dasein gerade in der Nische oder »Zelle« zu verfestigen, die uns vom Sozium zugewiesen worden ist.

Wir haben es eben erst geschafft, uns in den Zustand des Meisters zu vernetzen, und wir haben eben erst den Geschmack der Freiheit gekostet, und empfinden sofort, wie uns die gnadenlosen Monster der Programme des Soziums zurückziehen und in die alten Positionen zurückwerfen wollen.

Wie kann man die Qualität des Meisters in verschiedenen Situationen, im praktischen Leben erhalten? Auf dieser Etappe **bieten wir Ihnen die stärkste »Meisterwaffe« an – Humor, Groteske und Lachen.**

Die Technik des »inadäquaten Sehens« –
Ein Tag der Nichtentsprechung

In der vergangenen Lektion studierten wir die Arbeit mit der Puppe. Was ist sie für uns? Lediglich ein *sozial bedingt groteskes, karikierendes Modell des Meisters.*

Jetzt versuchen wir, den Rahmen dieses Verfahrens zu erweitern und in diese »Puppenhandlung« jene einzuschließen, die versuchen, uns zu einer Puppenreaktion zu bewegen.

Technisch sieht das ziemlich einfach aus: im Prozess der Kommunikation erinnern Sie sich als Reaktion auf die Sie erreichende Anfrage an Ihre Puppengestalt. Dann beobachten Sie sich in dieser Form von der Seite, wobei Sie sich gleichzeitig auch Ihren Gesprächspartner in einer karikierten, puppenhaften Form vorstellen. Das heißt, *Sie errichten im Prozess einer gewöhnlichen Kommunikation wie der Regisseur eines Puppentheaters in Ihrem inneren Raum eine parallele, marionettenhafte Version des Geschehens.* Sie sehen die puppenhaften Doppelgänger Ihrer Gesprächspartner, die genauso puppenhaft und deutlich übertrieben ihre Rede, ihr Verhalten und ihre Mimik wiederholen.

Sie brauchen keine Angst zu haben, dass Sie Ihr Gegenüber dabei auslachen, Sie erlauben sich nur, seine puppenhafte Verkleidung zu sehen, ebenso wie die eigene. Dank dessen erlangen Sie nicht nur selbst Freiheit, sondern durch die Zerstörung des Stereotyps der Wahrnehmung der Situation geben Sie diese Chance auch Ihrem Gegenüber.

Wenn Sie das Geschehen als eine Szene aus einem Puppentheater ansehen, das Ganze sorgfältig in sich aufzeichnen und dabei aktiv daran teilnehmen, festigen Sie sich immer mehr als freier Meister, der durch nichts in seinem Spiel eingeschränkt ist.

Danach, wenn Ihnen eine Frage gestellt wurde und eine Antwort erwartet wird, öffnen Sie einfach den Mund und sagen einfach das, was Ihnen im Moment am Herzen liegt, und wenn man konkrete Handlungen von Ihnen erwartet, dann tun Sie genau das, wozu Sie im Moment den spontanen Ruf verspüren. Oder tun Sie gar nichts, aber wieder entsprechend dem inneren Ruf.

Woher kam Ihre Antwort? Sie wurde augenblicklich formuliert von der inneren Anfrage, die aus dem Meisterzustand kam. Ihr äußerer Ausdruck kann dabei beliebig sein: ein Satz, ein Ausruf, ein Witz oder eine körperliche Handlung. In jedem Fall wird diese Antwort immer von dem Gegenüber angenommen werden. Wenn Sie sich so verhalten, wecken Sie in sich das intuitive Meisterwissen, welches unvermeidlich all Ihre Handlungen auf die beste Weise ausrichtet.

Dabei muss Ihre Antwort oder Ihre Handlung weder provozierend oder extravagant erscheinen, obwohl auch so etwas möglich ist. Wohl am ehesten wird der äußere Ausdruck ganz trivial sein, dafür aber das Optimum für diese Situation.

Bei dieser Technik ist es sehr wichtig, tatsächlich die Groteske und die Künstlichkeit des Geschehens zu sehen bzw. zu spüren. Deshalb wäre eine ideale Abrundung ein spontaner Lachimpuls, aber mit nicht geringerem Erfolg kann man ihn auch durch ein Inneres Lachen ersetzen, das am Ende gestartet wird und vom Gegenüber unbemerkt bleibt.

Die Praxis des inadäquaten Sehens hilft Ihnen, auf neue Weise viele früher trivial erschienene Themen, Positionen und Vorgaben zu sehen. *Das zeigt sich dann unvermeidlich im allmählichen Wandel Ihres Verhaltens, Ihres Umfeldes und Ihrer Bewertung durch andere. Die Leute werden es einfach als angenehm empfinden, in der Nähe eines Menschen zu sein, der lächelt und nicht an Geschäftigkeit und Probleme gekettet ist.*

Und Sie bewegen sich auf diese Weise außerhalb der Einflusszone von inneren Programmen und Jahrzehnte alten Gewohnheiten und erwerben Freiheit und Unabhängigkeit in Ihrer Lebensweise.

Erweitern Sie diese Technik der freien Wahrnehmung der Welt und des nicht adäquaten Selbstausdrucks, bis Sie damit Ihren ganzen Alltag durchdringen. **Genug damit, so zu sein, wie Sie alle kennen! Wie Sie sich selbst kennen! Ist es Ihnen nicht eng in diesen Rahmen? Werden Sie richtig frei und nicht vorhersehbar! Erlauben Sie sich das, was Sie sich schon lange nicht mehr erlaubt haben, nachdem Sie erwachsen geworden sind.**

Spielen Sie Verstecken, es macht gar nichts, wenn das in der Arbeit ist. Wälzen Sie sich im Stadtpark. Bleiben Sie auf der Straße stehen und freuen Sie sich an den Wolken. Werfen Sie Luftschlangen. Hängen Sie sich mit dem Kopf nach unten an eine Sprossenwand. Setzen Sie sich auf eine Kinderschaukel und drehen Sie sich mit einem Karussell für die Kleinsten. Liegen Sie im Gras und betrachten den Himmel, bis Sie sich darin auflösen. Zeichnen Sie Tempelhüpfen auf den Asphalt und legen Sie los. Spielen Sie, was Sie wollen. Bauen Sie eine Festung aus Kissen und Decken. Haben Sie keine Angst, im Regen nass zu werden. Schreiben Sie sich einen Liebesbrief. Und lachen sie, lachen Sie vor Vergnügen am Leben, vor Freude daran, dass Sie da sind.

Haben Sie keine Angst, etwas Ungehöriges zu tun. Das Ungehörigste ist in Wirklichkeit, das zu tun, was die anderen von uns erwarten. Das heißt – nicht das eigene, sondern deren Leben zu leben. Wozu sollte man dann überhaupt geboren worden sein?

Bleiben Sie frei und fröhlich. **Nehmen Sie das Leben als das grandioseste und spannendste Abenteuer von allen, an denen Sie teilgenommen haben.**

Nehmen Sie einen Tag der Woche, meinetwegen den Mittwoch. Machen Sie ihn zum »Tag der Nichtentsprechung«, zum Tag, wo Sie das Pferd vom Schwanz her aufzäumen.

Versuchen Sie, alles anders zu machen als gewöhnlich. Es muss ja nicht gerade gegenteilig sein, es reicht, wenn es eine ungewöhnliche Note bekommt.

Wenn Ihnen das gelingt (natürlich gelingt Ihnen das!), ist Ihnen ein ganzer Tag garantiert, den Sie im Meisterzustand verbringen. Ihre Puppe, die keine Chance erhält, die gewohnten Verhaltensschemata zu vollziehen, wird zügig die Macht über Sie verlieren und stattdessen ein immer größeres Maß an Meisterfreiheit freigeben.

Bevor Sie am Vorabend einschlafen, erinnern Sie sich daran, dass vom nächsten Morgen an alles nicht so sein wird wie sonst. Und bemühen Sie sich, dass wirklich ALLES, jedes Fragment des laufenden Tages, ungewöhnlich ist.

Wachen Sie früher oder später als gewöhnlich auf. Stehen Sie »mit dem falschen Fuß« auf. Ziehen Sie etwas anders herum an oder ziehen Sie irgendetwas gar nicht an. Putzen Sie Ihre Zähne nicht mit Zahnpasta, sondern mit Salz! Mit Zucker! Mit Seife! Mit Handcreme! Mit Kondensmilch! Und das alles mit der anderen Hand. Ziehen Sie unterschiedliche Socken an (zu gewöhnlich?) und fahren Sie zumindest einmal nicht mit dem Aufzug. Was, Sie wohnen im Erdgeschoss? Kein Unglück, fahren Sie mit dem Lift in den obersten Stock und gehen Sie zu Fuß herunter. An Ihrem Arbeitsplatz stellen Sie alles anders hin als gewohnt, nehmen Sie den Telefonhörer mit der anderen Hand. Und so weiter, und so fort – den ganzen Tag lang.

Versuchen Sie anfangs, das nur an einem Tag der Woche zu machen – aber ehrlich. Möge das der Anfang zu Ihrem neuen Verständnis vom Leben sein. Dann erweitern Sie dieses Verhalten, dehnen Ihr inadäquates Verhalten auf zwei, drei Tage pro Woche aus. Auf die ganze Woche.

Sehr schnell werden sich die Extreme in Ihren Handlungen, Ihre übertriebene Extravaganz verlieren, und Ihre Inadäquatheit wird weicher und organischer, und das Leben viel interessanter und spannender.

Wenn Sie Ihre Existenz immer weniger stereotyp und vorhersehbar gestalten, ist es wichtig, sich nicht in künstlichen, willkürlich geschaffenen Situationen zu verlieren. Wenn Sie mit dem Rücken nach vorne die Treppen runtersteigen oder die Schnürsenkel auf dem Rücken liegend binden, ist das nur ein Trainingsbild für das Prinzip der Inadäquatheit. Aber gleichzeitig ist das nicht mehr als der Eingang in den spielerischen Raum des Meisters, das sind Ihre ersten Schritte. Denn das Spiel des Meisters ist nichts künstlich Organisiertes, das ist unser ganzes Leben.

Viel wichtiger und komplizierter ist es, sich in ziemlich trivialen und über Jahre antrainierten Situationen inadäquat und nicht schablonenhaft zu verhalten. Üben Sie das, wenn sie mit einem Betrunkenen sprechen, wenn Sie Ihrem Kind die üblichen Vorwürfe an den Kopf werfen, wenn Sie Ihren gewohnten Ärger, Ihre Aggression, Niedergeschlagenheit und Freudlosigkeit erleben, wenn Sie sich über Ihre Frau, Ihre Mutter oder über Ihren Chef aufregen, wenn Sie sich vor einem Obdachlosen oder einem Junkie ekeln.

Das ist ein echter Test Ihrer Bereitschaft, den Meister ehrlich zu spielen, bei dem eine reale Des-Identifizierung mit Ihrem puppenhaften Prinzip geschieht.

Wir bewegen uns auf dem Weg der unbeugsamen Verwandlung unseres Existenzraumes in einen Spielraum. Vielleicht ist es Ihnen jetzt schon gelungen, durch die neuen Kenntnisse und meisterhaften Fertigkeiten, die Unverrückbarkeit einiger gewohnter Überzeugungen ins Wanken zu bringen, die behaupten, dass das Leben ein ernster Witz ist, wo der Ernst die Oberhand hat und der Unernst die Ausnahme bleibt.

Wenn das so ist, freuen wir uns aufrichtig für Sie. Doch das ist erst der Anfang Ihres Weges, eines Weges ohne Ziel, weil dieser Weg kein Ziel braucht, *weil hier Weg und Ziel eins sind – in der Interessantheit des Handelns selbst, in der Fülle an abenteuerlicher Nichtvorhersehbarkeit.*

———

Noch ein paar Worte über den »Weg ohne Ziel«. Denn wenn man über die Tücke der Stereotypen spricht, sollte man dieses wichtige Thema nicht übergehen.

Ja, unser Leben ist ein Spiel, und wie bei jedem richtigen Spiel kann es *kein Ziel* geben. Das Ziel jedes Spiels ist das Spiel selbst, das Empfinden von Freude. Deshalb ist das Ziel des Lebens das Leben selbst.

Wenn man ein Ziel bestimmt, stirbt das Spiel. Denn es verschwindet das, was einzig wichtig und bestimmend dafür ist – *die Natürlichkeit.* **Dafür entstehen unvermeidlich Abhängigkeit und Bedingtheit:** »Ich gewinne Freude, ich werde glücklich unter der Bedingung …«

Und wenn die Bedingungen nicht erfüllt werden? Dann entstehen Unglück, Misserfolg, Tragödien, Kummer. Und zwar nur durch das *Wissen* darum, dass das Ziel nicht erreicht ist, dass bestimmte Bedingungen nicht erfüllt wurden, und das, was trotzdem erreicht wurde, nicht dem Maßstab des Wissens von dem entspricht, *dass es gut ist, wie es ist.*

Das Stereotyp *des Wissens* von der Nützlichkeit und Unbedingtheit eines Ziels macht unsere Möglichkeit, glücklich zu sein, abhängig davon, ob das Ziel erreicht worden ist oder nicht. Wir können jetzt nicht *einfach glücklich* sein, jetzt kann man nur noch glücklich sein, *weil wir etwas erreicht haben, weil wir etwas errungen haben, weil wir das und das schon haben, weil man uns jetzt wohlgesinnt ist …*

Wenn wir unser Glück von unserer Umgebung abhängig machen, wird von diesem Augenblick an das Niveau unseres Glücks abhängen von: fremder Meinung, dem finanziellen Niveau, von Krankheiten und sogar vom Wetter.

Spüren Sie, wie unsere Ganzheit zerbröckelt? Wie fragmentiert unsere Welt wird? Erst gab es nur eine *Gegebenheit:* das Glück. Jetzt ist das Glück eine »*Summe*«. Die Gesamtheit unserer Errungenschaften und Besitztümer. Es entsteht die falsche Empfindung, *je mehr wir erwerben, desto glücklicher werden wir.* Und wenn wir plötzlich (etwas) verlieren? Dann werden wir natürlich unvermeidlich »weniger glücklich«.

Wir hoffen, dass Sie einen inneren Protest empfunden haben gegen solch einen Zugang. Denn alles ist streng logisch – genau so funktioniert unser bedingter Verstand, unsere mentale Welt, gerade dieses Stereotyp wurde uns von unserem Sozium eingeprägt. Für den »Verstand« ist alles bestimmt, die Bedingungen für das Glück sind längst und ausführlich beschrieben: »Ein richtiger Mann muss einen Baum pflanzen, einen Sohn zeugen und ein Haus bauen«. Und wenn er nicht gepflanzt, nicht gezeugt und nicht gebaut hat? Dann war's das: kein Mann, ein Versager, eine Schande der Nation!

Eine richtige Frau – das bedeutet Zärtlichkeit, Charme, Küche, Sex, Waschen, Shoppen. Und wenn der Sex nach dem Shoppen, Waschen und Kochen nicht mehr top ist –

war's das dann? Am Ende steht eine Tragödie, ein Drama. Für sie und für ihn ...

Die Bedingungen sind nicht erfüllt, das Ziel nicht erreicht – da gibt es auch kein Glück. Wo ist die Falle? Was ist die Quelle der Tragödie? Vielleicht wurden die Bedingungen nicht richtig formuliert? Was ist, wenn man sie nur umformulieren muss? Vielleicht muss ein richtiger Mann keinen Baum pflanzen, sondern einen Einbrecher festhalten? Und die Frau braucht keine Küche, sondern einen Mercedes? Dann werden alle glücklich sein ...

Wohl kaum. Jedes Mal, wenn ein Mensch sein Glück mit äußeren Umständen in Zusammenhang bringt, mit der Erreichung eines Ziel, dann verliert er das Glück. Erinnern Sie sich: **Sie sind doch am Anfang vollkommen, Sie sind in Ihrer Grundlage ganz, das heißt, dass Sie das Glück ständig in sich tragen.** Warum auf das verzichten, was uns in die Wiege gelegt ist, und es im Außen suchen, um so in unendliche Abhängigkeiten von allem und jedermann zu kommen?

Und was ist mit den persönlichen Beziehungen, mit der Liebe? Wie viele schmerzhafte Abhängigkeiten bestehen hier ... Jeder von uns hat darin seinen eigenen, oft riesigen Erfahrungsschatz.

An deine Brust geschmiegt
verschwinde ich in dir,
ein andres, bessres Glück
träumt weder dir noch mir ...

Wie süß und bewegend … Was soll sich hier Böses verbergen? Erinnern Sie sich, wie »menschlich« das klingt, wie »natürlich« und »wunderbar«, wenn das Folgende zum »Sinn des Lebens« wird:

… Eine Stimme zu hören,
in Augen vergehen,
mit dem Atem verschmelzen,
mich in dir zu verlieren.
Eine leise Berührung
heißt ewiges Glück.
Das Leben zu vermessen
nur mit deinem Blick …

Dies ist eine äußerst tückische Stelle, denn wir haben es gewagt, das gängigste und romantischste Stereotyp zu *entmythologisieren,* dessen Macht von der Energie des Überlebensprogramms selbst definiert ist.

Dieses Stereotyp ist der Begriff der Liebe. Ich betone – *der Begriff.* Denn wenn wir den Sinn unseres Ankommens auf der Erde von jemandes Gunst abhängig machen, von der Beachtung von Verhaltensnormen oder von einem Werberitual, ist das immer eine Abhängigkeit vom Begriff, davon, »wie etwas zu sein hat«.

»Ich muss jemanden lieben! Ich warte auf die Liebe, auf einen geliebten Menschen …« Schön, nicht wahr? Aber wofür?

»Damit sich dann immer eine Quelle von Glück und Freude an meiner Seite befindet. Auch wenn dann all mein Glück abhängen wird von der Laune dieser ›Freudenquelle‹, von seinem Verhältnis zu mir, von der Anzahl der Lächeleinheiten und freundlichen Blicke – es ist eine süße Abhängigkeit!«

Mein Glück ist neben mir … Freilich ist es nicht in mir, und deshalb ist es so riskant, es zu verlieren. Und ich sichere mich für alle Fälle ab durch einen Stempel im Pass, einen Ring und durch eine eidesstattliche Versicherung …

Dennoch habe ich keine Ruhe, und mein Glück, das sogar von mir »beringt« wurde, zieht es immer mehr nach Süden, in warme Gefilde. Und je mehr ich es halten möchte, desto stärker will es sich losreißen … Je häufiger ich es beherrschen will, sowohl im Ehebett als auch in Gedanken, desto weniger bleibt von ihm.

Und irgendwann verlässt mich meine Liebe … Und nimmt mein Glück, meine Freude mit sich, den ganzen Sinn meines Lebens …

War das Liebe? Wohl kaum. Eher eine *Vorstellung von der Liebe*, und deshalb ein unausweichliches Drama am Ende. *Der Begriff der Liebe* ist immer ein Verlust von Freiheit, **es ist ein Sich-Verlieren an jemanden**, das sind die Kerkermauern des mentalen Wissens, das ist die ursprüngliche Bereitschaft zum Leiden.

Dagegen ist wahre Liebe immer Freiheit, sie ist immer ein Finden und niemals ein Verlieren. Das Finden seiner Freiheit in jemandem ist immer eine Erweiterung seiner selbst zu einer Dimension von zweien. Hier *kann man sich nicht in dem anderen verlieren*, wie wunderbar dieser »jemand« auch sein mag. Im Ideal ist die Liebe eine Erweiterung seiner selbst in die Dimension des Universums.

Und das, was den »*süßen Schmerz*« hervorruft, das, wovon »*das Herze weint*«, das ist nur eine Sehnsucht nach Besitz. Es läuft das Programm: *Wenn ich liebe, werde ich nur glücklich sein, wenn ich das Objekt meiner Liebe besitze.* Der Unterschied ist offensichtlich: Die Liebe stellt niemals Bedingungen, und das, was das Glück an Bedingungen kettet, ist keine Liebe.

Also noch einmal: Glück ist das, was uns von Anfang an gegeben ist. Das Glück ist immer in uns, und jedes Mal, wenn wir versuchen, es außerhalb von uns zu finden, können wir es nur verlieren, weil wir dem Denken in Bedingungen, dem Fangeisen stereotypen Wissens in die Falle gegangen sind.

Auch in diesem Fall macht der Meister alles Mögliche, um uns zu helfen. Aber schauen wir uns an, wie wir mit dieser Hilfe umgehen.

Sie kennen doch die paradox klingenden biblischen Worte: »Wen der Herr liebt, den züchtigt er.« Sie sind leicht zu entschlüsseln. *Sobald unsere Fähigkeit, glücklich zu sein, von etwas abhängig wird, vom Geld, von der Gesundheit, vom Intellekt oder von einem konkreten Menschen, zerstört der Meister diese Abhängigkeit.* Er »fegt« gnadenlos alles aus unserem Leben, womit wir die Bedingungen unseres Glücks verbunden haben, und regt uns dadurch an, das Glück *in uns* zu suchen.

Dann verlieren wir vielleicht Geld und Gesundheit und Intellekt … Und am schrecklichsten ist, dass manchmal diese Verluste und dieser Verfall unsere Nächsten betreffen, mit denen wir in einem subtilen Sinn ein Ganzes bilden.

Wir erleben es als Tragödie und Zusammenbruch unserer Welt, aber gerade dieses Verhältnis zu dem Geschehen, das Ergötzen an dem »ungerechten Geschick« führt in die Sackgasse; sie spiegelt die *Ebene unserer Bewusstheit*.

Wenn wir *alles* rundum verlieren, alles, womit wir die Empfindung des Glücks verbinden konnten, bleibt uns nichts übrig, als unseren Blick *nach innen* zu richten und das Glück dort zu suchen.

Wegen unserer seelischen Bequemlichkeit ist der Meister einfach gezwungen, solche Extremsituationen zu schaffen, um uns aus der »Puppenstarre« zu wecken. Schon Kant stellte fest, dass »jedes Leid nur Ansporn zum Handeln« ist.

Aber wozu, frage ich Sie, muss man denn ins Extrem gehen, ins Leiden, in den Verlust? Man hätte doch nur die Tür zum Glück in sich öffnen müssen, was bedeutet, mit dem »einfach so« glücklich und einverstanden zu sein. Und sobald wir anerkennen (vielmehr empfinden), dass unser Glück nicht von jemandem oder von etwas bestimmt wird, sondern unsere ureigene Eigenschaft ist, ändert sich alles schlagartig. Zielstrebig und auf zauberhafte Weise kommt all das zu uns zurück, was uns der Meister erst »genommen« hat, und es kommt sogar noch viel mehr dazu.

Tatsächlich erlebt ein glücklicher Mensch keinen Mangel und bleibt doch völlig unabhängig und frei von äußeren Gegebenheiten. Er kann seinen Besitz verlieren, ohne deswegen weniger glücklich zu sein, und er kann ihn vermehren, was ihn nicht glücklicher macht, denn das Glück ist eine innere Kategorie, beständig und unerschütterlich.

Aber was heißt das, »*das bedingungslose Glück in sich zu entdecken, anzuerkennen?*« Wie macht man das real? Womöglich wieder, indem man der Welt entflieht und sich in sich verschließt, sich am »Glück« des Asketen ergötzt, der die menschlichen Verlockungen mit Missachtung straft? Oder indem man ein neues mentales Stereotyp schafft und sich einredet: »Ich bin glücklich, ich bin glücklich, ich genüge mir selbst …«?

Das eine wie das andere ist nutzlos, beides ist Lüge. Wollen Sie wirklich das Universum, Überfluss, Glück in sich spüren? Wunderbar. Aber bedenken Sie, man kann in sich nur etwas auftun, wenn man sich zu dessen Dimension erweitert. Das heißt, wenn man es zulässt, wenn man es als ureigenen und ursprünglichen Teil seiner selbst anerkennt.

Sie haben bereits den Schlüssel, um die mentalen Riegel aufzuschließen, die Sie von der Welt trennen. Im engeren Sinn ist das die Arbeit mit Bildern, in einem umfassenderen Sinn machen Sie das schon mit dem Lachen. Von Lektion zu Lektion werden diese Schlüssel immer mehr. Nutzen Sie sie.

Öffnen Sie sich der Welt, lassen Sie sie in sich hinein, erweitern Sie sich bis in die Dimension des Universums eines geliebten Menschen. Dann werden Sie sich niemals in ihm verlieren, im Gegenteil – wenn Sie jedes seiner Teilchen annehmen, werden Sie *um dieses reicher*, Sie werden um dieses *vollständiger*, Sie werden um dieses *glücklicher*. »*Wenn zwei eins werden …*«

Bin deiner Augen Tränen und auch Weisheit.
Bin Zärtlichkeit und Kraft – eine warme Hand.
Und in den Winkeln deiner Lippen – welche Freiheit –
Bin ich ein Lächeln und ein Feuerbrand.

Irina Danilowa

Und so erwerben Sie erst jetzt, nachdem Sie sich zu der Perspektive dessen, von dem Sie vorher abhängig waren, erweitert haben, DAS für immer in sich, von dem Sie sich vorher unvermeidlich hätten verabschieden müssen aufgrund der Verstrickung mit ihm.

Und darin liegt das Prinzip jedes Spiels – **die Erweiterung aller Spielelemente auf die Ebene des Spiels selbst. Die Potenzialisierung eines Teils des Ganzen in das Ganze selbst.**

Die explosive Phrase

Bisher sind alle Techniken, die wir betrachtet haben, ausschließlich auf die Arbeit mit uns selbst ausgerichtet. Sogar in den Fällen, wo es um die Notwendigkeit ging, jemandem zu helfen, machten wir das über die ursprüngliche Harmonisierung unserer selbst.

Aber manchmal, wenn wir im Leben auf Probleme mit Menschen aus unserem Umfeld stoßen, können wir auch versuchen, für diese den Prozess der Auflösung des Problems zu beschleunigen. Wobei man dem »Träger des Problems« vorschlägt, aktiv an der Arbeit teilzunehmen.

Der vorgeschlagenen Technik liegt das von uns schon betrachtete Prinzip zugrunde, das Problem mittels Zerstörung seiner mentalen Hülle durch Lachen zu integrieren und die Energie freizusetzen, die es einst gebunden hat.

Wie geht das technisch? Dem »Auftraggeber« wird vorgeschlagen, die ihn beunruhigende Situation zu artikulieren. Die Erzählung sollte möglichst dramatisch, aufrichtig und ausführlich sein.

Danach bildet Ihr Meister eine dem Kontext des Erzählten möglichst adäquate »explosive Phrase«.

Eine explosive Phrase kann jede, ziemlich willkürliche Erklärung sein, manchmal mit einer kleinen Pantomime unterstützt. Das kann beispielsweise eine scherzhafte, witzige Bemerkung sein, wie: »Du musst nicht so lachen, ich habe seit meiner Kindheit Angst vor Pferden.« Oder vielleicht eine scheinbar neutrale Phrase (oder eine absichtlich unsinnige), die, wenn sie in den Kontext des Erzählten eingeflochten wird, humorvoll und grotesk wirkt. Hier ist zum Beispiel eine universelle Phrase, die bei Männern gut funktioniert: »*Tampons meiner Größe werden nicht produziert.*«

Dann wiederholt der »Auftraggeber« seine Erzählung und nach Ihrem Signal (Händeheben, Klatschen) unterbricht er die Erzählung und flicht die vorgeschlagene explosive Phrase mit eventueller pantomimischer Kommentierung ein. Dann erzählt er weiter bis zum nächsten Signal … bis das Finale der Arbeit eintritt – das Lachen und die Auflösung des Problems.

Manchmal, in Fällen von dramatischen Erzählungen, kann der Abschluss stürmisch sein – das Lachen vermischt sich mit Tränen –, manchmal ist er auch eher ruhig – einfach ein Lächeln und eine heitere Stimmung. In jedem Fall löst sich das Problem entweder vollständig auf oder es verliert seine dominierende Kraft.

Man sollte sich jedoch nicht vorsorglich mit einer Reihe von Ersatzphrasen versorgen, die Erfahrung zeigt, dass jeder konkrete Fall genau »seine« Phrase braucht, die im Prozess der Erzählung geboren wird. Vertrauen Sie Ihrem Meister, er wird Sie nicht im Stich lassen.

Die verwendete explosive Phrase kann man dem »Auftraggeber« für die folgende selbstständige Arbeit anbieten, falls wiederholt innere Spannungen oder Ähnliches im Zusammenhang mit dem bearbeiteten Problem auftreten.

An dieser Stelle möchte ich unterstreichen, **dass wir das Problem nicht ignorieren, wir tun nicht so, als ob es nicht da wäre, wir lachen zusammen mit dem Problem, wir lassen es durch Humor von innen heraus »explodieren« bei gleichzeitiger Anerkennung seiner Existenz, und setzen die Energie frei, die darin gefesselt ist. Was wir Problem genannt hatten, wird einfach ein energetisches Plätschern, eine gewöhnliche Energie, die zu uns zurückkehrt – zu den Schöpfern, die sie auch hervorgebracht haben.**

———

Wie schon gesagt, ist die Technik der explosiven Phrase nur mit jemandem aus Ihrem Umfeld anwendbar, der sich an Sie um Hilfe wendet, also mit einem »Auftraggeber«.

Aber es gibt eine Variante davon, die man für die Lösung seiner eigenen Probleme und für den Abbau innerer Blockaden verwenden kann. Wie sieht sie aus?

Vielleicht haben Sie schon einmal den scherzhaften, aber psychologisch treffenden Rat gehört, der bestimmte Gesetzmäßigkeiten der Arbeit unseres Bewusstseins spiegelt: **»Willst du es vergessen, schreib es auf.«**

Wenn Sie zum Beispiel einen Brief an einen Ihnen nahe stehenden Menschen schreiben und ihm Ihre Probleme und Gefühle ehrlich mitteilen, dann kann es sein, dass Sie am Ende das Gefühl haben, eine schwere Last losgeworden zu sein.

Auf diesem Mechanismus der »emotionalen Abrüstung« baut auch die »Technik des Ausschreibens« auf. Diese ist sehr wirksam, und sie leistet vielen Menschen reale Hilfe.

Einen bedeutenden Effekt hat das »Ausschreiben« in Fällen von äußerlich ausweglosen Situationen, bei Ängsten, in emotionalen Krisen. Es kann auch Menschen empfohlen werden, die nicht mit den Traditionen unserer Schule vertraut sind.

Die Technik des Ausschreibens

Nehmen Sie ein Blatt Papier und beschreiben Sie ausführlich ein Sie belastendes Problem. Stellen Sie sich vor, Sie schreiben einen Brief an einen Ihnen sehr nahe stehenden Menschen oder sogar an den Herrgott. Beschreiben Sie ausführlich alles, was mit Ihnen und um Sie herum geschieht. Was Sie fühlen, wovor Sie Angst haben. Beschreiben Sie auch alle unerwünschten Varianten des Ausgangs dieser Situation, auch die negativsten und schrecklichsten. Wenn Sie Todesangst haben, »spielen Sie sie durch«, »sterben« Sie in dem Brief, »begraben« Sie sich. Gehen Sie bis zum extremsten Extrem, und geben Sie allem Ihr Einverständnis. Keine Analyse, nur Beschreibung.

Wenn Ihnen im Verlauf des Ausschreibens die Tränen kommen, umso besser …

Ich möchte Sie an dieser Stelle darauf hinweisen, dass diese Technik kein magisches Ritual ist, bei dem das Papier im Anschluss vielleicht verbrannt oder die Tinte abgewaschen wird.

Der Wunsch, dergleichen zu tun, ist ein Signal für noch in Ihnen schlummernde Ängste vor dem Problem. Solange Angst da ist, sind das Annehmen des Problems und ein Einverständnis damit nicht möglich. Deshalb verhalten Sie sich diesen Papieren gegenüber völlig gleichgültig, sehen Sie sie wie gewöhnlichen Abfall.

Nach einer Zeit, vielleicht schon nach ein oder zwei Stunden, oder am nächsten Tag, wird das Ausschreiben dann wiederholt. Das ist sehr wichtig!

Erinnern Sie sich nicht an den Inhalt des vorigen Textes, sondern beschreiben Sie Ihre realen Empfindungen im Moment der zweiten Phase des Ausschreibens. Sie werden sich verändert haben.

Lassen Sie die zweite Variante eine Zeitlang liegen, und orientieren Sie sich wieder an Ihren Empfindungen.

Und dann gehen Sie von dem Kontext Ihres aufgeschriebenen Problems aus und suchen Sie eine explosive Phrase – bei dieser Technik vielleicht sogar mehr als eine. Als Nächstes schreiben Sie den *unveränderten Text* des vorhergehenden Briefes ab, wobei Sie die explosive Phrase darin *einflechten*.

Lesen Sie, was dabei herausgekommen ist. Ihr Lachen wird die Bewertung Ihrer Arbeit sein.

Reste von destruktiven Spannungen entfernen Sie mit dem Inneren Lachen.

Am Ende unseres Kurses brauchen Sie, inzwischen zum Profi des Inneren Lachens gereift, die sehr raumgreifende Technik des Ausschreibens vielleicht gar nicht mehr – denselben Effekt erzielen Sie dann, indem Sie jedes Problem von innen durchlachen (falls überhaupt noch Probleme die Frechheit haben, da zu sein).

Bei der Reinigung des Problemraums kann diese Übung jedoch sehr hilfreich sein.

———

Wenn Sie die Technik des Inneren Lachens beherrschen, vergessen Sie nicht, sie aktiv auch im Alltag anzuwenden.

Sie wissen schon, dass sie gleichermaßen anwendbar ist für die Lösung wie auch zur Vorbeugung jeglicher Probleme.

Jede Störung im körperlichen Wohlbefinden, Stimmungsschwankungen, Pannen, spezielle Widerstände, Kränkung – alles ist einer sofortigen Entspannung durch Lachen unterworfen.

Aber warten Sie nicht, bis kleine Pannen (übersehene und nicht aufgelöste Signale, die auf ein wachsendes inneres Problem hindeuteten) sich zu einem großen und zähen Knäuel von Problemen auswachsen. Verfolgen Sie sie, sobald sie auftreten, und lösen Sie sie sogleich durch Inneres Lachen auf.

Wenn Sie die »Lachpraxis« zu Ihrer Gewohnheit machen, werden Sie sie mehr und mehr prophylaktisch anwenden, einfach weil Sie von vornherein einen harmonischen Zustand in sich herstellen wollen. Inzwischen wissen Sie schon aus Erfahrung, wie schwer es ist, sich aus dem Sumpf der Probleme zu ziehen.

Vergessen Sie nicht, dass das Innere Lachen gerade dafür geschaffen wurde, dass es in jeder Situation angewandt werden kann. Lachen Sie sich satt und versuchen Sie, den Meisterzustand nur mit Lachen zu halten, indem Sie periodisch aufkeimende destruktive Empfindungen durchlachen.

Leben Sie spielend – mit einem äußeren Lächeln und innerem Lachen.

Fragestunde

»Bei uns in der Arbeit wird seit längerer Zeit über Personalkürzungen gemunkelt. Es kam der Direktor, versammelte alle im Konferenzraum und begann, die Situation zu beschreiben, in der wir uns befinden. Wenn er auftritt, wählt er sich in der Regel jemanden aus den vorderen Reihen aus und spricht gleichsam die ganze Zeit mit ihm.

Diesmal war ich das ›Opfer‹. Wenn er gewusst hätte, wen er sich da ausgesucht hatte … Ich hatte an diesem Tag nämlich meinen inadäquaten Tag.

An jenem Morgen putzte ich mir die Zähne mit Seife und salzte mir den Tee. Die Wohnung verließ ich mit dem Rücken nach vorn, das Gleiche beim Treppensteigen über zwei Stockwerke, nach hinten gewandt betrat ich den Lift und auch alle Türen durchschritt ich nach diesem Muster.

Erstaunlich, aber es fiel niemandem auf. Ich machte alles verkehrt, ich notierte sogar etwas mit der linken Hand … Sie wissen – ein ganz besonderer Zustand … Erstens bin ich in jedem Vorgang präsent – es gibt keinen Automatismus. Zweitens sieht es aus, als würdest du alles ringsum zum ersten Mal sehen, es scheint, dass man seine Umgebung gewöhnlich so wahrnimmt, wie man sie schon kennt, und nicht, wie sie wirklich ist. Und das Wichtigste – alle Tätigkeiten wurden interessant, sogar die Routine. Der Tag platzte förmlich von der Fülle der Ereignisse.

Und da sieht mich der Direktor an und wirft gleichsam all seine Vorwürfe mir vor die Füße. Ich nicke ihm zu, als gäbe ich ihm Recht, aber innerlich inszeniere ich so ein Puppentheater. Ich sehe ihn in einer Weise, dass ich kaum mein Lachen zurückhalten kann. Eine halbe Stunde dauerte unser ›Gespräch‹, und dann war der Teufel los.

Erst begann er, mir nichts dir nichts zu lachen. Er sagte ernste Dinge, lachte aber. Man merkte jedoch, dass er selbst nicht begriff, was mit ihm los war. Dann erzählt er völlig unmotiviert einen Witz und lachte lauter als alle anderen. Und was dann kam, geht in keinen Kopf rein.

Eine geschlagene Stunde sprach er von der Notwendigkeit, Personal abzubauen, schaute dabei in seine Unterlagen, dann schob er den ganzen Stoß zur Seite und sagte zum Erstaunen aller, dass wir alle ganz toll sind, wie gut mit uns zu arbeiten ist, und dass er unter diesen Umständen keinen einzigen Menschen opfern wird. Mehr noch, in absehbarer Zeit wären sogar Gehaltserhöhungen denkbar … Wie im Märchen. Sag bloß, ich hatte irgendeinen Einfluss auf ihn …«

»Glauben Sie mehr an sich, Kollege Zauberer! Und wenden Sie die erworbenen Fähigkeiten und Zustände mutiger an. Sammeln Sie Erfahrung mit dem ›Zaubern‹. Nach einer gewissen Zeit wird Ihr ›innerer Statist‹ Ihnen selbst die Antwort auf solche Fragen geben.«

———

»Das ist aber alles andere als einfach – alles verkehrt zu machen. Auch wenn es nichts Besonderes scheint, muss man doch einen inneren Widerstand überwinden … Ein, zwei Sachen macht man andersrum, und dann ist man wie außer Atem. Es ist dann sogar schwierig, sich den ›Tag der Inadäquatheit‹ präsent zu halten.«

»Alles richtig. Sie können jetzt am eigenen Leib spüren, wie fest Sie mit Ihrer in Stereotypen gefangenen Puppe verwachsen sind.

Es geht ja nicht nur darum, den Tee aus der Blumenvase zu trinken, oder dem Chef die Glatze zu streicheln. Wenn jede inadäquate Handlung oder einfach freies Benehmen für Sie natürlich wird und sich leicht und einfach machen lässt, wird das das Ende des *parasitären Diktats des Soziums sein, das in Ihnen haust.*

Und wie sehr es leben will – auf Ihre Kosten, versteht sich. So steuert es Ihr Verhalten und sogar Ihr Bewusstsein (und verdummt Sie real), damit Sie nicht beiläufig die Zelle beschädigen, in der Sie schon so lange sitzen, aber die zu verlassen Sie eines Tages lachend beschlossen haben ...«

——

»Immer wenn es schon zu spät ist, denke ich daran, dass man eine Situation ›inadäquat‹ betrachten soll. Das macht mich wütend.«

»Das lohnt sich nicht. Jeder hat sein Tempo, die Technik zu erlernen. Und seine eigene Stabilität der inneren Programmierung. Vorläufig können Sie nur nachträglich die Puppenhaftigkeit der Ereignisse durchschauen. Das wird Ihnen ein gutes Training sein, und mit der Zeit können Sie den Blick auch verändern, während der Automat noch in Fahrt ist.«

——

»Ich verstehe immer noch nicht, wie man ohne Ziel leben kann. Das ganze Leben kann so seinen Sinn verlieren.«

»Das ist auch der Sinn des Lebens ... Was ist der ›Sinn‹, ein ›besinntes‹ Leben? Das ist ein ›Leben mit einem Gedanken‹, das heißt, unter dem Diktat von Gedanken, Wissen und Vorstellungen. Wir dagegen schlagen vor, seine Existenz an unserem intuitiven, nicht mentalen Wissen auszurichten, nur in Orientierung an der Freude am Lebensprozess zu leben, und nicht aus der Illusion heraus, etwas zu erreichen. Das Leben als Spiel … Lassen Sie uns jetzt auch ein Spiel spielen. Es heißt ›Und wozu?‹

Sie sagen also, dass man ohne Ziel nicht leben kann. Erlauben Sie also eine Frage: ›*Wozu* möchten Sie sich ein Ziel setzen?‹

»Damit ich mich schneller und besser realisiere.«

»Gut, und wozu möchten sie ›sich realisieren‹?«

»Um mein göttliches Potenzial freizulegen.«

»Sie haben sehr ›fortgeschrittene‹ Antworten. So kommen wir schnell zum Finale dieses Spiels. *Wozu* also möchten Sie Ihr göttliches Potenzial freilegen? Was gibt Ihnen das?«

»Darin besteht doch der ganze Sinn!… Sich göttlich zu fühlen und sich zu freuen … das Leben zu genießen.«

»Dann freuen Sie sich doch! Und zwar gleich jetzt! Warum müssen Sie sich dafür irgendwelche Ziele setzen und etwas in sich entdecken? Schauen Sie hin – wieder lauter Bedingungen.

Das Glück ist hier – in Ihnen. Gott ist auch in Ihnen, Sie sind Gott. Nehmen Sie, freuen Sie sich und genießen Sie.

Merken Sie sich dieses Spiel. Jedes Mal, wenn Sie in sich das Bedürfnis verspüren, ein Ziel zu verfolgen, etwas zu erreichen, fragen Sie sich: *Und wozu?* Wenn Sie sich ehrlich antworten, kommen Sie nach einigen solcher Fragen unvermeidlich zu der einzigen Antwort: *Um zu genießen, um mich zu freuen.* Aber Glück und Freude sind immer in Ihnen, sie sind unvergänglich in Ihnen, auch jetzt im Augenblick. Nehmen Sie sie und freuen Sie sich, Sie müssen nirgendwohin, um sie einzuholen. Man hat Sie reingelegt – dort, wohin man Sie schickte, finden Sie das nicht. Das Glück ist niemals ›dort‹, es kommt niemals ›dann‹, es ist immer ›hier‹ und ›jetzt‹.«

»Heißt das, nirgends teilnehmen, sich mit nichts beschäftigen? Das ist doch langweilig …«

»Und auch noch dumm. Schauen Sie, wir haben jetzt geklärt, dass jedes Ziel auf Freude und Befriedigung hinausläuft. Deshalb erlangen Sie, wenn Sie sich erlauben, sich bedingungslos zu freuen, sofort Ihr Ziel, Sie erlangen das Ziel, aber in Ihrem Inneren. Jetzt wird es Ihnen ganz egal sein, womit Sie sich beschäftigen, wählen Sie jede beliebige Beschäftigung – ab heute wird das für Sie nur ein Spiel sein, ohne Überforderung und Verdruss, ohne Misserfolg. Jetzt interessiert Sie nicht das Finale des Spiels, nicht das Ergebnis (Sie sind ja schon Gewinner!), sondern nur mehr der Gewinn von Vergnügen am Spiel selbst.«

———

»Mir scheint, ich beginne den wahren Sinn des Meisterzustandes zu begreifen. Vielmehr nicht zu verstehen, sondern zu *empfinden.*

Die ganze Woche beobachtete ich mich, ob meine Laune von irgendwelchen Handlungen oder der Nichtübereinstimmung mit meinen Vorstellungen abhängt, und davon,

was ich mir erlauben kann, und besonders von der Nichtübereinstimmung von jemandes Handlungen mit meinem
Wissen, wie das zu sein habe.

Hören Sie, das ist wirklich schlimm! Es ist eine Empfindung, als wäre ich als bewusste Persönlichkeit gar nicht
vorhanden! Wie sich zeigte, hat alles, absolut alles Einfluss
auf mich, macht mich von sich abhängig und steuert mich.
Jahrelang gewöhnt man sich an so was, bis es einem gar
nicht mehr auffällt. Das ist kränkend und erniedrigend ...
Sogar jetzt hat es Einfluss auf mich, es hat mir Ärger und
sonstige negative Emotionen gebracht.

Aber gerade vor diesem Hintergrund hab ich letztlich
verstanden, was für ein tolles Ding das Innere Lachen ist.
Jedes Mal, wenn ich mich beim Unglücklichsein ertappte,
egal weswegen, schaltete ich mein Inneres Lachen ein,
manchmal parallel zur Technik des inadäquaten Sehens.
Jetzt kann ich wirklich sagen, dass das Lachen hilft, innere
Freiheit zu empfinden – auch in den schwierigsten Situationen. Es gibt ganz real Optimismus und Lebenswillen zurück. Und plötzlich empfindet man gerade vor dem Hintergrund des Lachens, dass das Glück das ist, was drinnen ist,
das, worauf niemand Einfluss nehmen kann. Dann wird es
wirklich lächerlich, wenn wir an unserer Dummheit und
Unfähigkeit festhalten, anstatt einfach zu leben ...«

———

»Mein Kind ist schon lange krank. Nicht nur ein Jahr ... Als
›liebende‹ Mama sagte ich immer, dass ›wir krank sind‹.

Und tatsächlich, ich litt zusammen mit ihm, ich machte mein Glück abhängig von der Gesundheit meines Sohnes, ich erlaubte mir nie, frei in der Freude zu sein. Jedes Mal kam der tückische Gedanke: *Sieh an, du bist glücklich, und das Kind ist krank … Wie kannst du es wagen …*

Erst jetzt ist mir klar geworden, was ich die ganze Zeit gemacht habe. Statt glücklich zu sein und mein Glück mit meinem Sohn zu teilen, das heißt, zwei glückliche Menschen zu ›schaffen‹, wählte ich den anderen Weg, und teilte mit ihm die Krankheit, wodurch ich sie nur verschlimmerte.«

»Sie haben alles in der Hand. Sie können augenblicklich – in dieser Sekunde – sich innerlich umorientieren und in die Welt nicht Kummer, sondern Freude senden. Die Qualität Ihres Zustandes bestimmt immer die Qualität Ihrer Umgebung, auch die Gesundheit dieser Umgebung. Vergessen Sie es nicht.

Wenn sie sich gestatten, Glück zu empfinden, stehlen Sie es nicht nur niemandem, im Gegenteil, Sie verschenken es pausenlos, Sie strahlen es buchstäblich aus. Das sind keine schönen Worte. Wir werden uns diese Mechanismen noch ansehen.«

———

»Ich habe eine Frage zur Technik des Ausschreibens. Im siebten Buch von Sergej Lazarevs ›Karmadiagnostik‹ heißt es, dass das Programm dabei nicht verschwindet, sondern ins Unterbewusstsein ›absinkt‹.«

»Das ist wirklich so. Aber Lazarevs Kommentare beziehen sich auf die klassische Form des Ausschreibens, die schon lange bekannt ist. Dabei ›zerstäubt sich‹ das Problem zunächst, und dann, wenn es die oberflächliche Schmerzhaftigkeit verloren hat, kann es sich wieder in den Tiefen des Unterbewusstseins verstecken.

In unserer Variante dieser Technik ist das Lachen dabei. Dabei geschieht eine zielstrebige Entladung des Problems, es verliert für uns sowohl seine äußerliche wie auch innerliche Gefahr, und wir können leicht mit ihm eins werden. Wobei, wenn das Lachen am Schluss der Arbeit natürlich und aufrichtig war, die Notwendigkeit zusätzlicher Maßnahmen entfällt.

In demselben Buch setzt Lazarev den Akzent noch einmal darauf, dass das innere Erleben möglicher Verluste – sogar des Todes – bei Bewahrung der Empfindung von Liebe in der Seele zu einer ›ursächlichen‹ Entladung des Problems führt.

Das Lachen ist auch Liebe, diese beiden Begriffe sind in ihrer Grundlage eins. In der Grundlage, die die Einheit herstellt und nur die Puppenbarrieren beseitigt, die in unserem Bewusstsein vorhanden sind.«

Empfehlungen zur Herstellung des Zustandes

1. Spielen Sie unter allen Umständen, in jeder Situation »Ihr Meisterspiel«. Erhalten Sie einen harmonischen, nicht bewertenden und schöpferischen Zustand aufrecht. Als

Antwort auf alle Provokationen des Soziums, auf alle Versuche, Sie in die Stereotypen künstlicher Beziehungen hineinzuziehen, wenden Sie sofort die Technik des inadäquaten Sehens an, welche in ihrer Unernsthaftigkeit und Groteske die Fangeisen vieler Stereotypen zerstört. Praktizieren Sie zu diesem Zweck das Innere Lachen.

2. Erweitern Sie die Technik des inadäquaten Sehens zu einer inadäquaten Existenz und verwandeln Sie Ihren Lebensraum in einen Raum pausenlosen Spiels. Kammerton für all Ihre Handlungen sollte die Empfindung von Freude und Vergnügen an dem sein, was vorgeht.

Beginnen Sie mit einem inadäquaten Tag pro Woche. Wenn Sie den beherrschen und es Ihnen gelungen ist, *die Quelle des inneren Vergnügens an der neuen Existenzform zu finden,* erweitern Sie allmählich Ihren Rahmen. Streben Sie nicht nach extravaganten und exzentrischen Handlungen – die haben nur am Anfang einen Sinn, für das innerliche Aufwärmen. Gewöhnen Sie sich einfach an Inadäquatheit und Unwiederholbarkeit jedes einzelnen Tages. Jeder neue Tag ist ein neues Abenteuer.

Der höchste Ausdruck der Inadäquatheit gegenüber Stereotypen wird die Entdeckung einer Art Angelpunkt des Meisterzustandes in Ihnen sein – einer Eigenschaft des nicht vom Mentalen bedingten Glücks, das unvergänglich in uns sitzt. Immer häufiger erlauben Sie sich, ihn zu spüren, das Lachen ist Ihr verlässlicher Helfer dabei.

3. Feilen Sie an der Technik der explosiven Phrase und wenden Sie diese Technik mutig zur Ünterstützung Ihrer Umgebung an, wenn man Sie um Hilfe bittet.

4. Für eine tiefe Bearbeitung von Problemen und die Beseitigung der schmerzhaften Ladung verwenden Sie die Technik des Ausschreibens. Achten Sie auf den »lachenden« Abschluss dieser Arbeit. Kennzeichen einer erfolgreichen Durchführung der Arbeit ist das Fehlen eines inneren Widerstandes beim Versuch, ein ehemaliges Problem als Teil von sich selbst zu sehen.

ZUSTAND VIER –
feinstofflich

Ein ohrenbetäubendes Rumpeln, als wäre etwas geborsten, begleitet von einem Blitzen aus unmittelbarer Nähe ...

Den schlafenden Peter warf es im Bett hoch und zwang ihn, die Augen zu öffnen.

Im Übrigen hätte er sich das sparen können. Es war genauso dunkel wie mit geschlossenen Augen.

Peter tastete das Bett mit den Händen ab. Er hatte viel Raum zum Tasten, und das wunderte ihn.

»He, Alte«, rief er leise. Die Antwort war Stille.

»Alte!«, rief er erschrocken, er wollte seiner Ahnung nicht trauen.

»Wie man sieht, werden nicht nur junge Zarentöchter geraubt!«, sagte da jemand ganz in der Nähe.

»Ein Werk von Kostschej, dem Waldgeist, wessen sonst? ... Hat lange nichts von sich hören lassen«, gab ihm jemand recht.

»Es geht ein Gerücht, Tschernomor ist aufgetaucht, der treibt einen Handel damit ...«

»Nein doch, dem haben sie das längst abgewöhnt, sein Atem reichte gerade für ein Märchen.«

»Dann treibt vielleicht ein Schlangenmensch seinen Unfug?«

Eine Gruppe von Menschen diskutierte darüber, was geschehen war, und stand um Peter herum, dessen Kopf bis zu den Knien herabhing, und versuchte, ihm Halt zu geben.

Zwischen Staunen und Ehrfurcht hin- und hergerissen rätselten sie: Hatte nicht der Satan bislang das einfache Volk in Ruhe gelassen und sich mehr für Prinzessinnen und Zarentöchter interessiert? »Wie es aussieht, ist das immer noch unser Alter Peter«, konnte man in ihren Augen lesen. »Aber er ist es immer weniger, der Alte wird immer jünger. Das kann kein Zufall sein. Und bei seiner Alten war es ähnlich. Drum hat sich jemand an ihr vergriffen …«

»Ich gehe sie suchen«, sagte Peter plötzlich, hob den Kopf, ein seltsamer Laut entkam seiner Brust, und auf seinen Lippen erblickten die verblüfften Landleute ein Lächeln.

»Der dreht durch vor Kummer!«, stöhnte es aus der Menge.

Peter betrat die Hütte und kehrte sogleich wieder zurück, ein Bündel mit einem Kanten Brot und getrocknetem Fisch am Rücken.

»Gedenkt meiner im Guten«, verneigte er sich vor den Leuten, »es sieht so aus, als wäre das mein Schicksal. Ich gehe sie suchen«, wiederholte er.

Und er ging los, ohne sich umzudrehen …

»Kuckuck, Kuckuck«, rief der Kuckuck taumelnd vor Erschöpfung, er sah aus, als läge er in den letzten Zügen.

Peter betrachtete verzaubert, wie er schon eine gute Stunde mit sich rang und es nicht schaffte aufzuhören. Gegenüber von ihm stand ein wackerer Recke von ungewohntem Äußeren, nicht von dieser Welt, auf ein Schwert gestützt. Ohne Peter zu bemerken lauschte er dem Vogel mit Entzücken, die Augen halb geschlossen.

»Schon wieder macht sich dieser Bergfex über den Kuckuck lustig«, ertönte eine knarrende Stimme. »Die Große Welt reicht ihm nicht, jetzt muss er sich schon im Märchen tummeln.«

Peter blickte sich um. Eine abgerissene, vom Alter gezeichnete Greisin stand auf einen Krückstock gestützt vor ihm und musterte ihn mit kohlschwarzen kleinen Augen.

»Wer bist du?«, fragte sie.

»Ich bin Peter«, sagte Peter. »Und du?«

»Und ich nicht«, kicherte die Hexe, drehte sich schroff um und marschierte in Richtung Wald.

Eine Zeitlang sah er ihr entgeistert nach, dann versuchte er, sie einzuholen.

»Halt ein, halt ein«, sagte er, nachdem er sie erreicht hatte. »Hab ich dich richtig erkannt?«

Die Alte ließ sich nicht aufhalten, würdigte ihn keines Blickes und kicherte wieder.

»Woher soll ich das wissen, ob er mich erkannt hat ... Hier treiben sich viele herum ... Wenn du nichts zu tun hast, was tust du dann gerade hier? ... Hau ab, oder ich verwünsche dich«, und die Alte holte spielerisch mit dem schweren Stock aus und schlug Peter in die Flucht.

Sie ist es, dachte Peter, als er zurückschreckte, das kann nur sie sein. Er sah, wie die abgerissene Alte das Weite suchte, und hörte nach innen ... Von der Alten ging eine Gefahr aus.

»Es gibt keine schrecklichen Frauen«, hörte er in seinem Inneren eine bekannte glucksende Stimme. »Es gibt nur feige Männer.« Und direkt vor ihm erschien ein rostrotes Katzenlächeln.

»Mauz!«, freute sich Peter. »Sei gegrüßt, Mauz. Lange nicht gesehen. Ich dachte schon, du lässt mich im Stich.«

»Ich bin bei dir, ganz in deiner Nähe«, gluckste es drinnen, und das Lächeln löste sich auf.

Mit frischem Mut folgte Peter der Alten in den Wald.

Lange ging die Alte dahin und führte Peter in das dichteste Dickicht des dunklen Waldes. Die Dämmerung sank bereits von den Baumkronen herab, der Zauber von feuchtem Moder füllte die Luft, und immer noch schritten sie voran ...

Da verschwand plötzlich die Hexe hinter einer gewaltigen Eiche, und als er sich anschickte, näher zu kommen, hörte Peter ein seltsames Getöse in der Art eines lauten Gackerns, und ein hölzernes Knirschen ...

Er trat auf eine Lichtung hinaus, die dicht mit Kletten bedeckt war.

In deren Mitte stand ein Häuschen auf zwei Pfählen von seltsamer Art, und davor – die Alte. Sie zeigte mit der Krücke auf die wuchernden Kletten und fluchte verzweifelt.

»Jaja, wie gedüngt, so gewachsen«, spuckte sie schließlich aus und schickte sich an, die knarrende Treppe hochzusteigen, während sie knurrte: »Nun, mein Waldgeist, nun, mein Gevatter, gedulde dich noch ein wenig ...«

Oben angekommen blickte die Alte auf Peter hinab und drohte von neuem mit dem Stock.

»Suche das Weite, ärgere mich nicht. Rühre mein System nicht an, es ist auch ohne dich schon nervös«, und sie verschwand im Haus.

Peter schritt vor der Hütte auf und ab und blickte unentschlossen zur Tür.

»Komme es, wie es kommen mag«, entschloss er sich endlich. »Besser gemacht und bereut, als im Nachhinein bedauert, es nicht getan zu haben.« Und trat ein.

Baba Jaga, die Hexe, saß ihm gegenüber, hinter dem Tisch. Sie kämmte sich ihr Haar und blickte Peter böse keifend an.

»Du gehst mir auf die Nerven, Peter, ich kenne dich gerade mal eine Stunde, und ich hab schon genug von dir, als wären wir ein Leben lang zusammen gewesen. Seine Alte soll ich ihm zuführen ... Was geht mich deine Scheißalte an? Hab eigene Sorgen genug – zum Abwinken ...

Dich nimmt doch nicht einmal ein Satansweib. Andere sind nach einer Stunde Unterhaltung mit mir verhext, sie zerfallen zu feinem Staub und laufen als kleine Eidechsen davon, aber du ... Bist du vielleicht verwunschen, he? Aber nein, etwas ganz anderes scheint hier vorzuliegen ...

Na, willst du vielleicht Baba Jaga sein?« Die Alte geriet in Zorn. »Nein, nicht von dir handelt das Märchen. Du Klette ... Schau mich an, wenn du es nicht im Schlechten willst, im Guten wird es noch schlechter.«

Peter hörte ihr zu und seine Stimmung schlug unmerklich um – das Gespräch mit der Alten im Zustand des ununterbrochenen Lachens hatte ihn ein wenig ermüdet.

»Wasch dich halt, Alte«, sagte er und trat an sie heran, dabei versuchte er die Inschrift auf dem staubigen Spiegel zu entziffern, »vielleicht wirst du schöner davon, wer weiß?«

Auf dem Spiegel stand: »Andere sind auch nicht besser.«

»Soll sich der waschen, der zu faul zum Kämmen ist«, sagte Baba Jaga wütend. »Was will der mir anschaffen … Alle heiligen Zeiten kommt einmal jemand vorbei, und dann nur, um sich lustig zu machen.« Baba Jagas Stimme fing an zu zittern und wurde plötzlich ganz weinerlich.

»Allein bin ich hier, ganz allein, allein … Der Waldgeist und der Feldgeist kommen einmal im Jahr vorbei, wenn's hochkommt – das war's dann mit der Freude. Von Zeit zu Zeit möchte man doch jemandem sagen: ›Bleib mir vom Leibe!‹ Aber wem soll ich das sagen? Wir sind ja hier im dunklen Wald. Aber was soll ich tun? Ich lebe halt … Hier herrscht ein Gesetz: Wenn du dich nicht gewöhnst, gehst du ein. Wenn du nicht eingehst, gewöhnst du dich …«

Durch das Lachen hatte Peter seinen Meisterinstinkt geschärft, und so ahnte er, jetzt würde etwas passieren. Etwas, weswegen er hier war … Aber irgendetwas war noch zu tun … Ohne zu denken, aus dem Bauch heraus … Wie es der Meister befiehlt …

Für sich selbst überraschend und ohne ersichtlichen Grund sprang er in die Hütte und ergriff das Regal mit dem Küchengerät. Blechdosen, Löffel, Kupferteller purzelten …

»O du Schelm!«, rief die Hexe aus und bückte sich nach dem Geschirr. »Du Zigeuner!

… Es soll dich…«, fügte sie hinzu und – gar nicht wie im Märchen – beruhigte sich sogleich. »Wie ein Elefant …«

»Wer ist hier ein Elefant?«, fragte Peter und half ihr, das Regal gerade zu rücken.

»Jemand«, murmelte Jaga. »Das ist so ein Bär – Glatze und lange Nase. Das muss man wissen ...«

Peter ging zu dem Schrank in dem hintersten Winkel der Hütte, und da sah er plötzlich, wie etwas in einer kleinen Ritze glitzerte. Er fuhr mit dem kleinen Finger hinein und holte einen Ring heraus. Er legte ihn auf seine Hand und reichte ihn Jaga.

Sie seufzte, setzte sich auf die Bank und fasste sich ans Herz ... Diesen Ring hat mir vor dreihundert Jahren mein lieber Bräutigam geschenkt. Ich dachte, ich hätte ihn verloren, als ich mit dem Mörser unterwegs war, dabei ist er hier, der Schöne, ist gar nicht fort gewesen.

Ich bin jetzt für immer in deiner Schuld, Peter«, ereiferte sich Baba Jaga, »Aber was ... Du bist ja von weit her gekommen, ohne Essen und Trinken. Und schlafen wirst du auch wollen.«

Die Augen fielen dem nicht mehr so alten Peter zu ...

Im Schlaf merkte Peter, dass ihn jemand in die Seite stieß.

»Schlaf schneller«, sagte jemand fordernd mit seltsamer Stimme. »Ich brauche das Kissen.«

Schlaftrunken zog Peter den Sack unter seinem Kopf hervor, der mit trockenem Gras und Blättern gefüllt war, und schlief weiter.

Das zweite Mal erwachte er endgültig von einem verzweifelten Wehgeschrei. Er sprang auf und erblickte ein seltsames Bild. Auf dem Tisch lag, Peters Kissen unter den Kopf gelegt, ein furchtbar zerrissenes und verwildertes Geschöpf mit offenem Mund. Und es schrie herzergreifend. Darüber gebeugt stand Jaga mit einer gewaltigen Zange.

»Es war der falsche Zahn! Wieder hast du mir den falschen gezogen! Du alte Närrin du-u-u-u-u! ...«

»Macht nix«, murmelte die Alte geschäftig. »Mit der Zeit werden wir ihn schon finden ...«

»Was?«, heulte das Geschöpf mit fluchender Stimme, sprang auf und wedelte mit dem Kissen, wie mit einem Knüppel. »Für wen hältst du mich eigentlich? Was soll das heißen, mit der Zeit?«

Das Geschöpf hechtete hinter Baba Jaga her, stolperte und blieb mit den Füßen an den Gerätschaften hängen. Die Alte floh gewandt durch die Tür und griff unterwegs nach dem Besen. Draußen klapperte und krachte es, und ein aufsteigender Schatten verschwand durch das Fenster ...

So lernte der Alte Peter den Waldgeist kennen.

Dann saßen sie zusammen und tranken Tee aus Brombeerblättern und sprachen über das Leben ...

»Ich sehe dich an und mache mir Gedanken«, sagte der Waldgeist zu Peter. »Verstehst du, was ich meine? Wie hast du es geschafft, bei Baba Jaga unversehrt zu bleiben? Das gibt mir zu denken. Hundert Jahre ist das nicht vorgekommen. Verrate mir dein Geheimnis.«

Eine geschlagene Stunde erzählte ihm Peter vom Inneren Lachen. Aber der Waldgeist kapierte gar nichts.

»Wozu brauch ich den Schmarrn?«, sagte er schließlich. »Ich bring mich mit meiner komischen Fresse selbst zum Lachen. Das ist viel handlicher ...«

Peter erzählte dem Waldgeist von seinem Unglück. Dieser schwieg lange. Dann sagte er:

»Jaga kann dir helfen. Aber sie wird es schwerlich tun … Sie hat einen Zauberspiegel, der nur die Wahrheit spricht, darin kann man deine Alte sogleich finden. Ganz oft hat die alte Hexe darin nach allen möglichen Leuten Ausschau gehalten. Aber jetzt hat sie nur noch einen Blick in den Spiegel gut – dann erlischt seine Kraft. Ich glaube nicht, dass sie dieses letzte Mal für dich opfern wird. Da müsste ein Wunder geschehen …«

Sie gingen als Freunde auseinander. Beim Warten auf Baba Jaga kam Peter heftig ins Nachdenken.

Er dachte lange nach. Aber er kam zu keinem Ergebnis. Schließlich hielt er es nicht mehr aus und rief nach Mauz. Der ließ sich lange nicht blicken, aber dann hing er doch als Lächeln in der Luft und gluckste kurz: »Probier's mit dem Fisch … Und vergiss nicht zu lächeln …« Und verschwand.

Peter rieb sich die Augen, kratzte sich im Nacken, ging dann auf die Veranda, setzte sich hin und schlug die Beine übereinander. Ein Windstoß brachte ihm frische Gedanken …

»Wie war das mit dem Fisch gewesen? ›Du hast diese Welt geschaffen‹ – so hatte der Fisch gesprochen. Als Co-Autor sozusagen. Nun gut. Und woraus? Aus mir selbst, aus was denn sonst? Und wenn aus mir, dann bin all die Welt ringsum – ich!

Genau, so hat er gesprochen. Aber wenn ich eins mit der Welt bin, warum spüre ich das nicht? Warum mache ich mir Verdruss, wo ich doch die Welt bin? Ich habe, wie es aussieht,

die Ganzheit vergessen … In meinem Inneren hab ich's ver-
gessen. Der Kopf kann sich vielleicht noch erinnern, aber das
reicht nicht … **Von Anfang an hat man Zäune in mir hoch-**
gezogen, die mich von der Welt trennen – und hat es lernen
genannt. Dann hab ich noch gehorsam eins draufgesetzt,
und jetzt, wie soll ich durch den Zaun zu mir zurückkom-
men? Zu mir – der Wolke, zu mir – dem Meister, zu mir –
dieser Baba Jaga, die ich aus mir geschaffen habe?

Und das Lachen …« Peter brachte seine Gehirnwindungen in Fahrt, »*mit dem Lachen erschüttere ich alles, alles*
kommt ins Wanken, auch der Zaun, der mich von mir selbst
trennt …

Dabei hilft mir also das Lachen«, jubelte er. *»Das Lachen*
zerstreut die ganze innere Fremdartigkeit … Alles wird zu
meinem ursprünglichen Ich. Das heißt, wenn etwas weh tut,
dann deswegen, weil es aufgehört hat, meins zu sein. Ich hat-
te vergessen, dass ich mir selbst den Schmerz schaffe. Aus mir
selbst. Er ist ein Teil von mir selbst, ein vergessener. Reiß dir
ein Stück von dir runter – natürlich tut es weh, so was macht
man nicht.

Und mit dem Lachen wecke ich die innere Erinnerung an
die frühere Einheit«, freute sich Peter, *»und wir verschmelzen*
wie zwei Tropfen Tau. Es war einmal ein Tropfen Schmerz –
der existiert jetzt nicht mehr abgetrennt von mir. Es gibt nur
ein ganzes Ich, wie einen großen ganzen Tropfen. Und der
Schmerz, der zu mir geworden ist, vergeht. Dasselbe geschieht
mit allen Problemen …

So muss man es auch mit Baba Jaga versuchen«, sagte Peter nachdenklich, *»sobald sie zu mir wird, gibt sie mir den*

Spiegel zum Benützen ... Sie wird ihn sich doch nicht selbst verweigern?

Obwohl, warte«, Peter dachte noch schärfer nach. »Dann werde ja auch ich zu ihr, sozusagen. Und wenn sie, sagen wir, dringend ihren alten Bräutigam sucht, was ist dann? Wird ihr mein Wunsch dann schaden? Und nachdem sie identisch mit mir ist, heißt das, dass das, was ihr schadet, auch zu meinem Schaden ist ...

Da hab ich noch was zu tun«, überlegte er, »hier braucht es eine Entscheidung, die niemanden kränkt ...

Also gut«, beschloss er, »ich schalte den Meister in mir ein, dann wird auch der Meister in Baba Jaga geweckt ... Sollen dann die beiden Meister in uns miteinander plaudern, wie sie es wünschen. Sie sind ja ohnehin nicht zwei, sondern eins. Sie werden einander nicht kränken.

Nur etwas mehr Zeit müsste man ihnen geben«, beunruhigte sich Peter, »sonst kommen sie nicht zusammen. Sonst passen sie sich nicht gegenseitig an und schaffen es nicht, zu einem einzigen Meister zu werden.

Und was, wenn ...«, ereiferte er sich über die neue Idee, »... wenn ich mir für sie eine eigene Meisterlektion ausdenke? Um auch Baba Jaga in diese hineinzuziehen mit ihrem Meister? Ihr brauche ich das ja gar nicht zu sagen, sonst regt sie sich noch auf ...«

Aber noch bevor Peter zu Ende gedacht hatte, hörte er ein Rauschen und Pfeifen – Baba Jaga war zurück. Unheilkündend flatterte sie, blieb in der Luft stehen, wedelte mit dem Besen und landete gewichtig auf der Veranda. Direkt dem aufspringenden Peter auf das Bein ...

»So ein seltsames Ding, ein Bein«, sprach Jaga, die um den zu Boden gestürzten Peter herumsprang und ihm das schon bekannte Kissen unter das Bein legte, »stell dir vor, es tut ein bisschen weh und dann vergeht es.

Wenn immer alles gut wäre,« sagte sie belehrend, »dann gäbe es auch nichts Gutes. Warte kurz, ich koche ein paar Kräuter, und gleich wird es besser ...« Sie verschwand aus der Hütte.

Peter blickte ihr nach und schaltete das Innere Lachen ein. Er lachte von innen, als er sich sein Bein vorstellte. Der Schmerz ließ etwas nach. »Und warum lache gerade ich?«, überlegte er plötzlich, »wenn doch das Bein weh tut. Soll doch das Bein lachen ...«

Er stellte sich vor, dass das Bein anfinge zu lachen. In Gedanken zeichnete er ihm eine lachende Fratze und hörte auf seine Empfindungen. Aber nicht das Bein lachte, sondern etwas in der Nähe. »Als würde ich mit meiner Wärme lachen«, wunderte sich Peter. Er hörte sogar ein Kichern, wohlklingend und schmeichelnd. Und eine Minute später begann die Fußsohle zu pulsieren, als würde sie auf das Lachen reagieren. Der Schmerz war verschwunden.

Nachdem er sich ausgiebig gewundert hatte, versuchte Peter, der Reihe nach zu lachen, erst mit dem Ellbogen, dann mit dem Nacken. Ihm fiel ein alter Rückenschmerz ein – so ließ er auch diesen lachen. Und dann den ganzen Körper ...

Als Jaga in die Hütte eintrat, mit einem Büschel Kräuter in der Hand, stand Peter mit glänzenden Augen und mit sich selbst zufrieden im Raum.

»Hast du gezaubert?«, staunte Baba. »Ich habe gehört, dass du verhext bist. Aber nicht so, wie wir das kennen.«

Sie legte die Kräuter hinter den Ofen und begann mit Töpfen zu hantieren. Und erzählte aus ihrem Leben.

»… Es gab eine Zeit, da wurde ich viel um Rat gefragt. Von Zarensöhnen, von Rittern und Recken. Sie kommen rein und betteln mich an – den Weg zum Glück soll ich ihnen weisen. Baba Jaga kicherte. »Dummköpfe. Das wollen sie nicht sehen, dass es gar keinen Weg zum Glück gibt. Dass das Glück der Weg ist, den sie mit Füßen treten. Nicht suchen soll man, sondern einfach gehen …

Mit einem Wort, kleiner Narr«, seufzte Baba Jaga, »und was willst du? Die Verstandesmenge in der Welt wird nicht mehr, aber die Bevölkerung nimmt zu …«

Während Peter ihr mit einem Ohr zuhörte, erinnerte er sich an sein Problem: Seine eigene Alte stellte er sich voller Gram vor, Jaga mit ihrem Spiegel und sich selbst ganz aufgeregt daneben …

Wie in einem unverständlichen, verhexten Knäuel ohne Anfang noch Ende hatte sich alles verflochten …

Um klar im Kopf zu werden, schaltete er das Lachen ein.

Er lachte erst in seinem Inneren, dann erinnerte er sich, wie er es mit dem Bein gemacht hatte, dann schaltete er direkt in diesem unverständlichen Knäuel das Lachen ein, sei es aus Übermut oder weil es ihm der Meister eingeflüstert hatte … Und damit er dieses Bild nicht unvermutet durch sein Lachen kränkte, umhüllte er es auch noch bildlich mit seinem geöffneten Herzen.

Da fing das Problemknäuel an zu rollen und drehte sich vor seinem inneren Blick, bis er sich in Nebel auflöste ... Und schon hing er als seltsame Wolke am Himmel, um dann als Regen niederzukommen ... Aber nicht irgendwohin, sondern direkt in einen tönernen Topf. Peter blickte in den Topf, und da sah ihm aus dem Regenwasser das Lächeln von Mauz entgegen ...

Peter wurde still und lachte heimlich, und er betrachtete, was er entdeckt hatte. Dann nahm er es mit einem tiefen Atemzug direkt in sein geöffnetes Herz auf ... Sehr ruhig fühlte er sich. Er blieb kurz stehen, da begriff er, dass der Meister ihm das eingeflüstert hatte.

»Dieses Mauz-Lächeln, das im Topf geschwommen ist, wird meine gemeinsame Meister-Beschäftigung mit Jaga«, sprach er zu sich. »Und wenn ich lang genug darin bleibe, vielleicht schaltet sich auch in Jaga der Meister ein.«

»Du, Mauz, hilfst du mir?«, fragte er in Gedanken.

»Was denn sonst?«, antwortete Mauz von innen.

Peter nahm den größten Topf und fing an, Wasser aus einem Eimer hineinzuleeren. Die verwunderte Baba Jaga sah schweigend zu, ohne ihn zu stören.

»Schau«, sagte Peter schließlich, und zeigte auf die Oberfläche des Wassers. »Weißt du, wer hier wohnt?«

Aus der Mitte des Wassers trat langsam ein tückisches kätzisches Lächeln hervor. Jaga schaute nicht lange in den Topf, dann fluchte sie fürchterlich und spuckte hinein. Im Topf begann es zu zischen und zu glucksen. Stinkender Rauch stieg in Schwaden nach oben.

Peter sprang zur Seite, hielt sich die Nase zu, und in seinem Inneren schnaubte Mauz ungehalten und hustete heftig ...

»Du musst zu Kostschej, dem alten Raffzahn«, sagte Jaga plötzlich. »Ich hab erst jetzt verstanden, dass dein Weg über ihn führt. Er steht in meiner Schuld, er wird meine Bitte nicht abschlagen. Sonst wirst du, wie man hört, vor Sehnsucht nach deiner Alten bald ein großes Unglück stiften. Und ich will irgendwie mit dir Freundschaft halten, es fühlt sich leicht an neben dir ...«

Jaga reichte Peter den Besen.

»Mach dich bereit, Peter«, sagte Baba Jaga, »Jetzt schenke ich dir meine Kunst.«

Sie blickte Peter an, der im Mörser stand, dann wedelte sie mit dem Besen und murmelte etwas. Der Mörser ruckelte und erhob sich in die Luft.

Jaga reichte Peter den Besen.

»Steuere ihn, wenn irgendwas ist«, sagte sie. »Ansonsten findet er den Weg selbst. Hin und zurück. Aber vergiss nicht, den Besen in den Mörser zu stellen.

Leb wohl, Peter«, schniefte sie durch die Nase. »Vielleicht sehen wir uns ja wieder ... Und pass auf, lass den Kopf nicht hängen, es ist eine Sünde zu verzagen, wo es doch viel schönere Sünden gibt.

Gute Reise!« Und sie winkte zum Abschied.

Das Innere Lachen –
eine Tiefenentladung von Automatismen.
Lachen mit den feinstofflichen Hüllen

Die Einzigartigkeit der Technik des Inneren Lachens besteht in ihrer Realisierbarkeit, ihrem hohen Effekt, und vor allem in der Natürlichkeit, obwohl in Hinblick auf Letztere unsere mentalen Programme protestieren könnten, vor allem in der ersten Zeit.

Die Mechanismen, die das Innere Lachen beleben, sind in jedem von uns angelegt und entsprechen einer Art »Über«- bzw. »Superbewusstseinsschicht«, über deren Sinn wir später noch sprechen werden. Im Augenblick ist für uns wichtig, dass der gesamte psychophysiologische Komplex an Reaktionen, die mit dem Lachen verbunden sind, reflexartig erfolgt, sobald die Technik angewendet wird.

Die Erfahrung zeigt, dass sich sogar bei Menschen, die sich nur oberflächlich mit der Technik vertraut gemacht haben, positive Veränderungen in unterschiedlichen Sphären des Lebens ergeben.

Warum ist das so? Wie ist die tiefe Wirkung des Lachens zu erklären? Wir haben das Thema schon gestreift. Versuchen wir jetzt, es aus einer allgemeineren Position zu betrachten.

Es wurde schon mehrfach erwähnt, dass uns eine Welt der Energie umgibt. Die Energie, in ihrer ursprünglich freien und nicht manifesten Eigenschaft, existiert in einem Raum von viel mehr Dimensionen, als es unser Erfahrungsraum ist. Ihn zu empfinden oder zu erfahren sind wir nicht in der Lage, weil unsere Sinnesorgane und unser Bewusstseinsniveau in dem sehr engen Bereich der menschlichen Existenz geformt wurden – in der dreidimensionalen Welt, im Raum der groben und festen Formen.

Die Beschreibung der Welt – das ist der Raum unserer Existenz, der aus einer feinen, unempfindbaren Energie durch Konzentration der Aufmerksamkeit auf sie, und in der Folge (nach gesammelter Erfahrung) durch Wissen geschaffen wird.

Das heißt, es wäre korrekt zu sagen, dass die **Welt unserer alltäglichen Existenz nur die Realisierung unserer Vorstellungen davon ist.**

Wenn wir deshalb von der Wechselwirkung mit der Welt sprechen oder von ihrem Verhältnis zu uns, dann haben wir nur *die Beschreibung* dieser Welt im Sinn, das heißt die Gesamtheit unseres Wissens über sie. **Das bedeutet, wir treten nur mit uns selbst (in Gestalt unserer Beschreibung der Welt) in Wechselwirkung.**

Daher stammen all unsere Probleme.

Wie sich herausstellt, beten wir nicht zu einem lebendigen und realen Gott, sondern zu unserer Vorstellung von ihm. Im Grunde beten wir uns selbst an! Wir geben unsere Liebe an nicht existierende Phantome, die wir selbst sind. Wir kämpfen nicht mit einem realen Feind, sondern mit unseren Vorstellungen von ihm, das heißt, wieder mit uns selber. Wir haben Angst und fürchten nicht etwas Reales, sondern unsere Ängste – unsere Meinung »zum Thema«. So geht es endlos weiter. In allem.

Nachdem es keine gleichen Menschen gibt, errichtet sich jeder »sein eigenes Universum«, welches genau seine Vorstellung von der Welt zeigt. Dabei kommt eine Vielzahl von Welten heraus, und jede hat ihre eigenen Maße, Konturen und Gesetze. Verständlich, dass wir äußerst einsam in diesem offenbar künstlichen Raum sind, weil wir immer nur mit unseren Phantomen bzw. Schatten kommunizieren, nur höchst selten ahnen wir die wahren Gründe der tief in uns lebenden Sehnsucht nach – ja wonach eigentlich?

Wir tragen in uns das nostalgische Gefühl der Verlassenheit und Abgetrenntheit von einem Ganzen, das Gefühl der Illusion und Unvollkommenheit in unseren Beziehungen, vom Fehlen eines tiefen Sinns in unseren Handlungen. Und manchmal nehmen diese Gefühle einen extremen Ausdruck an – in der Entdeckung der Sinnlosigkeit und Unnötigkeit der Existenz überhaupt. »Haltet die Erde an, ich steige aus ...«, tönt es dann verzweifelt aus unserer, sich von jemandem – ja von wem eigentlich? – betrogen fühlenden Seele ...

Was kann man tun in dieser Lage? Nur eins – das Konstrukt der falschen »Weltbeschreibung« zerstören und ihm die Macht über uns nehmen, um uns damit der realen und lebendigen Welt anzunähern.

Wie ist das zu erreichen? Durch das Innere Lachen. Das ist einfach, wie alles Geniale. Hier denkt man unwillkürlich an Clowns und Narren, an denen wir uns ergötzen, welche aber ihrerseits sich an uns allen ergötzen. Sich verbiegend und spottend nivellieren sie die Bedeutung und Wertigkeit der sichtbaren Welt, wobei sie mehr in der unsichtbaren, *richtigen und lebendigen Welt leben als in ihrer Puppenkopie.*

Wir haben schon gesagt, dass jedes Modell der Welt seine Geschlossenheit nur dank der Energie erhält, die in das Modell gelegt wird. Wenn es uns gelingt, diese Energie zu entladen, verschwindet das Ganze. Dabei ist es nicht wichtig, womit wir konkret arbeiten: ob mit Schmerz, Angst oder einfach unserer Vorstellung von einer Sache. *Je künstlicher, abgeleiteter das Modell ist (all das, was wir Probleme nennen), desto weniger beständig ist es; je fundamentaler (zum Beispiel mentale oder weltanschauliche Grundsätze), desto mehr Arbeit erfordert seine »Entladung«.* Aber das Ergebnis wird immer eins sein – ein schrecklicher Gummidrache, dem man durch Lachen die Luft ausgelassen hat, verwandelt sich in ein kleines, unschädliches Stück Gummi.

Denken wir daran – in dieser Welt herrscht **nur ein Gesetz – das Gesetz der Ganzheit und Einheit. Und nur Verbrechen und Sünde bedeuten die Zerstörung dieser Ganzheit, das Ausbrechen aus dieser Ganzheit.** Das Wesen des ganzen Geschehens wird von der inneren Dynamik bestimmt, die dabei entsteht.

Das Lachen funktioniert wunderbar und effektiv bei allen sichtbaren und unsichtbaren Barrieren, die uns von der realen und heilen Welt trennen.

Was sind das für Barrieren? Ängste und Ablehnung, ein Gefühl entweder der eigenen Bedeutsamkeit oder der ungerechtfertigten Bedeutsamkeit von etwas anderem, Kränkungen und Depressionen, all unsere ursächlichen Programme in den feinstofflichen Hüllen, aber auch in unserem physischen Körper, die sich als Krankheiten und Gebrechen äußern.

Das Lachen richtet sich auf eins hin – auf das Einswerden. Das Einswerden des Menschen mit sich selbst, mit einem Menschen, mit der Welt. **Lachen ist Einverständnis, Lachen ist Annehmen – vollständiges, totales Annehmen.**

Alle karmischen Deformationen, die sich auf physischer Ebene in Form von Problemen äußern, haben ein und dieselbe Ursache: die Störung der ursprünglichen Ganzheit, die sich in der Beziehung des Menschen zur Welt äußert, und die fehlende Bereitschaft, die verlorene Einheit wiederzufinden.

Deshalb werden Begriffe wie Karma, karmische Schuld vom Lachen verschluckt, sie lösen sich darin auf, sie lachen mit ihm gemeinsam, und verwandeln sich von schrecklichen Monstern in drollige Märchenfiguren.

Die reale Welt, lebendig und unaussprechlich schön, wird für den Menschen erreichbar, der durch Lachen verwandelt wurde. Durch Lachen, das zu seinem ständigen treuen Begleiter wird.

Nach der ersten Praxis im Inneren Lachen, nachdem Sie das Lächeln zu einem gewohnten Attribut Ihres Gesichts gemacht haben und die schmerzlichsten Zustände beseitigt haben, schlagen wir Ihnen vor, eine noch tiefere Ebene dieser Technik zu erlernen.

Wir sagten schon, dass das Anwendungsspektrum des Inneren Lachens sehr breit ist. Aber die Erfahrung zeigt, dass zur Erlangung der tiefsten Transformationen es nicht genügt, einfach zu lachen. Sie müssen auch das Sie interessierende Organ, das eine konkrete Anspannung trägt, oder sogar eine Zellgruppe, die Trägerin eines negativen Programms ist, in die Vibration einschließen. Und wenn erforderlich, auch den ganzen Organismus, sowohl den physischen als auch den feinstofflichen.

Wozu das? Unsere Aufgabe ist nicht die Lösung von Problemen, die mit rein körperlichen oder medizinischen Aspekten zusammenhängen. Aber sehr oft stoßen wir bei der Suche nach der Ursache, die die eine oder andere äußere destruktive Situation schafft, auf ein bestimmtes inneres Organ, welches synchron eine entsprechende Destruktion aufweist. So hängen unsere Ängste häufig mit den Nieren zusammen, Kränkungen mit dem Magen, Aggression und Wut mit der Leber etc.

Warum geschieht das? Unser innerer Zustand ist identisch mit den Ereignissen im Äußeren: Das eine wie das andere wird durch destruktive Programme gesteuert, die buchstäblich auf der Zellebene in uns existieren, welche wiederum lediglich eine Folge der Störung der Ganzheit und Einheit sind.

Nach jüngsten Forschungen ist gerade das Zellwasser Träger der dominierenden »intimen« Information, welche die Richtung und Qualität unseres Lebens bestimmt. Und wenn Ihnen diese Qualität nicht zusagt, müssen Sie das Ihren Zellen »melden«. Wie geht das? Im Prinzip ist das möglich, aber die existierenden Technologien sind zu kompliziert und entsprechen überhaupt nicht der Richtung, in der wir uns bewegen. Dafür haben wir das Innere Lachen, und wie sollten wir uns da nicht an einen unserer Vorfahren erinnern – welcher sagte: »Lachend verabschiedet sich die Menschheit von ihrer Vergangenheit«. So und nicht anders.

Wir fangen an zu lachen und schlagen unseren Zellen vor, genau dasselbe zu tun. Wir lachen mit jedem Bereich unseres Körpers: *Wir lachen mit den Waden, wir prusten mit den Knien, wir kichern mit den Schenkeln und dem Gesäß, wir wiehern mit dem Bauch und lachen schallend mit den Handflächen. Wir lachen und merken verwundert, wie wir uns reinigen und erneuern, wie unsere Energie wächst, wie etwas Neues in uns erweckt wird, das uns mit der Welt verbindet.*

Aber wie kann man zum Beispiel mit den Armen lachen? Ist das nicht Schwachsinn? Nein, gar nicht, und wir können uns leicht davon überzeugen.

Es gibt den Begriff *ideomotorischer Reflex*. Das ist eine physische Reaktion des Organismus, hervorgerufen durch eine bestimmte mentale oder emotionale Voraussetzung, das heißt eine Vorstellung über einen konkreten Zustand. Treten Sie vor den Spiegel. Malen Sie in Gedanken ein Lächeln auf Ihr Gesicht und halten Sie dieses Bild in Ihrem Inneren eine Zeitlang. Schon nach einer Minute passt sich Ihr Gesicht an das Gedankenschema an. Das heißt, wenn Sie sich eine bestimmte Handlung nur vorstellen, sie innerlich »durchspielen«, können Sie psychophysische Veränderungen hervorrufen, die dieser Handlung entsprechen.

Wir benützen dieses Prinzip. Wir rufen eine Lachvibration nach dem uns schon bekannten Schema in uns aus. Aber wir verstärken sie jetzt nicht, wir halten sie nur und bewahren sie in der Brustgegend. Die Mund- und Augenwinkel – nach oben.

Jetzt ist das unser Kammerton. Ihm entsprechend wird eine Einstimmung auf das Lachen erfolgen, eine Zuschaltung jedes beliebigen Organs, jedes Körperbereichs erfolgen.

Also, wir möchten das Lachen im Arm einschalten, und wir machen das. Aber wir fangen nicht im körperlichen Sinn an.

Stellen Sie sich vor, dass eine unsichtbare Hülle von zwei bis vier Zentimetern Dicke Ihren Arm umgibt. Wenn Sie mit Bioenergetik vertraut sind, erinnern Sie sich an den Ätherleib. Wenn nicht, dann versuchen Sie einfach, eine »Wärmehülle« zu empfinden, die Ihren Arm umwickelt wie ein Pelzärmel.

Sie halten die Einstellung auf den lachenden Kammerton und versuchen nun, diese Wärmehülle darauf einzustellen *mit der Vorstellung*, dass sie ebenso leicht zu vibrieren beginnt. Die Mundwinkel nach oben – das ist nicht nur eine Vibration, das ist Lachen. Auf Wunsch kann man es sogar hören – mit einem besonderen Inneren Lachen. Es ist spannend, dass jeder Körperteil, jedes Organ auf seine eigene Weise »lacht«.

Nach einigen Lachzyklen empfinden Sie eine Aktivierung der Energiebewegung im durchlachten Körperbereich. Auf körperlicher Ebene kommt es zu einem leichten reaktiven Pulsieren, zu einer Empfindung von Wärme oder auch Kälte, oder zu einem Stechen. Danach kann man davon ausgehen, dass das Organ in den Prozess eingeschlossen ist. Aber diese körperlichen Veränderungen sollen nicht Ihren Blick auf die Hauptsache verstellen: *Hören Sie hin – der Arm lacht!*

Auf ähnliche Weise kann man das Lachen in jedem Körperteil einschalten, ob außen oder innen. Man kann, wenn man einen Körperteil nach dem anderen aktiviert, den ganzen Körper zum Lachen bringen. Und wenn man sich vorstellt, dass in die Lachvibration die Zellen der durchlachten Bereiche involviert sind, dann kann man das Lachen real bis auf die Zellebene vertiefen. **Versuchen Sie es, das ist eine erstaunliche Empfindung!**

Nicht weniger erstaunlich ist, wie wenig Anstrengung dafür nötig ist, und wie leicht diese Technik praktisch jedem zugänglich ist.

Was gibt sie uns? Sehr viel. Zählen wir das Wichtigste auf: Verbesserung der Blutzirkulation in den Kapillaren; Beschleunigung der Stoffwechselprozesse in den Zellen; Reinigung von Schlacken auf der Zellebene; Aktivierung der Leukozythenproduktion in Infektionsherden; Beschleunigung der Prozesse zur Gewebsregeneration; Schmerzlinderung für schmerzhafte Bereiche; Löschung negativer Information in den Bio-Feldstrukturen des Organismus; Erneuerung der Programminformation im Zellwasser.

Deutlich wächst die Stärke der bioenergetischen Hüllen des Organismus, ihre Dichte und ihr Energievolumen.

Von der letzten Behauptung können Sie sich sogleich überzeugen, wenn Sie folgendes Experiment machen: Strecken Sie Ihre Handflächen parallel zueinander vor, versuchen sie, die Grenzen des bioenergetischen Feldes Ihrer

Hände zu erspüren, indem Sie sie langsam zusammenführen. Seien Sie achtsam! In einem bestimmten Moment spüren Sie eine Art »federnden Widerstand«. Der Abstand zwischen den Händen bestimmt in diesem Moment gleichsam Ihr jetziges energetisches Potenzial. Schalten Sie jetzt das Lachen in der feinstofflichen Hülle Ihrer Arme ein. Wenn sie lachen und ununterbrochen die Grenze des Feldes zwischen Ihnen überprüfen, können sie sich überzeugen, wie zielstrebig und leicht die Felder größer werden. Wie Ihr Energiepotenzial, die Dichte Ihrer Aura anwächst.

Setzen wir den Akzent auf noch etwas anderes: Das wachsende Niveau Ihrer körperlichen Gesundheit und das Anwachsen der Hülle des bioelektrischen Feldes interessiert uns nur als Bestätigung der stattfindenden Harmonisierung, als Zeugnis der Befreiung von dem Einfluss negativer Programme und der Wiederherstellung unserer Ganzheit. Vor allem äußert sich das auf körperlicher Ebene. Auf der Ereignisebene erfolgen die Veränderungen etwas später. Aber die sind unvermeidlich.

Schalten Sie das Innere Lachen schon morgens ein, in Form einer Aufwärmübung. Es geht auch im Bett – direkt nach dem Erwachen. **Es kann nichts Schöneres geben als einen Tag, der mit einem Lächeln begonnen hat.**

Wenn Sie morgens erwacht sind, stellen Sie sich in Sternenpose vor das Fenster, indem Sie Arme und Beine strecken, und schalten Sie das Lachen in den feinstofflichen Hüllen ein. Durchscannen Sie sich mit Lachen, zwei- bis dreimal von oben nach unten und umgekehrt. Wenn Sie den ganzen Körper in das Lachen involviert haben, lachen

Sie ein wenig mit ihm. Dann übertragen Sie Ihre Aufmerksamkeit auf das »feinstoffliche« Herz. Es liegt nicht links, sondern direkt in der Brustmitte. Wenn Sie sich vorstellen, dass es eine Art Leuchten aussendet, schalten Sie sein Lachen ein. Auf diese Weise kann man sich das Herz als lachendes Gesicht vorstellen.

Spüren Sie hin, wie sich Ihr physisches Herz dem erwachenden Tag entgegenstreckt, wie in Ihnen ein Strom kosmischer Liebe (anders kann man es nicht sagen) hochsteigt. Diese morgendliche Begrüßung der Welt hat einen großen Wert, und die erstaunlichen Empfindungen, die Sie jetzt haben, bleiben Ihnen den ganzen Tag erhalten.

Scannen Sie sich noch einmal mit dem Inneren Lachen. *Wenn Sie ein warnendes Signal von irgendeinem Organ spüren oder sich in einem Bereich des Körpers unbehaglich fühlen, dann durchlachen Sie diesen Bereich augenblicklich.*

Vergessen Sie nicht, das Innere Lachen prophylaktisch anzuwenden, ohne ersichtlichen Grund. Achten Sie darauf, dass Sie mit jedem Tag natürlicher und spontaner lachen werden, und sogar auf Dinge mit Humor reagieren werden, die Ihnen früher gar nicht aufgefallen sind.

Wenn Sie diese Technik in Ihrem Alltag anwenden, wenn Sie sie für sich natürlich machen, können Sie sie immer zielstrebiger für die Stabilisierung des Meisterzustandes einsetzen.

Technik-Indikator
»Innerer Spiegel«

Wenn Sie mit Hilfe des Lachens in einen harmonischen Zustand eintreten, stellen Sie sich vor, dass Sie bis an die Brust in einem See mit absolut glatter, buchstäblich spiegelnder Wasseroberfläche stehen. *Dieser See, der gleichzeitig in Ihnen wie auch außerhalb existiert, wird die Qualität Ihres inneren Zustandes spiegeln.*

Solange Sie im Meisterzustand sind und in Ihnen nicht die geringste Erregung oder Abwehr vorliegt, wird kein Fältchen oder Kräuseln an der Oberfläche auftreten. Aber kaum »regen« Sie sich, kaum spannen Sie sich innerlich an oder erregen sich mental, treten also aus dem Meisterzustand heraus und ergeben sich einer Provokation äußerer oder innerer Art, zeigt sich an der Oberfläche ein Kräuseln, Wellen oder sogar ein Sturm.

Diese Technik ist ein Test für den Meisterzustand. Jetzt können Sie, wann immer Sie in Ihr Inneres blicken, nach dem Zustand des »Sees der inneren Ruhe« den Grad Ihrer Harmonie zum gegebenen Zeitpunkt beurteilen.

Deshalb behalten Sie im Lauf des Tages diesen »inneren Spiegel« im Auge, und wenn Sie ein Kräuseln entdecken (ein Warnsignal), entladen Sie es sogleich mit Innerem Lachen. Allen äußeren Warnsignalen (jemand gefällt Ihnen nicht, Sie fühlen sich gekränkt, Sie erschrecken etc.) sollten Sie auf diese Weise begegnen. Mit der Technik des »Inneren Spiegels« schalten Sie sich allmählich an den Meisterkanal einer stabilen intuitiven Existenz an, auf dessen Spuren Sie vor möglichen Fehlern und unangenehmen Zufällen gefeit sind.

Wenn Sie das Innere Lachen in die Praxis Ihrer Existenz aufnehmen, so versorgen Sie sich mit guter Gesundheit und einer stabilen Harmonie auf der Ereignisebene.

Nehmen Sie sich mutig eine chronische Krankheit vor, eine alte Geschwulst, eine tückische Falte im Gesicht. Lachen Sie mit ihr, durch sie. Machen sie es regelmäßig, ohne Rücksicht auf die Zeit. Schließen Sie in die Lacharbeit die Zellen der durchlachten Körperabschnitte unbedingt mit ein. Dafür reicht es, sie sich lachend vorzustellen und als Antwort eine Art Vibration zu erhalten, ein angenehmes Prickeln, ein Pulsieren. **Sie werden staunen über das Ergebnis – und für Ihren Enthusiasmus belohnt werden.**

Man kann wunderbar fasten, wenn man das Essbedürfnis durchlacht, und beim Lachen beschleunigt sich die Reinigung des Organismus, bzw. eines bestimmten Organs. Eine derartige Reinigung kann man bis zur Zellebene vertiefen.

Funktionsstörungen, Ablagerungen von Salzen, Steine – alles wird durch das Lachen harmonisiert, und der Organismus gesundet dabei auf die natürlichste Weise. Aber *beachten Sie – in vielen Fällen, gerade wenn es um eine ernste Sache geht, müssen Sie sehr lange arbeiten.*

Ihre lachenden Handflächen werden jetzt zu wahrhaften Zauberhänden. Geben Sie jemandem eine Massage mit lachenden Händen. Oder vielleicht tut Ihnen ja selbst etwas weh? Dann können Sie mit diesem Teil lachen oder ihm die lachende Hand zuführen. Man kann beides auch kombinieren.

Ohne sich das Ziel zu setzen, ein Heiler zu werden, können Sie dennoch real Menschen helfen, Tieren und sogar Pflanzen in Ihrer Umgebung.

Für Ihre persönlichen Forschungen kann ich Ihnen Folgendes empfehlen:

Füllen Sie ein Glas mit Wasser. Scannen Sie sich zwei, drei Mal lachend durch. Schließen Sie die feinstoffliche Hülle des Herzens mit ein. Wenn Sie spüren, dass sich Ihr Herz »öffnet«, nehmen Sie das Glas in die Hand und umarmen es gleichsam, umgeben Sie es mit Zärtlichkeit. Nehmen Sie das Glas zwischen beide Hände und fangen Sie an, mit den Händen zu lachen, das Glas mit einschließend. Machen Sie das bis zum Zustand der Sättigung. Jetzt ist das Wasser im Glas kein einfaches Wasser mehr. Seine energetischen Informationen sind andere geworden. Es hat sich die Konfiguration seines elektrischen Feldes verändert, die Ladung. Sogar der Geschmack ist anders geworden. Waschen Sie sich mit diesem Wasser, trinken Sie es, sowohl wenn Sie sich schlecht fühlen als auch prophylaktisch. Versuchen Sie, in diesem Wasser Sprossen zu ziehen und vergleichen Sie dann das Wachstumstempo mit einer Kontrollprobe.

Das Innere Lachen wird immer bis zum Zustand der Sättigung vollzogen. Man kann nach einer Zeit die Aktion der Lachtherapie wiederholen, aber niemals sollte man sich überanstrengen.

Wir unterstreichen nochmals: Bei der Arbeit mit dem Inneren Lachen entsteht eine äußerlich ziemlich seltsame, aber durchaus gesetzmäßige Situation. Während Sie nur aktuelle innere Zustände bearbeiten wie schlechte Laune, Erkrankung, Unwohlsein und sie durch Ihr Lachen annehmen, kommen wir schrittweise dennoch an die Ursachen, wonach auch Probleme im Äußeren, im Ereignisraum verschwinden. Warum das geschieht, haben wir schon besprochen.

Wenn Sie Schwierigkeiten beim Lachen mit den feinstofflichen Hüllen haben, dann gestehen Sie uns bitte das Recht zu, dass wir Ihnen das nicht glauben, und Ihnen stattdessen ganz frech erklären: »In Wahrheit treten solche Probleme bei Ihnen nicht auf.« Die können nicht auftreten, denn es genügt, sich vorzustellen, dass der Ätherleib lacht, und schon lacht er, es reicht, das Lachen als Emotion zu spüren – und schon lacht der Astralkörper. Anders kann es nicht sein, diese beiden Bereiche sind vollständig unseren Gedanken und Emotionen unterworfen. Es kann sein, dass Ihr physischer Körper nicht prompt reagiert – das ist bei jedem verschieden. Bei manchen klappt es beim ersten Versuch, bei anderen beim zehnten, aber irgendwann spürt jeder entweder eine Erwärmung mit nachfolgendem Pulsieren oder ein Stechen, oder etwas Analoges, das für ihn typisch ist.

Ich wünsche mir sehr, dass Sie sich im Prozess des Erlernens der Lachtherapie nicht überfordern, indem Sie das Innere Lachen nur zur Lösung von Problemen einsetzen. **Der Hauptsinn des Lachens in unserer Schule ist die Herstellung der Möglichkeit des vollständigen und bedingungslosen Akzeptierens von allem, was mit Ihnen geschieht, die Bildung einer Position der absoluten Of-**

fenheit gegenüber der Welt, und im Ergebnis eine stabile Existenz in einem stabilen intuitiven Kanal, im Meisterzustand.

Alles Übrige, oben Beschriebene ist ausschließlich auf eine zusätzliche, zeitweilige Arbeit zur Reinigung bezogen, um aus dem Problemraum herauszutreten und in den Raum des Meisters, in den Raum des Spiels einzutreten.

In unserer Beschreibung des Inneren Lachens haben wir nicht nur das Thema nicht erschöpft, sondern wir haben auch die interessantesten und vielversprechendsten Aspekte seiner Anwendung nur gestreift. Aber immerhin mit der Aussicht auf weitere Ausführungen zu diesem Thema.

Schließlich bleibt noch zu sagen, dass in der Welt, in der wir leben, nichts Ernstes sein soll. **Sie wurde von Anfang an als freudige und fröhliche Welt geschaffen.** Sie erinnern sich doch noch daran, dass Gott am letzten Tag der Schöpfung nicht ruhte, wie man uns weismachen will, sondern lachte. Er brüllte vor Lachen, als er betrachtete, was er geschaffen hatte, rieb sich ungeduldig die Hände in Erwartung der bevorstehenden Spiele. **Lachen Sie zusammen mit ihm. Seien Sie wie Götter.**

Die Technik des »Offenen Herzens«

Es gibt keinen Zweifel, dass mit der Aneignung der Technik des Inneren Lachens die sich mit Ihnen vollziehenden Veränderungen immer bemerkbarer werden, nicht nur für Sie, sondern auch für die Außenwelt.

Vergessen Sie nicht – **von allen lebenden Wesen kann nur der Mensch lachen, obwohl er, wie es scheint, am wenigsten Grund dazu hat.** Lächeln Sie dem Leben zu, und das Leben wird Ihnen zulächeln.

An dieser Stelle kommt mir der wunderbare Jerzy Lec in den Sinn, der einmal gesagt hat: *»Ihre Mundwinkel beim Lachen sind proportional zum Grad Ihrer Freiheit.«*

Wenn Sie das Innere Lachen zu Ihrer täglichen Praxis machen, werden Sie merken, wie oft Sie im Lauf des Tages ein natürliches Lachen äußern oder lächeln, und zwar in den unterschiedlichsten Situationen. Sie werden erstaunt bemerken, dass die Menschen um Sie herum ebenfalls deutlich mehr lachen bzw. lächeln. Und eines Morgens werden Sie verstehen, warum Sie bereits als Kind mit einem Lächeln auf den Lippen erwacht sind. Wenn Sie dann in den Spiegel schauen, werden Sie nicht fertig werden mit dem Zählen von bisher unbekannten Lachfältchen ...

Lassen Sie uns nun fortfahren. Wir haben zuletzt die Technik des Lachens mit den feinstofflichen Hüllen besprochen. Nun beginnen wir mit der Arbeit an Problemen mittels des »Offenen Herzens«.

Was heißt das, und worauf baut diese Technik auf?

Ihre Basis bilden die uns schon bekannten Grundsätze: *Wir sind ganz und eins mit der Welt, Probleme sind nur Zeugnis einer Störung dieser Einheit. Deshalb wird ein Problem sofort verschwinden, sobald die verlorene Einheit wieder hergestellt ist und eine Vereinigung mit ihm eintritt, vielmehr mit der Energie, die in das Problem gelegt wurde.*

In Etappen aufgegliedert sieht die Technik des »Offenen Herzens« so aus:

1. In der Pose des »Sterns« scannen wir uns mit einem Lachen mit den feinstofflichen Hüllen. Wenn wir im Prozess des Scannens ein schmerzhaftes oder warnendes Signal bemerken, entladen wir es sofort und arbeiten erst danach weiter.

2. Wir empfinden das Problem. Dann bilden wir auf diese Empfindungen ausgerichtet ein Bild des Problems in Form eines Gegenstandes, eines Wesens, eines Prozesses oder Ähnlichen.

3. Wir schalten das Lachen im *feinstofflichen* Herzen ein.

4. Wenn wir den Moment der *Öffnung* des Herzens durch Lachen spüren, richten wir diese »*Lachstrahlung*« auf das Bild des Problems und umwickeln es, dabei sollte sehr deutlich die entstehende Verbindung spürbar sein.

5. Wir setzen das Lachen durch unser »Energieherz« fort und schließen das Bild des Problems mit ein. Wir stellen uns dieses Bild lachend vor, wir fühlen das. Dabei beobachten wir entweder seine äußere Transformation oder einfach eine Veränderung seiner inneren Qualität.

6. Nach dem Eintreten des Zustandes der Sättigung saugen wir beim Einatmen das transformierte Bild oder das, was davon übrig ist, in uns ein und richten es zum Herzen.

7. Wenn wir die Arbeit beendet haben, scannen wir den ganzen Körper mit Lachen. Wenn beim Scannen negative Signale auftreten, sofort entladen.

Ein sehr wichtiger Moment ist hier, wie übrigens bei der ganzen Technik des Inneren Lachens, die Bewusstwerdung des Lachens als verbindender Faktor.

Wir verwenden in diesem Rahmen selten das Wort *Liebe*. Dieses Wort wird heute in vielerlei Hinsicht verwendet und hat seine mächtige energetische Ladung eingebüßt. Die Vorstellung vom Begriff der Liebe wird zunehmend mit dem Begriff »Besitz« verknüpft, selbst wenn von »göttlicher Liebe« die Rede ist.

Wir ziehen es deshalb vor, von Ganzheit, Ganzheitlichkeit und Einheit zu sprechen. **Denn wahrhaft zu lieben heißt eins werden mit Gott, der Natur, einem Menschen.**

Wenn wir die Aura des »lachenden Herzens« erweitern und ein Problem damit umwickeln, schlagen wir vor, in unserem Inneren *Zärtlichkeit* zu dem Bild des Problems zu fühlen. *Zärtlichkeit* bedeutet immer ein offenes Herz, und das ist der kürzeste Weg zur Vereinigung. Danach, wenn die »enteinte« mentale Hülle des Problems »durchlacht« worden ist, werden wir mit ihm eins. Wenn wir das Problem angenommen haben, verschmelzen wir nach unserem Einverständnis mit ihm und stellen so die einst verlorene Ganzheit wieder her.

Das Wichtigste bei der Technik des Offenen Herzens ist die Anerkennung des Einswerdens mit dem Problem. *Die Empfindung des geöffneten Herzens ist ein Kennzeichen der Öffnung der menschlichen, in sich geschlossenen Kontur. In dem Moment werden Sie zu einem System, das vollständig geöffnet ist für die Sie umgebende Welt. Sie demonstrieren das volle Einverständnis mit ihr, Ihre volle Akzeptanz.*

Das wird auf alle Fälle bedeutende Folgen haben, auch karmische Deformationen auf sehr hohen Ebenen können geheilt werden. Wir haben schon mehrfach festgestellt, dass diese durch eine einst erfolgte Abtrennung eines Teils des menschlichen Raumes vom ursprünglich Ganzen, vom Meister, bedingt sind. Im Alltag äußert sich das als Abwehr, Angst, Widerstand, das heißt als alles, was unsere Beziehung zu einem Problem ausmacht.

Ein wichtiger Moment im Schema der Arbeit ist der siebte Punkt. Jedes Problem, auch wenn es ein äußeres ist, zeigt sich immer auf körperlicher Ebene in Form destruktiver Empfindungen.

Wenn es nicht bearbeitet wird, äußert sich das in Form einer bestimmten körperlichen Anspannung. Diese können wir dann endgültig durch Lachen entladen, falls erforderlich auch auf der Zellebene, das heißt, indem wir uns vorstellen, dass die Zellen zusammen mit uns lachen.

Das menschliche Bewusstsein, wie alles, was in der Welt existiert, verfügt über eine gewisse *Trägheit*. Das trifft besonders auf das *mentale Bewusstsein* zu.

Wir interessieren uns gierig für alles Neue und Ungewöhnliche, das eine oder andere versuchen wir sogar, in unser Leben zu integrieren, aber wenn wir in Problemsituationen geraten, fallen wir augenblicklich in alte, gewohnte, stereotype Reaktionen zurück:

Durch die nächtlichen Straßen geht ein Mensch und bemerkt,
unter einer Laterne kriecht jemand auf allen vieren. Er fragt
ihn:

»Was ist passiert?«

»Ich habe meinen Schlüssel verloren.«

»Ich helfe dir.«

Sie suchen eine halbe Stunde. Dann hält es der Passant
nicht mehr aus.

»Bist du sicher, dass du ihn gerade hier verloren hast?«

»Nein, den Schlüssel hab ich da drüben in der Nebenstraße
verloren, aber hier brennt ein Licht …«

Häufig befindet sich der Schlüssel abseits unserer gewohnten Handlungen und Reaktionen. Aber irgendwie zieht es
uns zu den vertrauten und deshalb sicher scheinenden Territorien. Und obwohl wir tief im Herzen wissen, dass der
Schlüssel *»nicht hier ist«*, suchen wir dort, wo es hell und
uns vertraut ist.

Sie müssen den Schlüssel zu dem Haus, wo der Meister
wohnt, nicht suchen, Sie haben ihn schon. Was fehlt, ist *lediglich der Gebrauch, das Benützen desselben,* das heißt, real
etwas zu tun und sich nicht auf geistigen Spekulationen aus-
zuruhen, mit denen wir gerne das konkrete Tun ersetzen.

Der Meisterzustand ist immer der Austritt aus der Kontrolle des Mentalen, das ist die Erlangung der Freiheit von
den Programmen, die darin festgeschrieben sind. Deshalb
strebt das Mentale, wenn es sich bedroht fühlt, danach, reale Handlungen (das heißt die Anwendung der erlernten
Techniken) durch Reden darüber zu ersetzen, und nur im

besten Fall durch *Ausprobieren* – aber in der Hoffnung, Sie mit der Möglichkeit zu erschrecken, dass es vielleicht »*beim ersten Mal nicht klappt, weshalb das Fallschirmspringen nichts für Sie ist.*« Die innere Transformation ist nicht möglich, wenn Sie sie nur *probieren*. Sie erfordert vielmehr eine regelmäßige, in Spiel verwandelte Arbeit.

Wir haben Ihnen bereits empfohlen, sich auf keinen Fall zu zwingen, nicht Ihrem »Ich will nicht« Gewalt anzutun, sondern einfach zu spielen, nur orientiert an der Empfindung von Genuss bei dem, was Sie sich zu tun erlauben. Zu spielen im Bewusstsein des Prinzips »gedacht – getan«, aber ehrlich zu spielen, und ohne zu passen, wenn Sie am Zug sind. Das ist wichtig.

Sich selbst dauerhaft zu beobachten ist nämlich recht schwierig. Besonders in kritischen Lagen, wenn aufgrund der Trägheit scheinbar automatisch stereotype Reaktionen erfolgen.

Deshalb liegt der Sinn des Inneren Lachens darin, dass Sie als Antwort auf jede eintretende Situation immer, auf der Ebene des erarbeiteten Reflexes, mit einer Reaktion des Einverständnisses und der Einigung antworten – mit einem Lachen.

Aber das zu tun, ist gar nicht einfach, besonders wenn der Zustand des Einverständnisses und der Offenheit nicht unter wesentlich ruhigeren Umständen erarbeitet wurde, und damit noch nicht zur Gewohnheit geworden ist. Das heißt, die Herstellung einer gewissen »**Lachneigung**« ist unumgänglich, sozusagen als Gegengewicht zu der tief sitzenden Neigung zu Angst, Schmerz und Verzweiflung.

Gewöhnlich bemühen wir uns auf der Basis eines jahrelang eingeübten Reflexes *uns zu schützen, uns abzusichern, jegliche destruktive Empfindungen abzuwehren.* Das erscheint uns als einzig wahre und vernünftige Reaktion. Aber alle Unannehmlichkeiten, die unvermeidlich in dessen Folge eintreten, verbinden wir sorglos mit etwas schwer Begreiflichem und Abstraktem: den Umständen, dem Glück und dem Schicksal.

Dabei können wir in dieser Welt nicht glücklich werden »ohne etwas«, es funktioniert nur »mit etwas«. Dieser Grundsatz ist universell und bezieht sich absolut auf alle Formen der menschlichen Existenz.

Im Rahmen unserer Schule schlagen wir niemals vor, sich von etwas zu verabschieden, sich von etwas freizumachen, sondern immer nur, *sich zu verbinden und anzunehmen.*

Wenn wir lachend an Problemen arbeiten, durchlachen wir nicht den Schmerz selbst, sondern nur unseren Widerstand gegen den Schmerz, wir durchlachen nicht destruktive Zustände, sondern nur unseren Widerstand dagegen. Durch das Lachen lassen wir nur das Problem zu uns herein, wir richten uns auf eine Ebene mit ihm aus und gehen eine Beziehung mit ihm ein.

Das Lachen hilft uns nur, die trennenden Hüllen des mentalen Wissens von der Schädlichkeit der Probleme zu beseitigen, von der Notwendigkeit des Kampfes mit ihnen.

Dabei ist es sehr wichtig, dass die Technik des Inneren Lachens erlaubt, die Arbeit in zwei Richtungen gleichzeitig zu machen: Wenn wir ein Problem durchlachen, arbeiten wir vor allem an seinen schmerzhaften Symptomen (Sorgen, Angst, Schmerz usw.), indem wir sie neutralisieren. Aber gleichzeitig, auf dem Weg des Einverständnisses mit dem Problem und der Akzeptanz desselben, geschieht eine ganz wichtige Arbeit an der Ursache, was ihr wiederholtes Auftreten in unserem Raum ausschließt.

Diese planmäßige Praxis führt unvermeidlich zu einer tiefen Transformation des Bewusstseins. Dabei geschieht das äußerst natürlich und unmerklich – wir beschäftigen uns nur mit der Reinigung unseres »Problemraums«, ohne uns dabei globale oder große Aufgaben zu stellen: Wir lernen einfach, Freude an unserer Existenz zu gewinnen. **Als Ergebnis jedoch erringen wir mehr und mehr den Meister in uns, wir entdecken Gott in uns.**

———

Auf der gegenwärtigen Etappe können wir einen quasi **universellen Algorithmus der Integration des Problems durch das Innere Lachen** anbieten.

1. Destruktive und schmerzhafte von einem Problem geschaffene Empfindungen werden durchlacht, bis es genug ist. (Es wird jede Form des Lachens oder eine Kombination aus ihnen angewendet.)

2. Es kommt zu einer tiefen und ehrlichen Erforschung des inneren Raumes auf der Suche nach möglichen *destruktiven Restempfindungen*.

   Dazu führen wir eine Analyse unseres Zustandes durch: im Mentalen (unruhige Gedanken), in den Emotionen

(Angst, Freudlosigkeit), in der Sensorik (Unruhe, unbestimmte Anspannung) und körperlich (Schmerz, Phantomschmerz, physische Anspannung).

3. Danach, wenn wir das Lachen in den feinstofflichen Schichten eingeschaltet haben (bis auf die Zellebene) und die vorgefundenen restlichen Probleme mit einem Gefühl von Zärtlichkeit eingehüllt haben, lachen wir mit ihnen bis zu ihrem vollständigen Verschwinden.

4. Wir stellen uns eine Projektion der untersuchten Situation in die Zukunft vor, versuchen mögliche Ängste, Erwartungen und Ähnliches zu beobachten und durchlachen sie.

Genauso untersuchen wir die Projektion eines Problems in die Vergangenheit – wir überprüfen, ob nicht Schmerz in der Erinnerung verblieben ist. Wenn wir etwas entdecken, dann durchlachen wir es.

Die Bedeutung dieses letzten Punktes ist sehr groß. Manchmal kann ein Problem zu einem »*Zeitflüchtling*« werden, indem es in die Vergangenheit entgleitet oder in die Zukunft. Deshalb ist es unbedingt erforderlich, diese »*Zeitplätze*« zu durchforsten. Obwohl das im Wesentlichen nur eine gründlichere Untersuchung des Mentalen ist, weil ja von diesem der tückische Begriff der Zeit geschaffen wird. Mehr davon später.

———

Wichtig! Wenn Sie das Innere Lachen für die konkrete Arbeit an Problemen verwenden, machen Sie das total, das heißt mit voller Aufmerksamkeit für die Empfindungen, mit denen Sie arbeiten.

Damit geben Sie dem Mentalen keine Chance, sich doch noch in Ihrem Bewusstsein einzunisten. Ihr Bewusstsein im Prozess des Lachens besteht allein aus Empfindungen. Der ganze Effekt der Arbeit hängt nur davon ab.

Wenn Sie das reale Lachen nur mit einem »mechanischen Geklirre« imitieren und dabei weiter über das Problem nachdenken oder über sonst noch was, heißt das, Sie betrügen sich selbst.

Konkrete Fälle der Anwendung des Inneren Lachens

Wir haben schon mehrfach davon gesprochen, dass das Innere Lachen eine universale Technik mit einem sehr breiten Wirkungsspektrum ist.

Aber es bestehen dennoch ein paar Einschränkungen, auf die wir Sie hinweisen wollen.

Auf keinen Fall dürfen Sie mit Ihrem physischen Herzen lachen. Bei krankhaften Empfindungen am Herzen, Anfällen von Stenokardie kann Ihnen das folgende Verfahren helfen. Legen Sie die Finger beider Hände zum Mudra »*Rettendes Leben*« zusammen: der Zeigefinger ist geknickt und berührt die Innenseite der Hand am Daumenansatz.

Die Fingerkuppen von Daumen, Mittel- und Ringfinger berühren sich. Der kleine Finger ist gerade und weist zur Seite. *Halten Sie diese Position und lachen Sie mit den feinstofflichen Schichten der Hände, aber auf keinen Fall dürfen Sie sich dabei physisch anstrengen.*

Bei Kopfschmerzen kann das Lachen mit dem Kopf zu einer Verstärkung des Schmerzes führen. Der Grund liegt darin, dass der Kopfschmerz nur ein Signal für ein Ungleichgewicht des Organismus ist. Um das zu beseitigen, muss man die Zone oder das Organ finden, das die Ursache ist, und damit arbeiten. Das kann man machen, wenn man sich mit dem Lachen der feinstofflichen Schichten durchscannt und aufmerksam zu den Antwortsignalen hinspürt.

Man kann auch das folgende Verfahren anwenden: Sie atmen gleichsam durch die Fußsohlen ein und stellen sich vor, dass die Energie gerade durch diese Stelle kommt. Dann, im Verlauf des Ausatmens, steigt diese Energie mit dem Inneren Lachen nach oben und wird im Bereich des Kopfes »rausgelacht«, dort wo der Schmerz lokalisiert ist.

Sie lassen quasi eine Lachwelle durch sich hindurchfließen. Sie waschen sich mit ihr und geben die Überschussenergie, die in Ihnen stecken geblieben war und den Schmerz erzeugt hatte, an den Raum ab. Dabei sollten Sie sich aber nicht von ihm distanzieren, ihn nicht als etwas Schlechtes verjagen, im Gegenteil, ihn anerkennen und vorher Ihre Einheit mit ihm durch Lachen bestätigen, sein Existenzrecht anerkennen und ihn harmonisieren.

Dieses Verfahren kann man auch bei *Zahnschmerzen* anwenden.

Bei erhöhtem Blutdruck sollte man nicht in der »Vakuum-Phase« lachen, das heißt, ohne Luft in der Lunge. Der Blutdruck wird leicht gesenkt, wenn wir die ganze Luft in einem Modus des *freien* Ausatmens *ohne Anstrengung* aus der Lunge hinauslachen. Dabei sollte man nur laut lachen – durch den Mund, den man dabei rundet und die Laute »Ho-Ho-Ho« imitiert. Aber das Lachschema ist dasselbe – ein sehr kurzes Einatmen und ein längeres Ausatmen.

Bei niedrigem Blutdruck ist im Gegensatz dazu dem Lachen in der Vakuum-Phase besondere Beachtung zu schenken, wobei man *durch die Nase* lachen sollte.

Sehr gut hilft bei niedrigem Blutdruck auch das Lachen mit sämtlichen feinstofflichen Schichten des ganzen Körpers. Dabei heben Sie gleichsam das Lachen in sich an, als würden Sie sich von unten nach oben durchscannen.

Besondere Anmerkungen sind bezüglich der Anwendung des Lachens *bei Entzündungsprozessen wie Grippe oder Erkältung sowie bei natürlicher Reinigung* (Erbrechen, Durchfall) zu machen. Das Innere Lachen hilft sehr gut, aber …! Sind Sie bereit für eine aktive Hilfe? Bei der Bearbeitung dieser Symptome durch Lachen verstärken und beschleunigen sich nämlich die Prozesse der inneren Reinigung. Auf der körperlichen Ebene drückt sich das so aus, dass die Erkrankung, die sich quasi in den Empfindungen »verdichtet hat«, zu ihrem Höhepunkt strebt und erst dann zur folgenden Entladung. Die Erkältung kann innerhalb eines Tages vergehen, aber für Sie werden das anstrengende

Stunden der »totalen Verbrennung« der Krankheit sein. Wenn Sie dazu bereit sind – dann los!

Wenn sie eine chronische Krankheit haben mit periodisch wiederkehrenden akuten Schmerzen, *ist es nicht wünschenswert, im akuten Stadium die krankhaften Bereiche zu durchlachen.* Die dabei verlaufenden Prozesse werden aktiviert, und der Schmerz kann sich verstärken. Eine akute, schmerzhafte Phase könnte zwar im Fall des Durchlachens tatsächlich bedeutend verkürzt werden, aber um den Preis fast unerträglicher Schmerzen. Es lohnt sich kaum, derartige »märtyrerhafte Heldentaten« zu vollziehen.

Richtiger ist es, die Arbeit in Zeiten des Abklingens zu beginnen, ohne auf eine weitere Verschlimmerung zu warten. Die Arbeit muss *regelmäßig sein und unbedingt* begleitet sein von einem Durchlachen der »Physis auf Zellebene«, das heißt, Sie *stellen sich vor, dass jede kranke Zelle lacht.* Das ist ausreichend, damit sich diese nach einiger Zeit tatsächlich ins Lachen begeben. Bestätigung dafür wird Ihr körperliches Empfinden sein – ein Stechen im durchlachten Gebiet, ein Jucken oder ein Pulsieren.

Bei einer Verschlimmerung des Schmerzes versuchen Sie, mit Bildern zu arbeiten oder eine »Lachwaschung« vorzunehmen – wie wir es bei Kopfschmerzen vorgeschlagen hatten –, aber beachten Sie, dass das »*Einatmen der Energie*« je nach Fall durch verschiedene Stellen des Körpers vorzunehmen ist: durch den Kopf, das Sonnengeflecht, die Schultern oder durch das zu durchlachende Organ selbst.

Das sind wohl alle möglichen Einschränkungen. Ansonsten nützen Sie das Innere Lachen mutig und vielfältig.

Haben Sie schlechte Augen? Schenken Sie ihnen täglich zehn bis fünfzehn Minuten Aufmerksamkeit. Nehmen Sie einen Text, der gerade noch normal zu lesen ist, dann verschieben Sie ihn so, dass er für Sie nicht mehr lesbar ist. Nun schalten Sie das Lachen mit den feinstofflichen Hüllen mit beiden Augen gleichzeitig und abwechselnd ein. Nach einer bis zwei Minuten des Durchlachens wird der Text lesbar. Verschieben Sie ihn erneut – und so weiter. Sehr nützlich ist es dabei, periodisch mehrmals zu blinzeln, das Blinzeln gleichsam dem Lachrhythmus anzupassen.

Der zweite wichtige Teil der Arbeit mit den Augen besteht darin, dass Sie auch das Lachen der ersten Ebene verwenden. Der Modus des Lachens wird dabei jedoch etwas anders sein. Die Veränderungen betreffen Ihr Einatmen, jetzt wird es nicht oberflächlich sein, sondern tiefer, aber nach Möglichkeit trotzdem kurz und äußerst schnell.

Sehr wichtig ist es, bei diesem Einatmen den Atem quasi **in die Augen** zu richten, wobei Sie sich vorstellen, dass Sie sich *buchstäblich mit Energie füllen*. Lachen Sie wie gewöhnlich nach dem Lachschema auf der ersten Ebene, aber beachten Sie, dass das lachende Ausatmen viel länger als das Einatmen dauert. Besonderes Augenmerk schenken Sie bitte der Vakuum-Phase des Lachens, die Sie möglichst lang ausdehnen.

Nach Abschluss der »Augen-Lachtherapie-Sitzung« müssen Sie unbedingt jedes Objekt, mit dem Sie gearbeitet haben, annehmen, das heißt quasi beim Einatmen »hineinziehen« und in sich auflösen. Dieser Moment ist sehr wichtig, weil eine Sehstörung oft auftritt, wenn ein Mensch »etwas nicht sehen will«, und sich aufgrund tief sitzender Ängste durch schlechtes Sehen von der Außenwelt isoliert. Das Lachen hilft Ihnen, diese Schutzgrenzen aufzulösen und die Welt in sich hineinzulassen, die Ihnen wohlgesinnt ist und Sie ihrerseits anlächelt.

Bei der Arbeit mit den Augen ist die Regelmäßigkeit sehr wichtig. Außerhalb von zu Hause kann man das überall machen: an der Haltestelle, im Bus usw. Sie wählen ein beliebiges Objekt, das Sie etwas verschwommen sehen, und lachen mit Ihren Augen, bis es klar zu erkennen ist.

Wichtig ist es, die Augen periodisch zu entspannen, indem Sie sie einfach durchlachen und dadurch überflüssigen Druck von den Augenmuskeln nehmen. Das kann man verstärken, wenn man beim Lachen noch seine lachenden Hände auf die Augen legt.

Etwa nach einer Woche beginnen die Ergebnisse, sich zu stabilisieren, und Sie können selbst Schlüsse für sich daraus ziehen.

Meinen Sie, dass Sie Probleme mit Übergewicht haben? Und haben Sie schon eine Menge Geld und Nerven verschwendet, um es loszuwerden? Gut, jetzt haben Sie die Möglichkeit, die Effektivität des Inneren Lachens zu testen.

Legen Sie für sich fest, welcher Körperteil Ihrer Vorstellung nach eine »Verbesserung« braucht. Aus der großen Auswahl an Körperübungen, die Ihnen zweifellos schon bekannt sind, wählen Sie die einfachsten aus, aber *aktivieren Sie unbedingt die Muskeln in dem Sie interessierenden Bereich*. Das brauchen Sie für die *Zentrierung* Ihrer Aufmerksamkeit, wenn Sie die Lachenergie in diesen Bereich richten.

Dann schalten Sie das Lachen auf der ersten Ebene ein, aber der Lachmodus ist jetzt etwas anders: Das Einatmen – wieder sehr schnell und kurz – erfolgt jetzt nicht oberflächlich, sondern tiefer, wobei Sie den unteren Teil der Lunge füllen, dann atmen Sie wie immer zwei Drittel der Luft aus, und während Sie die erforderlichen Muskelgruppen anspannen (oder dehnen – falls nötig, unter Durchführung bestimmter Bewegungen), lachen Sie das restliche Drittel der Luft hinaus und gehen zum »Vakuumlachen« über. Das »Vakuumlachen« ziehen Sie möglichst in die Länge. (Aber übertreiben Sie nicht – Ihr Wohlbefinden ist das Maß!) Dann nehmen Sie wieder einen maximal tiefen, aber sehr schnellen Atemzug – quasi explosiv – durch den Mund und **richten die Energie des Einatmens, die jetzt sehr deutlich spürbar ist, in die zu durchlachende Zone.** Dann wiederholen Sie das Ganze noch einmal.

Hierbei ist es wichtig, dass das ganze Lachschema durch den Mund vollzogen wird und Sie im beschriebenen Prozess unbedingt *Zärtlichkeit* zu dem belachten Objekt empfinden sollten, weil Sie verstehen, dass Sie weniger die überflüssigen Pfunde loswerden wollen als Ihre Unzufriedenheit damit.

Nehmen Sie sich die Zeit, sich regelmäßig zu wiegen – die Ergebnisse werden Sie erstaunen.

Wählen Sie irgendeine Falte, Narbe, eine alte Warze, ein pigmentiertes Hautstück, und arbeiten Sie mutig mit diesem Defekt, unter Verwendung des Inneren Lachens. Machen

Sie es regelmäßig, und die Ergebnisse behalten Sie dann nicht für sich.

Vertreiben Sie Ihre Müdigkeit, Muskelschmerzen, ziehende Schmerzen in den Gelenken mit Lachen. Wenn Sie Sport treiben und Sie trainierte, elastische Muskeln brauchen, durchlachen Sie sie regelmäßig beim Training wie auch prophylaktisch. Das hebt Ihren Tonus und entspannt gleichzeitig.

Brauchen Sie Dehnungen in einer bestimmten Muskelgruppe? Sagen wir, Sie wollen den Spagat lernen. Schicken Sie Ihr Lachen bei der Übung an die angespannte Stelle, lachen Sie auch mit den feinstofflichen Hüllen derselben Muskeln, und Sie werden gleich merken, wie viel besser die Ergebnisse werden.

Wenden Sie das Innere Lachen in absolut allen emotional destruktiven Zuständen an: bei Depression, Wut, Schwermut, Kränkung, Apathie, alles kann gut belacht werden.

In schwierigen und schmerzhaften Fällen arbeiten Sie nach dem Schema des Offenen Herzens – visualisieren Sie den Schmerz oder die Krankheit als ein bestimmtes Bild.

Es lohnt die Bemerkung, dass das Lachen absolute Immunität gegen äußere Einwirkungen schafft. Der »Böse Blick« oder eine »Verhexung« können Sie nicht treffen, wenn Sie lachen. Solange Sie lachen, fehlt Ihnen jeder Widerstand, Sie sind ein völlig offenes System. *Aber einwirken kann man nur auf etwas, was Widerstand leistet. Deshalb ist die höchste Form des Schutzes **die vollständige Offenheit, das Lachen.***

Die Möglichkeiten des Inneren Lachens sind einfach unerschöpflich. Für deren vollständige Beschreibung bräuchten wir wesentlich mehr Platz, aber das ist nicht in unserem Sinn. **Denn die Hauptsache ist für uns nicht die medizinische Verwendung der »Lachpraxis«, sondern die Lösung einer viel allgemeineren Aufgabe – die Herstellung eines stabilen harmonischen Zustandes und dessen langfristige Bewahrung durch Lachen.**

Wenn das für Sie zur Gewohnheit und natürlich geworden ist, verschwindet die Notwendigkeit, sekundären Erscheinungen der Störung der Ganzheit in Form von bestimmten Problemen und Krankheiten viel Aufmerksamkeit zu schenken, von selbst – sie hören einfach auf, Sie zu beunruhigen und verschwinden allmählich aus Ihrem Lebensraum.

Ein stabiles Befinden im Meisterzustand und ungetrübte Lebensfreude ist dann das Los, dem Sie nicht entkommen werden.

Feedback

»Ich bin eine Nachteule – ich kann bis spät abends arbeiten, aber morgens aufstehen ist eine Heldentat. Angeregt von unserem »noch nicht alten Alten Peter« versuchte ich, ohne aus dem Bett zu steigen und mit geschlossenen Augen die feinstofflichen Hüllen mit Lachen zu scannen. Es ist ein Wunder! Der Organismus erwacht fast augenblicklich, und nicht einfach so, auch noch mit einem Lächeln. Ein Gefühl, als würde jede Zelle lachen. Hätte ich das Innere Lachen doch schon all die Jahre gekannt, als ich noch stundenlang zum Aufstehen brauchte ...!«

————

»Ich faste regelmäßig, und diesmal beschloss ich, den Prozess der Reinigung zu beschleunigen, indem ich die inneren Organe durchlachte. Magen, Leber, Nieren ... Mich stoppte die Beobachtung, dass ich als Antwort auf mein Lachen dort manchmal eine Bewegung, ein Ziehen spürte ...«

»Schade, dass es nur manchmal war. Diese Reaktion auf das Durchlachen sollten wir anstreben. Ein inneres Pulsieren, eine ›Bewegung‹, eine Gänsehaut – all das sind Anzeichen, dass ein Körperteil oder ein Organ, mit dem Sie arbeiten, ›angelacht‹ ist, und ideomotorische Reaktionen auf das Lachen erfolgen, die seiner Reinigung und Gesundung dienen.

Es gibt eine Reihe von Autoren, welche empfehlen, derartige Empfindungen unmittelbar hervorzurufen, etwa über autogenes Training. Boris Aranowitsch etwa gehört zu ihnen und auch der heute jedermann mit seinem Scharfsinn und seiner ungewöhnlichen Heilmethode beeindruckende Mirsakarim Norbekov.

In unserer Schule geht das quasi von selbst – durch das Lachen. Dieser Prozess ist viel natürlicher und organischer, und vor allem ist er auf die Lösung viel tieferer Aufgaben gerichtet als nur auf die physische Gesundheit.«

————

»Schon lange versuche ich, mit Hilfe des Inneren Lachens mit meinen Ängsten fertigzuwerden. Sie können mir glauben – ich arbeite diszipliniert, und nicht von Fall zu Fall. Aber bis jetzt habe ich keinen stabilen Effekt. Erleichterung ja, aber dann ist wieder alles beim Alten, von irgendwoher erhebt sich undurchdringliche Finsternis, und ich muss wieder daran arbeiten. Aber die Arbeit mit den feinstofflichen Schichten hat immerhin innen was in Bewegung gebracht, in der letzten Zeit schlafe ich ohne Alpträume, und auch tagsüber bin ich ausgeglichener ...«

»Sehr häufig ist das Gefühl von Angst oder großer Sorge von Programmen ausgelöst, die sehr tief in uns sitzen, buchstäblich in der Zelle. Man kann mit regelmäßiger Lacharbeit dahin vordringen, und beschleunigen kann man die Entladung, indem man ›die Physis bis zur Zellebene aufschaukelt‹. Das Lachen mit den feinstofflichen Hüllen ermöglicht das.

Sie beziehen Ihre Aura ins Lachen mit ein, und wenn diese lacht, geht sie mit dem physischen Körper in Resonanz, der mit ganz typischen Signalen antwortet, wobei all seine physischen Bestandteile bis zur Zellebene in die Lachresonanz eingeschlossen sind. *Ganz wichtig ist es dabei, sie sich lachend vorzustellen.*

In den Zellen werden Stoffwechselprozesse aktiviert, die zur Erneuerung des Zellwassers führen und zur Auflösung der alten Information.

Aber trotzdem ist die Hauptsache hier, dass parallel dazu durch das Lachen eine Ausrichtung des Bewusstseins auf absolute Offenheit erfolgt, auf vollständiges

Annehmen von allem. In dem Moment, wo Sie lachen, werden Sie ein vollständig offenes System – einig und verbunden mit der ganzen Welt.

Deshalb erfolgt gleichzeitig mit der Zellreinigung ein Ausgleich karmischer, ursächlicher Deformationen in weit feineren Schichten. Sie vollziehen somit eine kaskadenartige, totale Reinigung und Erneuerung all Ihrer Strukturen. Und was sehr wichtig ist – Sie verändern sich dabei selbst – in Ihrer Beziehung zu sich und zur Welt.

Hier ist Nachdrücklichkeit wichtig (aber keinesfalls Ernsthaftigkeit!), weil eine solche Arbeit Zeit erfordert und nicht auf einmal erledigt werden kann. Im Unterschied zu aktuellen emotionalen oder mentalen ›Haken‹ und Verstrickungen – mit denen das Lachen auf der ersten Ebene fertigwird.«

—

»Einem Mädchen in meiner Klasse rann Blut aus der Nase, ein paar Jungen hatten sie in der Pause gestoßen. Sie erschrak fürchterlich und sagte, dass bei ihr das Blut sehr schlecht gerinne. Während die anderen die Erste Hilfe riefen, belachte ich ihre Nase mit meiner Hand, und die Blutung stoppte. Sogar der Schmerz verging ...«

—

»Ich habe immer noch das Gefühl, dass ich mich beim Anwenden des Inneren Lachens mit Nonsens abgebe. Ja, es gelingt, es hilft manchmal, aber dennoch ist das so was von künstlich ... Wenn ich mich von der Seite betrachte, wie ich sitze und lachend ›huste‹, und mich überzeugen will, dass ich lache ... einfach belämmert ...«

»Mir sind Ihre Qualen verständlich. Ich möchte Ihnen eröffnen, auch mich irritiert es seit langem, dass den Freuden des Orgasmus diese seltsamen Körperbewegungen vorhergehen müssen ... Und Sie haben absolut recht, wenn man es von der Seite betrachtet, sieht es bescheuert aus ...

Aber objektiv betrachtet, ist hier wie dort ein Reflexmechanismus im Gange. Reflexe sind das, was uns lenkt, das, was uns zu Sklaven unserer inneren Programme macht. Freilich, häufig nützlicher Programme. Warum sollten wir also nicht das nutzen, was schon in uns angelegt ist? Dann fällt es uns leicht, das künstlich erzeugte Lachen in ein natürliches Lachen zu verwandeln – mit Hilfe der schon bekannten ›Hebel‹.

Hindernis bei der Nutzung der Technik des Inneren Lachens können nur mentale Beschränkungen in Form von feststehenden sozialen Mustern sein, wie zum Beispiel: So etwas tut man nicht ..., Lachen ohne Grund ist ein Zeichen von Verrücktheit ... usw.

Was tun, wenn solch eine Regel uns blockiert? Vor allem – keinesfalls mit ihr kämpfen, keinen mentalen Kampf zur Umstimmung führen. Denn mit wem kämpfen wir denn? Mit uns selbst natürlich.

Viel effektiver wird es sein, einer ganz anderen Volksweisheit zu folgen: ›Auf einen groben Klotz gehört ein grober Keil‹. Was ist eine mentale stereotype Regel? Nichts als eine irgendwann gefesselte Ladung ehemals freier Energie. Befreien Sie sie durch Lachen.

Und es ist nicht wichtig, ob das Lachen anfangs künstlich erscheint – die Entladung geht trotzdem vor sich. Der ganze Komplex der psychophysiologischen Reaktionen, die für das Lachen typisch sind, ist inkludiert. Versuchen Sie mehrmals diesen ›Einstieg ins Lachen‹, und Sie werden merken, dass es mit jedem Mal leichter wird. Und irgendwann kapieren Sie: Das Programm hat sich längst entladen, und das Innere Lachen ist für Sie natürlich geworden und ruft keine Ablehnung mehr hervor.«

———

»Ich habe mit dem ›Offenen Herzen‹ an einem Gesundheitsproblem gearbeitet. Das Anfangsbild war ein dreckiger, verschmierter Feuerlöscher. Ich fing an zu lachen – und er verschwand. Ich dachte, das war's, von dem Problem ist nur ein Nichts geblieben, aber dann spürte ich, dass sich in mir nichts geändert hatte …«

»Ihr Problem hat einfach die Flucht ergriffen. Das kann vorkommen. Wir sagten doch, dass unsere ›Kinder‹ nicht sehr viel verstehen. Sie haben Angst, dass von Ihnen nur ein Nichts bleibt. Klar, dass in Ihrem Fall die Arbeit nicht zustande kam. Macht nichts, man kann sie wiederholen, aber das Bild wird ein anderes sein.

Ich denke, dass Sie sich ein wenig abgelenkt haben, seien Sie beim nächsten Mal aufmerksamer und umfassender in den Empfindungen. Ich möchte nochmals unterstreichen – das bearbeitete Bild kann nicht vollständig verschwinden, es kann sich nur transformieren.«

————

»Das Innere Lachen schafft wirklich real eine Art innere Distanz, die es nicht erlaubt, in die Situation hineinzurutschen. Aber woher kommt das? Wir sagten doch, dass das Lachen im Gegenteil die Barrieren beseitigt, und keine neuen schafft.«

»Eine gute Bemerkung. Tatsächlich ist es einerseits so, wenn man auf Sie eine bestimmte Einwirkung ausüben will, kann das Lachen als idealer Schutz auftreten, indem es Ihnen eine Art Schutzhülle umlegt. Man kann nämlich nicht mit einem System zusammenarbeiten, das auf einer anderen Frequenz schwingt. Wenn Sie keine Angst vor einer Krankheit haben, so kann Sie diese schwerlich erreichen; wenn Sie über UFOs lachen, werden Sie nie eines sehen; wenn Sie nicht an Geister glauben, werden Sie nie mit welchen zusammentreffen. Damit Sie für einen Einfluss empfänglich sind, müssen Sie zuerst irgendwie ›angeschlossen‹ werden, auf die Vibration dieser äußeren Einwirkung eingestellt werden, man muss Ihre Neugierde wecken, Sie irgendwie erstaunen oder erschrecken.

Wenn Sie aber lachen, sind Sie nur auf die Vibration des Lachens eingestellt, das ist die dominierende Vibration unseres Raumes, das heißt, Ihr energetisches Potenzial ist sehr hoch (später werden wir noch detaillierter darauf eingehen). Deshalb sind jegliche äußere Versuche, auf Sie einzuwirken, in diesem Moment zum Scheitern verurteilt. Sie bleiben immer in Ihrem Spiel, Sie sind nicht ›koordinierbar‹ mit allem Negativen.

Von einer Barriere kann hier aber keine Rede sein. Die Empfindung der inneren Distanz entsteht nur in dem Fall, wenn man Ihnen fremde Probleme oder Stimmungen aufdrängen will. Aber diese Distanz ist nur die Grenze Ihrer Freiheit in der gegebenen Situation. Das ist keine Ablehnung eines fremden Spiels, sondern nur die Bewahrung der Freiheit in diesem Spiel, ein Nicht-Anhaften an seinen Bedingungen oder an einem Mitspielen-Müssen, denn genauso gut können Sie das Spielen auch lassen.

Wenn wir lachen, bewahren wir uns immer unsere Freiheit, sowohl in unseren Handlungen als auch in unseren Urteilen, obwohl das anfänglich eine Herausforderung zu sein scheint, eine bewusste Ablehnung anerkannter Normen. Aber sogar in diesen seltenen Fällen kommt es ziemlich schnell zu einer Harmonisierung von Situation und Beziehungen: Der Meisterzustand überträgt sich auf alle Beteiligten der Ereignisse und richtet alles nach einem Lösungsmodus aus.«

———

»Ein mir nahe stehender Mensch und ich haben seit einem Jahr wegen einer blödsinnigen Verleumdung unsere Beziehung abgebrochen. Alle meine Bemühungen, mich ihm zu erklären, führten zu nichts. Ich beschloss, das Problem mit dem ›Offenem Herzen‹ zu lösen.

Ich lachte fünf Minuten mit dem Bild, bis dieses anfing sich zu transformieren und zu schmelzen. Und das war ein riesiger Eisklotz – ein Eisberg.

Als der Klotz nach vielen Drehungen zu einer mich anschnurrenden Perlenkette wurde und ich sie als meine annahm, sie buchstäblich in meinem Herzen auflöste, spürte ich, wie viele Kränkungen ich in mir getragen hatte.

Ich spürte es, weil all ›das‹ mich augenblicklich verließ, als wäre es zusammen mit der Perlenkette geschmolzen. Es wurde mir erstaunlich leicht zumute … Wohl das erste Mal seit einem Jahr hörte ich auf, mich unglücklich zu fühlen.

Und kürzlich trafen wir uns ›völlig zufällig‹ … Wie es aussieht, renkt sich alles ein.«

———

»Die letzten Jahre quälten mich zermürbende Schmerzen in den Gelenken an Armen und Beinen. Anfangs war das nur bei entsprechendem Wetter, und dann auch ohne weitere äußere Ursachen. Einschlafen war ein Ding der Unmöglichkeit.

Seit zwei Wochen durchlache ich alle schmerzhaften Stellen, und seit dieser Zeit schlafe ich ruhig ein. Die letzten paar Tage waren überhaupt keine Schmerzen da. Ich hoffe, dass sie endgültig verschwunden sind.«

»Erstens sollten Sie fortfahren mit der Arbeit. Lachen Sie mit den Zellen bis zur vollständigen Stabilisierung des Zustandes. Und zweitens hoffen Sie auf keinen Fall, dass die Schmerzen verschwinden, und warten Sie auch nicht auf diesen Moment. Durch das Lachen sollten Sie nicht versuchen, sie loszuwerden, sondern sich einverstanden erklären mit ihrer Existenz. Wenn Sie Arme und Beine durchlachen, ist Ihnen das angenehm?«

»Sehr! Eine Empfindung innerer Wärme, ein leichtes Stechen. Sehr angenehm.«

»Nur darauf sollten Sie den Akzent setzen. Durchlachen Sie Ihre Gelenke nicht, um den Schmerz loszuwerden, sondern einfach, weil Ihnen das angenehm ist. Das ist alles.«

——

»Durch das Innere Lachen arbeite ich jetzt sehr erfolgreich an meiner Sehkraft. Die Ergebnisse sind erstaunlich. Aber was ich sagen möchte, ist Folgendes: Ich habe seit meiner Kindheit Angst vor Hunden, besonders vor großen. Kürzlich im Park ertappte ich mich jedoch dabei, dass ich eine riesige Dogge streichelte, die zu mir gelaufen war, und sie war sogar ohne Leine und Maulkorb.«

»Die Störung der Sehkraft und unsere Ängste hängen zusammen. Wir haben dieses Thema schon besprochen. Wenn Sie deshalb an den Ängsten arbeiten, können Sie Ihre Sehkraft verbessern, und natürlich auch umgekehrt.«

——

»Ich gehe boxen. Wenn ich das Lachen in den feinstofflichen Hüllen des ganzen Körpers übe, kann ich mich fast vollständig in den kurzen Pausen zwischen den Runden regenerieren. Viel effektiver wurde auch das Training selbst. Das Muffensausen vor dem Zweikampf ist völlig verschwunden.«

Empfehlungen zur Herstellung des Zustandes

1. Wenn Sie neue Techniken anwenden, vergessen Sie nicht, was Sie schon an sich entdeckt haben und vielleicht schon verinnerlicht haben. Richten Sie Ihren Tag auf der Basis des Meisterzustandes aus. Vergessen Sie nicht – der Meisterzustand ist keine Technik, das ist das in Ihnen verborgene Maß für Ihre tägliche Existenz. Das ist die Qualität Ihrer Vollkommenheit und ursprünglichen Harmonie, zu der Sie den Schlüssel haben.

Vielleicht wurde es Ihnen jetzt unbequem in dem noch vor kurzem gewohnten Problemraum. Wenn Sie sich wieder einmal dort anwesend fühlen, transformieren Sie augenblicklich Ihren Zustand in den des Meisters. Halten Sie ihn mit der Technik des Inneren Lachens, das jetzt für Sie alltäglich und natürlich sein sollte.

Fahren Sie fort, den Rahmen des inadäquaten Tages zu erweitern und erlauben Sie ihm, sich allmählich in eine *inadäquate Existenz* zu verwandeln.

2. Vertiefen Sie die Technik des Inneren Lachens, nachdem Sie seine zweite Ebene, das *Lachen mit den feinstofflichen Hüllen* erlernt haben und mutig anwenden. Besondere Auf-

merksamkeit schenken Sie der Technik des *Inneren Spiegels* – der herrlichen Möglichkeit eines langen Aufenthaltes im *intuitiven* Meisterkanal.

Bringen Sie sich bei, alle Entscheidungen nicht mit dem Kopf zu fällen, sondern sich ausschließlich an dem inneren Ruf zu orientieren, der im Meisterzustand entsteht. Der Algorithmus unserer Existenz, der innerhalb dieses intuitiven Kanals angelegt ist, wird niemals in die Irre führen.

3. Machen Sie die Technik des *Offenen Herzens* zu Ihrer Gewohnheit. Wenn Sie sie aktiv nutzen, merken Sie, wie sich Ihr Verhältnis zur Welt und zu den Problemen wandelt. Und entsprechend – deren Verhältnis zu Ihnen. *Machen Sie sich bewusst, dass eine tiefe Bearbeitung von Problemen mit dem Offenen Herzen gerade deshalb möglich ist, weil Sie Ihre Ganzheit wiederherstellen, Ihre Einheit mit jenen von Ihren Anteilen, die sich einmal zu Problemen gewandelt hatten.* Die Bewusstwerdung dessen ist viel wichtiger als die Tatsache der Lösung eines Problems.

ZUSTAND FÜNF -
identifizierend

Der grüne Waldteppich unter ihm hörte auf, ein blaues Fluss-
band schlängelte sich dahin, und bis zum Horizont erstreckte
sich unter dem fliegenden Besen verbranntes, steiniges Land.
Nur selten wurde die nach hinten entschwindende Ebene von
niedrigen Felsen und tiefen Gräben unterbrochen, in denen
kein Grund zu sehen war.

Endlich zeichnete sich in der Ferne ein Gegenstand ab. Auf
einem Felsen, direkt auf seiner Spitze, erschienen allmählich
die Umrisse eines Schlosses.

Dem immer größer werdenden Schloss mangelte es jedoch
an Erhabenheit – vielmehr strahlte es etwas Mitleid Erregen-
des, Verzagtes, etwas Vernachlässigtes aus. Auch seine Umge-
bung hatte nichts Schönes, denn es gab weder Bäume noch
einen Bach in der Nähe. Und es führte auch kein Weg hinauf
zum Schloss. Vielmehr ging ein Hauch von Todessehnsucht
von ihm aus.

»Je mehr der Mensch nach oben steigt, desto mehr möchte
er nach unten spucken«, dachte Peter gerade und gab der in-
neren Eingebung statt.

Der Besen machte einen Bogen um den Felsen und landete
weich im Inneren des Schlosses. Peter stieg ab und streckte
sich. Dann sah er sich um und erstarrte:

Von allen Seiten kamen freundliche und sympathische Menschen auf ihn zu und schlossen den Kreis immer enger ...

»Ein Kopf allein ist gut«, dachte Peter, als er etwas Kaltes und Scharfes in seinem Rücken spürte. »Aber mit Rumpf ist es besser«, wobei er sein Inneres Lachen einschaltete. Der Druck auf den Rücken ließ augenblicklich nach.

Sie drängten Peter in eine alte Stube mit verhangenen Fenstern und brennenden Fackeln.

Auf einem großen Bett mit einem Baldachin lag jemand und stöhnte ununterbrochen. Sie führten Peter näher an das Bett heran.

Der Liegende öffnete die Augen und warf einen trüben Blick auf die Runde.

»Schon wieder dieselben Gesichter«, murmelte er schlapp und starrte Peter an. »Was, noch ein Heiler? Wer hat Sie geschickt?«

Peter schaute sich um und zögerte mit der Antwort, in Erwartung des Meisterzustands lachte er die verbliebene Angst weg.

Sein Blick fiel auf ein Plakat an der Wand. »Achtung! Ein gekonnt geworfener Zigarettenstummel kann einen Brand auslösen«, war darauf zu lesen. Er wandte seinen Blick dem Sprecher zu.

»Bist du es, Kostschej?«, fragte er ruhig.

»Wer sonst«, antwortete der Liegende gekränkt und richtete sich auf. »Ich bin der Unsterbliche.«

An Kostschejs Hals baumelte goldglänzend eine Medaille. Mit Schörkelschrift stand darauf geschrieben: »Dem ältesten Kamikaze«.

»Ich komme von Jaga«, sagte Peter und fühlte sich von Minute zu Minute sicherer, »du schuldest ihr noch etwas.«

»Was für eine Schuld?«, rief Kostschej. »Ich weiß von nichts ... Schuld ... Krank bin ich ...«

»Und wer hat auf den Spiegel gespuckt?«, fragte Peter nachdrücklich, an den Waldgeist denkend. »Wer hat die Zauberkraft zerstört?«

»Immer geht's gegen mich«, nörgelte Kostschej, »so nervig ... diese Zarensöhne ... Ritter ... Allein schon Iwan, der Narr ... Ich bin müde ... Wenn ich doch sterben könnte ... aber nein ... Und alles tut weh ...«

Er zeigte mit dem Finger auf den Kopf.

»Das tut weh«, klagte er, »und hier tut es auch weh«, deutete er auf den Bauch. »Und hier« – er zeigte aufs Knie. »Und sogar hier« – diesmal auf die Zähne. »Alles tut weh ... Dabei sollte man so leben, dass es noch Spaß macht«, sagte er leidend. »Ist das vielleicht ein Leben?«

»Komm schon«, sagte Peter und nahm die Hand des Mannes. Dein Finger ist ja gebrochen. Er tut dir weh. Du hast ihn zu sehr beansprucht.«

Ohne auf Kostschejs Reaktion auf die Neuigkeit zu warten, nahm Peter vorsichtig den wehen Finger in seine Hände und fing an, mit ihm zu lachen. Er lachte mit den Händen und schloss in Gedanken auch den Finger mit ein.

Er betrachtete der Reihe nach die Umstehenden und hielt bei einem äußerlich unansehnlichen Typen inne, der ein Fläschchen und einen Löffel in der Hand hielt.

»Der Kranke braucht Hilfe«, sagte er, weiterhin lachend, »und je weiter der Arzt fortgeht, desto hilfreicher ...«

Der Mann bekam es mit der Angst zu tun.

»Weißt du, Heilemann«, sagte Kostschej mit veränderter Stimme. So wie sie knarrte, hätte ihn jedes Hoftor darum beneidet.

Er fixierte den schmächtigen Mann und durchbohrte ihn mit seinem Blick. »Früher hattest du eine herrliche Zukunft. Aber ein verfaultes Ei bleibt besser in Erinnerung als tausend frische ...«

Der Arzt begann zu zittern, schrie vor Entsetzen und begann, Peter leid zu tun.

»Machen wir aus einer Mücke keinen Elefanten«, sagte Peter augenzwinkernd zu Kostschej.

Kostschej lachte. Er klopfte Peter mit seiner gesunden Hand auf die Schulter.

»Einen Elefanten, sagst du? Ich weiß, ich weiß, das ist so ein Bär ... mit Nase ... Du gefällst mir ... Wie heißt du gleich? Peter? Der Finger hat übrigens aufgehört, weh zu tun. Jaga hat dich geschickt, sagst du?«

»Genau die«, betonte Peter und legte eine Schiene an den gebrochenen Finger an.

»Ja, die Schuld ist schrecklich«, seufzte Kostschej, »aber was soll's, das klären wir später.«

Er blickte die Umstehenden an und begann, sie der Reihe nach an sein Bett zu rufen und sie Peter vorzustellen, solange der mit dem Schienen beschäftigt war.

»Das ist mein Assistent«, sagte Kostschej stolz über den ersten, »er ist verantwortlich für die technische Ausführung meiner Gemeinheiten. Ein großes Talent ... Er heißt Linkshand.«

Peter blickte sich den Kerl aus der Nähe an und verstummte vor Schreck. Über den ganzen Körper von Linkshand krochen Flöhe, die mit Mühe Hufeisen hinter sich herzogen.

»Das ist mein Astrologe«, fuhr Kostschej fort und zeigte auf einen Zwerg mit Augenbinde und einem hohen, spitzen Hut, der mit Sternen übersät war.

»Die Sonne kann man nur zweimal durch das Teleskop betrachten«, sagte Kostschej, »einmal mit dem rechten und einmal mit dem linken Auge. Links hat er schon geschaut ...«

Und das ist mein Koch«, fuhr Kostschej fort. »Apropos ... Wann habe ich das letzte Mal gegessen? Während ich hier rumlungere, habe ich völlig vergessen, dass es außer fremdem Ärger noch andere Freuden des Lebens gibt ...

Hauptsache ist«, sagte er vertraulich zu Peter »sich richtig zu ernähren. Wenn du isst, ist das gut.« Und zu den übrigen sagte er: »Verzieht euch jetzt. Es ist natürlich ein einzigartiges Vergnügen, euch zu sehen, aber euch nicht zu sehen, ist ein doppeltes. Wir treffen uns im Speisesaal.«

———

Peter verließ den Speisesaal, wo Kostschej mit seinen lärmenden Kumpanen tafelte, und trat auf den Balkon mit Blick in die steinerne Ferne.

Er schaute in sein Inneres. In letzter Zeit hatte er den Meisterzustand wie eine spiegelglatte Oberfläche eines inneren Sees empfunden, so konnte er sich leichter im Meisterzustand halten und die geringsten Störsignale gleich auflösen. Jetzt war nur eine klitzekleine Welle einer minimalen Anspannung auf dem Spiegelsee zu bemerken.

Peter lachte mehrmals und setzte sich auf eine steinerne Bank. Keine Gedanken im Kopf, aber Peters ganzes Wesen war – wie schon früher – von der nachdrücklichen Absicht erfasst, seine Alte zu finden. Schon mehrere Tage war er in dieser Stimmung und hielt seinen Zustand des Meisters, und er zweifelte nicht, dass die Dinge günstig liefen. Aber schneller könnte es schon gehen …

Ein lautes Glucksen meldete sich in seinem Inneren, und vor ihm in der Luft hing ein breites Katzenlächeln.

»Und, wie findest du Kostschej?«, fragte Mauz. »Gu-ut?«

»Was ist schon Gutes an ihm?«, wand sich Peter. »Das einzig Besondere an ihm ist, dass er unsterblich ist. Aber anstatt ewig so eine Nervensäge zu sein, ziehe ich es vor, lachend zu sterben.«

»Hm, das heißt, … nicht erkannt …«

»Wen denn? Kostschej vielleicht?«, wunderte sich Peter.

»Dich selbst, Peter, dich«, lachte Mauz, »im Kostschej« – und er verschwand im Nichts.

Da blieb Peter der Mund offen stehen. Am liebsten hätte er Mauz ein paar unschöne Worte nachgerufen …

Rechtzeitig blickte er in den inneren Spiegel und sah auf seinem See eine gefährliche Brandung.

»Da stimmt was nicht«, erkannte Peter und belachte die innere Aufregung.

»Mauz kommt ja nicht einfach so«, sprach er für sich, »Wenn er da war, dann hatte er ihm auch etwas zu sagen. Aber was? Fangen wir von vorne an«, beschloss Peter.

»Von Anfang an, das heißt immer, bin ich ein Schöpfer, das heißt die Welt um mich herum schaffe ich selbst. Aus mir schaffe ich sie, aus meinen Launen schaffe ich sie, aus meiner Unruhe oder aus meiner Ruhe und inneren Schönheit.

Ist Kostschej schön?«, fragte er sich, wand sich und spuckte sogar aus. »Irgendwie ist diese Schönheit zufällig nicht zu sehen ... Wer hat sich den nur ausgedacht ...

Halt!«, sagte sich Peter. »Was heißt wer? ... Ich hab ihn mir doch ausgedacht ... Heilige Maria! Ich bin doch sein Schöpfer ...

So, so...«, dachte er verwirrt und fuhr fort. »Je tiefer ins Auge, desto größer ist der Balken ...

Und was bedeutet das? Das kann nur eines heißen: Solange ich mich selbst in dem Kostschej nicht erkenne, nicht einverstanden bin, bleibt er genau der Schwachkopf, der er ist, und auch in mir bleibt etwas Kostschejhaftes, das nicht verschwindet. Und irgendwann kommt es an die Oberfläche ...«

Peter saß noch ein wenig da, erinnerte sich in allen Details an Kostschej, und wieder zuckte er innerlich zusammen – er wollte seine eklige Schöpfung nicht anerkennen.

»Aber es muss sein«, beschloss er. Er dachte an Kostschejs taubengraue Nase mit den roten Äderchen und wie er sich ins Wasser stürzte, und plötzlich sagte er laut: »Das bin ich ...«

»Das bin – ich ...«, wiederholte er und hörte sich reden.

»Das bin – ich ...«, sagte er unsicher.

Er stellte sich Kostschejs trübe Augen von unklarer Farbe vor, die spitzen, haarigen Ohren, die lange, knochige und gebeugte Gestalt, und wiederholte ununterbrochen: »Das bin ich ... Und das bin – ich ... Und alles zusammen bin ich.«

Mit jedem Mal fiel das Einverständnis leichter und leichter. Plötzlich spürte er ein inneres: »Es reicht.« Er hörte sich seltsam an ... Als wäre er jetzt mehr als zuvor. Als hätte er sich um Kostschej erweitert, durch die Anerkennung ...

Die Tür knarrte, und der Unsterbliche selbst rollte durch die Tür. Er hockte sich auf die Bank nebenan und saß schweigend da. Peter schaute ihn an, dann in sich hinein – der innere See war spiegelglatt.

»Ich bin das«, bestätigte Peter zufrieden. Er schielte wieder zu Kostschej. Der saß mit zurückgeworfenem Kopf und betrachtete die in Auflösung begriffenen Wolken.

»Als ich geboren wurde«, sagte er plötzlich, »blickte ich zum Himmel, aber ich sah nur die Decke ...«

Er schwieg und fügte hinzu:

»So war es immer in meinem Leben ... Nichts als Mauern und Wände ... Verbote und Vorwürfe ... Und jedes Mal danach, wenn ich den freien Himmel in mir sehen wollte, sah ich nur die vom Schimmel zerfressene Decke ...«

Peter betrachtete ihn erstaunt – etwas in Kostschej hatte sich verändert. So hatte er früher nicht gesprochen. Peter gab sich innerlich einen Ruck, und ohne zu wissen, warum, fing er an, ihm vom Inneren Lachen zu erzählen.

Anfangs winkte Kostschej nur genervt ab.

»Was für ein Lachen, was für ein Optimismus ... Optimismus ist ein Mangel an Information. Wenn du an meiner Stelle ...«

Aber dann schnappte er doch etwas auf, was ihm interessant erschien, und fortan klammerte er sich förmlich an Peter und ließ ihm keine Ruhe mit seinen Fragen, bis ihm dieser alles erzählt hatte, was er über das Lachen wusste. Gehorsam lachte er, gackerte er mit seinen Eingeweiden. Mit Armen und Beinen und seiner Leber …

Dann saß er lange schweigend da. Schließlich sagte er:

»Peter, hast du niemals darüber nachgedacht, warum man Brücken immer quer zur Strömung baut? Du hast eben in mir eine Brücke entlang der Strömung errichtet … Und du hast keine Ahnung, was du in mir angerichtet hast …

Verhext bin ich, Peter, schon lange Zeit«, setzte Kostschej seinen Gefühlsausbruch fort. Ich wäre niemals auf die Idee gekommen, dass ausgerechnet du mir den Schlüssel zu meiner Rettung schenkst … Nicht umsonst heißt es, man sollte nicht so viel seinen Kopf verwenden, denn davon kommen Probleme im ganzen Körper …«

Peter blickte noch einmal auf Kostschej und kam zu dem Schluss, dass genau das eingetreten war …

»Ich bin zwei«, sagte Kostschej währenddessen, »zwei in einer Gestalt. Ich weiß selbst nicht, wann der schwachköpfige Kostschej aus mir schlüpft, und wann mein Ich erscheint. Es kann eine Stunde dauern oder einen Monat … Der Zauberspruch lautete: ›Wenn der Narr in dir zu dir dem klugen Kopf heranwächst und wenn du im Gegenteil den Narren in dir, dem klugen Kopf findest, wenn sich die beiden in dir begegnen, wenn aus den beiden einer wird, dann ist der Zauberbann gelöst‹. Darauf warte ich jetzt schon tausend Jahre …

Anfangs dachte ich viel darüber nach, ich wollte es mit Schlauheit packen«, gestand der Kostschej, »aber was sind Gedanken? – Leeres Wissen, nicht mehr. Aber Weisheit war vonnöten – das, was bleibt, wenn du alles vergessen hast, was du gelernt hast, wenn die Gedanken verschwinden ... Damals begriff ich, was es heißt, den Narren in sich zu finden. Aber begreifen und finden sind nicht dasselbe. So lebte ich mit dem Begriff, aber ohne den Narren ...

Unsere Gedanken sind anstelle der Welt«, dozierte der Kostschej, nachdem er in Fahrt gekommen war, »sie funken immer dazwischen, zwischen uns und die Welt. Wir wollen die Welt spüren und stoßen nur auf unsere Gedanken über die Welt ... So viele davon sitzen auf uns ...«

Er zeigte mit dem Finger auf Peter.

»Du zum Beispiel – wer bist du?«

»Ich bin Meister«, entschlüpfte es diesem unwillkürlich. Aber Kostschej wunderte sich nicht, entweder, weil er verstand, oder weil er sich an etwas erinnerte ...

»Meister«, sagte er mit Betonung. »Gut, in Ordnung. Was ist dann dies?« Wieder zeigte er mit dem Finger an dieselbe Stelle.

Peter spannte sich an. Innerlich spürte er, wovon Kostschej sprach.

»Das bin ich ... Peter, der denkt, dass ich Peter bin.«

»Richtig«, freute sich Kostschej. Auf dem Meister sitzt das Wissen über Peter, über die Puppe Peter, das Wissen darüber, was das für einer ist. Weiter ... Auf dem Peter sitzt auch noch die Kleidung ... Woher wissen wir das?«

»Wir sehen es, wir spüren es«, sagte Peter.

»Und wo ist das alles, die Sehkraft und der Tastsinn? Im Kopf«, gab er sich selbst die Antwort, »und nachdem es im Kopf ist, ist das auch Wissen. Also ist nicht die Kleidung auf

Peter, sondern nur eine Hülle aus unserem Wissen, dass das Kleidung ist.

Und so ist auch alles andere«, setzte er fort. »Keine Wände sind um uns herum, sondern unser Wissen von den Wänden, nicht Himmel und Erde, sondern unser Wissen davon. Das heißt, noch ein Hülle und noch eine ... Ihrer sind viele. Und der Meister ist darunter gar nicht mehr zu sehen ...

Aber wenn wir unser Wissen über diese Hüllen wegnehmen«, sagte der Kostschej, dann bleibt nichts von ihnen übrig. Aber wie können wir sie wegnehmen? Indem wir anerkennen, dass wir alles aus uns selbst hergestellt haben, dass sie nicht extra existieren, dass nur der Meister existiert ...«

Peter wunderte sich, als er dem Kostschej zuhörte, denn gerade erst hatte er dasselbe gemacht, als er sich mit ihm identifizierte, sich in ihm erkannte ...

Er erzählte Kostschej davon und fragte:

»Und warum hast du dich nicht mit deinem Doofmann Kostschej identifiziert? Wenn du alles so gut verstehst?«

»Meine Verwünschung ist eine besondere – eine ›Kostschej-Spezialverwünschung‹. Verstehen reicht nicht. Was war das Ergebnis, als du dich identifiziert hast? Dein Herz wurde größer und hat alles umarmt ... Und alles kehrte zur Ganzheit zurück, zur Einheit. Aber bei mir geht die Verwünschung mitten durch das Herz. Es wird erst lebendig, wenn ich in der Einheit bin. Deshalb bin ich ein Kostschej. Deshalb bin ich unsterblich ... Mit dem Herzen hab ich dafür bezahlt ...

Aber du hast mir das Lachen gegeben«, sagte der Kostschej und nahm Peter an der Hand. »Du hast mir den Weg zur

Rettung gezeigt. Das Lachen reinigt und zerstreut verschiedene Barrieren und sinnlose Verbote ... Da hält sich kein Zauberspruch, keine Verwünschung. Ich begriff sofort, sobald ich es gehört hatte, dass es hilft ...

Jetzt fange ich eine lustige Arbeit an«. Der Unsterbliche rieb sich die Hände, und seine herausquellenden Augen glänzten, »wenn ich es schaffe, bevor der Doofmann ...«

»Halt«, unterbrach ihn Peter beunruhigt. »Warte mit dem Lachen ... Und was ist mit mir? ... Wer hilft mir, meine Alte zu finden?«

»Bei Gorynytsch ist sie, das weiß ich schon lange ... Ich werde dich zu ihm bringen. Und dort sieh zu, wie du zurecht kommst – im Märchen macht man keine Sachen für andere ...«

Kostschej holte aus der Gürteltasche zwei durchsichtige Steine.

»Stell dich hin«, sagte er und fasste Peter an den Schultern, sodass sie sich gegenüber standen. Er schaute ihn von oben bis unten an und grinste selbstgefällig: »Der Mann ist das Beste, was die Natur für die Frau erfinden konnte. Flieg los. Hol die Alte heraus ...«

Er schlug einen Stein auf den anderen. Da flogen die Funken ...

Die von uns vergegenständlichte Welt
Die Technik der Verichung
Die Lust auf sich selbst

Diese Lektion ist eine Zusammenfassung der grundlegenden, schon behandelten Themen, und zugleich eine Basislektion, ein Ausgangspunkt für die weitere, spannende Reise der sich ihrer selbst bewusst gewordenen Meister.

Erinnern wir uns, ganz am Anfang hatten wir die Kühnheit zu erklären: *Wir sind Schöpfer. Wir sind Mit-Schöpfer.* Die Logik des daraus Folgenden bauten wir auf der Basis dieser sehr umfassenden und verantwortungsvollen Erklärung auf.

Hand aufs Herz – gab es da nicht in Ihnen wenn nicht einen inneren Protest, so doch zumindest eine leichte Irritation oder ein Gefühl der Relativität dieser Behauptung? Vielleicht haben Sie auch gedacht:

»Nun gut, wenn wir unser Einverständnis gegeben haben, mit Ihnen dieses Spiel zu spielen, dann spielen wir auch nach Ihren Regeln. Aber wir wissen schon, was an der Sache faul ist, so leicht packst du uns nicht, du machst uns kein X für ein U vor … Was denn für Schöpfer … Einverstanden, wenn man ein Auge zudrückt, kann ein Co-Schöpfer durchgehen. Aber ich, nein, macht euch nicht lustig über mich. Aber gut, ich nicke und spiele das Spiel mit – für alle Fälle, wer weiß …«

Also gut – ich danke Ihnen für diese zurückhaltende Position. Das ist ja schon was. Denn die Hauptsache ist – *nicht von Anfang an die mögliche Wahrheit zu negieren*, keine unüberbrückbare Barriere der vollständigen Ablehnung auf dem neuen und ungewohnten Weg zu errichten. Gehen Sie ihn, vielleicht nicht ganz sicher, vielleicht ein bisschen spöttisch oder irritiert, gehen Sie und zweifeln Sie, lachen Sie sich verwirrt ins Fäustchen, Sie sind ja nur zufällig hier, aus reiner Neugier.

Eine Bitte habe ich jedoch: *Seien Sie äußerst ehrlich auf diesem Weg,* machen Sie aus Weiß nicht Schwarz aus Rücksicht auf gängige Stereotypen; gehen Sie nicht an den Signalen vorbei, die die Gesetzmäßigkeit und Richtigkeit Ihres Weges bestätigen, welche immer nachdrücklicher und eindeutiger, mit einer Sturheit, wie sie nur Tatsachen zu eigen ist, Sie zu dem Verständnis und der Wahrheit zurückführen werden: *Sie sind Schöpfer.*

Ich wünschte mir sehr, dass Logik, Urteilsfähigkeit und mentale Bewertung gerade jetzt, auf den ersten Etappen unseres Weges, im Gleichklang mit Ihren neuen Empfindungen als Meister wirken. Allmählich werden wir uns immer mehr von diesen Bewertungen zurückziehen und uns an neuen, *intuitiven Kriterien der Wahrhaftigkeit* orientieren. Vorläufig versuchen wir jedoch, streng logisch und konsequent zu sein.

Versuchen wir, uns klar zu werden, gehen wir wirklich in Richtung »Schöpfer« oder zumindest »Co-Schöpfer«? Denn uns ist allen klar, über welch bedeutende Energien man verfügen muss, wenn man – nicht gleich das Universum – sondern nur den eigenen Wohnblock gestalten will.

Haben Sie eine derartige Energie? Oder andersherum – haben Sie den Zugang zu einer Energie dieser Dimension?

Vielleicht ruft unsere Antwort Ihren Unwillen hervor, trotzdem werden wir die eigenen Möglichkeiten nicht schmälern. *Erstens* haben wir den Zugang zu solchen Energien, *zweitens* ist unsre Vorstellung von dem Mit-Schöpfer nicht ganz korrekt. Schauen wir uns das genauer an.

Wenn wir gewöhnlich von der in uns vorhandenen Energie sprechen, haben wir nur ihren »Überfluss« vor Augen, der sich als unsere Gesundheit, unsere Aktivität etc. äußert. Aber das ist nur ein winziger Anteil an dem Energiepotenzial, das uns offen steht – das ist der winzige Teil, der uns gestattet ist, von uns gesehen zu werden und der in unseren Alltag integriert werden kann.

Unsere Umwelt lenkt aber ein Mechanismus, der in den Tiefen unseres Bewusstseins wirkt, wo der Mensch noch nicht ganz »menschlich« ist, wo die mentale Kontrolle fehlt und nur ein Programm herrscht, das für alles auf der Erde eins ist. *»Überleben, überleben, überleben um jeden Preis ...«* – das ist in etwa der Inhalt.

Gerade dieser Mechanismus beherrscht unser Lebenspotenzial, dessen Energiekapazität wahrhaft unbegrenzt ist, weil sie nur durch den Grad bestimmt ist, wie sie an die Energie des Universums angeschlossen ist. Das *zum Ersten*.

Und *zweitens* sind wir zum Glück von der Notwendigkeit befreit, das ganze Universum zu erschaffen. Wir sind ja nur Mit-Schöpfer.

Was heißt das? *Das Universum wurde einst in all seiner Vielfalt und Unvorhersehbarkeit von unserem wahren Schöpfer geschaffen.* Für den einen ist das die Natur, für den anderen der Schöpfergott. Aber das ist zweitrangig.

Bedeutsam ist etwas anderes. Der Raum, der vom Schöpfer ursprünglich geschaffen wurde, ist *transzendent, er ist mehrdimensional* und geht weit über den Rahmen unserer dreidimensionalen Vorstellungen hinaus. Das, was in dieser mehrdimensionalen Welt *determiniert und eindeutig ist,* ist in unserer dreidimensionalen Welt *variantenreich* und hat eine unendliche Vielfalt an äußeren Erscheinungsformen.

Das gibt jedem »Mit-Schöpfer« die Möglichkeit, völlig unterschiedliche Welten aus ein und demselben Material zu formen – dem *nicht verkörperten Potenzial des mehrdimensionalen Absoluten.* Mit gleichartiger Leichtigkeit kann damit der armselige Lebensraum eines Penners wie der von Überfluss strotzende Raum eines Millionärs geschaffen werden.

Das ist der Maßstab unseres Schöpfertums auf der gegenwärtigen Etappe. Geizen Sie nicht. Niemand hindert Sie, sich auf die Ebene des wahrhaften Schöpfers zu erheben, indem Sie eins mit ihm werden. Im Prinzip gelingt es auch niemandem, davor zu fliehen. Alles zu seiner Zeit. Aber bis jetzt ist das für Sie noch ein wenig abstrakt. Wir spielen ja, ohne allzu weit zu blicken, auf einem Spielplatz, der von den Maßstäben unseres »Mit-Schöpfertums« bestimmt wird.

In dem Teil über das Innere Lachen haben wir den Begriff *Beschreibung der Welt* eingeführt. Das ist eine Art dreidimensionales Modell der mehrdimensionalen und für uns nicht unmittelbar erfahrbaren Welt, mit welcher wir schon in Wechselwirkung treten können, und welche wir mit unseren ebenso dreidimensionalen Sinnesorganen wahrnehmen können.

Die Beschreibung der Welt ist das Ergebnis unseres Schaffensprozesses als Mit-Schöpfer, in welchem alle unsere inneren Eigenschaften eine Spiegelung finden: *entweder eine harmonische – dann ist unsere Beschreibung der Welt, unser Leben schön; oder eine destruktive – dann ist unsere Beschreibung der Welt verzagt und grau und das Leben quälend und ohne Reiz.*

Es ist klar, dass die Beschreibung der Welt nur eine Hülle aus unseren Vorstellungen, unserem sozialen Wissen, äußeren Überzeugungen ist, die dem Meister quasi übergezogen ist, **natürlich mit seiner Erlaubnis, mehr noch, aufgrund seiner unmittelbaren Anordnung. Denn der Meister hat Lust, das Leben in all seinen Facetten auszukosten.** Sogar in den Facetten, wo seine ursprüngliche Freiheit verloren geht und die Meisterqualität vergessen wird. Wir haben nicht zufällig den Akzent auf eine Begebenheit gesetzt, von der schon mehrfach die Rede war: **Nur vom Menschen selbst hängt es ab, wie sein Universum aussehen wird und welcher Art die Qualität seines Lebens in diesem Universum sein wird.**

> *Der Gott, der mir im Busen wohnt,*
> *Kann tief mein Innerstes erregen;*
> *Der über allen meinen Kräften thront,*
> *Er kann nach außen nichts bewegen;*
> J. W. von Goethe, »Faust«

Wenn es Ihnen gelungen ist, diese Position einzunehmen, wenn Sie die Kühnheit (oder die Frechheit?) besitzen, all das oben Gesagte konkret auf sich zu beziehen, dann können Sie davon ausgehen, dass Sie jetzt einen großen Schritt auf dem Weg nicht nur der Selbsterkenntnis, sondern auch der ERKENNTNIS IHRER SELBST ALS UNIVERSUM gemacht haben.

»Die Umwelt ist von mir geschaffen« – das ist eine äußerst aktive Lebensposition. **Das ist äußerste Verantwortung für alles Geschehen ringsherum.**

Wenn Sie sich zu dieser Haltung entschlossen haben, denken Sie über die Folgen nach. Jetzt können Sie keine Argumente zur Rechtfertigung Ihrer schwachen Gesundheit oder Ihres Misserfolgs haben, für Vorwürfe an Ihre zänkische Frau oder Ihren idiotischen Präsidenten. **All das wurde von Ihnen geschaffen mit der Präzision eines Juweliers, in strenger Übereinstimmung mit Ihrem inneren Wissen, Ihren Programmen, Ängsten und Wünschen.**

Gleichzeitig möchte ich mich mit Ihnen freuen – jetzt sind Sie ein glücklicher Mensch. Wenn Sie Probleme haben – sehen Sie sich einfach um. In Ihrem Wirkraum werden Sie Menschen haben, denen die Qualität Ihres Unwohlseins eigen ist, das in Ihnen vielleicht gerade erst heranreift.

Stört Sie der Charakter oder das Verhalten Ihres Bekannten, Kollegen? Dann wissen Sie jetzt, woran Sie an sich zu arbeiten haben.

Sie sind unzufrieden mit Ihren Kindern? Sagen Sie Ihnen »Danke« und suchen Sie deren Mängel an sich selbst.

Hat man Sie in der U-Bahn beschimpft? Danken Sie für die Diagnosestellung. Wenn Sie die Worte irgendwie getroffen oder gekränkt haben, heißt das, dass die entsprechenden Eigenschaften wirklich in Ihnen vorhanden sind.

Wenn Sie einverstanden sind, dass Sie diese Welt »aus sich heraus« geschaffen haben, dann haben Sie jetzt leider keine Wahl, und Sie sind einfach verpflichtet (sie schätzen doch die Logik?), der Welt selbst Ihr Einverständnis zu geben, das heißt allen Vorgängen ringsum. Sagen Sie »Ja«. *Das heißt aber, dass Sie jegliche Vorwürfe an die Umstände oder an lebende Personen einstellen müssen und aufhören müssen, sich zu empören und die Welt zu verbessern.*

Spüren Sie die unmittelbare Verbindung zwischen der Qualität Ihres Zustandes und dem Charakter der Ereignisse.

Wenn Ihr Lebenscredo ist, »niemals seine Chance zu verpassen« und immer aus dem Vollen zu schöpfen, dann werden Ihnen mehrheitlich gierige Menschen begegnen, die sich um schnelles Geld und Macht reißen.

Wenn man Ihnen von Kindesbeinen an beigebracht hat, Probleme anzupacken und Schwierigkeiten zu überwinden, dann müssen Sie sich jetzt nicht wundern, wenn alle in Ihrer Umgebung versuchen, Ihnen diese aufzuhalsen und Ihnen möglichst viel Verantwortung zu übertragen.

Machen Sie sich bewusst, dass all unsere Ansprüche gegenüber jemandem immer Ansprüche an uns selbst sind; das Nichteinverständnis mit jemandem ist ein Nichteinverständnis mit etwas in uns selbst; und jedes Ihrer Schimpfwörter ist nichts als eine Selbstbewertung. Wir fordern ständig von unseren Liebsten, sich zu verändern, und zwar gerade darin, worin wir uns selbst nicht schätzen und aner-kennen.

Versuchen Sie jetzt, die Sinnlosigkeit vieler Dinge zu spüren: die Sinnlosigkeit der äußeren Veränderung der Welt, der Versuche, Menschen zu beeinflussen, umzuerzie-hen oder zu belehren; des Wunsches, mit Gewalt auf eine Situation zu reagieren; die Sinnlosigkeit aller möglichen Maßnahmen zur »Rettung von Seelen«.

Das sind ebenso sinnlose Unterfangen wie jeder Ver-such, seinen Schatten zu korrigieren, indem man auf ihn einschlägt.

Aber das ist leider das, womit wir unser Leben verbrin-gen – wir versuchen ständig, unsere Umgebung zu verän-dern, indem wir offenen Druck auf sie ausüben und dabei allen beteuern (besonders uns selbst), dass wir *aus den edelsten Motiven* so handeln und nur *helfen* wollen. Jede, selbst die unverschämteste Gewalt wenden wir immer nur »*im Interesse des Opfers selbst*« an.

Was geschieht dabei? Anfangs projizieren wir unsere Probleme auf einen anderen, und dann stürzen wir uns selbstlos auf ihn, um ihn zu »retten«. Statt in erster Linie uns selbst zu helfen, versuchen wir vergeblich, »den Splitter aus dem Auge unseres Nächsten« zu entfernen, ohne »den Balken in unserem eigenen Auge« zu sehen.

Somit zwingen wir unter dem Vorwand der Hilfe unse-rer Umwelt unseren krankhaften und tatsächlich der Hilfe bedürftigen Zustand auf. **Unsere Sichtweise und Wahr-nehmung eines anderen Menschen ist ausschließlich un-ser »Werk«.** *Der »Andere« ist immer nur das, was wir in ihm* *sehen*, und sehen können wir in ihm nur das, *was in uns schon vorhanden ist.* Mit anderen Worten, in dem *anderen* sehen wir immer nur uns selbst.

Ein weiser Mensch hat dieses Thema sehr gut auf den Punkt gebracht, indem er erkannt hat, dass »*die Welt unserer Existenz nicht das (ist), was wir geerbt haben, sondern das, was wir damit gemacht haben.*« Und man kann hinzufügen, »*was wir darin gesehen haben*«.

Hat Sie die beschriebene Perspektive bereits in Verlegenheit gebracht? Wenn ja, dann möchte ich Sie ein wenig aufmuntern. Die Möglichkeit, sich immer und in allem zu sehen, wohin Sie auch immer den Blick werfen, ist eine Anerkennung des eigenen göttlichen Wesens. Das ist das Privileg Gottes, und jetzt auch das Ihre. Spüren Sie, wie sehr sich Ihr Status erhöht?

Diese Welt existiert dank Ihrer. Spüren sie da nochmals hin …

Erinnern Sie sich, wie oft im Leben Sie gestöhnt haben: »*Mein Gott, wie komme ich dazu …*« Sie fühlen sich ungerecht behandelt und richten Ihre Vorwürfe an den, der all das, wie Sie denken, geschaffen hat. Schauen Sie sich jetzt um. Sehen Sie noch Kummer, Unglück, Krankheiten? Vielleicht Probleme mit Ihren Kindern? Jetzt sind das Vorwürfe an Ihre eigene Adresse als Schöpfer, jetzt gelten diese Tränen Ihrem eigenen Gewissen – eine Erinnerung an die neue Qualität Ihrer Verantwortung.

Ihr gegenwärtiger Zustand ist das Baumaterial für die Welt, die Sie umgibt. »*Sie werden nicht bestraft für Ihren Ärger*«, sagte Buddha immer. »*Sie werden bestraft durch Ihren*

Ärger.« Sie haben sich erlaubt, schwermütig zu sein, sich zu kränken, sich zu betrüben – es kam zu Problemen bei Ihren Verwandten und Bekannten. Sie haben eine Depression, Sie haben keine Lust zu leben – Terroristen erschießen Geiseln. Sie sind in Wut – Ihr Kind verbrüht sich mit heißem Wasser. Grausame Beispiele? **Aber Sie werden doch kein schlechter Schöpfer sein.**

Sie haben den Schlüssel zum harmonischen Meisterzustand, aus dem Sie, wie aus einem Automaten, eine harmonische, schöne Welt bauen, mehr noch, Sie haben einen ganzen Schlüsselbund. Benützen Sie die Schlüssel entsprechend ihrem Zweck und lassen Sie sie nicht verrosten, lassen Sie sie nicht verstauben in den Vorratskammern Ihres ungenutzten Wissens.

In Ihnen lebt ein Schöpfer ... Die Frage ist nur, was Sie damit anfangen ...

Wie es scheint, kennt jeder den Begriff Liebe. Jetzt aber erfährt er einen neuen Kontext, bekommt er neue Konturen.

Liebe ist die Empfindung der Einheit, der Ganzheit. Haben Sie zu wenig Liebe? Ihre Umgebung gibt sie Ihnen nicht?

Denken Sie daran – diese Welt ist sekundär, ist eine Ableitung. Sie spiegelt Ihre Eigenschaften. Sie wollen Liebe bekommen? Dann müssen Sie erst Liebe geben. Was heißt das? Erkennen Sie Ihre Einheit mit dieser Welt, Ihre Ganzheit durch diese Welt, regenerieren Sie diese zerstörte Empfindung, diese verlorene Qualität. **Vor allem durch Liebe zu sich selbst. Durch vollständiges Annehmen Ihrer**

selbst, so, wie Sie sich durch meisterliche Anweisung erschaffen haben. Jedes vor Ihnen erwachsende Problem ist Ihr gesetzmäßiger Anteil. Wenn Sie ihm gegenüber nun Ihr Missfallen oder Ihre Ablehnung äußern, zeigen Sie dadurch die fehlende Liebe zu sich selbst.

Also können sie sich nirgends auf dieser Welt vor sich verstecken, die doch aus Ihnen besteht ...

Wir sprechen in unserer Schule nicht über Religion. Wir machen auch keine ausgeklügelten Exkurse in das esoterische Dickicht der zahllosen Schulen und überfrachten Sie nicht mit einer wissenschaftlichen Begründung unserer manchmal gewagten Behauptungen. Aber jetzt, in dieser Lektion haben wir versucht, möglichst präzise die Lage zu kennzeichnen, die für alle in der Welt existierenden Erkenntniswege gleich ist. DIE VOLLSTÄNDIGE EINHEIT DES MENSCHEN MIT DER WELT und ihre absolute *wechselseitige Abhängigkeit.* Ganzheit und Ganzheitlichkeit. Der Teil, der identisch mit dem Ganzen ist. Die Energie, die gleichzeitig Materie ist. Der Gottmensch und der im Menschen verkörperte Gott. Religion, Physik, Philosophie, Psychologie ... **All diesen Richtungen der menschlichen Erkenntnis liegt ein einheitliches und unabänderliches Gesetz zugrunde – das Gesetz der Ganzheit und der Einheit.**

———

Es gibt keinen Zweifel, dass entsprechend der Aneignung des Meisterraums die Empfindung der Einheit mit der

Welt, die in Ihnen erst im Wachsen ist, immer stabiler und natürlicher wird.

Das Wissen davon existiert in uns im Überfluss, wird aber leider grundlegend vergessen im Eifer der Puppenspiele.

Sehr artig haben uns bei dieser »Amnesie« unsere wohlmeinenden Erzieher geholfen. Sprüche wie: »Das Hemd ist mir näher als der Rock ...« – »Nach uns die Sintflut ...« – oder – »Wer nicht für uns ist, ist gegen uns ...«, sind uns wohlvertraut. Aber das Wissen von der Einheit ist ein Meisterwissen, und mit mentalen Klugscheißereien ist es nicht einfach zu unterdrücken. Es klopft aus unserem Herzen bei uns an und wartet geduldig, bis wir bereit sind, uns ihm zu öffnen. Erinnern Sie sich? *»Man sieht nur mit dem Herzen gut ...«*

Also helfen wir dem Herzen, bis es unser Bewusstsein weich geklopft hat. Und werfen einen Blick in die Schatzkammer der vedischen Weisheit: »Solange nicht alles Existierende zu einem Spiegel für euch wird, solange euch nicht jeder Teil davon öffnet, werdet ihr keinerlei Vorstellung von euch haben. Und die Technik, die dafür geeignet ist, besteht in Folgendem: Man muss seine Achtsamkeit für alles verfeinern, und sie auf was auch immer richten, auf jedes beliebige Objekt, und plötzlich sich selbst erkennen.« (Osho, »Buch der Geheimnisse«)

Eine weitere Einflüsterung können wir bei Deepak Chopra finden: »Der Zauberer sieht sich überall, wohin auch immer er blickt ... Ein und dieselbe stille Melodie klingt in allem: »Das bist du.« (»Der Weg des Zauberers«)

Alles, was uns zu tun bleibt, um die entsprechende Technik zu entwickeln, ist zu antworten: »*Das bin ich.*«

Das heißt, auf der gegenwärtigen Etappe bieten wir Ihnen eine weitere Technik an, die sehr einfach und effektiv ist. Sie ist auf die Wiederherstellung der verlorenen Einheit mit unserer Umwelt gerichtet. Behelfsmäßig wollen wir diese Technik die **VerICHungstechnik** nennen. Ihr Sinn besteht darin, dass Sie, wenn Sie im Leben stehen und sich im Dickicht des Alltags befinden, ununterbrochen daran denken, dass die Sie umgebende Welt ganz ist, das heißt eins mit Ihnen.

Was schlagen wir nun konkret vor, dafür zu tun? Nehmen wir an, Sie schauen aus Ihrem Fenster, dabei sagen Sie zu sich: »*Diese weiße Schneewolke – das bin ich, dieser blaue Himmel – auch das bin ich. Ich bin der Baum an der Straße, ich bin dieses Fenster, ich bin der Schmetterling, der gerade vorbei geflogen ist, ich bin der einsame Passant …*«

Im Lauf des Tages sagen Sie sich: »*Ich bin der Stuhl, ich bin die Kakerlake, ich bin Wasja, ich bin das Klingeln, ich bin der Geschmack der Zitrone, ich bin der Geruch des Gewitters, ich bin Ludmila Iwanowna, ich bin die Haarlocke …*« Bis Sie die innere Fülle spüren, ein inneres Genügen.

Dabei sprechen Sie diese Feststellungen nicht nur aus, sondern versuchen, *für einen kurzen Moment eine konkrete Teilhaftigkeit an dem genannten Objekt zu empfinden, gleichsam »es zu werden«*, indem Sie es von innen spüren. Es ist kein Unglück, wenn diese innere Empfindung nicht sofort gelingt, spielen Sie es, spielen Sie die Identität mit Ihrem Umfeld, erweitern Sie kühn die Puppengrenzen, und sehr bald verschwinden alle Ihre Schwierigkeiten von selbst.

Bei einer qualitativ guten Anwendung der Technik werden Sie spüren, dass der zuletzt eintretende Zustand nicht nur mentales Schweigen ist, sondern tatsächlich ein *erweiterter Zustand des Bewusstseins,* erfüllt vom realisierungsbereiten meisterlichen Potenzial. Das ist nicht mehr einfach Leere, sondern ein »*stillschweigender harmonischer Überfluss*«, der nur noch auf seine Verkörperung wartet bzw. dieser zustrebt.

Haben Sie Probleme mit einem konkreten Menschen? Erinnern Sie sich, woher er in Ihrem Lebensraum auftauchte, wer ihn erschaffen hat, spüren Sie die ursprüngliche, aber jetzt verlorene Einheit mit ihm. Verloren nur in Ihrem Bewusstsein, in der Erinnerung, aber keinesfalls in Ihrem meisterlichen Ursprung. Sagen Sie sich: »*Das bin Ich*«, wenn Sie ihn anblicken oder an ihn denken. Stellen Sie sich all seine äußeren Züge vor, die Besonderheiten seines Verhaltens. Sagen sie sich: »*Das bin Ich.*« Im Prozess der Erweiterung Ihres »Ich« löst sich jede mögliche Abwehr unvermeidlich auf, sie wird vom erwachenden meisterlichen Prinzip geschluckt. Das findet unmittelbare Entsprechung in realen Ereignissen, im Verhalten dieses Menschen.

Identifizieren kann man sich mit schmerzhaften Zuständen, Ängsten, schwierigen Situationen und mit allen Beteiligten dieser Situationen und Ereignisse. *Die Rückkehr der verlorenen Ganzheit und der entstehende Meisterzustand führen zum Verschwinden der Konfrontation, des Schmerzes, des Problems.*

Und dieser Zustand wird allmählich durch eine Empfindung von Wohlbefinden, Freude und Glück abgelöst. **Glück ist immer verbunden mit einem Gefühl der Einheit.**

Einen besonderen Sinn gewinnt die VerICHungstechnik, wenn wir sie nicht nur zur Lösung akuter Probleme einsetzen, sondern im Verlauf des ganzen Tages, wenn wir uns an der Erhaltung der ununterbrochenen Empfindung der Einheit mit der Welt orientieren, mit uns selbst, mit dem Meister. Indem wir uns ständig erinnern: *Ich und die Welt sind eins.* Wenn diese Empfindung nicht nur Ihr Denken erfüllt, sondern jede Ihrer Zellen, dann vergessen Sie nicht nur all Ihre Probleme, sondern sogar die Bedeutung dieses Begriffs.

————

Wenn Sie die Qualität des Meisters in sich herstellen, treten Sie in einen besonderen Zustand ein, in dem Sie ohne Anstrengung durchs Leben gehen, in spielerischer Weise und immer auf einer »grünen Welle«.

Möglicherweise ist es anfangs nicht leicht, lange in diesem Zustand zu verweilen. Das macht nichts. Stabilität kommt mit der Zeit, mit der Praxis, und bis dahin werden Sie äußere und innere Umstände periodisch in den Puppenzustand zurückwerfen.

Gut, wenn Ihnen das gleich auffällt. Viel häufiger kommt das Verstehen erst, wenn man in das nächste Problem gestolpert ist.

Dabei ist die Welt, mit der wir uns umgeben haben, immer äußerst freundlich und aufmerksam zu uns, vielmehr zu der Qualität unseres Zustandes. Sie schickt uns unentwegt Signale: *Du machst was falsch! Das ist nicht dein Weg! Aus was für einem nicht meisterlichen Material hast du mich geformt?!*

Dann finden wir in unserer ganzen Umgebung – in den Menschen, Ereignissen und Umständen eine Bestätigung unseres »unmeisterlichen« Zustandes.

Oder aber alle Signale der Welt unterstreichen unseren Meisterstatus, dann schaffen wir um uns nur Harmonie, Erfolg und Ordnung.

Was sind das für Signale? Wodurch sind sie gekennzeichnet und wie äußern sie sich in uns? Schauen Sie sich einfach um oder schauen Sie in sich. Absolut alles, worauf Sie achten, alles, worauf Sie irgendwie reagieren, ist so eine Meister-Einflüsterung.

Es geht gar nicht so sehr um das Objekt (den Zustand, die Empfindung), das Ihre Aufmerksamkeit erregt hat, als um den Charakter Ihrer Reaktion darauf. Das Meistersignal ist gerade die Qualität der Reaktion auf das »Objekt«, die Qualität seiner Empfindung, seiner Wahrnehmung. Unser ganzer Lebensweg ist reichlich mit solchen Signalen versehen. Das sind eine Art Verkehrsschilder, die die Bewegungsrichtung festlegen – zum Meister hin oder weg von ihm.

Hier gibt es eine Besonderheit von Bedeutung.

Im Prozess der Erziehung im Sozium hat man uns gelehrt *zu gehorchen*, während man uns abgewöhnt hat *zu hören*. Man hat uns ständig und mit aller Kraft auf äußere Signale konditioniert, auf äußere Aspekte der Existenz, und dabei die Empfindung der Innenwelt blockiert. Wir wurden immer weiter vom Kanal der Empfindungen weggeleitet, von der Stimme der Intuition.

Deshalb bemerken wir sehr häufig nicht die Signale, die uns auf ein entstandenes inneres Problem hinweisen wollen, wir ignorieren die schlechte Qualität des inneren Materials, aus dem wir unseren Alltag bauen. Was können wir in einem solchen Fall tun? Wie sich zeigt, genügt es, in die Qualität unseres »äußeren Universums« hineinzusehen (Ereignisse, Umstände), und jedes negative Moment (das heißt unsere negative Beziehung dazu), das wir darin aufspüren, mit einer uns bekannten Technik zu behandeln. Dabei stellen wir den harmonischen Meisterzustand wieder her.

Das Wichtigste ist hier, besonders aufmerksam zu sein. Zufälle gibt es nicht, in unserem Leben erst recht nicht. Alle »Zufälle« sind Signale. Das sind nur kleine Steinchen des Steinschlags, den Sie verhindern können, wenn Sie ihn im Keim entschärfen, indem Sie diese Signale bearbeiten.

»Vielleicht ist diese Welt als göttliches Versteckspiel erdacht«, sagte einst Deepak Chopra. In diesem Fall *wäre unsere Aufgabe in dem Spiel, in uns Gott, den Meister zu finden, seinen Spuren zu folgen, auf die Signale zu hören, in denen er sich materialisiert.* Der Meister ist großzügig beim Einsagen, man muss es nur richtig deuten.

Bedenken Sie – unsere Aufmerksamkeit kann nur durch etwas angezogen werden, was schon ein Problem für uns selbst ist. Warum? Wie sich herausstellt, ist das Interesse für eine beliebige Sache nur eine Äußerung des Bewertungsmechanismus unseres Denkens, das die Welt in gut und schlecht einteilt, in mehr oder weniger interessant. Einteilen – das heißt, die Ganzheit aufheben, »Streit und Zwietracht« säen.

Der Verstand »erinnert sich«, »vergleicht«, »setzt Ziele« und schafft eine emotionale Motivation für unsere Handlungen. Er versteht sich als Chef, und er pfeift auf Signale und delikate Empfindungen. Im Ergebnis verwandelt sich alles, was wir tun, in Gewalt gegen uns selbst und einen Kampf mit den Umständen.

Denn Sie wissen schon – dort, wo ein *Ziel* gesetzt ist, endet das *Spiel. Jede* Setzung eines Ziels ist die Geburt eines Problems.

Beobachten Sie einmal, ob es in Ihrem Leben etwas gibt, was Ihnen Vergnügen schafft, worüber Sie aber nicht angestrengt nachdenken müssen, und bei dessen Berührung Sie ohne die übliche Geschäftigkeit auskommen. Wenn es das gibt, ist es gerade »das Eine«, das für Sie ein Spiel ist.

Alles Übrige, was rational und durchdacht strukturiert ist und all Ihre Gedanken und Kräfte bindet, ist nur eine Spiegelung Ihrer Probleme und zugleich deren unerschöpfliche Quelle.

Ich möchte nochmals unterstreichen: Es gibt keine guten oder schlechten meisterlichen Signale, nur Ihr Verhältnis zu dem, was Sie sehen oder empfinden, bestimmt den Grad der *positiven Qualität* oder die »*Freundlichkeit*« des Geschehens. Alles, dem Sie ihre Aufmerksamkeit schenken (das Ihre Aufmerksamkeit bindet!) spiegelt lediglich Sie und bestimmt Ihre Richtung, deshalb bleibt Ihnen nur die

»Kleinigkeit«, mit den gelernten Techniken das in Ihren Fokus genommene »*Fragment Ihres Negativs*«, oder wenn Sie so wollen, das »*Negativ Ihres Fragments*« (weil Sie mit ihm noch keine Ganzheit hergestellt, also noch nicht mit ihm einverstanden sind) zu bearbeiten.

Beachten Sie: Glücklich zu sein ist sehr einfach, man darf nur nicht an den zahlreichen Signalen des Universums, die buchstäblich Ihren Weg säumen, vorübergehen. Jeder Widerstand, jeder Vorwurf, jede Kränkung und jeder Drang, etwas zu verändern sind nur »kleine Bienchen«, die Sie mit ihrem drohenden Summen daran erinnern, was zu tun ist. Aber wenn sie unbemerkt bleiben, vereinigen sie sich unvermeidlich in einen »tödlichen Schwarm«. Und dann stehen Sie auf einmal vor quälenden Problemen.

Ziemlich häufig hat das negative Signal, das Sie »gefesselt« hat, keinen sichtbaren Zusammenhang mit dem Sie beunruhigenden Problem. Das sollte Sie nicht irritieren – eine innere Verbindung ist auf alle Fälle da. **Und Ihre Aufgabe ist es, sich nicht von einer mentalen Analyse verlocken zu lassen, sondern einfach Ihre Reaktion auf das Signal, Ihre Empfindungen in seinem Zusammenhang, zu »nehmen« und sie zu bearbeiten, und das Signal in ein Hintergrundsignal zu verwandeln. Das heißt, ein Signal, das durch nichts Ihre Aufmerksamkeit erregt und Sie nicht emotional bindet.**

Aber bedenken Sie: *nicht immer* ist das »Warnsignal« etwas Destruktives oder deutlich Negatives. Aber immer ist es das, was unsere Aufmerksamkeit bindet und die Gedanken aktiviert bzw. Ihren Bewertungsmechanismus. Es ist etwas, das die Harmonie des Meisterzustandes stört und an etwas *bindet*.

In der Regel ist dieser Zustand unmittelbar mit Emotionen verknüpft. Wenn Sie also von etwas *entzückt, erfreut oder auch wenn sie verliebt* (!) sind, dann blicken Sie in sich, und beobachten Sie, was in diesem Moment in Ihnen vorhanden ist.

Und lassen Sie sich dabei nicht von den Stereotypen einiger abweichender Vorstellungen irritieren, wie: *Liebe ist immer schön.* Ja, natürlich, aber nur, wenn es wirklich Liebe als eine Empfindung ist. Wenn es sich dabei jedoch um »*eine Ansammlung entzückter Gedanken*« handelt, dann spielt sich das Ganze nur im Kopf ab – als Bewertung und Reflexion. Denn man kann entweder lieben oder über die Liebe reden.

Wenn das so ist, gehen Sie nicht achtlos daran vorüber – das ist eine Warnung des Meisters vor einer Falle, in die Sie schon gegangen sind. Das trifft in gleichem Maß auf alles zu, was wir gewöhnlich »positiv« nennen, was uns auf unserem Weg begegnet. In unserer »Bewegung durch das Leben« soll es kein *Anhaften* geben, weder an das, was Sie für »gut«, noch an das, was Sie für »schlecht« halten.

Deshalb schlagen wir Ihnen jetzt vor, Liebhaber Ihrer selbst zu werden. Stellen Sie permanent die Qualität Ihres Zustandes fest, die Richtung Ihrer Gedanken und Stimmungen. Seien Sie auch äußerst aufmerksam gegenüber allen äußeren Signalen, die Ihnen unterkommen: Meldungen aus dem Radio oder Fernsehen; Ihre Reaktion auf einen konkreten Menschen; einen zufällig gehörten Satz; *eine Straßenszene* – absolut alles ist jetzt für Sie ein Test – eine Überprüfung Ihrer Offenheit für die Welt, für den Meisterzustand.

Versuchen Sie dann, mit den erlernten Techniken eine vorliegende Bindung an einen bestimmten Zustand zu durchbrechen, wobei es ohne Bedeutung ist, ob er positiv oder das Gegenteil davon ist. Das Muster unseres Verhältnisses zum Leben ist das Einverständnis zur Mitwirkung an jedem Spiel des Meisters, und zwar *ohne Bewertung und vollständig annehmend.*

Gehen Sie mit weit geöffneten Augen durchs Leben, und beobachten Sie sensibel alle Signale, die Sie treffen. Vielleicht treten Sie jetzt zum ersten Mal in die »*lebende Welt*« ein. Eine Welt, die voll unendlicher Liebe zu Ihnen ist, die sich pausenlos »*mit Ihnen unterhält, Sie warnt und Ihnen Rat gibt*«.

Hören Sie die Stimme in sich, ignorieren Sie nicht, was sie Ihnen zu sagen hat, aber seien Sie sehr aufmerksam – das ist eine sehr leise Stimme. Unser inneres Universum ist erfüllt von einem anhaltenden Flüstern – dem Flüstern des Meisters, der Stimme Gottes, der in uns wohnt.

Seine Stimme entspricht unseren feinsten Empfindungen. Der Meister unterhält sich mit uns immer durch unseren Körper. Nur der Verstand kann endlos lügen, der Körper aber betrügt uns niemals. Man muss nur lernen, ihn zu hören.

Gerade durch Ihre Empfindungen werden Sie die Qualität des einen oder anderen Signals verstehen, gerade sie flüstern Ihnen ein, ob die Meisterarbeit begonnen hat, ob das Einverstandensein mit dem Negativ begonnen hat, ob die Akzeptanz eingetreten ist, ob seine Qualität transformiert ist.

Glauben Sie mehr an Ihre Fähigkeiten, an Ihr Naturtalent glücklich zu sein. Und fangen Sie endlich an, es zu sein.

Fragestunde

»Die ganze Woche ertappte ich mich bei der Ablehnung des Gedankens, dass ich selbst die Beziehung der Welt zu mir bestimme. Was interessant ist: Verstandesmäßig ist mir das klar. Aber innerlich ist ein Protest ... Immer diese fiesen Kerle, die mich anmachen, in der U-Bahn wie in der Arbeit. Ich schaue sie an und frage mich: Bin ich wirklich so wie die? Ich wollte es nicht glauben. Ein Zufall kam mir zu Hilfe. Ich stand mit einer Freundin an der Haltestelle. Und plötzlich stürzt sich buchstäblich ein junger Passant auf uns. Er begann sich zu entschuldigen, laut zu scherzen, mit einem Wort, es entspann sich eine seltsame Unterhaltung. Fünf Minuten ging das so. Er schien mir ein unangenehmer Mensch zu sein, dreist, ja sogar unflätig. Meine Freundin hingegen beobachtete ihn und konnte es kaum fassen, wie aufmerksam, wie höflich er war. Ich wollte schon den Mund aufmachen und protestieren, als eine alte Frau neben mir sagte: »Was für ein unglücklicher junger Mann, der hat wohl einen Kummer, oder vielleicht ist er krank ...«

Da drehte sich in meinem Kopf etwas um. Ich begriff, dass die ganze Situation eine Antwort auf meine Zweifel war. Alles lag auf der Hand: ein Material, und drei verschiedene Schöpfer. Im Ergebnis drei unterschiedliche Universen.«

»Ein gutes Beispiel. Der Meister erzeugt oft derartige Illustrationen als Antwort auf innere Fragen. Das ist übrigens eine weitere Bestätigung Ihrer Fähigkeit, Ereignisse zu steuern.«

———

»Nach dem letzten Seminar fuhr ich abends mit dem Linientaxi nach Hause. Da kam es zum Streit. Wie sich herausstellte, ging es um einen männlichen Fahrgast, der sternhagelvoll war. Er begann zu provozieren, zu brüllen, und alle gleichzeitig zu bedrohen – mit einem Wort, es war »lustig«, wie Sie sich denken können. In mir entstand eine natürliche Empörung, abwechselnd mit gerechtem Zorn, besonders darüber, dass diese Situation viele völlig kalt ließ – sie saßen da, lachten vielleicht sogar, wie in einer kostenlosen Theatervorstellung.

Da fiel mir ein, dass ich der Schöpfer von all dem bin. Da bin ich ja in einem schönen inneren Zustand, wenn ich im Außen so etwas erschaffe, dachte ich bei mir. Ich stellte mir ein Bild dieses Zustandes vor – eine faule Banane, und belachte sie. Ich belebte sie, und sie verwandelte sich in einen Bonbonregen. In Gedanken verstreute ich die Bonbons im Wageninneren, und als ich damit fertig war, stellte sich heraus, dass mein ›Meister-Indikator‹ sich beruhigt hatte und friedlich schnarchte.«

»Ich habe in einer ähnlichen Situation die VerICHungstechnik verwendet. Ich musste mit einer großen Kiste in der Straßenbahn fahren. Niemand hätte darauf geachtet, weil nicht viele Passagiere da waren. Aber ausgerechnet eine Kontrolleurin musste darüber fallen, als sie Geld zählte. Entweder war es ihr peinlich, oder es hatte sie vorher jemand gekränkt, jedenfalls heftete sie sich an mich wie eine Klette. Ich hätte überhaupt kein Gewissen, und überhaupt kostet der Transport einer Kiste extra …

Ich hörte ihr zu und sagte zu mir: ›Ich bin das mit den Fahrkarten in der Hand, ich brülle mich selber an, ich bin das mit der Warze auf der Lippe, ja ich bin sogar diese Warze … Ich bin das mit dem Sprung im Brillenglas, ich bin das mit dem kaputten Schneidezahn …‹

Ich identifizierte mich mit ihr bis zur nächsten Haltestelle. Andere Leute stiegen ein, und statt Fahrkarten zu verkaufen, fing die Kontrolleurin an, den ganzen Waggon anzubrüllen, dass hier eine zu große Kiste steht, dass es eng ist, dass deshalb die Leute bei der anderen Tür aussteigen sollten. Ich war platt, denn niemand außer ihr hatte etwas über die Kiste gesagt.

Und die Kontrolleurin stand dann bis zur Endstation neben mir. Sie machte ihre Runde mit den Fahrkarten und kam dann wieder zu mir zurück – und erzählte mir alles über ihr Leben. Und als ich aussteigen musste, half sie mir sogar, die Kiste rauszuheben.«

———

»Wohin auch immer ich in der letzten Zeit ging, womit auch immer ich beschäftigt war, traf ich immer auf Penner und verwahrloste Menschen. Wie schlimm! Ich sprach mit meinen Bekannten darüber, sie zuckten nur die Achseln oder lachten – das sei nicht ihr Problem. Als würde jemand diesen Alptraum auf zwei Beinen aus der ganzen Stadt einsammeln und entlang meines Weges aufstellen – im Bus, auf der Straße, im Eingang zum Geschäft … Ich selbst bin etepetete sauber, bei mir finden Sie kein Körnchen Staub, ich strotze vor Gesundheit, schon jahrelang lebe ich vegetarisch, woher sollen diese faulige Krätze, diese zerrissenen Lumpen in mir kommen? Irgendwas stimmt hier nicht …«

»Sagen Sie, könnten Sie auf die Ordnung zu Hause pfeifen und ein paar Wochen nicht aufräumen?«

»Wo denken Sie hin? Ich habe mich von meinem Mann getrennt, nicht zuletzt weil ich genug davon hatte, hinter ihm die Tassen und Aschenbecher wegzuräumen …«

»Und könnten Sie in einer Gruppe von Freunden ein Wurstbrot essen, das Ihnen angeboten wurde, weil Sie wissen, dass Ihr Nein die Gastgeber kränken könnte?«

»Lieber würde ich hungers sterben. Ich habe mein eigenes System der Ernährung, ich habe Jahre damit verbracht, es zu entwickeln.«

»Ich verstehe. In einer der nächsten Lektionen werden wir ausführlich von der Einheit der Gegensätze sprechen, da werden wir Ihr Beispiel als Illustration verwenden. Jetzt in Kürze: Sowohl ein krankhafter Zustand als auch das Gegenteil, das Festkleben an der Gesundheit, ziehen ungesunde Menschen in Ihren Lebensraum, Erzählungen über Epidemien, Informationen über unheilbare Krankheiten. Sie sind ein und dasselbe – zwei Seiten einer Medaille.

Sie haben sich der Reinheit verschrieben, sind abhängig von ihr geworden? Sie sitzen auf der Lauer nach ›Schmutz‹. Im gleichen Maß würde ihn auch Ihre Unsauberkeit anziehen. Es existiert eine einheitliche Qualität, und es wird immer zwei extreme Formen ihrer Verkörperung geben. Hängen Sie sich an kein Extrem, und Ihre Umwelt wird harmonisch sein.«

——

»Ich identifizierte mich ohne besonderen Anlass mehrere Tage hintereinander mit meiner ganzen Umgebung. Erstens kam die Folge der Ereignisse ins Lot, alles lief so glücklich und harmonisch ab, dass ich sogar Angst habe, darüber zu sprechen. Und zweitens, das ist wohl die Hauptsache, trat plötzlich ein erstaunlicher Zustand ein, ich fühlte mich völlig ›körperlos‹ und leicht, und gleichzeitig riesengroß, wie eine Wolke, in der die ganze Welt Platz hat. Ich wusste nur vom Hörensagen, was ein ›Kick‹ ist – jetzt verstehe ich, was damit gemeint ist. (Das Schöne ist dabei, dass er von innen kommt.)«

——

»Ich hatte heute seltsame Träume. Sehr deutlich und sehr verwirrend. Wie soll man überhaupt zu Träumen stehen? Haben die einen Sinn?«

»Im Rahmen unserer Schule schlagen wir vor, die Träume als Meistersignale zu sehen, die die Qualität des inneren Zustandes bestimmen. Und nicht mehr als das.

Die Tatsache eines deutlichen Traumes, sagen wir eines Alptraums, spricht nur vom Vorhandensein eines negativen Programms. Das ist die Methode des Meisters, Sie davor zu warnen.

Und der Grad der Abhängigkeit von diesem Programm wird gerade durch Ihr Verhältnis zum Traum bestimmt. Wenn Sie gleich nach dem Traumlexikon greifen, sich erschrecken, zur Seherin laufen, fährt das negative Programm erfolgreich fort zu wirken.

Wenn Sie dagegen einfach lachen, und sich durch das Lachen sowohl mit dem Alptraum in Ihnen einverstanden erklären, als auch mit der Anwesenheit destruktiver Programme, die ihn ausgelöst haben, bieten Sie keinen Angriffspunkt für die negative Energie dieser Probleme, und es kommt zu einer unvermeidlichen Entladung.«

————

»Das ist natürlich ein sehr schönes Schema des Verhältnisses zur Welt – ›ich bin ihr Schöpfer, und nur von mir hängt das Geschehen darin ab‹. Solange die Maßstäbe der Lebenssituation überschaubar sind – Familie, Arbeit –, ist das alles einsichtig und ruft keine Zweifel hervor.

Aber um uns herum ereignen sich ständig Dinge globaler Dimension, die die Schicksale von Millionen wenn nicht gar aller Menschen beeinflussen können. Naturkatastrophen zum Beispiel ... Obwohl, ich verstehe sehr gut, wie die Antwort in dem Fall sein wird – Sie werden sagen, solange ich mich im Meisterzustand befinde, werden mich diese Dinge nicht betreffen, entweder werde ich am Vorabend verreisen oder man wird mich einfach retten.

In einem haben Sie völlig recht: In den Fällen, wo in einer kritischen Situation Varianten möglich sind, organisiert der Meister die Ereignisse **immer** auf die für Sie günstigste Weise. Natürlich vorausgesetzt, dass Sie sich in dem Moment an ihn erinnern und ihn in sich spüren – den Meisterzustand meine ich.

Aber Sie haben auch auf die Möglichkeit einer Katastrophe globaleren Ausmaßes hingewiesen, wo eventuell die gesamte Bevölkerung des Planeten betroffen sein könnte. Bei welcher dann ein Überleben unter Beibehaltung der vorherigen menschlichen Qualität nicht möglich ist. Nun, was geschieht in so einem Moment mit dem Meister? Sind solche Situationen für ihn unerwartet? Wohl kaum. Im Meisterraum gibt es keinen Zufall. Auch diese auf den ersten Blick katastrophalen Ereignisse werden vom Meister durchaus bewusst arrangiert und verfolgen einen bestimmten Zweck. Welchen? Das ist ein umfangreiches Thema, versuchen wir daher, die Antwort in einer lakonischen, thesenhaften Form zu geben.

Wir sind in höherem Maß geistige Wesen als physische.

Deshalb ist die kommende Etappe der menschlichen Evolution eine geistige.

Niemand kann einzeln den Prozess des Übergangs aushalten.

Das ist nur möglich für die gesamte Menschheit oder für einen bedeutenden Teil von ihr, der durch seine Gesamtzahl eine *kritische Masse an Bewusstsein* schaffen kann, die für die Verwirklichung einer Art *Quantensprung* und einer vollständigen Veränderung des Energiepotenzials des Menschen erforderlich ist.

Unter den gegebenen Umständen ist ein fließender, allmählicher Übergang in eine neue Qualität nicht möglich.

Der Grad der Bereitschaft zu einem Übergang auf eine neue Ebene wird von der weltanschaulichen Position und der Möglichkeit einer tiefen Akzeptanz der neuen Prinzipien der Wechselbeziehungen zwischen Mensch und Universum bestimmt.

Das Grundprinzip des neuen Zweigs der geistigen Evolution ist das Prinzip der Ganzheit und Einheit, das Prinzip der vollständigen Öffnung zur Welt.

Das Hauptgebot der neuen Zeit lautet: »Liebe Gott in deinem Nächsten.«

Diese Bedingungen der geistigen Bereitschaft der Menschheit stimmen mit den Grundsätzen unserer Schule überein. Wir haben das nicht von vornherein angestrebt. Uns ist das erst später klar geworden.

Das Lachen ist der Schlüssel zur geistigen Gesundung des Menschen, zu seiner Verwandlung in ein »offenes System«. Mehr dazu in einer der nächsten Lektionen.

Bei Menschen, die innerlich dazu bereit sind und durch eine gemeinsame Weltsicht verbunden sind, das heißt also, durch ein gemeinsames Bewusstsein, die auf Einheit und Ganzheit ausgerichtet sind, auf vollständige Offenheit zur

Welt, kommt es zu einer Art Quantensprung, das heißt zu einem sehr heftigen Übergang auf ein anderes Energieniveau der Existenz, wie bei einem Elektron, das seine Umlaufbahn wechselt.

Der zu einem solchen Übergang nicht bereite Teil der Menschheit wird in seiner Entwicklung weit zurückgeworfen, wobei sich die mentale (intellektuelle) Komponente des Bewusstseins der geistig-seelischen Komponente (dem (Un-)Reifegrad) angleicht. Das ist in vieler Hinsicht ein »Zurück an den Start«.

Das ist alles. Und jetzt geben Sie sich selbst die Antwort: In welchem Grad hängen kommende Ereignisse von Ihnen selbst ab?

Das heißt, die Rede ist nicht so sehr von einer möglichen globalen Katastrophe, vor der man sich durch den Meisterzustand retten muss, als vielmehr von einer globalen Transformation, an der der Meister gerne teilnimmt.

Wir haben jedoch nicht das Ziel, eine Rettungsaktion für die »Kader der neuen Menschheit« durchzuführen. Unser Prinzip ist, in der Gegenwart zu leben, in der Freude zu leben und in der Empfindung als Meister. Aber wir sind bereit für jede Variante seines (des Meisters) Spiels und haben keine Angst vor Überraschungen.

Und nüchtern betrachtet: In der ganzen Geschichte der Menschheit hat sich keine einzige Vorhersage globalen Maßstabs erfüllt. Und ihrer gab es unzählige. Welchen Sinn haben diese Prophezeiungen, die mit erstaunlicher Regelmäßigkeit in schwierigen Übergangszeiten auftreten?

Der Mensch (wie die ganze Menschheit) ist seiner Natur nach träge (um nicht zu sagen faul), und er braucht einfach provokante Stimuli für innere qualitative Veränderungen. Wir haben es hier wohl mit gigantischen Mystifikationen zu tun.

Interessant für uns kann an diesem Punkt nur ein überraschender Aspekt des Themas sein: Welche Kräfte können derartige »Lotterien« schultern? Haben wir es hier mit Aliens und UFOs zu tun? Oder mit den biblischen »Zeichen des Herrn«?

Denken wir an unser Leitmotiv: Wir sind Schöpfer, und wir bauen unsere Umwelt, unsere ganze Welt »aus uns selbst«. Wer kann uns also Signale »aus der Außenwelt« geben? Konsequent gedacht – *nur wir selbst.*

Zwei Ebenen unseres Bewusstseins – im konkreten Fall des Bewusstseins der Menschheit – versuchen, miteinander in Kontakt zu kommen, voneinander verstanden und angenommen zu werden. Sie sind bemüht, Ganzheit zu erreichen, und signalisieren mit aller Kraft die Notwendigkeit, dafür eine bestimmte Arbeit zu machen. Dabei äußern sich diese gegenseitigen Manifestationen, unterstützt von der ganzen Kraft des Meisters, bereits auf planetarer Ebene.

Nicht zufällig kam Carl Gustav Jung einmal zu dem Schluss, dass UFOs (und alles, was damit zusammenhängt, einschließlich »Medien«, »Channeling« etc.) nur eine Botschaft der rechten an die linke Gehirnhälfte sind.

Was können das für Botschaften sein? Was steht hinter den nicht eingetretenen »Weltuntergängen« und »Jüngsten

Tagen«? Denken Sie selbst darüber nach – das liegt inzwischen in Ihrer Kraft.

Dabei können Sie von dem universellen Schema ausgehen, das zweifellos schon Wurzeln in Ihrem Bewusstsein geschlagen hat: Die äußere Welt, wie grandios sie auch sein mag, ist nur eine Projektion unseres Bewusstseins. Wobei gleichermaßen auch die Umkehrung stimmt.«

Empfehlungen zur Herstellung des Zustandes

1. In Ihrem alltäglichen Tun, in allen Wechselbeziehungen mit der Welt versuchen Sie, Ihren neuen Status als ein sich seiner selbst bewusst gewordener Schöpfer, Meister des äußeren wie des inneren Raumes zu bewahren und zu festigen und zur Gewohnheit werden zu lassen.

Gewöhnen Sie sich zunehmend an die Empfindung, dass Sie sowohl der Urgrund des ganzen Geschehens sind als auch seine bewegende Kraft, in deren Kompetenz es liegt, alle Ereignisse Ihres (Lebens-)Raumes zu »gesunden« bzw. schöpferisch zu entwickeln.

2. Machen Sie die VerICHungstechnik zu Ihrer alltäglichen Praxis. Benützen Sie sie für die Wiederherstellung der verlorenen Ganzheit mit der Welt in all ihren Formen.

Überzeugen Sie sich, wie effektiv sie für die Lösung von Problemen und Konflikten des Soziums ist.

Versuchen Sie, die Identifikation mit Ihren Krankheiten,

Ängsten, inneren Zwängen, Verstrickungen herzustellen, ungeachtet dessen, dass Sie bereits andere Werkzeuge zum Umgang damit haben. Es kann sein, dass Ihnen die Ver-ICHungstechnik am nächsten und am verständlichsten ist.

Praktizieren Sie sie einen Tag lang, am besten ohne Unterbrechung, und »reanimieren« Sie dadurch die Erinnerung an die verlorene Einheit mit der ganzen Existenz. Erlauben Sie dem grenzenlos angenehmen Gefühl des Aufgelöstseins im Ganzen in Ihnen »durchzubrechen«.

3. Beobachten Sie aufmerksam alle Warnsignale des Meisters, die die Qualität Ihres Zustands betreffen. Im Fall der Entdeckung eines Signals über ein manifestiertes Missgeschick oder etwas Ähnlichem beginnen Sie unverzüglich meisterliche Maßnahmen zur Harmonisierung des inneren Raumes.

4. Haben Sie den Nutzen der erworbenen Kenntnisse und Zustände schon registriert? Seien Sie nicht knausrig und egoistisch – suchen Sie sich einen oder mehrere Schüler und helfen Sie ihnen, ebenfalls den Weg der Befreiung des Inneren Meisters zu gehen. Möglich, dass die Wege Ihrer meisterlichen Suche parallel verlaufen. Verwenden Sie das Prinzip »Lernen durch lehren«.

ZUSTAND SECHS –
überfließend

Die Erweiterung der Komfort-
Zone, finanzieller Wohlstand
und Überfluss

>»Die Menschheit leidet vor allem darunter,
dass jeder das Wort ›unmöglich‹ kennt.«
Napoleon Hill

>Zum Erleuchteten, der die Wahrheit gefunden hatte, kam ein Schüler.
>»Lehrer, ich möchte dir folgen.
>Ich möchte den Weg der geistigen Einsichten gehen.«
>»Erzähl von dir«, antwortete der Erleuchtete. »Du möchtest einen
>Weg gehen, der aus der Welt führt. Aber was hast du in der Welt erreicht?
>Hast du Arbeit, Wohnung, Familie?«
>»Nein, Lehrer.«
>»Das heißt, du sprichst nicht vom Weg, sondern von der Flucht.
>Kehre in die Welt zurück und lerne, in ihr zu leben.
>Dann komm wieder.«
>Moderne Parabel
>von Igor Kalinauskas

Der Mensch lebt in einer seltsamen und erstaunlichen Welt. Er ist ihre Fortsetzung und rechtmäßiges Kind, und ist im Wesen selbst diese Welt, indem er all ihre Eigenschaften und Besonderheiten in sich spiegelt.

Aus dem Blickwinkel moderner Sichtweisen auf die Struktur des Universums kann man sich dieses als ein mehrdimensionales Hologramm vorstellen, das sich in jedem seiner Teile, in jedem Bruchteil wiederholt, von denen einer der Mensch ist.

Die Schöpfungsgeschichte der christlichen Religionen lehrt, dass der Mensch nach Gottes Ebenbild geschaffen ist.

Dabei geht es nicht um eine äußerliche Entsprechung, sondern um eine innere, eine gemeinsame natürliche Grundlage. Der Mensch ist ein Mit-Schöpfer. Er ist ein schlafender Gott. Dessen Unglück darin besteht, dass er meist stirbt, ohne sein göttliches Wesen erkannt zu haben und erwacht zu sein.

»In jedem Menschen ist eine Sonne«, sagte Sokrates, »aber man muss sie leuchten lassen.« »In jedem von uns schläft ein Genie«, fügen wir hinzu, »aber mit jedem Tag immer tiefer.« Wir haben einfach vieles über uns vergessen, wir haben vergessen, **dass wir keine menschlichen Wesen mit geistiger Erfahrung sind. Wir sind geistige Wesen mit menschlicher Erfahrung.**

Zwei Grundeigenschaften bestimmen die göttliche Natur des Menschen: die Fähigkeit zu schaffen und die ursprüngliche Vollkommenheit.

Zum ersten Punkt könnte man hinzufügen: Hier geht es nicht nur um die Fähigkeit, sondern der Mensch hat vielmehr die »schicksalhafte Verpflichtung« zum Schaffen, zum Schöpfertum. Dieser Mechanismus ist in jedem Menschen angelegt und wird ununterbrochen realisiert – vom Erleuchteten bis zum letzten Bettler.

Aber die zweite Eigenschaft, die Vollkommenheit – sie erwies sich als vergraben unter einem Berg weltlicher, fehlerhafter Einstellungen. Der Mensch schafft seine Welt nicht aus vollkommenem Material, das seiner Natur entspricht, sondern aus einem Surrogat von Einstellungen und Wahrheiten des Soziums, und dann wundert er sich über die scheinbare »Ungerechtigkeit«, die ihm widerfährt.

»Wir werden alle nass, nackt und hungrig geboren«, sagt so ein Mensch dann verzagt, »und das ist erst der Anfang …« Aber in seiner Blindheit bemerkt er nicht, dass zwar »*der Misserfolg viele verfolgt, aber nicht jeden erwischt*«. Wie das?

Wir leben in diesem Universum, und es lebt in uns – das ist nicht zu trennen. Der Mensch ist ein Mikrokosmos, ein Schöpfer, der seine Macht nicht erkannt hat, der manchmal die Grundregeln nicht kennt, nach denen die Welt funktioniert, *eine Welt, die aus Energie gewebt, von Energie gesteuert ist und Energie generiert, und welche von uns nur als räumliche, gegenständliche Umwelt wahrgenommen wird.*

Im Lichte dessen genügt es, den geschäftigen alptraumhaften Charakter des menschlichen Daseins von einem etwas anderen Blickwinkel aus zu betrachten, um sehr einfache, feine und schöne Wege zu sehen, die ihn zu einer harmonischen und schöpferischen Existenz, zum Glück führen.

Aber der Mensch, der ursprünglich über den ganzen Überfluss des Universums verfügt, will das in treuem Glauben an das ihm beigebrachte »Wissen« nicht einsehen und kann nicht an seine Möglichkeit zum Glück glauben.

Ein Mann ging spätabends auf der Straße. Da sah er im Gras unter einem Baum etwas leuchten. Er ging näher heran, beugte sich nieder und erblickte eine seltsam aussehende, von innen brennende Kugel. Er nahm sie in die Hand und wunderte sich:

»Was is'n das für ein Wunderding?«

Da lief der Kugel entlang eine leuchtende Schriftzeile: »Ich bin eine Zauberkugel«, las der Mann. »Ich erfülle jeden Wunsch. Denk dir etwas aus.«

Der Passant war erstaunt, er konnte sein Glück kaum fassen.

»Was soll ich mir nur ausdenken, um keinen Fehler zu machen …?

Ich hab's!«, sagte er zuletzt. »Ich will der glücklichste Mensch auf der Erde sein!«

Die Kugel funkelte und leuchtete auf. Dann verschwand sie für einen Augenblick, und als sie wieder aufleuchtete, war die folgende Zeile zu lesen:

»Du bist der glücklichste Mensch auf der Welt!«

Er freute sich sehr, doch dann hörte er in sich hinein … Da stand er und zog zweifelnd die Brauen hoch:

»Und warum merke ich das nicht?«

»Weil du ein Depp bist …«, las er zur Antwort.

»Das Glück«, sagt Bernard Shaw, *»ist die Brille auf der Nase der alten Frau, die sie sucht.«*

Wir müssen uns nicht abstrampeln nach dem, was wir schon haben.

Um also glücklich zu sein, um Überfluss und Gedeihen zu haben, braucht man nicht mehr Kraft als dafür, sich mit Armut abzufinden. Wir sind in der Lage alles zu erreichen, was wir uns vorstellen können. **Es gibt für den Menschen keine Hindernisse, außer denen, die er sich selber schafft,** und zwar zuerst in seiner Vorstellung.

Der erste Schritt auf dem Weg zum Überfluss ist der Übergang zu einem neuen, energetischen Bild der Welt, in der die Welt nur ein energetischer Bestandteil und eins mit ihr ist.

Was ist dann in diesem Weltbild ein »Ding«?

Das ist verdichteter Raum, komprimierte und fixierte Energie. Ein Ding ist das Ergebnis des Drucks des Bewusstseins, welches das Ding durch Konzentration der Aufmerksamkeit auf dieses materialisiert. Nehmen Sie die Kräfte der Verkettung, des Drucks weg, schwächen Sie Ihre Aufmerksamkeit, und es zerbröselt, verwandelt sich in eine Elektronenwolke oder einen Wellenimpuls.

Aber unser Bewusstsein ist ebenfalls ein Ergebnis von Druck, dem Druck des kollektiven Bewusstseins. Wir befinden uns im Raum des Soziums ebenso als etwas »Gemachtes«, Künstliches, das heißt Begrenztes, als ein Objekt, das durch das uns aufgedrängte »Wissen« über uns selbst geformt wird.

Es gibt nicht den geringsten Unterschied zwischen dem Raum, den wir um uns mit unseren physischen Augen beobachten, und dem Raum und den Formen, die wir sehen, wenn wir die Augen schließen und ein Gedankenbild sehen. Das eine wie das andere sind in gleichem Maß Energie und unterstehen denselben Gesetzen.

»Wir sind aus derselben Substanz gemacht wie unsere Träume«, sagt Shakespeare zu diesem Thema.

In unseren Träumen, in unserer Vorstellung können wir alles, und bei keinem normalen Menschen kommt hier auch nur der Schatten eines Zweifels hoch. Kommt es etwa häufig zu Niederlagen in unserer erdachten Welt, in unseren Träumen? Niemals! Weil wir *wissen*, dort *ist alles möglich*, weil es ja nur ein Traum ist. Aber in der realen Welt … Die Zweifel beginnen sofort, uns zu überwältigen, kaum dass wir aus unseren Träumen aufschrecken. Auch hier wissen wir genau, was wir können, und wovon wir besser nicht einmal träumen sollten. Das Wissen. Unsere Gedanken über etwas … **Unsere Gedanken und unser Glück – sogar auf der Ebene der Intuition ahnen wir, dass die beiden zusammenhängen.**

Das Glück ist die Zone der potenziellen Existenz des Menschen. Jeder Mensch ist glücklich in dem Maß, wie er sich erlaubt zu glauben, dass er des Glückes würdig ist. Wenn der Mensch sich das Glück als Teil seiner Zukunft nicht mehr vorstellen kann, ist er tot. Selbst wenn die Umwelt das nicht bemerkt. Jeder von uns verfällt nur dann in echte Not, wenn er selbst beschließt, dass er nicht in der Lage ist, damit zurechtzukommen. Wenn ein Mensch anerkennt, dass er machtlos ist vor den Kräften von Schicksal und Umständen, wird er zum Sklaven dieser Umstände und macht den ersten Schritt in Richtung Tod.

Ein Gedanke als Form der Energie, die in uns aufgekeimt ist, verschwindet niemals. Es wirkt das *Gesetz von der Erhaltung der Energie. Jeder Gedanke, der in die Welt geschickt wurde, formt bestimmte Ereignisse in unserem Leben.*

»Achte auf deine Gedanken«, warnt uns eine östliche Weisheit, »sie werden zu Worten. Achte auf deine Worte, sie werden zu Taten. Achte auf deine Taten, sie werden zu Gewohnheiten. Achte auf deine Gewohnheiten, sie bilden deinen Charakter, und der Charakter formt dein ganzes Leben.«

Je nachdem, wie konstruktiv, organisiert und geordnet unsere Gedanken sind, so sehr werden wir Erfolg haben in unserem Leben. Und auch das Gegenteil ist richtig: »Keine Gesundheit hält es aus, wenn man dauernd über sie klagt«.

Wenn die Gedanken in eine Richtung gehen, können sie wie ein gerichteter Energieknäuel auf alle Ereignisse in dieser Welt Einfluss nehmen.

Ähnliches zieht immer Ähnliches an – heißt ein allgemein gültiges Prinzip für alle Prozesse und Phänomene in unserer Welt. *Die Energie, die wir ausstrahlen, nehmen nur die auf, die auf diese Schwingung eingestellt sind. Im Ergebnis ziehen wir nur solche Menschen und ausschließlich solche Umstände an, die unserem Zustand entsprechen.*

Deshalb ist ein Mangel an Geld nur eine Illusion. Aber wenn wir uns auf den Mangel konzentrieren, schaffen wir wirklich sein Defizit, weil wir uns dem Strom seines natürlichen Überflusses entgegenstellen. Zumal die Energie sich über die Gedanken materialisiert, **vergrößert sich alles,**

woran wir denken. Wenn wir an den Überfluss denken, den wir schon haben, vergrößern wir ihn also. Wenn wir dagegen in unserem Mangeldenken bleiben und die Bilder, die dadurch entstehen, mit der Energie unserer Emotionen füllen, vertiefen wir nur das Unglück, weil wir Ereignisse anziehen, die diesen Vorstellungen entsprechen.

Wie denken wir gewöhnlich, wenn es um Finanzen geht? Wenn wir uns Sorgen um Geld machen, schaffen wir in unseren Gedanken und Stimmungen die Anwesenheit eines Defizits. Wir bilden unermüdlich in uns »*die Anwesenheit des Vorkommens der Abwesenheit*«. Und genau das erhalten wir im Ergebnis.

Und wenn wir unseren Verstand von dem »mentalen Defizit« befreien, von der falschen Überzeugung, wir könnten nicht genügend Mittel für das gesetzte Ziel haben? Wenn wir ihn zwingen, an den Erfolg zu glauben?

Instrumente dafür haben Sie bereits: Die Technik des Inneren Lachens neutralisiert Ihre ängstlichen Gedanken; die Identifikationstechnik erfüllt jeden Überfluss der Außenwelt mit der Empfindung »Es ist schon da!« in uns; die Arbeit mit Bildern erlaubt es, auch den negativsten Zustand in sein Gegenteil zu verwandeln.

Das hilft Ihnen, die Gewohnheit zu bilden, im Raum nur positive Emotionen aufzufinden!

Und beachten Sie nochmals: wenn Sie sich auf den Misserfolg konzentrieren, ziehen Sie ihn an; wenn Sie mit der Empfindung des Erfolgs erfüllt sind, ziehen Sie den Erfolg an. Die Angst vor etwas, auch wenn sie sorgfältig unterdrückt wird, beschleunigt nur das Unheil und verstärkt es.

Armut ist nicht die Krankheit, die mit Hilfe von Geld geheilt wird. *Man kann sich von materieller Armut nicht befreien, wenn man sich nicht von mentaler Armut befreit hat.* Aber wenn man sich lange unterhalb der Armutsgrenze befunden hat, wird sie zu einem Charakterzug, sie wird zur Gewohnheit – der man schwerer untreu wird als der eigenen Frau.

Deshalb ist der Hauptgrund all unserer Schwierigkeiten und Probleme die in uns seit Jahren trainierte Gewöhnung an den inneren Mangel, an das Defizit unseres Denkens.

Das defizitäre Denken, das heißt die innere Ausrichtung auf den Mangel, auf das Fehlen von etwas, wird zum Leitmotiv unserer weiteren Untersuchung, die auf das Studium der Ursachen dieses Zustandes und möglicher Auswege zielt.

Im Rahmen unserer Schule haben wir das oben beschriebene Schema noch weiter aktualisiert. Wie sich herausstellt, ziehen wir nicht einfach die einen oder anderen Menschen oder Ereignisse an, sondern *wir bringen sie selbst hervor* in unserem Leben *entsprechend der Qualität unseres inneren Zustandes,* das heißt unseres »Baumaterials«. Das scheint auf das Gleiche hinauszulaufen, aber im zweiten Fall ist die Verantwortung für Richtung und Konstruktivität der Gedanken und Emotionen höher, weil jetzt nicht nur wir, sondern auch die Umgebung von uns abhängig ist. Eben das, was wir die *Umstände* nennen.

Die Umstände – dieser gehorsame »Sündenbock«, auf den wir die Schuld an all unserem Unglück abschieben, – haben offenbar keine Wirkung auf uns und bringen uns nicht hervor. *Die Umstände bringen uns nur ans Licht, sie erzählen uns von uns selbst, über Nuancen unseres Zustandes, die wir nicht rechtzeitig bemerkt haben.* Haben Sie Ihre Welt eingerichtet? Also gut, schauen Sie sie jetzt an, Sie sind das, was Sie umgibt, die Qualität dieser Welt spiegelt vollständig Ihre Qualität.

Mark Twain sagte einmal: *»Nichts bedarf so sehr der Korrektur wie fremde Fehler.«*

Aber leider können wir um uns herum nichts anderes sehen als das, was schon in uns vorhanden ist. Wenn Sie deshalb *jemandem einen Rat geben wollen, geben Sie ihn besser sich selbst.* Machen Sie das regelmäßig, und Sie werden verblüfft sein, wie sehr sich Ihr Leben ändert.

Die Fehler, die wir jemandem nicht verzeihen können, sind immer unsere Fehler. Urteile über jemanden sind nur insofern gut, als sie uns ehrlich von uns selbst erzählen. Und unsere ganze Angst und Schutzlosigkeit vor der Welt ist nur das Zittern vor unserem eigenen Anblick. Denken Sie an Brechts Worte aus dem Gedicht »Auf einen chinesischen Teewurzellöwen«:

»Die Schlechten fürchten deine Klaue.

Die Guten freuen sich an deiner Grazie.«

Wenn Sie also jemanden verurteilen, wenn Sie unzufrieden mit den Umständen sind oder das Gefühl haben, nicht geliebt zu werden, bauen Sie sich aus der Qualität Ihres Zustandes eine Welt mit einer analogen Qualität. Dann brauchen Sie sich nicht zu wundern, wenn Freunde anfangen,

Sie zu verurteilen, wenn man in der Arbeit mit Ihnen nicht zufrieden ist, oder Sie Ihr Liebster »aus unverständlichen Gründen« verlässt.

Sie bauen diese Welt aus dem, wovon Sie selbst voll sind. *Aus einem Gefäß fließt nur das, womit es gefüllt ist.* Die Qualität, der Defizit-Grad der Gedanken bestimmt die Qualität Ihrer Umgebung.

Deshalb sind Sie das, woran Sie den ganzen Tag denken. Besorgen Sie sich eine Tafel und hängen Sie sie an einem sichtbaren Ort auf: »**Die Umstände, das bin ich.**«

Versuchen Sie nicht, Ihre Umgebung zu korrigieren oder zu verbessern. Es ist nutzlos. Auf die Umstände, auf die Außenfaktoren einwirken zu wollen ist dasselbe wie der Versuch, seinen Schatten zu verändern, wenn man auf ihn einwirkt. Wenn Ihnen etwas nicht gefällt, dann suchen Sie den Grund bei sich.

Ebenso wenig aber lohnt es sich, an sich selbst etwas verändern oder gar etwas loswerden zu wollen. Beachten Sie – jeder Ihrer Mängel gleicht einem Bumerang, und je aktiver Sie versuchen, ihn loszuwerden, desto schneller kommt er zurück. Das Wichtigste ist: Sie sind ursprünglich göttlich, Sie sind in harmonischer Einheit mit dem Universum, wen also wollen Sie korrigieren – Gott oder das Universum? In vieler Hinsicht bestimmt gerade das Verhältnis zu Ihnen selbst Ihre »innere Qualität«. Die erforderlichen inneren Veränderungen geschehen gleichsam von selbst, sobald man sich vollständig selbst angenommen hat.

Wenn Sie die Gewohnheit abgelegt haben, auf die Umstände zu schimpfen und das Schicksal anzuklagen, machen Sie den ersten bedeutenden Schritt auf dem Weg zu Erfolg und Überfluss. Anstatt Ihre Aufmerksamkeit auf Probleme zu richten (und sie letztendlich anzuziehen), fangen Sie an, ihre Lösung zu sehen. Wir wiederholen – *von Ihnen ist anfangs nur wenig gefordert: Es geht darum, mit allen Vorgängen einverstanden zu sein, das heißt, die Gewohnheit abzulegen, sich zu beschweren bzw. von seinen Problemen zu sprechen (auch zu sich selbst) und damit die innere Orientierung auf den Mangel aufzugeben.* **Sobald diese Verlockung in Ihnen aufsteigt, schalten Sie das Innere Lachen ein ...**

Vergessen Sie nie: Das Primäre ist Ihre Lebensposition, Ihre innere Haltung, *und die äußere Harmonie, der Erfolg, sind nur das Ergebnis, das Resultat Ihres Verhältnisses zu sich und zum Leben.* Der Wohlstand folgt immer seinem Modell, das in Ihrem Bewusstsein entstanden ist.

Wenn wir uns selbst annehmen, wenn wir mit unserer Umgebung einverstanden sind, mit den Umständen, genauer gesagt mit unseren Empfindungen in dem Zusammenhang, hören wir auf, uns anzuspannen und verschwenden keine Kraft mehr für Bemühungen, etwas Negatives einschließlich irgendwelcher Probleme loszuwerden. In der Regel gehen wir davon aus, *dass Probleme nicht sein sollten*, und wir verschwenden viel Kraft, um sie loszuwerden, aber das bringt niemals das gewünschte Ergebnis – *wir schaffen nur ein neues Problem.*

Ist Ihnen niemals aufgefallen, dass je ernster Sie sich Ihren Fehlern gegenüber verhalten, Sie diese umso öfter machen? Und je mehr Aufmerksamkeit Sie den Problemen geben, Sie desto mehr davon schaffen? Der Überfluss an Aufmerksamkeit steckt nur die Probleme mit zusätzlicher Energie an und unterstreicht die Orientierung auf das »innere Defizit«.

Dabei wohnt jedem Problem schon die Lösung inne, wie in jedem Negativen von Anfang an das Potenzial zum Positiven, zum Erfolg angelegt ist.

Nehmen Sie die vorliegende Situation an, seien Sie damit einverstanden und … lächeln Sie, lachen Sie, erst innerlich, und dann erlauben Sie sich, es laut zu tun. Sie werden staunen, wie leicht und einfach eine Lösung erscheint.

Ein Problem oder eine Frage sind ein Zustand, der uns nicht gefällt, der aber existiert. Beim Versuch das Problem zu lösen oder loszuwerden *verschwenden wir Kraft zur Herstellung eines Schemas* zu seiner Lösung und gehen in Gedanken ununterbrochen verschiedene Varianten durch. Aber dieser Weg ist ineffektiv, weil die Energie nicht ins Handeln geht, sondern nur in einen Plan zum Handeln.

Wenn wir solch einen Plan angenommen haben, der im Kopf entstanden ist, schließen wir übrigens andere Varianten aus, unter denen möglicherweise die »einzig wahre« wäre.

In uns existieren zahllose fertige Schemata, Modelle und Algorithmen zur Lösung von Aufgaben. Aber sie alle sind das Ergebnis fremder Erfahrung, und jeder Versuch, sich auf sie zu stützen, wird im besten Fall wie in diesem Witz aussehen:

»*Welche Medizin hast du dem Patienten verschrieben?*«
»*Ein starkes Abführmittel.*«
»*Aber er hat doch Husten!*«
»*Soll er doch nur versuchen zu hüsteln …*«

Wir versuchen häufig, uns selbst zu betrügen. Wenn wir uns für die Lösung eines Problems ereifern, tun wir in Wirklichkeit alles, um es zu erhalten, weil wir nur den Anschein einer Lösung erwecken. Pascal hat ganz richtig gesagt: »*Wir suchen nicht die Dinge, sondern die Suche nach den Dingen.*« Etwas weiter unten, wenn wir den Begriff der »Komfortzone« erläutern, werden wir erklären, warum das so ist.

Richtiger wird es sein, einfach für sich zu bestimmen, worin genau die Frage besteht, wie sich das Problem konkret äußert, um dann, auf die Absicht fokussiert, eine Lösung zu finden, die ganze Anspannung in diesem Zusammenhang »loszulassen«, indem wir sie durch Inneres Lachen entladen.

Die Lösung kommt in diesem Fall von selbst, wie zufällig, von außen oder von innen, denn das Sehen der Möglichkeit wird nicht mehr durch erdachte Varianten begrenzt sein, und die Energie für das Handeln wird nicht ins Leere gehen.

Ist das wirklich so? Hat jedes Problem eine Lösung? Wie denn nicht, »*selbst wenn man Sie gefressen hat, haben Sie immer noch zwei mögliche Ausgänge.*« Und im Ernst: **Gott stellt niemandem Aufgaben, die er nicht meistern kann.**

Erinnern Sie sich – Sie sind Mit-Schöpfer, und die Welt, in der Sie leben, haben Sie selbst geschaffen. Und diese Welt ist ganz, aber dual, das heißt, sie ist zweipolig und besteht aus Gegensätzen: Licht und Finsternis, männliches und weibliches Prinzip, Plus und Minus usw. Das heißt, *Sie können einfach kein Problem schaffen, wenn Sie nicht in sich die Lösung haben.* Oder anders ausgedrückt: *Die Ursache eines Problems ist seine Lösung.*

Aber Sie sehen diese Lösung nicht, weil Sie in der Falle der eigenen Emotionen und Sorgen sitzen. *Das heißt, praktisch immer haben Sie mit Ihrer Reaktion auf das Problem zu tun, aber nicht mit dem Problem selbst.*

Das ist eine Art Ladung, eine dichte Aura aus negativen Empfindungen, die erneut auf »Mangel« ausgerichtet ist, welcher quasi eine durchaus lösbare Aufgabe umwickelt und sie in ein riesiges Problem wandelt.

Was tun? Wir haben schon davon gesprochen – durch *Lachen* entladen wir den »bedrohlichen« emotionalen Status des Problems und verwandeln es in eine normale Aufgabe.

Die größte Illusion, die von Generation zu Generation weitergegeben wird, ist die Meinung, dass der Mensch sich selbst kennt. Denken wir eine Sekunde nach: Woher erfahren wir von unseren Möglichkeiten, und umso mehr von den Grenzen dieser Möglichkeiten? Die Vorstellung davon wird ausschließlich vom Sozium geschaffen und wird uns dann tückischerweise als »Kenntnis unserer selbst« aufgedrängt.

Dieses »Wissen« bildet sich mit der Zeit, im Prozess der elterlichen und schulischen Erziehung, des sozialen Kontakts – und wir vertreten dann dieses Wissen bis zur Hysterie und Aggression, völlig überzeugt von seiner Richtigkeit. Jeder von uns findet und schafft mit umwerfender Zielstrebigkeit Situationen, die ihn ausschließlich »als solchen« bestätigen. Und Situationen, die dieses Wissen über sich selbst in Frage stellen, weicht er aus oder weist sie zurück. Jeder von uns bildet allmählich eine Art *unbequeme Komfortzone* – einen absolut künstlichen Existenzraum, dessen Grenzen durch das falsche Wissen über uns selbst und darüber gebildet werden, »wie man zu leben hat«.

Das soziumgeprägte Wissen über sich, das nur die Gesamtheit fremder Programme und Muster ist, spiegelt nicht das wahre »Ich« des Menschen und schafft deshalb keine Möglichkeit zur Realisierung des inneren Potenzials.

Wir bauen
So kleine Häuser,
Dass wir mit Mühe
Platz finden.
Die Welt hineinzulassen
Ist nicht möglich –
Das würde das Haus zerstören.

So steht es
Am Rand des Abgrunds,
Fensterlos, türlos.
Die Stube ist voll
Von Einsamkeit.

»Das Bewusstsein«

Welche *äußerlich* konstruktive Motivation solchen Überzeugungen auch zugrunde gelegt werden, es ist immer eine negative, in seiner Künstlichkeit beschränkte Programmierung. *Jeder von uns schreibt gleichsam sein eigenes Drehbuch des Lebens, ohne zu bemerken, dass er es unter jemandes Diktat schreibt oder sogar aus den diensteifrig geöffneten Manuskripten einer fremden Tragödie abschreibt.* Und erzeugt dabei nicht nur eine Auswahl von Handlungen, sondern ein ganzes System, eine Art, negativ zu existieren und zu denken.

Manchmal gelingt es uns, das zu bemerken, und dann geben wir es zu, während wir uns selbst misstrauisch zuhören: *»In meinem Leben gibt es natürlich einen Sinn, aber einen fremden ... Ich habe sogar ein Gefühl für die eigene Würde – aber auch dieses Gefühl ist ein fremdes ...«*

Wenn wir uns in die fremde Welt begeben und den mütterlichen Schutz verloren haben, schaffen wir uns unsere eigene Schutzhülle – eine Sicherheitszone, eine **»Komfortzone«**, die weniger von den Grenzen unserer Möglichkeiten als von den uns aufgezwungenen Vorstellungen von diesen Grenzen geprägt ist.

Das heißt, die Komfortzone ist die Gesamtheit aller gewohnten Vorstellungen, Verhaltensstereotypen, Denkschemata, in deren Rahmen wir uns in einem friedvoll schläfrigen Zustand falscher Sicherheit aufhalten.

Dazu kommt, *dass das immer eine Summe ausschließlich fremder Standpunkte ist.* Das ist ein von Anfang an schadhaftes Modell der Welt, in welcher wir unvermeidlich die Verlierer sind, in der *»was immer man mit dem Menschen macht, er hartnäckig auf den Friedhof zukriecht«.*

Die Komfortzone umgibt uns wie eine Schutzhülle. *Jeder Wunsch, der über ihre Grenzen hinausgeht, ruft unvermeidlich einen physiologischen und psychologischen Stress hervor, und Sie tun alles, um in das »gewohnte Gebiet« zurückzukehren,* egal, ob Sie dort schlechte, stickige Luft und verweinte Kissen vorfinden – Hauptsache, Sie kennen sich hier aus.

Insbesondere für die Komfortzone gilt, dass es *keine ausweglosen Situationen gibt, sondern nur Situationen, aus denen der Ausweg uns nicht passt.*

Solange Sie sich innerhalb solch einer Komfortzone befinden, bleiben Sie im Rahmen eines geschlossenen Systems. Was bedeuten kann, dass sich die destruktiven Verhältnisse darin bis zu einem völligen Stillstand jeglicher Lebensprozesse entwickeln. Viele haben das am eigenen Beispiel bereits erlebt und ihre Existenz erfolgreich in diesem engen und »ungefährlichen« Rahmen bis hin zu einer wahren Hölle fortgeführt.

Am schlimmsten und tragischsten ist dabei, dass von dem Menschen selbst der verborgene, eigentliche Grund dessen, was mit ihm geschieht, nicht erkannt wird. Er empfindet nur einen unablässig steigenden Druck der Umstände und kommt immer mehr außer Atem aus dem Gefühl der Ausweglosigkeit. Er versucht anfangs ehrlich, etwas zu unternehmen, aber am Ende winkt er resigniert ab: »*Wieder bin ich meinen Weg gegangen, aber zu derselben Mutter.*«

Um die Wirkung der negativen Programmierung aufzuheben, der wir im Verlauf unserer Erziehung ausgesetzt wurden, ist es erforderlich, so oft wie möglich auf seinem Weg Handlungen zu vollbringen, die nicht der Komfortzone entsprechen. Nur so, schrittweise, aber beständig die Grenzen der beschränkenden Programme überschreitend, können Sie eine neue Realität herstellen und zu einem Menschen mit tatsächlich unbegrenzten Möglichkeiten werden.

Das ist eine ernsthafte Aufgabe. Unser Unterbewusstsein wird versuchen, uns im Rahmen der vorgeschriebenen Rolle zu halten, um Sorgen, Ärger und (aus seiner Sicht) Niederlagen zu vermeiden, und lässt uns auf diese Weise nicht zu dem gewünschten Ziel kommen. **Für sehr viele von uns sind Misserfolge normal, ja sogar komfortabel.** Jahrelang ertragen wir sie, wir warten auf sie und streben sogar danach. Weil sie uns bekannt sind. **Sie sind unsere ZONE.** In einigen Fällen zwingt gerade *die Angst vor dem Erfolg (weil das immer eine Veränderung ist) das Unterbewusstsein, alles in seiner Macht Stehende zu tun, um den Weg zum Ziel zu verstellen.* Dann verwandelt sich unser Leben in den traurigen Witz: »*Die Mäuse weinten und stachen sich, aber sie fraßen weiter an dem Kaktus.*«

Wenn wir uns verändern oder anschicken, unseren Lebensstil zu verändern, den Rahmen unseres Verhaltens zu erweitern, fühlt sich die Komfortzone bedroht. Es entstehen Schutzbehauptungen: *Ich will nicht, das ist schädlich, das kann nicht sein* etc. Wenn Sie dennoch Konsequenz zeigen, können Sie sich »zufällig« in den Finger schneiden, sich erkälten, sich das Bein brechen, in einen Unfall geraten u. Ä.

Mehr noch – manchmal sind wir ganz real bereit, uns selbst zu zerstören, um nur nicht die inneren Gesetze unserer »Zone« zu verletzen, nur damit all unsere Regeln und Vorschriften erfüllt sind. Sogar die, die ganz offensichtlich unsinnig sind: »*Ich muss unglücklich sein, um mich in Sicherheit zu wähnen.*« Dann verwandelt sich das Leben wieder in eine Groteske bzw. in einen Witz: »*Ein Igel ging durch den Wald, erblickte einen brennenden Panzer, kroch hinein und starb als Held.*«

Das heißt, das Programm der Komfortzone stellt nicht immer Barrieren aus Verboten auf, im Gegenteil, es fordert uns oft zu Handlungen auf, die wir überhaupt nicht brauchen, die uns aber *vorgeschrieben sind* und deshalb unbedingt vollzogen werden müssen: »*Fräulein, darf ich Sie kennen lernen?*« -»*Nein!*« – »*Gott sei Dank!*«

Wenn die Realisierung des Programms nicht so entschlossen gestoppt wird, »*wird der Mann noch lange der Frau nachjagen, bis sie ihn sich angelt.*« Und erst dann, wenn er sie von der Nähe betrachtet hat, wird er vielleicht verstehen, dass »*die Liebe immer der Triumph der Vorstellung über den Intellekt ist*«. Und beflügelt von seiner Entdeckung und »weiser« und erfahrener geworden macht er sich sofort daran, einer anderen Frau hinterher zu laufen und das eherne Gesetz seiner »Zone« zu bestätigen: »*Des Menschen Los ist es, seine Fehler durch andere zu ersetzen.*«

Die Frau aber verhält sich ganz anders. Sie läuft niemandem nach. Sie liebt einfach und arglos »*einen Mann unsterblich*«. Und dann liebt sie ebenso arglos »*einen anderen Mann unsterblich*«.

Im Übrigen geht es hier nicht um Frauen, sondern um unseren Automatismus, den wir nicht bemerken.

Sehr häufig ist eine Krankheit nur eine Reaktion der Komfortzone auf den Versuch, ihre Grenzen zu überschreiten.

Krank zu sein ist eine gute Möglichkeit, sich aus der Verantwortung zu stehlen. »*Ich kann das nicht, ich bin krank.*« Das heißt, Verletzungen und Krankheiten brauchen wir einfach, um die Alten zu bleiben, gerade sie bestätigen und sichern die Grenzen unserer gewohnten Zone.

Auf der Ebene der Sensorik oder der Emotionen kann die Komfortzone sich durch Panik oder Angst schützen, die manchmal ohne ersichtlichen Grund auftreten und manchmal auch an ein falsches mentales Modell geknüpft sind.

Die Angst vor dem Neuen führt häufig dazu, dass der Mensch die ganze Situation im Geiste durchspielt, wonach er sich beruhigt, aber dennoch keine realen Schritte unternimmt.

Aber die Angst ist die Energie des Erfolgs, die nur von uns falsch wahrgenommen wird. Jedes Mal, wenn wir vor einem Hindernis stehen, fühlen wir Angst. **Das ist die Energie, mit deren Hilfe wir das Hindernis überwinden können.** Wichtig ist nur, etwas zu tun, um diese Energie in Bewegung zu bringen, und auf keinen Fall anzuhalten und sich zurückzunehmen, sobald man sie spürt.

Wie kann man die destruktive Energie der Angst in Schaffensenergie umwandeln, in Energie, die uns erlaubt, diese Angst anzunehmen und die von ihr gesetzten Grenzen zu überschreiten, und anfangen, die Komfortzone zu erweitern? Durch Lachen!

Angst ist immer das Abwehren von etwas, eine Ablehnung der Folgen von etwas, was schon geschehen ist, oder von etwas, was erst im Entstehen ist. Wenn Sie sie spüren, schalten Sie also das Innere Lachen ein. Der Überschuss an Energie, den Sie dabei spüren, hilft Ihnen, die nötigen Schritte zu tun. Und vor allem, es verschwindet die innere Destruktion – die Basis des Mangeldenkens.

Jede Empfindung einer Grenze der Komfortzone – durchlachen! Jedes Gefühl der Unmöglichkeit – durchlachen! Jede Ablehnung oder Nichtannahme – durchlachen! Annullieren Sie sie und lösen Sie sie in Lachen auf.

Sie fühlen sich vom Pech verfolgt? Nur aus einem Grund – der Erfolg befindet sich außerhalb Ihrer Komfortzone, und alles, was Ihren inneren Regeln nicht entspricht, wird zurückgewiesen, egal, ob es um Liebe, Geld oder Wissen geht.

Ein Mensch mit einer engen Komfortzone erwirbt oft neues Wissen und Möglichkeiten, aber psychologisch fühlt er sich sogar schlechter, *weil die Kluft zwischen dem Niveau des Wissens und dem Niveau des Daseins, das heißt dem, was er sich zu tun erlaubt, noch größer wird.*

Wenn eine Information Ihrem früheren Programm widerspricht, wird sie als falsch bewertet, wird unbedingt abgelehnt und bringt keine realen Veränderungen in Ihr Leben. **Bedenken Sie – alles Neue befindet sich vermutlich außerhalb Ihrer Komfortzone. Genauso wie diese Information.**

Wir wundern uns manchmal, wie häufig ein Mensch, der eine einzigartige, wertvolle Information erhält, sie praktisch nicht nutzt, mehr noch, seine Handlungen lehnen das neue Wissen gleichsam ab.

In solchen Fällen »verdummen« wir uns, wir weigern uns, sehr einfache, aber für unsere Komfortzone »gefährliche« Kenntnisse zu verstehen. Wir sagen dann: »*Klug ist nur der, der in allem mit mir einverstanden ist.*« Und alles, was unserem Wissen widerspricht, wird sogleich zurückgewiesen.

Wir sind bemüht, nur die Information zu *konsumieren*, die wir gewohnt sind, die unserer Weltanschauung entspricht, wodurch wir vollständig die seit langem bekannte und nur leicht von uns erweiterte Wahrheit bestätigen: »*Ich bin, was ich esse, und ich esse, was ich bin.*« Und dann, wie richtige Schöpfer, fangen wir an, »die Welt zu erschaffen«, und wir erschaffen sie natürlich »aus uns«. Aber was ist in uns drin? Nur das, was wir aus Gewohnheit zuvor »konsumiert« haben, genau das, wovon wir bereits zum Erbrechen voll sind. »*Wie der Tisch, so der Stuhl*«, können wir unserem »Geschöpf« dann hinterherrufen. Und so bleibt uns nichts anderes übrig, als nicht einfach in der »Welt« zu leben, die wir geschaffen haben, sondern in diesem »Stuhl«…

Wie kommt es dazu? Weil wir das Neue *nicht als Wahrheit annehmen*. Wahr ist nur das, was von der »weisen« Komfortzone bestätigt wird, was wir schon erlebt haben – möglichst nicht nur einmal – und für uns keine Gefahr darstellt.

Eine Information, die nicht als Ereignis erlebt wurde, bringt keine neue Qualität in unser Leben, sie bleibt nur ein verbal-logisches Gepäckstück.

Wir können bis zum Gehtnichtmehr wirklich wertvolles und notwendiges Wissen ansammeln, aber leider »*bedeutet die Kenntnis des Rezepts noch nicht, dass die Medizin hilft*«. Es braucht noch Aktion, reale Schritte, innere Arbeit, deshalb bekräftigen wir all unsere Empfehlungen durch konkrete Techniken, die auf die Herstellung entsprechender Empfindungen ausgerichtet sind, das heißt, des einzig Wichtigen, das uns dem *wahren Wissen* näher bringt.

Dafür wird unsere *Lebenserfahrung* von der Komfortzone als größte Weisheit begrüßt und ist das Maß bei der Bewertung alles Neuen. In der Realität *bewahrt diese Qualität, die anfangs als nützlich und das Überleben sichernd geschätzt wird, einfach schützend die Ganzheit der Zelle, in die wir uns zurückgezogen haben.*

Alle neue Information, die durch das Sieb der Erfahrung durchgelassen wird, bleibt auch dort hängen. Die lebende Realität bleibt für unsere Erkenntnis der Welt unerreichbar, weil sie durch die Erfahrung abgetötet wird.

Für die Bewertung jeder möglichen Situation wenden wir uns sofort an die Erfahrung. Das bedeutet: »*Für die Schaffung der Zukunft brauche ich meine Vergangenheit.*«

Aber sehr oft ist unsere Vergangenheit eine einzige Kette von Misserfolgen und negativen Erfahrungen. Das glauben Sie nicht? Strengen Sie nur Ihr Gedächtnis an, und Sie wollen sicher das eine oder andere vergessen. Woraus also wollen wir unseren morgigen Tag bauen? Leider *lehrt uns unsere ganze Erfahrung nur, dass sie uns nichts lehrt.*

In Wirklichkeit *ist die Erfahrung das, was dem Menschen erlaubt, neue Fehler zur Bestätigung der alten zu machen.*

Um mit dem heute populären Norbekov zu sprechen, könnte man sagen, »*die Erfahrung – das sind die Augen, die im Nacken sitzen.*« Wie weit kommt man mit solchen Augen? Im Ergebnis ist das, was uns »*als lichte Zukunft erscheint, nur ein Rückspiegel*«.

Die Komfortzone wird vom Sozium geformt, aber immer durch unsere Hände. Unsere Abhängigkeit von ihr äußert sich in der vollständigen Unfähigkeit, unseren inneren Absichten und Appellen *ohne die Zustimmung unserer Umgebung* zu folgen.

Im Geschäft fragt der Verkäufer ein Mädchen: »*Willst du ein Bonbon?*« Das Mädchen dreht sich zur Mama um. »*Mama, will ich ein Bonbon?*« Wir lächeln nachsichtig – ein Kind. Aber derselbe Mechanismus arbeitet auch in uns Erwachsenen. »*An der Haltestelle steigt eine Dame in den Bus. Ein junger Mann springt auf, aber die Dame legt ihm gewichtig die Hand auf die Schulter und sagt: »Bleiben Sie sitzen!« Bei der nächsten Station wiederholt sich die Szene, und bei der nächsten wieder ... Schließlich hebt der junge Mann seine Augen zu der Dame und fragt schüchtern: »Und wann darf ich aussteigen? Ich habe schon drei Haltestellen verpasst ...*«

Wir haben häufig Angst, die Umgebung mit unseren Handlungen, Gewohnheiten, mit unserem Leben selbst zu kränken. Manchmal strengen wir uns fürchterlich an, um die einfachsten und natürlichsten Bedürfnisse zu realisieren: »*Entschuldigen Sie*«, sagen wir schüchtern, »*kann es sein, dass Sie die Zeitschrift, auf der Sie sitzen, gerade nicht lesen?*«

Wir leben einer fremden Meinung zuliebe, hängen krankhaft davon ab und quälen uns mit Befürchtungen –

»wie die Passanten über mich denken, was die Nachbarn sagen, ob meine Frau oder mein Chef oder die öffentliche Meinung mein Verhalten gutheißt ...« So geben wir unser natürliches Leben auf, um es für einen Schnuller fremder Anerkennung einzutauschen.

In dem Zusammenhang sagte einst Friedrich Salomon »Fritz« Perls: »*Wie die anderen nicht auf diese Welt gekommen sind, um meinen Erwartungen zu entsprechen, bin auch nicht gekommen wegen der Erwartungen der anderen.*«

Beobachten Sie sich – womöglich geben Sie sich wirklich zu viel Mühe, um die Zustimmung anderer Menschen zu erlangen, oder Sie leiden übertrieben wegen jemandes abfälliger Worte über Sie.

Wenn Sie die Unterstützung von anderen einfach genießen, ist das kein Schaden. *Aber wenn Sie davon abhängig sind*, kann das Fehlen der Zustimmung für Sie eine Katastrophe sein, und Sie verdammen sich zu permanentem Leid und Enttäuschung. *Wenn Sie sich von fremder Meinung abhängig machen, verschwinden Sie als Persönlichkeit.*

In unserer Kultur wird das Streben nach Zustimmung bewusst in ein stereotypes Verhalten verwandelt. Von Kindheit an – von der Wiege bis zur Bahre – versucht man, uns auf schablonenhafte, »modellierte« Reaktionen zu trimmen.

Dann ist ein Urlaub auf den Seychellen ein Muss für jeden, der auf sich hält, Colgate die beste Zahnpasta, 90-60-90 das Maß aller Frauen, und wer auf sich hält, trinkt ... isst ... versichert sich ... Diese Reihe können Sie beliebig fortsetzen. Und in uns wächst eine Bereitschaft, dem üblichen Maß zu entsprechen. Wer das nicht schafft, dessen Leben ist misslungen.

Angst vor Misserfolg ist eine der stärksten Motivationen in unserer Gesellschaft. Und *für die Komfortzone ist Misserfolg eine Bedrohung für das Überleben.*

Sie werden sich vielleicht wundern, dass **Misserfolg als solcher nicht existiert.** Er ist ein weiteres Verfahren der Komfortzone, um uns in Abhängigkeit von ihren Programmen und Regeln zu halten.

Misserfolg ist einfach eine Bewertung, das ist jemandes fremde Meinung darüber, wie etwas aufgrund bestimmter Handlungen erreicht werden soll und nicht erreicht wurde.

Sie werden einwenden, dass Sie ja auch noch Ihre eigene Meinung haben? Leider ist sie meist nur ein »summarischer Ausdruck« der Meinung der Umgebung, und insofern nicht unabhängig.

Eine objektive Bewertung sieht immer folgendermaßen aus: **Es wurde ein Versuch unternommen, im Augenblick hat es nicht geklappt, beim nächsten Mal wird es besser.** Aber es ist keine Tragödie und kein Scheitern fürs Leben.

Misserfolg ist nur ein Rohstoff zum Erreichen des Erfolgs. Abraham Lincoln hat gesagt: »*Wir erreichen den Gipfel meist über die Bruchstücke unserer großen Ideen, weil wir entdecken, dass uns gerade unsere Misserfolge den Erfolg gebracht haben.*«

Stefan Zweig ist ähnlicher Ansicht: »*Jede wahre Schöpfung wächst aus dem dunklen Humus unserer misslungenen Werke.*«

Bedenken Sie zudem, dass all unsere Wünsche ein Produkt des Denkens sind und selten mit den wahren Bedürfnissen übereinstimmen. Deshalb ist es manchmal ein Glück, das Ersehnte nicht zu bekommen. Ein Professor stand vor seinen Hörern und sprach: »*Am Beginn dieser Vorlesung muss ich mich an meine stürmische Jugend erinnern ... Ich hatte eine geliebte Freundin, und ich hatte einen besten Freund ... Und ich musste auf eine lange Dienstreise fahren ... Als ich zurückkam, erfuhr ich, dass meine Freundin die Frau meines Freundes geworden war. So kam es dazu, dass ich meine Nase behielt, und mein Freund die seine verlor. Also, meine verehrten Kollegen, unser heutiges Thema ist: Die Syphilis und ihre Folgen.*«

Das Bedürfnis nach Bestätigung durch das Sozium ist nur ein Teil der größeren Falle der Komfortzone – der »Müssomanie«.

Die Müssomanie ist das Bedürfnis nach dem eigenen »persönlichen« Gutheißen der eigenen Handlungen, Gedanken und Absichten. Das Stereotyp unseres Wissens muss ununterbrochen völlig abstrakten Maßstäben, Standards und Regeln entsprechen.

Jedes Mal, wenn die »erforderliche« Entsprechung nicht eintritt, werden Sie Sorge, Panik, Aggression oder Depression erleben, manchmal sogar den Unwillen zu leben. Und das alles nur, weil Sie ein anderer sein sollen – klüger, schöner, erfolgreicher. Wem Sie das »schulden« und warum, ist nicht wichtig – der gesunde Menschenverstand macht jedenfalls »Urlaub«; Sie empfinden einfach: »*Ich muss, aber es klappt nicht*« – und das tut Ihnen weh.

Nicht weniger Qual empfinden wir, wenn unsere Müssomanie auf jemanden übertragen wird. Dann müssen unsere Kinder, Freunde, Geliebten, Chefs und alle Übrigen nach Gesetzen leben, die in meiner Komfortzone geschrieben stehen, sie sind *verpflichtet,* gerade meinen Vorstellungen über die »Richtigkeit« unserer Beziehungen zu entsprechen.

Dabei ist uns völlig egal, dass jeder seine eigenen Gesetze hat, seine Ansichten und Meinungen, nach denen es sich für sie wesentlich bequemer und einfacher lebt. Und wenn unsere Umwelt vernünftigerweise so weitermacht, wie es für sie *natürlicher* ist, sind wir gekränkt und fühlen uns verraten …

Wir entwickeln eine phantastische Kreativität auf der Suche nach unserer Benachteiligung durch das Schicksal, nach unserem unglücklichen Los, im Bemühen, mit allen Mitteln in uns die Empfindung eines »inneren Defizits« zu schaffen und zu vermehren.

Bedenken Sie darum: Wenn Sie wirklich den leidenschaftlichen Wunsch verspüren, jeden kleinen Fehler, jedes Missgeschick auf die Ebene einer Tragödie zu erheben; wenn Sie vergessen haben, dass der Mensch nicht so sehr daran leidet, was geschieht, sondern daran, wie er es bewertet; wenn Sie nicht frei sind in Ihrer Wahl und nicht nach eigenem Ermessen leben, dann haben Sie vielleicht bewusst die Rolle des Opfers gewählt.

Denn **all unsere Leiden sind eine Form von psychologischem Schutz.** *Der Mensch trennt sich von nichts so schwer wie von seinen Leiden*, denn sie erlauben ihm, sich unvollkommen zu fühlen, und sie befreien ihn von der Verantwortung für seine Handlungen.

Je mehr Sie wissen und können, desto mehr Verantwortung obliegt Ihnen.

Auf jeder neuen Stufe des Erfolgs und Wohlstands erhöhen Sie nicht nur Ihren Status, sondern auch das Niveau Ihrer Verantwortung. Deshalb arbeiten manche Menschen, die einen Doktor in Philosophie haben, als Taxifahrer oder Kellner – sie weichen der Verantwortung aus, welche sie verpflichten würde, ihre Fähigkeiten entsprechend einzusetzen.

Die Übernahme der Verantwortung für sein Leben ist der vollständige Verzicht auf Schuldzuweisung sowohl an die Adresse der Umwelt als auch an die eigene; die Befreiung von Bedauern und Vorwürfen, von Kritik und Verurteilung. Wenn Sie sich entschlossen haben und diese Verantwortung auf sich genommen haben, beginnen Sie ein vollständiges, erfülltes Leben zu leben. Jetzt werden Sie selbst die Ereignisse in Ihrem Leben so organisieren, wie Sie das möchten.

Wenn Sie sich aber wieder einmal Unzufriedenheit mit etwas erlauben, erneut Widerstand empfinden – ist Ihnen inneres Chaos garantiert, aus welchem Sie *automatisch* (vergessen Sie das nicht!) Ihre Realität schöpfen, Ihren morgigen Tag.

Wenn Sie deshalb in die nächste Falle der Komfortzone tappen (sie sind alle von einer Sorte: Unwille, Widerstand, Ablehnung, Verurteilung), schalten Sie sofort das Innere Lachen ein. Lachen Sie, die Aufmerksamkeit auf die negativen Empfindungen gerichtet, bis alles Negative aus Ihnen verschwunden ist.

Versuchen Sie auf keinen Fall, diese Arbeit durch mentale Analyse zu ersetzen! Das Bemühen darum ist eine weitere Falle der Komfortzone. Das Denken ist ein gehorsames Instrument der Zone, und solange es Sie lenkt, sind Sie sein Gefangener.

Erweitern Sie fortwährend den Raum Ihrer persönlichen Existenz! Bringen Sie Vielfalt in Ihre Geschäftsbeziehungen, lernen Sie Ihre Nachbarn kennen, drücken Sie sich nicht vor offiziellen oder familiären Feiern. Belegen Sie Kurse, gehen Sie in Seminare, lernen Sie neue Leute kennen.

Und öffnen Sie aus Leibeskräften den sich über Ihnen schließenden Raum! Zerbrechen Sie die Schale, unter der Sie womöglich ersticken, dahinter ist die Welt, das Leben …

Aber machen Sie das niemals mit Gewalt, über ein: *Ich will nicht, aber es muss sein.* Alle Versuche einer gewaltsamen Überwindung der Komfortzone sind ein Kampf mit sich selbst, und folglich ein Hervorrufen »innerer Zerstörung«, wie sie für Kriegshandlungen typisch ist. Das heißt, ein Hervorrufen eben dieses »inneren Mangels«, der wiederum die Realität nach seinem eigenen Muster organisiert.

Machen Sie einfach immer öfter das, was für Sie nicht typisch ist, was Sie aber möglicherweise schon lange wollen. Kaufen Sie sich ein Kinderspielzeug, das Sie zum Lächeln bringt, oder eine Zeitschrift, auf die Sie noch nie geachtet haben. Essen Sie die beste Torte, ohne auf ihren Preis und die Kalorien zu achten. Stehen Sie bei Sonnenaufgang auf. *Atmen Sie tiefer, wenn Sie das Bedürfnis haben, den Atem anzuhalten. Strengen Sie sich an, wenn Sie ruhebedürftig sind. Finden Sie das Komische im Tragischen. Und lachen Sie, lachen Sie öfter! Innerlich wie lauthals. Vergessen sie nicht: Das Einzige, was man ernst nehmen soll, **ist die Regel, dass nichts es wert ist, ernst genommen zu werden.***

———

Möglicherweise ist in Ihnen bei unserer Untersuchung der Komfortzone schon mehrfach die Frage aufgetaucht: Warum hat dieses künstliche Etwas so eine absolute Macht über uns? Welche Mechanismen bestimmen die Stabilität seiner Existenz?

Versuchen wir, uns das anzusehen.

Erinnern wir uns, dass wir Mit-Schöpfer sind, das heißt der Mechanismus des Schaffens ist dem Menschen ebenso eigen wie den »Göttern«, er ist ursprünglich in ihm angelegt. Das Pech ist nur, dass sich der »instrumentelle«, der »steuernde« Teil dieses Mechanismus im *Unterbewusstsein* befindet.

Das *Unterbewusstsein* ist eine uralte Instanz, die ausschließlich auf das Überleben ausgerichtet ist. Es hat die gewaltige Verantwortung für unsere Unversehrtheit auf seine Schultern geladen, aber ausschließlich so, wie *es* das versteht. Hier äußert sich eine kindliche, unvernünftige Wahllosigkeit dieses mächtigen und stabilen Mechanismus, der den Unterschied zwischen Phantasie und Realität nicht kennt. **Alles, was ins Unterbewusstsein eindringen konnte, wirkt steu-**

ernd und muss ausgeführt werden, denn es ist quasi eine zusätzliche Bedingung zum Überlebensprogramm.

Auch mit Humor kann das Unterbewustsein nicht umgehen: Was Sie denken, das bekommen Sie. Jede selbstkritische Bemerkung – auch wenn sie scherzhaft gemeint ist – wird von ihm buchstäblich verstanden. *Das Unterbewusstsein unterscheidet nicht einen konstruktiven von einem zerstörerischen Gedanken. Es arbeitet mit dem Material, mit dem wir es bewirten, und es materialisiert die Gedanken positiven Charakters ebenso wie die mit negativer Färbung.*

Analysieren Sie Ihre Sprache, welche immer die Richtung Ihres Denkens spiegelt.

Menschen, die häufig sagen, »es tut weh, das zu sehen« oder »das kann ich nicht mit ansehen«, haben mehr Chancen, Probleme mit den Augen zu bekommen als jene, die nicht so sprechen. Menschen, die sagen »mein Herz blutet«, haben mehr Chancen, Probleme mit dem Herz-Kreislauf-System zu bekommen als andere. Menschen, die häufig sagen, »das kann ich schwer verdauen« oder »davon wird mir speiübel«, haben mehr Chancen auf ein Magengeschwür als die, die das nicht sagen. Und Menschen, die gedankenlos aussprechen: »Das kannst du dir in den … stecken«, haben größere Chancen auf Hämorrhoiden.

Unser innerer Schöpfer kann nicht ruhen! Sie geben ihm keine Arbeit? Was soll's, *er wird auf der Basis dessen funktionieren, was ohne Ihre Mitwirkung bei ihm landet. Ihm ist es egal, ob er auf Erfolg oder Niederlage hinarbeitet.* **Die Götter erfüllen Ihnen Ihre Wünsche so, wie sie – die Götter – sie verstehen.**

Wenn Sie keinen Erfolg erwarten und starke Bilder von Zweifeln in sich stapeln, wird das Unterbewusstsein diese gehorsam materialisieren. Bedenken Sie daher – wenn Sie zweifeln, wird genau das eintreten.

Gefühle der Angst, Gedanken über Armut und überhaupt alle negativen Stimmungen werden Ihr Unterbewusstsein stimulieren, solange Sie nicht lernen, sie zu steuern, und etwas Segensreicheres zur Nahrung Ihres Geistes wird.

Genau dadurch erklärt sich das seltsame Paradox, mit dem tagtäglich Millionen Menschen zu tun haben, die glücklicher und reicher werden wollen, aber in Wirklichkeit gewohnheitsmäßig ihre Verdammnis zu Armut und kärglichem Dasein empfinden. Sie nennen das Misserfolg oder Pech, es scheint ihnen, dass sie von einer fremden Kraft gesteuert werden, mit der sie nichts machen können. *Aber in Wahrheit sind diese Menschen Schöpfer ihres »Unglücks«, weil ihr Unglauben an die eigene Kraft sich im Unterbewusstsein eingenistet und sich deshalb materialisiert hat.*

Die Kultur, in der man uns erzieht, lehrt uns, verzweifelt um unser Leben zu kämpfen. Zugleich bildet sie in unserem Bewusstsein so etwas wie einen »Mangel«, das heißt das Fehlen von etwas. Wir wissen von Kindheit an, dass das Leben ein Kampf ist, wenn nicht mit etwas, dann doch mit uns selbst. Aber wenn wir es gewohnt sind, uns für ein Stück Brot »zu prügeln« und in der Folge auch für richtige Gedanken und für unser Glück, dann fordern wir, ohne dass uns das klar ist, Situationen heraus, in denen Kampf und Überwindung von Hindernissen nötig sind.

Zudem schafft der Mensch, der sich dafür anstrengt, eine Vielzahl innerer Anspannungen und »Verklemmungen«. Dabei »verpuppen« wir uns gleichsam, wir decken den energetischen Kanal zu, durch den uns die Energie des Universums unterstützt. Wenn der Mensch jedoch den Zugriff zu dieser Quelle verloren hat, verbraucht er die begrenzte Reserve seiner eigenen Energie und im Ergebnis erschöpft er sich körperlich und geistig.

Obwohl auch die gegenteilige Variante möglich ist, bei welcher der Mensch der Meinung ist, dass die Welt ausschließlich dafür geschaffen wurde, um von ihm konsumiert zu werden. Er ist offen für den Empfang von Energie, vollständig geöffnet. Er hält sich für vieles würdig, und entsprechend bekommt er es. Aber er gibt der Welt nichts an Energie zurück. Weder in Form einer Schöpfung, noch in Form von Liebe. *Indem der Mensch ununterbrochen konsumiert und nichts zurückgibt, verhält er sich wie eine Krebszelle, und sein Schicksal ist besiegelt.* Er fliegt einfach aus diesem Leben hinaus, und zwar mit dem Strom eben dieser Energie, deren Überfluss er vorher genossen hatte.

Dasselbe betrifft das Geld. **Geld ist immer nur eine Form von Energie, und wenn Sie wollen, dass es in Ihrem Leben frei fließt, müssen Sie nicht daran haften und sich darum sorgen.** Anhaften in Form von Zweifeln, Ärger, Erwartungen schafft Anspannung, baut Hindernisse im Energiestrom auf, und der wird unterbrochen. Dafür kann der Glaube, dass das Universum uns mit allem Notwendigen versorgt, Ihnen den freien und ununterbrochenen Zustrom von Geld sichern, wie übrigens von allem anderen auch.

»Hänge dich an nichts, und du wirst unbesiegbar«, sagte Laotse. Etwas besitzen, beherrschen bedeutet tatsächlich, »die Energie zu beherrschen«. Das ist nur möglich, wenn man sie anhält, ihre normale Funktion stört und eine Art »energetischen Pfropfen« schafft. »Wenn du etwas geschaffen hast, dann besitze nicht, was geschaffen ist«, unterstreicht der unerschöpfliche Laotse das Gesagte.

Deshalb liegt das Geheimnis des Erfolgs darin, sich maximal der Energie oder der Kraft des Universums zu öffnen und sie effektiv zu nutzen.

Jede entstehende Anspannung, jeder Widerstand in unserem Leben ist ein Warnsignal vor einer Störung in der »energetischen« bzw. weltanschaulichen Orientierung. Irgendwo sind Sie aus dem Strom »ausgestiegen«, Sie haben die Beständigkeit seiner Bewegung gestört, Sie haben die Empfindung der Einheit mit ihm verloren.

Das Leben »schlägt« Sie so heftig, um Sie schnell auf den richtigen Weg zurückzuholen. Sie sind oft nur deshalb im »Lebenssumpf«, weil Sie quer zur Wegrichtung gehen. Die *»Durchwachsenheit« des Lebens ist das wichtigste Anzeichen der Bewegung gegen den Strom.*

Wenn Sie sich der Anstrengung verweigern und sich vollständig entspannen (die Situation annehmen oder loslassen), erleben Sie augenblicklich einen viel höheren Komfort als bei Kampf und Selbstbehauptung, und sogleich wird ein Zustrom von physischen wie auch emotionalen Kräften spürbar, denn der unerschöpfliche Energiestrom des Universums strebt Ihnen zu Hilfe. Sie werden sich leicht davon überzeugen können, *wie wenig man dazu tun muss, um glücklich zu sein, und wie viel, um nicht unglücklich zu sein.*

Der erste Schritt zum Loslassen der Mentalität des Mangels ist *Dankbarkeit dafür, dass Sie so sind wie Sie sind, und für alles, was Sie haben.* Erkennen Sie aufrichtig das Wunder, das Sie sind. Den Umstand, dass Sie leben. **Bemühen Sie sich, Ihre Aufmerksamkeit darauf zu lenken, was Sie schon haben, und nicht darauf, was Ihnen fehlt.**

Wenn Sie anfangen, sich auf die Dankbarkeit für alles zu konzentrieren, was Sie haben: das Wasser, die Sonne, die Musik, so ziehen Ihre Gedanken, und vor allem Ihre Empfindungen, am morgigen Tag *die Anwesenheit* von etwas, *keinesfalls aber den Mangel* an etwas an.

Wenn Sie die Dankbarkeit praktizieren, erweitern Sie pausenlos die Liste derer, denen Sie dankbar sind: den Freunden und der Familie, der Kleidung und dem Essen, dem Geld und der Gesundheit, der Luft und den Wolken. Jeder Sache und jedem Phänomen, die in Ihr Leben getreten sind, die Ihnen einfach ins Auge gefallen sind. Fangen Sie an, sich darauf zu konzentrieren, dass Sie dankbar sind für die Möglichkeit, *all das zu benützen, zu sehen, zu riechen und zu schmecken.* Aber gehen Sie dabei nicht in die Falle des Anhaftens – denken Sie an diese Objekte nur als Ihnen zur zeitlich begrenzten Nutzung überlassene – *in diesem Universum sind Sie nur Benutzer, nicht Besitzer.*

Und vergessen Sie nicht: **Alles, worauf Sie Ihre Gedanken fokussieren, wird größer.** Bei der ständigen Anwendung der »**Technik der ununterbrochenen Danksagung**«, wenn Sie die Worte »*Ich danke für …*« und die entsprechenden Empfindungen bis zur Intensität eines Mantras steigern, das heißt *nach Möglichkeit ununterbrochen,* lassen Sie keinen Platz in Ihrem Bewusstsein für Zweifel, zerstörerische Gedanken und negative Zustände. Diese einfache, aber sehr effektive Technik kann bei ununterbrochener Anwendung Ihre Vorstellung vom eigenen Wohlstand vollständig auf den Kopf stellen.

Sie leben in Armut? Das heißt, Sie legen Ihre ganze Lebensenergie in die Herstellung eines Mangels an Glück und Überfluss, und das setzt sich das ganze über Leben fort. Finden Sie nicht, dass das einfach dumm ist? Um in Ihrem Leben alles zu haben außer Überfluss, müssen Sie sich ihm faktisch widersetzen und Ihre Gedanken auf die Armut richten.

Wenn Sie in Wohlstand leben und atmen, im Glauben, dass in Ihrem Leben alles in großer Menge existiert, und Sie das Recht haben, alles zu haben, was Sie sich vorstellen können, beginnen Sie, im Verhältnis zu sich und anderen aktiv zu wirken. *Anfangs verändern sich die Gedanken darüber, was Sie verdienen, dann verändert sich ein wenig das Verhalten. Mit der Zeit verstehen Sie und beginnen zu glauben, dass Sie alles, was auch immer Sie möchten, schon haben, und Ihr Glaube, vielmehr seine Empfindung, führen unbedingt zur Realisierung des Gewünschten. **Alles, woran Sie denken, vergrößert sich.***

Dieses Prinzip ist anwendbar auf Reichtum, persönliches Glück, Gesundheit, intellektuelle Interessen und alles Übrige. Es entspricht dem alten biblischen Versprechen: **»Wer hat, dem wird gegeben.« Das ist wirklich so. Der Über-**

fluss herrscht überall! »*Lauf nicht dem Glück nach, es ist immer in dir selbst*«, sagte der weise Pythagoras dazu. *Die einzigen Grenzen, die für uns existieren, sind die, die wir uns selbst setzen, durch den Glauben an ihre Existenz.*

Sie sind *jetzt schon* vollwertig, Sie sind *jetzt schon* vollendet – das Universum hat Ihnen das von Anfang an geschenkt. Sie müssen das nicht *werden* und werden es nicht irgendwann – **Sie sind das alles schon! Unglück und Armut haben immer einen Grund, und Glück und Überfluss haben keinen und können ihn nicht haben.** Es gibt keine Gründe für das, was natürlich ist und unvergänglich, nur das *Künstliche* – also das *Unnatürliche und Sekundäre* – erscheint *als Folge* von etwas.

Das heißt, *wir verschwenden unsere Lebensenergie nur dafür, um arm und unglücklich zu sein.* **Aber wir müssen absolut nichts verschwenden und ausgeben, um natürlich zu sein, also glücklich.** Wir brauchen auch absolut nichts zu tun, um etwas zu genießen. Aber wir müssen unbedingt etwas tun (denken Sie immer daran!), um *nicht zu genießen.* Das einzige Hindernis, das Glück und Überfluss im Weg steht, ist unser Widerstand gegen Glück und Überfluss.

Wenn Sie sich nicht jetzt am Leben erfreuen, an Ihrer Arbeit, Gesundheit, an dem, was Sie bereits haben, was Sie in dem Moment erworben haben, werden Sie auch die neuen Lebensbedingungen nicht schätzen, von denen Sie vielleicht träumen. Nichts außerhalb von Ihnen hat die Kraft, Ihnen Glück und Befriedigung zu verschaffen. Die Qualität Ihres Lebens hängt nur von Ihrer Wahl ab, Sie wählen selbst, ob Sie glücklich sein wollen oder nicht.

Das Denken in Begriffen des Überflusses findet seinen Ausdruck etwa in dem inneren Monolog: »*In meinem tiefsten Inneren weiß ich, dass äußerer Überfluss ursprünglich in mir enthalten ist. Ich kann besser werden – er wird nicht mehr. Ich kann schlechter werden – seine Menge verändert sich nicht. Nur der Moment der Anerkennung seiner inneren Qualität in mir kann darauf Einfluss nehmen, wie schnell er im Alltag neben mir erscheint.*«

Das Leben des Menschen hat nach unserer Auffassung quasi drei Ebenen: *das Sein, das Schaffen und das Besitzen.* Gewöhnlich bemühen sich die Menschen, mehr Fähigkeiten, Dinge oder Geld zu **haben,** um das zu **machen,** was sie wollen, und dadurch glücklicher zu **sein.**

Die am meisten verbreitete Illusion, der praktisch alle unterliegen, drückt sich in dem Glauben aus, dass der Erwerb von Wohlstand alle unsere Probleme lösen soll, die mit Unruhe, Ängsten und Gesundheit verbunden sind. Wir kneifen träumerisch die Augen zusammen, reiben uns die Hände und reden uns ein: »*Wenn ich nur das bekommen könnte, das erreichen würde ... Danach werde ich ...*«

Aber es gilt genau das gegenteilige Gesetz. Sie müssen in erster Linie die Unruhe loswerden (erinnern Sie sich an das Mangeldenken), und erst dann können Sie den Wohlstand erwerben, den Sie dadurch verdient haben. Versuchen Sie, schon jetzt der zu *sein,* der zu sein Sie meinen zu verdienen, um dann das zu *tun,* was Sie tun möchten, und erst dann werden Sie das *haben,* was Sie haben möchten.

Das Bewusstsein des eigenen Wohlstands sollte also an erster Stelle stehen. Sie können diesen Zustand nicht

»*plötzlich*« in sich erarbeiten, wenn Sie dann reich sind. Alles geschieht umgekehrt. Sobald eine stabile Empfindung der inneren Ruhe und Sicherheit erreicht ist – lässt der wahre Wohlstand nicht lange auf sich warten.

Deshalb versuchen Sie zu *empfinden*, dass Sie *bereits* der sind, der Sie sein möchten. Dass Sie bereits glücklich sind, dass man Sie bereits liebt, dass Sie schon gesund und reich sind etc. Hierin liegt überhaupt kein Betrug, denn die reale Form folgt immer ihrem Modell. Der Gedanke ist gleich einer Zeichnung. Diese schafft das Bild der Form, welches die Energie anzieht und ausrichtet, und die dieses Bild erfüllen wird. Gerade auf diese Weise wird das Modell, das nur in der Vorstellung errichtet wurde, auf physischer Ebene realisiert.

Glück und Erfolg sind immer nur Kennzeichen unserer inneren Qualität, die wir in unsere Unternehmungen legen, und nichts, was wir von irgendwo außen bekommen.

Wir haben schon alles. Wir besitzen bereits gerade das, was wir fürs Glück, für den Erfolg, für die Zufriedenheit brauchen. Wir können uns mit Liebe zu allem verhalten, was uns auf unserem Weg begegnet. Wir können uns selbst lieben.

Das ist äußerst wichtig – **sich zu lieben. Es bringt nichts, ein anderer zu sein als der, der Sie schon sind.** Die Wertschätzung der Gesellschaft, die Sie für Ihre Meisterschaft erhalten, hängt nur davon ab, wie Sie sich selbst wertschätzen, was Sie in die Welt ausstrahlen. Das Verhältnis der anderen zu Ihnen wird immer vom Grad der eigenen Anerkennung bestimmt. Wir schätzen uns selten, wir glauben nicht an unsere Einzigartigkeit, an unsere Göttlichkeit.

Wie der Mensch sich zu sich selbst verhält, so verhält er sich auch zu den anderen, das heißt – auch zu seinem Leben. Er kann gar nicht anders. Ein Mensch kann nicht etwas anderes mehr lieben als sich selbst. Psychologisch ist das Nonsens, denn es arbeitet ein einheitlicher Mechanismus in uns.

Deshalb wird Ihr Leben immer so erfolgreich sein, wie Sie sich selbst lieben. Ein Mensch, der in der Tiefe seines Herzens eine schlechte Meinung von sich selbst hat, kann nicht gesund sein, kann nicht reich sein, kann nicht glücklich sein. Er strahlt ununterbrochen einen Mangel der Beziehung zu sich selbst aus und baut daraus seinen Lebensraum.

Sehen Sie sich um: Gefällt Ihnen, was Sie sehen, das, was Sie für Ihr Leben halten? Nicht sehr? Aber wir bekommen *immer* (!) nur das, was wir *lieben*. Ob Ihnen das nun gefällt oder nicht, aber *gerade das, was Sie umgibt, lieben Sie in Wirklichkeit*. Die Qualität Ihres Lebens spiegelt gerade »die Ausrichtung Ihrer Liebe«.

Also ist der **Überfluss nicht das, was wir erwerben. Er ist etwas, auf das wir uns einstellen, etwas, das sich in uns befindet.** Er wird dadurch bestimmt, wie sehr der Mensch in der Lage ist, das zu genießen, was er schon hat, sich selbst oder die Fähigkeit, sich am Leben zu freuen, unabhängig vom Charakter der ihm begegnenden Ereignisse.

Der kürzeste Weg zum Reichtum beginnt in uns. Dabei müssen wir uns nicht einmal an unsere Möglichkeiten erinnern, viel wichtiger ist es, unsere »Unmöglichkeiten« zu vergessen. Denn ein reicher Mensch ist nicht der, der weiß, wie man reich ist, sondern einer, der nicht weiß, wie man arm ist.

Alle glücklichen und erfolgreichen Menschen verbindet eine Eigenschaft – sie kennen sich wirklich nicht anders. Für sie ist es schwer zu verstehen, warum es so viele Unglücksraben gibt, denn für den eigenen Erfolg machen sie äußerlich nichts Besonderes. Sie stellen sich nur innerlich auf Überfluss ein und vermehren ihn im Außen.

Wenn wir den Wunsch äußern, irgendwelche Dinge zu besitzen, gestehen wir uns einen Mangel in unserem Lebensraum ein. Die Ausrichtung auf den *Wunsch*, etwas zu haben ist die Ausrichtung auf einen Mangel, auf das Fehlen von etwas und natürlich eine Vermehrung dieses Mangels. Je größer der Wunsch ist zu besitzen, desto größer die Autorität der Aussage, dass ich es nicht habe; und umso größer ist die Menge der Energie, die auf die Bestätigung des Mangels gerichtet ist.

Wir haben schon gesagt, dass ausgehend vom Prinzip der Armut wir gewöhnlich denken: »*Wenn ich nur noch eine Sache hätte, würde ich im Glück und Erfolg baden.*« Das heißt: »*Jetzt bin ich unzufrieden. Etwas fehlt mir. Wenn das bekomme, werde ich zufrieden sein.*« Das ist das uns schon bekannte Mangeldenken, das davon ausgeht, dass etwas in uns fehlt. Dabei geraten wir in die Falle der folgenden Überzeugung: »Ich muss mehr haben, um glücklich zu sein.« Und wir vergessen dabei, dass *nicht der glücklich ist, der viel hat, sondern der, dem es genügt.*

All unser Unglück kommt daher, dass wir immer das haben wollen, was wir »nicht haben können«, aber wir können es nur deshalb nicht haben, weil wir es zu sehr wollen. Einer der größten Mythen der Menschheit ist es, *dass sich unsere Wünsche erfüllen* und uns Glück und Wohlstand bringen.

In Wirklichkeit könnte man solcherart *Wünsche »als eine Krankheit der Seele bezeichnen«.* Sogar unsere Ängste sind weniger schrecklich und zerstörerisch als diese Wünsche, denn die Ängste sind immer sichtbar, an der Oberfläche, und die Wünsche zerstören uns hinterhältig von innen …
»Die Bilder aus deinen Träumen fressen dir vom Teller« – das bemerkte jemand sehr scharfsinnig in Abwandlung eines Gedankens von Demokrit, welcher sagte: *»Reich ist nur der, der arm an Wünschen ist.«*

Wenn Sie deshalb einen Wunsch *haben,* so seien Sie nicht gekränkt, wenn dieser Wunsch anfängt, *Sie* zu haben. Daraus zu entkommen ist fast unmöglich.

Ja, aber kann man überhaupt ohne Wünsche leben? Und was passiert, wenn wir doch das bekommen oder erwerben, was wir brauchen? In diesem Fall realisiert sich unsere *Absicht,* nicht unser *Wunsch.* Gerade die *Absicht* ist einzig erforderlich für ein vollwertiges Leben.

Ein *Wunsch* ist immer eine Funktion von Gedanken, Programmen und Stereotypen, das ist das Streben nach Besitz und hat im Ergebnis unvermeidlich etwas Aufgedrängtes.

Absicht ist die Empfindung eines wesentlichen Bedürfnisses, eine Überzeugung, ein *sicheres Wissen der Notwendigkeit.* Denken Sie an das Schema »sein – tun – haben«. *Absicht* ist gerade die Empfindung des *Seins,* im Gegensatz zum Wunsch, der nur auf das *Haben* orientiert ist, das heißt auf das Besitzen.

Wie unterscheidet man das eine vom anderen? Schalten Sie das Lachen ein, und der Wunsch verliert sogleich seine Energie und löst sich auf. Die Absicht hingegen gewinnt zusätzliche Energie durch das Lachen.

Besitz ist ein Mythos. Wir haben alles. Aber sobald wir beschließen, etwas festzuhalten, verlieren wir es. Halten Sie Ihre Hand in einen Bergbach – sie wird den ganzen Überfluss des strömenden Wassers genießen. Aber versuchen sie, das festzuhalten, ballen Sie die Faust – was ist vom Überfluss geblieben?

Wenn wir uns von dem Verständnis durchdringen lassen, dass wir nicht fähig sind, etwas zu besitzen, bekommen wir gleichsam als Ironie des Schicksals die Möglichkeit, alles zu haben, was wir möchten. Das ist natürlich paradox, aber genauso ist es: wenn wir aufhören, dem Geld oder den Dingen nachzujagen und sie anzuhäufen, und anfangen, uns darüber zu freuen, was wir schon besitzen, wird uns alles erreichbar, was wir einmal wollten oder brauchten. Warum? Wir hören auf, die Energie unseres inneren Mangels in die Welt zu senden.

Ein Leben, gelebt in dem Glauben an Armut und Mangel, ist eine Störung des universellen Prinzips des Überflusses. Wenn Ihr Verstand an die Armut glaubt und nur ein klein wenig Lebensüberfluss erwartet, wird das Ihre Lebenserfahrung sein. **Sie bekommen nur, was Sie bereit sind einzulassen**, denn gerade darauf sind Ihre Empfindungen eingestellt.

Alle Pechvögel haben eins gemeinsam – sie kennen alle Ursachen ihrer Misserfolge und liefern Ihnen streng logische Erklärungen, warum ihnen nichts gelungen ist. Aber *ein Meister der Rechtfertigung ist selten ein Meister in etwas anderem.*

Es bleibt ein Rätsel, warum die Menschen so viel Zeit für Selbstbetrug verschwenden, um Rechtfertigungen für die Erklärung ihrer Schwächen zu schaffen. Diese Zeit hätte bestimmt gereicht für etwas viel Konstruktiveres.

Wertschätzen Sie sich. Sie sind geschaffen nach dem Ebenbild Gottes. Sie sind Gott. Aber wenn Ihnen scheint, dass Sie nur eine kleine Dosis Glück verdienen, wird genau das zu Ihrem Schicksal.

Um Überfluss in Ihrem Leben zu erreichen, versuchen Sie, *nur das zu tun, was Sie lieben* und *das zu lieben, was Sie tun. Das zu tun, was Ihnen gefällt, ist der Eckpfeiler des Überflusses in unserem Leben. Und wenn es Ihnen gefällt, gehen Sie davon aus, dass es schon gelungen ist.*

Unsere Tage sind eine wertvolle Währung. Wie wir sie ausgeben, bestimmt die Qualität unseres Lebens. Wenn Sie eine Arbeit machen, die Sie nicht lieben, handeln Sie nach dem Prinzip des Mangels, das heißt, Sie konzentrieren sich auf Ihre Distanz zu ihr, auf negative Gedanken und in der Folge füllen Sie Ihr Leben mit negativen Ereignissen.

Warum machen Menschen ihr Leben lang ungeliebte Tätigkeiten? Weil sie es mehr *gewohnt sind,* an die Armut zu glauben als an den Überfluss. Alle ihre Rechtfertigungen laufen darauf hinaus, dass das *zum Überleben notwendig ist.* Zum *Überleben* ja, aber nicht für ein *vollwertiges Leben!* Wieder ist an erster Stelle der Akzent auf dem Defizit, dem Mangel an etwas, und das Defizit tritt gehorsam in ihr Leben. *Und das, was Ablehnung hervorruft, breitet sich weiter aus, denn gerade darauf ist ihre Aufmerksamkeit gerichtet und dafür wird die Lebensenergie verbraucht.*

Sehr häufig machen wir ungeliebte Dinge, nur weil wir »wissen«: Arbeit und Spiel sind unterschiedliche Sachen. Arbeit ist immer ernst, und wir sind von vornherein bereit zur Schwere und sogar zum Leid, und das Spiel ist nur ein unernstes Vergnügen, damit kann man nichts »fürs Leben« verdienen. Aber wenn wir uns regelmäßig mit dem beschäftigen, was uns nicht gefällt, erhöhen wir nur ununterbrochen die Dürftigkeit unseres Lebens! Sie kommen niemals aus dieser Falle, solange Sie nicht bereit sind, den Fokus Ihrer Gedanken auf das zu richten, was Sie gerne tun.

Bedenken Sie: wenn Sie *kein Vergnügen und keine Freude* an Ihrer Arbeit empfinden, *müssen Sie zahlen,* um diese *für das Leben unverzichtbaren Empfindungen* zu bekommen. Gerade deshalb werden Sie, weil Sie nur »für das Geld« arbeiten, von diesem Geld niemals viel haben, weil Sie gezwungen sein werden, es *für den Kauf von Gefühlen auszugeben, welche Sie sich selbst verweigert haben, weil Sie Ihre Arbeit in eine Last verwandelt haben.*

Es gibt keinen Mangel an Möglichkeiten, Geld mit dem zu verdienen, was Sie gerne tun, es gibt nur den Unglauben Ihrer Komfortzone, der Sie davon abhält.

Wenn Sie dennoch darauf verzichten, Ihre Beschäftigung zu wechseln, *dann* **bemühen Sie sich wenigstens, sie jeden Tag zu lieben. Was auch immer Sie jetzt tun, man kann es mit Liebe tun. Hören Sie einfach auf zu vergleichen!**

Das Leiden an der Nichtentsprechung kommt davon, dass Sie in Gedanken in die Zukunft entfliehen oder in die Vergangenheit zurückkehren. Sie denken: *Aber wenn ich …* und *Irgendwann …* Aber das Leben ist genau das, was mit Ihnen in dem Augenblick geschieht, in dem Sie Ihre Pläne für die Zukunft schmieden und an der Vergangenheit hängen. Glauben Sie mir – der Glaube an den morgigen Tag kann nicht auf morgen verschoben werden. Seien Sie jeden Augenblick in der Gegenwart und beobachten Sie einfach, was passiert. Verändern Sie Ihr Verhältnis zur Arbeit und erlauben Sie dem Überfluss, in Ihr Leben einzutreten.

Vielleicht helfen Ihnen die folgenden Überlegungen dabei.

Alles, wogegen Sie gestimmt sind, verschließt den Überfluss vor Ihnen. ALLES! Sorgen Sie dafür, dass Ihr Leben eine positive Tönung annimmt, keine negative. **Statt gegen etwas zu sein, seien Sie ausschließlich für etwas.** Statt *gegen das Rauchen* zu sein, seien Sie *für die Gesundheit und eine saubere Lunge.* Statt *gegen die Armut* zu sein, seien Sie *für den Überfluss.* Statt *gegen die frustrierende Arbeit* zu sein, seien Sie *für die interessanten Menschen,* die neben Ihnen arbeiten.

Das mag Ihnen wie ein semantisches Jonglieren vorkommen, aber in Wirklichkeit ist es mehr. *Wenn Sie sich darauf fokussiert haben, wofür Sie Wohlwollen empfinden, füllen Sie Ihren Geist mit positiven Gedanken und erweitern ihn.* Wenn Sie sich darauf fokussieren, was Ihnen nicht gefällt, wird das zum Zentrum Ihres Denkens, und gerade das wird wachsen. Suchen Sie deshalb die freudige Seite in dem, was

Sie tun, und seien Sie dankbar für alles, was Sie haben, für alles, was Ihnen hilft, Freude am Leben zu gewinnen. Der Überfluss kommt zu denen, die gelernt haben, Freude an ihrem Tun zu empfinden.

Und vergessen Sie nicht, der Überfluss ist eine frei zirkulierende Energie. Das ist nicht Ihre Energie, das ist die Energie des Universums. Sie kann leicht in Sie eintreten, aber ebenso leicht müssen Sie bereit sein, sich von ihr zu trennen. Jeder Versuch, sie anzuhalten, sie zu besitzen, lässt sie abreißen. *Wenn Sie die Verlockung spüren, weniger zu geben, versuchen Sie stattdessen, etwas mehr zu geben. Sie werden schockiert sein, wie viel in Ihr Leben zurückkehrt,* nur weil diese kleine Handlung grundlegend Ihre materielle Basis verändert.

Machen Sie den ersten Schritt, geben Sie den ersten Anstoß zur Bewegung der Energie.

Sammeln Sie im Haus alle Sachen, die Ihnen gedient haben, aber »für alle Fälle« aufbewahrt wurden. Schauen Sie Ihre Garderobe durch, die Vorratsräume und den Keller. Stellen Sie sich dabei nur eine Frage: Brauche ich das noch unbedingt? Werde ich das mindestens ein Mal anziehen ... verwenden ... benützen? Wenn Sie spüren, dass das nicht der Fall ist, ab in den Sack. Alles nicht Notwendige, das sein Leben gelebt hat oder Ihnen einfach keine Freude macht, Sie nicht »wärmt«, stellen Sie auf die Straße. Diese alten Sachen werden ihren neuen Besitzer finden, neue Benutzer der Energien, die in ihnen stecken. Und in Ihr Haus beginnt eine frische, neue Energie zu strömen – die Energie des Überflusses. Im Osten heißt diese Technik »Aparigracha«. Man kann sie immer wieder anwenden. Sie bringt manchmal erstaunliche Ergebnisse.

Entscheiden Sie, wie Sie jeden Tag Ihres Lebens verbringen wollen. Der Überfluss – **hier ist er, man muss nur in sich schauen. Das ist nicht irgendetwas, das nur wenigen Glückspilzen zugänglich ist.**

Überfluss ist Teil des menschlichen Wesens. Sie können sich augenblicklich auf diese Welle einschwingen. Und dann Tag für Tag beobachten, wie er immer größer werdend in Ihr Leben treten wird. **Machen Sie das. Und zwar sofort.**

Viele von uns standen nur deshalb mit leeren Händen da, weil sie abwarteten und dachten: **Jetzt kommt gleich die Zeit, wo man etwas machen kann, das die Mühe wert ist. Sie wird nicht kommen. WARTEN SIE NIEMALS, BEGINNEN SIE UNVERZÜGLICH ZU HANDELN!**

Das System, das wir Ihnen anbieten, kann nur in einem Fall eine Niederlage erleiden und sich als unwirksam erweisen – wenn man es kennt, aber nicht benützt.

Aber bedenken Sie: »Niemand kann einen Menschen von seinen Problemen befreien, dessen Hauptproblem darin besteht, dass er sie nicht loswerden will.« (Richard Bach)

»Die pulsierende Blume«

Im Folgenden stelle ich Ihnen eine Atemübung vor, die ausgerichtet ist auf die Harmonisierung des Energiekörpers und seinen Anschluss an den allgemeinen Energieraum.

Setzen Sie sich entspannt hin. Die Wirbelsäule ist gerade. Wir treten in den Meisterzustand ein. Wir stellen uns vor, dass von oben, aus der Unendlichkeit, in unseren Scheitel eine schnurartige energetische Substanz eindringt. Sie steigt durch die Wirbelsäule nach unten, geht durch das Steißbein und verschwindet irgendwo im Zentrum der Erde. Die Empfindungen der »Energieschnur« sollten äußerst präzise und fühlbar sein.

Beim Einatmen stellen wir uns jetzt vor, wie durch diese Schnur eine hellblaue, gewichtslose kosmische Energie strömt. Im Prozess des Einatmens konzentriert sie sich in der Mitte der Brust auf der Höhe des Herzens, und beim Ausatmen geht sie durch das Steißbein ins Zentrum der Erde. Beim nächsten Einatmen strömt eine dichte, feuchte, weiße irdische Energie in uns hinein. Sie konzentriert sich in der Mitte der Brust auf der Höhe des Herzens und wird beim Ausatmen durch den Scheitel in den Raum abgegeben. Der Zyklus ist abgeschlossen. Man sollte einundzwanzig Zyklen machen. Gleichzeitig empfinden wir, wie in uns auf der Höhe des Herzens in der Brustmitte eine Blume erblüht. Bei jedem neuen Zyklus blüht sie noch klarer, ausdrucksstärker, größer. Sie entfaltet sich und wächst …

Achten Sie darauf, wie sie sich im Verlauf der Übung verändert. Nach Beendigung der Technik fahren Sie fort, sie im Inneren zu empfinden.

Führen Sie diese Übung dreißig Tage hintereinander durch. Die Atemzyklen kann man bequem abzählen mit Hilfe eines Rosenkranzes.

Empfehlungen zur Herstellung
des Zustands

1. Lernen Sie den Inhalt dieses Kapitels aufmerksam kennen, im Lauf der nächsten Woche teilen Sie das erhaltene Wissen mindestens mit drei Menschen aus Ihrem Umfeld. Treten Sie mutig in Diskussionen ein, die daraus entstehen, und halten Sie dabei den logischen Faden durch, der diesen Text durchzieht. Verwenden Sie das Prinzip »Lernen durch lehren«.

2. Führen Sie eine Aktion der Danksagung durch, machen Sie das total, ohne die Möglichkeit des Eindringens eines Gedankens in Ihren Geist zuzulassen, der auf Mangel ausgerichtet ist, wie auch immer der aussehen mag. Verwenden Sie das Prinzip: »Begriffen – gemacht«.

3. Schaffen und erhalten Sie einen harmonischen inneren Zustand, unter Verwendung des Inneren Lachens. Beobachten Sie jedes Kräuseln an der Oberfläche Ihres »Sees der Ruhe« und entladen sie es sogleich.

4. Üben Sie täglich die »pulsierende Blume«, am besten zu ein und derselben Stunde, in ruhiger Atmosphäre. Es sind auch »Blitz-Anschlüsse« in jeder Situation möglich – im Gehen, im Bus etc. – für kurze Zeit.

Phase zwei

Aneignung
des Spielraums

Immer mehr Menschen
Hüten unser Geheimnis ...

ZUSTAND SIEBEN –
ansteckend

Peter stand vor dem riesigen Tor, das in das Schloss des Drachen Gorynytsch führte. Die massiven, stark angefaulten Stämme, aus denen das Tor gezimmert war, wurden durch metallene Klammern zusammengehalten, die längst vom Rost zerfressen waren.

Es war sichtbar, dass das Tor schon lange nicht mehr benützt worden war.

Ist ja klar, dachte Peter, und kämpfte sich an dem angelehnten Türflügel vorbei. Wer fliegen kann, braucht kein Tor ...

Es schien, als wäre das düstere Schloss von Gorynytsch eilig aus herumliegenden Steinen erbaut worden – so uneben und unregelmäßig waren die Mauern.

»Wie es aussieht, hat Gorynytsch sein Schloss aus Steinen gebaut, die ihm jemand in den Garten geworfen hat«, murmelte Peter vor sich hin, während er im Hof auf und ab ging, auf der Suche nach einem Eingang.

Der Hof, wie auch das Schloss selbst, sahen verwahrlost und unbewohnt aus. Schließlich fand Peter doch eine schmale Treppe und stieg hinauf.

Er kam zu einer niedrigen Tür, holte Atem, und nachdem er in sein Inneres geblickt hatte – der See der Ruhe war spiegelglatt –, drückte er die Tür auf.

In einem hohen saalartigen Raum mit einem riesigen, torähnlichen Fenster ruhte der Drache Gorynytsch auf einem Berg Kissen, dreistimmig schnarchend, mit jedem Kopf in einem anderen Ton.

Peter stand da, sah sich um und rief leise:

»Hallo …« Nach einer Pause etwas lauter: »Hallo, sage ich!«

Es wurde ein Schnarcher weniger. Der mittlere Kopf öffnete die Augen und murmelte undeutlich:

»Ich hab dir doch gesagt, komm morgen! Und du kommst jedes Mal heute, aber heute …«

Der Kopf schnaubte dröhnend durch die Nase und hob sich plötzlich:

»Der Geist …«, sagte er und kullerte mit den Augen, »der menschliche Geist …«

Er tastete Peter mit wütenden Blicken ab, als wolle er ihn damit durchbohren. In Peters Innerem begann etwas heftig zu klopfen, und fast automatisch schaltete er das Lachen ein.

»Ein Mensch …«, sprach Gorynytsch mit dem mittleren Kopf. »Ein Mensch – das klingt stolz … dabei sieht er so abscheulich aus …«

»Ich will auch stolz klingen …«, murmelte der linke Kopf, ohne die Augen zu öffnen.

»Du halt deinen Mund«, unterbrach ihn der mittlere, »es zieht …

Und wer bist du?«, fragte er Peter.

»Ich bin Peter.« Er hatte das Innere Lachen beendet und war wieder ruhig. »Und du? Es heißt, du bist Gorynytsch, der Drache.«

»Ich?« Gorynytsch lachte mit dem mittleren Kopf. »Seh ich etwa nicht so aus? Nun, du darfst auch glauben, dass ich eine Kreuzung aus einem Hai und dem Goldenen Fisch bin. Ich erfülle jeden Wunsch ... Den letzten.

Was suchst du hier?«, fügte er brüllend und drohend hinzu, und aus seinem offenen Maul stieg eine kleine Schwade Rauch.

Da schwankte der rechte Kopf leicht auf dem langen Hals, hob sich und öffnete mit sichtbarer Mühe die Augen. Er blickte Peter an und bekam einen Schluckauf. Es roch faul.

»Ich suche meine Alte«, sagte Peter fest. »Kostschej hat gesagt, sie ist bei dir.«

»Die Alte?«, wunderte sich der mittlere Kopf. »Warte ... Warte ... Dann bist du vielleicht Peter?« Etwas Neues blitzte in seinem Blick auf.

»Ich hab viel von dir gehört, Peter, wie auch nicht ... Man sagt, man kann dir beim Wachsen zusehen ...«

»Wie einem Abszess!«, kicherte der rechte Kopf und hatte wieder einen Schluckauf.

»Also die Alte ...«, setzte der mittlere Kopf fort, ohne auf den rechten zu achten. »Kostschej soll das gesagt haben? Der hat wohl wieder einen Ehrlichkeitsanfall gehabt. Der quält sich ab, der arme Hund ...«

»Wo ist die Alte?«, fragte Peter noch einmal. Er betrachtete seinen inneren See der Ruhe und sah mit Schrecken einen Sturm aufziehen. Aus seiner Tiefe zog langsam das Entsetzen vor dem Ungeheuer auf, das ihn bereits mit Blicken fraß.

Peter machte eine innere Anstrengung, um das Lachen einzuschalten, aber da hatte er sich verrechnet – die Gedan-

329

ken, von Angst gefangen, flogen zitternd in seinem Kopf herum, das Lächeln in seinem Gesicht wurde zur Grimasse, und anstelle eines Lachens spürte er nur ein seltsames und gezwungenes Geklapper.

Er war drauf und dran, sich vollständig zu verlieren, als plötzlich etwas in ihm prustete und die glucksende Stimme von Mauz ruhig und spöttisch sagte: »Hör dir zu, Peter, hör dir aufmerksam zu, schau doch hinter deine erschreckten Gedanken, hör endlich, was schon lange in dir lebt.«

Und Peter hörte plötzlich ... Wie ein ganzer Chor von Kinderstimmen lachte es überschwänglich in ihm und erfüllte ihn mit einem kaum spürbaren, aber nicht versiegenden Lachen vom Kopf bis zu den Fersen. Nur einen Augenblick hörte er das, aber sogleich spürte er die innere Freiheit – und das Entsetzen, das das Herz erstarren ließ, war wie weggeblasen. Das innere Gackern wurde wieder zum gewohnten Lachen.

Peter wunderte sich, er verstand nicht, was in ihm vorgegangen war, aber für ein tieferes Nachdenken war keine Zeit.

Als wäre er von dem Lachen aufgeweckt worden, hob sich auch der linke Kopf. Er fletschte die Zähne zu einem Lachen, als hätte er gar nicht geschlafen. Er streckte sich wohlig und grunzte genießerisch.

»Jetzt ist Feierstunde. Und du, alter Bastschuh, schleichst dich durch die Märchen und schlackerst mit den Ohren ...«

»Ja, ja«, schaltete sich der rechte Kopf ein, »hättest du deine Alte in Ruhe gelassen ... Was willst du jetzt von ihr? Nichts ziert die Frau so, wie die vorübergehende Abwesenheit des Mannes ...«

Und auch der mittlere Kopf mischte sich ein: »Siehst du, es war da einmal eine … Sie war so erlesen gebaut … Ich weiß noch, ich konnte meinen Blick nicht von ihr lassen …«

Seltsam, aber gerade in dem Augenblick, wo er den Spott an seinen Ohren vorbeiziehen ließ, erreichte Peter den Zustand des Meisters. Ein wenige Augenblicke währendes, starkes Entsetzen über die fliegende Kreatur gab dem jetzigen Zustand eine besondere Tiefe, als würde das innere Pendel nun in die andere Richtung ausschlagen …

Das war neu – als wäre er zwei. Ein lachender, der Peter von der Seite anblickt, und der andere Peter selbst, der auch den ersten in sich spürt. Der eine betrachtet alles ruhig, mit einem leichten Lachen, und der andere Peter ist wie immer – der ehemalige uralte Greis, mit einem jetzt grunzenden Bauch. Und trotzdem sind es nicht zwei, sondern einer … Verrückt. Ein seltsames, aber durchaus interessantes Gefühl.

Peter fand das lustig. Er sah zu, wie der Drache ihn innerlich umschlingen wollte und bedrohte, aber er ließ sich nicht umschlingen und erschrak nicht, im Gegenteil, er empfand Fröhlichkeit.

Gorynytsch aber hatte das Interesse an Peter verloren, hatte ihn schon fast vergessen und quasselte mit allen Köpfen durcheinander.

»Es sind schon viele gekommen und frech geworden«, sagte der erste, »und haben mich zum Kampf gefordert. Na und? Ich habe nichts dagegen. Jeder Ritter, das sind siebzig, achtzig Kilo gute Fleischkonserven. Den Harnisch musst du nur fein säuberlich zur Seite biegen …«

»… und sein ganzes restliches Leben sah er einen gegen ihn fliegenden Ziegel«, erinnerte sich der andere Kopf an eine eigene, angenehme Geschichte …

»Ich verstehe überhaupt nichts!«, sagte der dritte und kratzte sich mit seiner Kralle in der Nase. »Im Übrigen, ist es nicht egal?«

Plötzlich verstummte Gorynytsch und blickte mit sechs Augen gleichzeitig auf Peter.

»Ein Zar hatte drei Söhne …«, begann er plötzlich mit dem linken Kopf zu sprechen, »und schickte alle drei in den Hof. Der älteste Sohn trat auf einen Rechen, und der Rechen traf ihn mit dem Stiel zwischen den klaren Augen. Trat der mittlere Sohn auf den Rechen, und wieder traf ihn derselbe Stiel zwischen die Augen. Da wurde der jüngste Sohn traurig. Aber er hatte keine Wahl …«

Peter hörte nur mit einem halben Ohr zu, weil er wieder das seltsame Gefühl hatte, dass ein Chor von Tausenden feinen Stimmen in ihm lachte, sei es nun, dass sie auf sein Inneres Lachen antworteten, sei es, dass sie ihn anfeuerten und unterstützten. Und jede Einzelne seiner Zellen wurde zu einem winzigen, selbstvergessen lachenden Gesicht.

Dieser Zustand dauerte nicht lange an und blitzte nur für einen Augenblick mit einer lachenden, hellen Flamme auf.

»Ein dummes Märchen«, sagte Peter, und kehrte in die Wirklichkeit zurück, wobei er dem Drachen ins Wort fiel, »das hat nichts mit mir zu tun.«

»Das wollen wir gerade prüfen«, zischte der mittlere Kopf Gorynytschs. »Die Alte …

Hör zu, Peter«, sagte er plötzlich durchdringend. »Ich diktiere dir in Großbuchstaben ...

Wenn du mir drei Wünsche erfüllst, ist die Alte dein. Wenn nicht, gehörst du mir ebenfalls.«

Der Drache gackerte aus drei Kehlen, erfüllte die Luft mit seinem fauligen Atem und sprach mit blutrünstigem Blick:

»Hier ist mein erster Wunsch. Ich will ein Geschenk. Geh hin, ich weiß nicht wohin, und bring das ›Ich-weiß-nicht-was‹. Also ...«

Er blickte schadenfroh aus sechs blutunterlaufenen Augen auf Peter ... als er plötzlich aufstöhnte und sich vorsichtig mit seinen Krallentatzen an seinen riesigen Bauch fasste.

Etwas in seinem Bauch quakte und gluckste, als wollte es sich nach außen drängen. Fluchend und stöhnend gleichzeitig schleppte sich Gorynytsch aus dem Zimmer und ließ Peter allein.

—

»Ach ja ...«, murmelte Peter leicht verzagt, als er in dem riesigen Zimmer des Drachens im Kreis umherging. »Wo soll ich hingehen? Was soll ich suchen? Ein Geschenk soll ich ihm bringen ...«

Beunruhigt ließ er den Kopf hängen, die Augen wurden trüb, und schwere Gedanken wie Steine drückten ihn nieder ... Da schnurrte etwas neben ihm auf Katzenart, und vor ihm hing ein rostrotes Lächeln.

»Die Stelle für den Einlauf kann man nicht verändern«, sagte die spöttische Stimme von Mauz in seinem Kopf. »Auch wenn man sieht, dass du grad einen ins Ohr brauchst,um deine Gedanken durchzuspülen und deine dummen Stimmungen zu reinigen, sonst bringen sie dich weiß Gott wohin ...«

»Das ist jetzt auch schon egal ...«, seufzte Peter zur Antwort. »Ich muss nach ›dorthin, ich weiß nicht wohin‹ gehen ...«

»Na, wenn du nicht weißt, wohin du gehen sollst, dann geh doch dahin, wohin du gehen willst, jeder Weg wird dich dahin führen«, gluckste Mauz weiter in seinem Kopf. »Wenn du irgendein Ziel erreichen willst, verirrst du dich nur in dir selbst ... Das hat dir Jaga schon gesagt – **es geht nicht darum, wohin du gehst, sondern darum, dass du gehst ...**«

»Mein Verstand reicht nicht, um das alles zu verstehen«, grämte sich der frühere Alte Peter. »Aber man hört, dass in deinen Katzenreden ein Sinn verborgen ist, wenn er auch nicht an die Oberfläche dringt ...«

»Der Hauptfehler des Verstandes ist vor allem seine Existenz«, gluckste Mauz direkt in Peters Ohr. Seit ewigen Zeiten drängt er sich dahin, wo es doch auch ohne ihn schön ist ... Man hört, sagst du? Daran allein halte dich, und nur dem folge. Alles andere in dir ist fremdes Geschwätz, das man dir seit Kindestagen eingeimpft hat.

Das Wichtigste ist dir schon bekannt«, gluckste Mauz weiter, aber diesmal ins andere Ohr. »Kämpfe niemals mit einem Problem. Erst beruhige dich in seinen Umarmungen, und dann umarme es selbst, soll es sich jetzt selbst in dir beruhigen.

Und kränke dich nicht so, Peter«, setzte Mauz seine Belehrungen mit verdächtiger Anteilnahme fort. »Es kann niemals so schlecht sein, dass es nicht noch schlechter sein könnte.«

»Danke Mauz, du hast mich sehr beruhigt«, sagte Peter giftig. »Soll ich mich jetzt über jeden Stolperstein am Weg freuen?«

»Leg einfach den Stein des Anstoßes von deinem Weg in das Fundament deines wachsenden Erfolgs und aller deiner Geschäfte«, sagte der Kater nun schon etwas leiser. »Und schätze deine Feinde – sie bemerken als Erste deine Schwachstellen. Dorthin drücken sie auch, dort wird es wehtun, und was du weiter mit diesem Schmerz machst, weißt du bereits. Lache, Peter, und schau, dass du das Lachen nicht verpasst, das schon begonnen hat, in dir wach zu werden.

Und das Geschenk für Gorynytsch«, flüsterte das Lächeln, das sich schon fast aufgelöst hatte, »such in dir selbst, taste mit der Meisterhand danach …«

Der Besuch des Katers hatte Peter noch mehr verärgert.

»Er kam, gluckste und miaute, aber davon wurde die Situation auch nicht klarer.« Er kratzte sich an der Nase und schritt von einer Ecke in die andere, während er vor sich hin murmelte: »Gehen, aber nicht suchen, suchend kommst du nicht ans Ziel. Ein Hochstapler ist das, kein Kater, ein Scheiß-Zen-Kater …«

Er seufzte. »Ich werde Gorynytschs Wunsch nicht erfüllen können, um mich tut's mir eh nicht leid, oder sollte es einem um einen Narren leidtun? Nur für die Alte ist es schade: Kaum dass sie keine Alte mehr ist und ihre Bosheit verloren hat, kommt ein neues Unheil.«

Und eine solche Traurigkeit ergriff Peters Herz, wie er sie schon lange nicht mehr gespürt hatte.

Da besann er sich und wurde ganz unruhig.

»Was mache ich denn hier?«, fragte er sich verwundert. »So geht das nicht … Aus welchem inneren Saustall baue ich mir denn gerade die Welt? Den morgigen Tag? Und auch das Los der Alten bau ich mir aus diesem Herzschmerz und dieser abgelatschten Traurigkeit? Das geht gar nicht!«

Er schlug die Arme zur Seite, als hätte er beschlossen, die Welt zu umarmen und begann zu lachen.

Er ließ das Lachen nach oben und nach unten krabbeln. Im ganzen Körper schaltete er das Lachen ein. Und dann lachte er mit seiner nach außen gebrachten Wärme ebenfalls wie mit einem Körper, aber mit so einem feinen, unsichtbaren …

Und es geschah: Peter war schon im Begriff, mit dem Lachen aufzuhören, da hörte er es in seinem Inneren – ein Kinderlachen, das nicht aufhören wollte und seinen ganzen Körper mit einem großen Lächeln füllte …

———

Knarrend öffnete sich die torhohe Tür, um den Drachen Gorynytsch ins Zimmer zu lassen. Er ging leicht wankend und hielt sich vorsichtig den Bauch mit seinen schuppigen Tatzen, und die Köpfe zankten sich lautstark.

»Du sei ganz still«, sagte der linke Kopf zum rechten, »wer hat sich gestern wie der letzte Idiot mit Schlafmitteln vollgestopft?«

»Na und?«

»Was heißt hier na und?! Ausgerechnet nachdem ich ebenso viel Abführmittel eingenommen hatte?«

»Ist ja gut! Wir haben doch schon alles abgewaschen ... Du brauchst gar nicht mit dem Balken zu winken, den du dir gerade aus dem eigenen Auge gezogen hast. Wer hat jetzt Schuld daran, dass der Bauch weh tut? Ich hab doch gesagt, dass Trennkost angesagt ist – die Fliegen extra, die Marmelade extra ...«

Peter wollte die Aufmerksamkeit auf sich lenken und räusperte sich, wobei er höflich lächelte. Alle drei Köpfe wandten sich sogleich zu ihm um und starrten irritiert auf sein breites Lächeln.

»Bist du noch hier, Mensch?« Gorynytsch verzog gleichzeitig zwei Mäuler und spuckte mit dem dritten aus. »Es hat doch geheißen: ›Dahin – ich weiß nicht wohin ...‹«

Der linke Kopf fletschte gierig die Zähne und sagte:

»Wenn wir wenigstens manchmal unsere Zukunft wüssten ...«

»... dann würden wir nicht so lachen, wenn wir uns von der Vergangenheit verabschieden«, fuhr der rechte Kopf fort, und Peter spürte, wie sich über ihm die Pranken des Drachens zusammenzogen.

»Man kann die Menschen in gute und schlechte teilen, und auch in Köpfe und Leiber ... Was würdest du persönlich vorziehen?«, fragte höhnisch der mittlere Kopf ...

Da packte es Gorynytsch wieder ...

Er stöhnte gleichzeitig aus drei Mäulern, griff sich an den Bauch und krümmte sich vor Schmerzen am Boden.

»Wie es aussieht, tut ihm der Bauch richtig weh«, murmelte der Alte Peter leise, und beobachtete ihn genau. »Schau an, wie er sich quält, der arme Hund ...«

Peter schwankte kurz und entschloss sich dennoch, zu Gorynytsch zu gehen und ihm auf die Pranke zu klopfen.

»Lass mal sehen«, sagte er geschäftig und schob die Tatzen beiseite. »Du möchtest ein Geschenk? ›Du weißt nicht was?‹ Hier ist es ...«

Er umfasste den riesigen Bauch des Drachens mit seinen ausgebreiteten Armen und schaltete das Lachen in den Armen ein ... Der erstaunte Gorynytsch wagte nicht, ihn zu stören, stöhnte nur leise und hörte in sich hinein.

Peter lachte wie immer, bis zum Gehtnichtmehr, und machte dann unerwartet etwas Seltsames – als würde er eine unsichtbare lachende Kugel aus sich herausziehen, nahm er diese und setzte sie am Bauch des Ungeheuers ab – möge sie dort leben und lachen ...

»Es tut ja gar nicht mehr weh«, sagte der erstaunte Gorynytsch mit seinem linken Kopf und tastete vorsichtig nach seinem Bauch.

»Tut überhaupt nicht weh!« Der rechte Kopf zerfloss zu einem ungläubigen Lächeln.

»Peter, was für ein Kerl du bist!«, sagte der mittlere Kopf. Was heißt hier, das ist das ›Ich-weiß-nicht-was?‹ ... Das ist einfach weiß der Teufel was ...«

»Dafür hilft es gegen alles«, sagte Peter und lächelte freudig.

Zielstrebig die alte Unverschämtheit zurückgewinnend schielte Gorynytsch auf den lachenden Alten.

»Du lachst zu früh«, sagte er. »Das war erst die erste Aufgabe. Schauen wir, wie du dich weiter schlägst.«

Er blickte Peter nochmals aufmerksam an.

»Je näher du jemanden kennst«, gestand er ihm, »desto weiter willst du ihn zum Teufel schicken …

Also tritt ein, Peter, in das Dreißigste Reich … Und bring mir eine Zauberschüssel und einen saftigen Apfel, der darin herumläuft und dir alles zeigt, was du willst …

Und wenn du ihn nicht bringst, dann weißt du schon, was dir blüht …«

Das Lachen als Werkzeug des Überbewusstseins

»Eine starke Seele, die ihr unsterbliches Material und einen unerschöpflichen Ozean ihrer ewig fließenden Energien schafft … hört jenseits des Gedankens ein Kinderlachen …«

Sri Aurobindo

*»Hör nicht auf die oberflächliche Stimme,
die dich wütend werden lässt«, forderte Don Juan.
»Lausche der verborgenen Stimme, die dich von dem Moment
an leiten wird, der Stimme, die lacht. Lausche ihr!
Und lache zusammen mit ihr. Lache! Lache!*

C. Castaneda

»Das Wirken der Unendlichkeit«

*In der Intensivstation fragt der Arzt
den Patienten, aus dessen Rücken eine Axt ragt:
»Tut es sehr weh?«
»Eigentlich nicht, nur wenn ich lache.«*

Der Mensch als Kind der Natur, als Gottes Werk, ist großzügig mit einer ganzen Reihe von Eigenschaften, Fähigkeiten und Mechanismen ausgestattet, von deren wahrer Bestimmung er sich entweder gar keine Vorstellung macht oder erst am Anfang steht in seinem Bemühen, den verborgenen Sinn zu ergründen.

So können wir mit unserer vermeintlich ganz banalen Fähigkeit, Töne zu bilden, nicht nur Einfluss nehmen auf unseren Organismus, sondern auch auf äußere physische Prozesse. Wenn man bestimmte Laute von sich gibt, kann man zum Beispiel die Sehkraft verbessern und das Herz heilen, ein Feuer anzünden, die physikalischen Eigenschaften des Wassers verändern und auch sein eigenes göttliches Potenzial aktivieren. Darauf gründet sich das gesamte Mantra-Yoga, dadurch erklärt sich auch in vieler Hinsicht die transformierende Kraft der kanonischen Gebete und volkstümlichen Beschwörungen.

Wie sich herausstellt, ist sogar in einem natürlichen und scheinbar so spontanen Prozess wie der Atmung die Möglichkeit zu einer tiefen Transformation des Menschen, zur Vervollkommnung seiner Physis und Energetik und vor allem zur Weckung seines spirituellen Wesens angelegt. Im Detail wird diese Frage im Yoga analysiert, obwohl dieses Wissen schon seit langer Zeit in vielen okkulten und religiösen Schulen angewandt wird, auch im Christentum.

Zu ähnlichen Entwicklungen führt uns die Fähigkeit, unsere Aufmerksamkeit auf wichtige Energiezentren zu konzentrieren wie etwa auf das »Dritte Auge« oder auf die Steißbeingegend, den Sitz der »Kundalini-Energie«.

Es lohnt sich auch daran zu erinnern, dass alle Organe und Zentren des menschlichen Organismus eine seltsame Entsprechung zu bestimmten Punkten und Zonen haben, die an den unerwartetsten Stellen konzentriert sind: auf den Handflächen, an den Fußsohlen, auf der Schädelhaut, auf der Iris, den Ohrmuscheln, im Gesicht und sogar auf der Zungenoberfläche. Der Zustand dieser Punkte zeigt die Verfassung des ganzen Organismus, und über die Einwirkung darauf kann man Korrekturen an dessen Arbeit vornehmen.

Das heißt, es wird klar, dass die Möglichkeit existiert, über ganz konkrete, wenn auch spezifische Manipulationen an der Psyche oder Physis im Menschen eine ganze Reihe von erstaunlichen Zuständen und Möglichkeiten hervorzurufen, die man gewöhnlich »*Sidhi*« nennt (wunderbare Fähigkeiten).

Der Schluss drängt sich auf, dass *in uns gleichsam auf Vorrat angelegte und bis heute noch schlummernde Mechanismen angelegt sind, über welche der Zugang zu dem verborgenen Potenzial der kreativen Meisterenergie möglich ist, und zur Möglichkeit einer zielstrebigen spirituellen Evolution.* Wobei es äußerst unvernünftig wäre bzw. einfach respektlos gegenüber dem Willen der Götter und des Universums – die sich das alles ausgedacht haben –, dieses Potenzial nicht zu realisieren.

Heutzutage ist einer der bekanntesten, wenn auch am wenigsten untersuchten, einer der aussichtsreichsten, aber am wenigsten ernsthaften, einer der am besten zugänglichen und doch am wenigsten genützten, einer der dem

Göttlichen am nächsten kommende, aber aus irgendeinem Grund von der kanonischen Kirche »ausgestoßenen« Mechanismen das LACHEN.

Und die vorläufig einzige Technik, die es erlaubt, bewusst diese schwer zu steuernde und ziemlich spontane Eigenschaft unseres Bewusstseins zu benützen, ist das Innere Lachen.

Bei der Weiterführung unserer Untersuchung möchten wir Ihre Aufmerksamkeit auf Folgendes lenken:

Wir haben schon gesagt, dass das Lachen bei den Tieren einfach nicht vorhanden ist. Aber, wie seltsam, häufig fehlt es auch den Menschen. Bei Menschen mit einer jungen Seele, die an grobe physische Empfindungen gebunden sind, ist das, was sie »Lachen« nennen, nur Spott, Sarkasmus, Ironie, aber ein *aufrichtiges Lachen* ist es nicht.

Bei dieser Art des Lachens ist das Denken aktiv, es kommt zu einer Bewertung, Verurteilung, wodurch das Programm der eigenen Wichtigkeit gefüttert wird. Und im Ergebnis ist Zerstörung vorprogrammiert – im Inneren wie im Äußeren.

Das ist nicht einmal eine niedrige Ebene des Lachens – es ist ein »Antilachen«, ein Lachen gleichsam in der »Minus-Phase«. So ein »Lachen« bringt den Lachenden tatsächlich in die Nähe dessen, was in der Religion der »Teufel« genannt wird. Gerade dieser negative Aspekt des Scheinlachens wird in der orthodoxen Kirche verurteilt.

Es ist sowohl im alltäglichen als auch im großen sozialen Rahmen unannehmbar und unangenehm. Es fördert Zynismus, Gemeinheit und Unerträglichkeit. Und nur aus

Unzulänglichkeit, aufgrund der Erbärmlichkeit unserer Sprache heißt es ebenfalls »Lachen«.

Im Hinblick auf wirkliches Lachen steht in der Schrift Folgendes: »Ein fröhlich Herz macht das Leben lustig; aber ein betrübter Mut vertrocknet das Gebein.« (Sprüche 17,22)

In gewisser Weise sind die Befürchtungen der Väter der kanonischen Kirche nicht ganz unbegründet, sie sind eine logische Reaktion auf den Nachhall der »halbtierischen Vorzeit«, die noch in uns lebt.

Es gibt die Meinung, dass viele psychische Krankheiten, destruktive Programme und seltsame Neigungen urzeitliche Instinkte unserer Vorfahren reproduzieren und die Besonderheiten ihrer »wilden« Psyche spiegeln.

Das heißt, dass in den Tiefen unseres Bewusstseins immer noch eine Art wilder »Paläanthropus« lebt, der einen spürbaren Einfluss auf uns ausübt und uns seinem Willen unterwirft. Jewgenij Jewtuschenko hat das wie folgt ausgedrückt:

Mit jedem Blutstropfen
Beim Schnitt in den Finger
Verliere ich ein Stück Neandertaler,
Und er flüstert mir zu –
versteckt in einem unbekannten Gen –
wär's nicht besser, wir wären nie geboren?

Unser Unterbewusstsein ist also buchstäblich besessen von einem alten Wesen und in vieler Hinsicht ihm unterworfen. Genau diese tierische, und man könnte sagen »satanische«

Besonderheit entblößt bei manchen Menschen das ihnen eigene »Lachen«, das jedoch ein *alles verurteilender Hohn* ist.

Aber wir müssen uns nicht erschrecken und deshalb auch keinen Exorzisten suchen. Unsere Vorfahren konnten – wie auch die Tiere – nicht lachen. Aber Sie können es. Und jetzt haben wir die außerordentliche Möglichkeit, uns aus dieser uralten Abhängigkeit zu lösen, indem wir die nicht realisierten Instinkte »des eigenen Neandertalers« in uns entschärfen.

Es gibt eine Menge von Verfahren und Methoden, mit denen man ins Unterbewusstsein eindringen kann. So zum Beispiel die klassische Hypnose oder die psychophysiologische Kodierung. Auf sanftere Weise wirken Methoden zur Bewusstseinserweiterung wie die von Louise L. Hay oder José Silva. Aber deren Künstlichkeit ist offensichtlich, weshalb eine negative Reaktion des Unterbewusstseins auf das Eindringen in das »Allerheiligste« garantiert ist.

Doch es existiert ein natürliches, ungefährliches und sehr effektives Mittel der Kontaktaufnahme mit dem Unterbewusstsein.

Osho sagte in dem Zusammenhang: »*Wenn ihr wirklich lacht, verschwindet plötzlich der Verstand ... Das Lachen ist eine der schönsten Türen, um in den Nicht-Verstand zu gelangen.*«

Warum streben wir danach, ins Unterbewusstsein zu gelangen? Sicher nicht, um dort zusätzliche Aufzeichnungen zu machen, nicht einmal von der Art wie: »Ich bin ein Genie ...«. Es ist dumm, uns auf etwas zu kodieren, das wir schon sind, wie überhaupt jede Kodierung ihrem Wesen nach unsinnig und zerstörerisch ist.

Wir öffnen mit dem Lachen das Unterbewusstsein mit nur einem Ziel – um es zu befreien von der in ihm vorhandenen »Schlacke« von unnötigen, *künstlichen* Programmen. Und um diese durch Lachen zu entladen.

Das ist sehr wichtig. Jüngste Forschungen haben die Sinnlosigkeit der Versuche gezeigt, mit rein verbaler Therapie auf Programme einzuwirken, welche in den Tiefen unseres Körpers gespeichert sind. Die Psychotherapeuten arbeiten nur mit der oberen Schicht der Aufzeichnungen, aber wenn es um Programme geht, die auf Zellebene gespeichert sind, wird der Effekt ihrer Arbeit deutlich schwächer. Und es sind stärkere Maßnahmen nötig, welche aber die *klassische* Psychiatrie nicht anerkennt.

Im Rahmen unserer Schule verwenden wir dafür das erstaunlich effektive Innere Lachen. Wenn wir es praktizieren, schwächen wir die Dominanz unseres Verstandes, und der komplexe Automatismus der Gedanken wird gleichsam angehalten.

Aber seltsam – wir werden davon nicht dümmer. Eher im Gegenteil: *Das Lachen – künstliche Lachprogramme eingeschlossen – erlaubt es, wahrhafte Vernunft zu erwerben,* weil gerade in diesem »nicht mentalen« Zustand, über die Empfindungen, ein Verstehen dessen möglich ist, welch bedeutenden Teil der Lebensenergie diese negativen Programme gebunden hatten. Dafür kann uns jetzt die durch das Lachen freigesetzte Energie ununterbrochen in einer neuen Qualität bestätigen, sie füllt uns mit Optimismus und Lebenswillen.

Kein Gedankenchaos – das ist zwar ein etwas ungewohnter Zustand, aber um wie viel klarer und bunter werden die Empfindungen! Die Wahrnehmung von allem wird deutlicher und erlaubt es, alles tiefer und überzeugender zu empfinden, was uns früher zweifelhaft und vage erschienen ist.

In solch einem Zustand des permanenten inneren Lachens und der gedanklichen Ruhe kann man auch lesen, wobei nicht Wort für Wort gelesen wird wie früher. Vielmehr nehmen wir eine Art Informationsstrom auf. Wer sich mit Techniken des schnellen Lesens befasst hat und das Ausschalten des inneren Aussprechens trainiert hat, versteht gut, wovon die Rede ist.

Aber *die Hauptsache ist, dass dabei gleichsam die mentalen Programme ausgeschaltet werden.* In diesem Zustand verschwinden auch die Grenzen der Komfortzone. Auf diese »lustige« Weise wird eine Aufgabe von phantastischer Bedeutung und Komplexität sehr einfach gelöst. Angenehmerweise kann man das oben Behauptete leicht überprüfen. Beobachten sie jedes in Ihnen aktive Programm: *Faulheit, Angst, künstlich hervorgerufene sexuelle Erregung, den Wunsch zu rauchen oder sich vor dem Fernseher zu entspannen oder etwas Süßes zu essen* – aktivieren Sie das Lachen und *beobachten Sie* die Veränderung Ihres Zustands.

Sie müssen auf niemandes Ratschläge hören, Sie müssen niemandem glauben, auch nicht diesem Text, lachen Sie einfach und hören Sie in sich hinein, aber seien Sie dabei ehrlich. Lassen Sie nicht die geringste innere Gewalt über sich zu – seien Sie nur bereit, **alles,** jede mögliche Empfindung anzunehmen, beobachten Sie nur ehrlich: *Was geht da eigentlich in mir vor?*

Vielleicht hören Sie einen einzigen fröhlichen Glockenton – und in Ihnen werden unbekannte Programme angeschlagen. Und Sie erwerben eine immer größere Freiheit in Ihren Handlungen, Gefühlen und im Verhalten.

Dann stellen Sie vielleicht verwundert fest, wie vieles, das Ihnen früher normal schien und einzig möglich, sich als ein absurdes und hinterhältiges Programm erweist.

Mahatma Gandhi hat einmal gesagt: *»Hätte ich kein Gefühl für Humor, hätte ich mich schon längst umgebracht.«*

Und auch Voltaire meinte: *»Was sich lächerlich gemacht hat, kann nicht mehr gefährlich sein.«*

Oder Sie lachen zusammen mit Jerzy Lec: *»Das höchste Gefühl für Humor haben die Toten: Sie lachen über alles.«*

Eric Berne schreibt in seinem Buch »Spiele der Erwachsenen« von einem typischen Szenario des Verhaltens eines Schwindlers: *»Erfahrene Betrüger haben Angst vor Menschen, die lachen, wenn sie bemerkt haben, dass sie betrogen wurden.«* Warum? Weil ein **lachender Mensch aufhört, Opfer zu sein. In allem.** Das ist die Hauptsache.

Das Sozium, in dem wir uns befinden, hat schon lange aufgehört, ein Spiegel unseres Wesens zu sein. Es interessiert sich nur für unsere Puppengesichter. Es wurde zu einer Matrix, die all ihre Elemente (das heißt uns) an durchschnittliche, völlig unreale und nur ihm selbst nützliche Standards anpasst.

Das Sozium ist eine Art Prokrustesbett, ein Schema in das etwas mit Gewalt hineingezwängt und dafür passend gemacht werden soll. Aber leider müssen alle ein wenig »nachgepasst« werden – dem einen werden die Beine gekürzt, dem anderen werden sie auf die doppelte Länge gestreckt.

Beachten Sie – jedes totalitäre Regime ist ernst. Jedes: Faschismus, Sozialismus, religiöser Fanatismus. Unter dem Sozialismus war nur die Satire möglich, das heißt der Spott. Unter dem Faschismus nicht einmal das. Warum?

Vernon Woolf, der Schöpfer der Holodynamik, schrieb: »*Wenn Menschen ernst werden, entfernen sie sich von der Ganzheit der Dynamik, sie geraten in ein lineares Denken. Ernst versteht sich als Bereitschaft, die Ganzheit zu vergessen.*«

Osho meinte zu dem Thema: »*Ernst ist nur eine Krankheit der Seele, und nur Seelenkranke können zu Sklaven werden.*«

Das Lachen aber ist seiner Natur nach zerstörerisch und tödlich für alles, was in seiner Bewegung stehen geblieben ist, in der Entwicklung verknöchert ist. Das Lachen ist die **Kraft der Erneuerung und Bewegung**.

Deshalb treten der Humor und das Lachen gerade in Zeiten sozialer Veränderungen und mächtiger innerer gesellschaftlicher Bewegung in den Vordergrund. Das Lachen ist jedoch immer spontan und folglich schwer zu steuern. Und das Sozium, welches in seinem Bemühen zur Selbsterhaltung begreift, dass es mit dieser Eigenschaft nicht unmittelbar klarkommt, verhält sich hinterhältiger und schlauer – es vergröbert und vulgarisiert das Lachen und reduziert es auf das Niveau des primitiven und ungefährli-

chen Spotts. Deshalb sind Plattheit und grobe Geschmack-
losigkeit so typisch für Übergangsperioden.

Die Schlussfolgerung ist einfach: **Lachen ist Schöpfung
mittels Zerstörung der groben, entzweienden mentalen
Hüllen, die die ganzheitliche Welt in einzelne Fragmente
»spalten«; es ist die Wiederherstellung des Ganzen durch
die Vereinigung seiner Fragmente, die von ihren zerstörerischen Programmen befreit wurden.**

—

**Die Fähigkeit, sich und die Ereignisse, an denen Sie betei-
ligt sind, mit einem Lächeln zu nehmen, das heißt, *das Gefühl des Humors in jeder Situation zu bewahren*, ist nur unter einer Bedingung möglich: der Fähigkeit, sich und alles,
was mit Ihnen geschieht, »*von der Seite*« zu betrachten.**

In allen dramatischen oder stressbesetzten Situationen
kann Ihnen folgendes, vorläufig rein logisches Schema helfen: diese Situation haben Sie selbst modelliert, Sie als *geistiges Wesen,* und zwar noch vor der Geburt, und Ihre Erfahrung in Form eines Problems, die Sie jetzt machen, *ist Ihre
Wahl,* die Sie noch vor Ihrer Inkarnation als Mensch getroffen haben, und die für das weitere geistige Wachstum unverzichtbar ist.

*Nach den Spielregeln, die wir vor unserer Verkörperung in
unseren physischen Leib angenommen haben, ist die Erinnerung an diese bewusste Wahl verloren gegangen.* Und nur
deshalb nehmen Sie all die Schwierigkeiten und Missgeschicke mit Empörung und Kränkung wahr, wie unver-

diente Bestrafungen, wobei Sie manchmal sich auflehnen und manchmal demütig Ihr Los auf sich nehmen, aber in jedem Fall ohne die Aufgabe zu erfüllen, die Sie sich selbst gestellt hatten.

Diese ist eigentlich sehr einfach und besteht nur in der Wiederherstellung der verlorenen *Ganzheit* durch Einverständnis und Akzeptanz *jeder* Situation, durch die Akzeptanz absolut aller Empfindungen, die diese Situation begleiten.

Welchen äußeren Ausdruck auch immer die Ereignisse rundherum haben – der Meister ist immer sowohl in Ihnen als auch in Ihrer Umgebung eins, das heißt, Sie wechselwirken eigentlich ununterbrochen nur mit sich selbst, alles rundherum ist ebenso **Sie**. Selbst wenn Sie im Augenblick, wenn auch in einem äußerlich von Ihnen unterschiedenen Antlitz, *sich selbst* kränken. *Die Anerkennung dessen führt zur Überflüssigkeit einer weiteren Erfahrung, und die Ereignisse harmonisieren sich.*

Aber für solch ein Annehmen seiner selbst und der Situation, damit die mentale Logik von Vertrauen erweckenden Empfindungen abgelöst wird, ist eine Art *Blick von außen* erforderlich, *die Möglichkeit, sich von der Seite zu betrachten.* Für den Anfang zumindest in Stresssituationen. Und im Idealfall ständig.

Diese Möglichkeit erwerben wir, wenn wir eine weitere feinere und vollständigere Methode des Inneren Lachens entdecken und nützen.

Ich möchte gleich vorweg sagen, dass man diese Methode erst dann in Angriff nehmen soll, wenn man die beiden vorhergehenden sich bis zur völligen Natürlichkeit angeeignet hat. *Andernfalls kann es sein, dass Sie einfach nichts empfinden!* Und Sie können dann kaum das Neue bewerten, das Ihnen zur Integration in Ihre Existenz angeboten wurde.

Was wir Ihnen anbieten, unterscheidet sich äußerlich nur wenig von den vorhergehenden Lachtechniken. Und den wahren Wert der neuen Entdeckung werden Sie vielleicht auch nicht sogleich zu schätzen wissen. Aber das ist nur am Anfang so.

Schon sehr bald werden Sie genau spüren, wie sich etwas in Ihnen qualitativ und total ändert ... Dass Sie in einer gewissen Weise nicht mehr Sie sind, aber Sie werden kaum mehr wünschen, wieder hilflos und von allem abhängig zu sein.

Wir bieten Ihnen also eine neue Ebene des Lachens an, wo Sie das Lachen gewissermaßen bei sich einquartieren und ihm anbieten, jetzt dauerhaft über Ihre Einheit mit sich und der Welt zu wachen; nicht nur indem es Sie an den Meisterstatus erinnert, sondern Sie auch ständig darin bekräftigt.

Wir schlagen Ihnen vor, das Lachen zu werden. Wir schlagen Ihnen vor, sich an Ihre ursprüngliche universelle göttliche Harmonie zu erinnern, die irgendwann vergessen und verloren worden ist. *Wir schlagen Ihnen vor, sich als ursprüngliche Vibration des Wortes vorzustellen, das Sie am Anfang waren ...* Wir schlagen Ihnen vor, jetzt den ersten kühnen Schritt dahin zu tun.

Dieser Schritt sieht lächerlich einfach aus.

Die Technik des »Lachens der dritten Ebene«

Lenken Sie Ihre Aufmerksamkeit auf einen Punkt knapp über Ihrem Kopf, etwa in einer Entfernung von vier bis fünf Zentimetern über dem Scheitel. Stellen Sie sich an der Stelle eine Kugel von einer beliebigen, für Sie angenehmen Größe vor. Schauen Sie sich die Kugel genauer an – vielleicht erkennen Sie einen lächelnden Wassertropfen? Helfen Sie Ihrer Vorstellungskraft, Ihrem inneren Sehen, um dieses lächelnde Gesicht zu bilden.

Jetzt schlagen wir ihr – der Kugel – vor zu lachen. Für Sie, den Meister des Inneren Lachens, ist das nicht schwer.

Erinnern Sie sich an Ihren »Inneren Lachkammerton«, der Ihnen hilft, das Lachen in der feinstofflichen Hülle zu aktivieren? Jetzt wird jeder Ihrer Atemzüge – beim Ein- wie auch beim Ausatmen, zu einem solchen Kammerton. Sie stellen sich vor, und empfinden plötzlich, dass die Luft selbst, die Sie atmen, in der »*Lachfrequenz*« vibriert, die Ihnen schon geläufig ist. Das heißt, Sie aktivieren das Lachen in der ausgeatmeten Luft (wie in der eingeatmeten) ebenso, wie Sie es einst in der feinstofflichen Hülle aktiviert hatten.

Nun bringt diese »lachende Luft«, wenn sie in den Wassertropfen tritt, diesen in die Lachfrequenz und aktiviert in ihm das Lachen. **Der über Ihrem Kopf befindliche Raum in Gestalt einer Kugel lacht**.

Jetzt unterstützen Sie dieses Lachen (nennen wir es behelfsmäßig »Lachen der dritten Ebene«) durch eine *auf Lachen eingestimmte Atmung*, beim Ein- und beim Ausatmen.

Dabei möchten wir unsere besondere Aufmerksamkeit auf eins richten – *die Amplitude der Lachvibration beim Ein- und Ausatmen ist sehr gering.* Das ist auch keine physische Vibration, vielmehr eine »Vorstellung von einer Vibration«, und das ist völlig ausreichend, denn das ist der »Kammerton«.

Und das abschließende, aber sehr wichtige Element, ohne das das oben Gesagte jeden Sinn verliert, ist das **Lächeln**. Aber jetzt verändert sich die Qualität Ihres Lächelns wesentlich – es wird zu einem **inneren** Lächeln. Jetzt müssen Sie nicht zwingend mit den Lippen lächeln (aber Sie dürfen es natürlich, wenn es die Umstände erlauben), jetzt *sehen Sie sich einfach lächelnd.* Sie *lächeln innerlich*, und das reicht völlig. Aber das innere Lächeln unterstreichen Sie unbedingt mit *lächelnden Augen,* das ist eine wichtige Ergänzung und sieht immer gut aus.

Gerade das *Innere Lächeln, das Lächeln mit den Augen* und die Empfindung eines lächelnden Raumes über dem Kopf bildet all das, was wir das »**Lachen der dritten Ebene**« genannt haben.

In der Folge, das heißt mit der Vervollkommnung dieser Technik, schwindet die Notwendigkeit, auf die »lachende Luft« bzw. auf die Lachvibrationen zu achten, von selbst. Wie sich herausstellt, verfügt unser physischer wie auch unser feinstofflicher Körper über *eine Art Gedächtnis und sogar ein Bewusstsein* (darauf kommen wir noch zurück), und wenn er auf bestimmte Zustände eingestimmt ist, kann er diese Zustände speichern.

Zur totalen »*Infizierung mit Lachen*« kommen wir noch, vorläufig müssen Sie sich nur periodisch an Ihre »Lachkugel«, bzw. Ihr »Lachzentrum« in Form des »*lachenden Atems*« erinnern.

Was bringt uns diese Technik Neues?

Vor allem ist zu sagen, dass jede neue Methode zu lachen die anderen nicht aufhebt, die Sie schon beherrschen. Sie ergänzen einander bloß, sie versetzen das Lachen in immer feinere Empfindungen.

Wir erinnern daran, dass das Lachen »der ersten Ebene« hervorragend mit psychoemotionalen Zuständen arbeitet, sowohl »frische« als auch »verfestigte« Erinnerungen leicht löscht, eine prophylaktische Reinigung durchführt und das »schlafende« Negativ entwickelt bzw. sichtbar macht; das Lachen »der zweiten Ebene«, das heißt mit den feinstofflichen Hüllen, arbeitet zielgerichtet mit negativen Aufzeichnungen jeder Art und erlaubt es, eine Reihe von Gesundungsmaßnahmen zu realisieren, weil es tief auf der Zellebene wirkt.

Beide Ebenen des Lachens erhöhen den Lebenstonus und verändern dadurch die Qualität der Existenz. Sie erlauben es, spielend in den Meisterzustand zu gelangen, und **vor allem geben sie uns durch das verbindende Prinzip, das dem Lachen eigen ist, das Gefühl der verlorenen Ganzheit zurück. Sie machen die Welt freundlich und entladen dadurch tiefe, karmische Deformationen.**

Die neue, dritte Ebene des Lachens bewahrt die genannten Errungenschaften und erlaubt es schon jetzt, ohne auf die vollständige Reinigung der negativen Aufzeichnungen zu warten (an der natürlich weiterhin gearbeitet wird), deren Einfluss auf Sie im Alltag zu neutralisieren, Freiheit in

Ihren Handlungen und eine klare Sicht auf die Situation zu bekommen.

Sehr wichtig ist es, dass bei der **neuen Lachmethode Ihr gleichsam äußeres »Sehzentrum« in die Lachzone integriert wird, und der Meisterblick »von der Seite« auf sich und die Situation entsteht wie von selbst.**

Wenn man das Lachen der dritten Ebene praktiziert, kann man nicht an etwas anhaften, sich an Ereignisse, einen Menschen oder ein Resultat klammern – und gerade deshalb kann man in sich einen stabilen bzw. dauerhaften Meisterzustand erhalten.

Und die Hauptsache ist wohl, dass über die Vibration des Lachens eine Integration in den einheitlichen Energieraum des Meisters und in das universelle, göttlich schöpferische Potenzial erfolgt.

Jetzt ist dieses Lachen, das in Ihnen erklingt und das anfangs noch durch Willensarbeit ausgelöst wurde, *mit jedem Tag autonomer und unabhängiger von Ihrem Wunsch und Nichtwunsch zu lachen.*

Irgendwann werden Sie empfinden, dass Sie es immer hören können – es reicht dann, dass Sie in sich hinein schauen. **Und es kommt der Tag, wo Sie verstehen, vielmehr mit einer tiefen Überzeugung begreifen, dass Sie in sich nichts Neues geschaffen haben. Sie haben nur etwas geweckt ... Ja nicht einmal das – Sie haben sich nur erlaubt, das zärtliche Lachen des sorgenden Vaters oder der liebenden Mutter zu hören, die die Spiele des Kindes beobachten. Ein Lachen, das in Ihnen von Anfang an zu hören war, während Sie doch so ernst und beschäftigt waren ...**

Haben Sie niemals das Spiel einer jungen Katze beobachtet, wenn sie eine Papierkugel jagt oder durch das Zimmer stürmt, als wäre sie auf der Flucht vor einem Feind oder ihrem eigenen Schatten? Das ist doch komisch und witzig, nicht? Erinnern Sie sich, wie wohlwollend Sie dabei gelacht haben?

Und jetzt erinnern Sie sich, wie der Katze die Haare zu Berge standen und die Augen starr waren vor Angst und der Atem raste vor Schreck – für die Katze war das alles wirklich ...

Woran erinnert Sie das? Auch wir quälen uns ab, sind geschäftig, flüchten vor etwas, das offenbar nur ausgedacht und nur für uns zu sehen ist... **Und dort, in der Tiefe unseres Wesens, erklingt unaufhörlich ein sanftes, alles verstehendes Lachen unseres weisen, kosmischen Meisterwesens.**

Stanislaw Grof, der den Innenraum des Menschen und die geistigen Kontakte mit den höchsten Sinngestalten, die in besonderen holotropen Zuständen auftreten, tief erforscht hat, sagt: »*Es gibt noch eine Eigenschaft, die ständig wachgerufen wird – das ist die verfeinerte Empfindung des Kosmischen Humors.*«

Über Selbiges spricht Sri Aurobindo, wenn er in der ihm eigenen poetischen Manier den Meister beschreibt:

Ein ruhiges, tiefes Meer,
es lacht in den laufenden Wellen:
Das Allgemeine – es ist alles.
Das Transzendente – ein Nichts.

Und noch einmal Osho: »*Durch das Lachen könnt ihr Gott erreichen ... Das Lachen ist die Brücke zu ihm ... Wenn ihr lacht, kommt ihr zu dem, der euch das Lachen gelehrt hat.*«

Wenn Sie sich des nicht endenden Lachens bewusst werden, das in Ihnen klingt, und Sie allmählich selbst zu diesem Lachen werden, stehen Sie praktisch auf der gleichen Stufe mit Ihrem Meister und können jetzt auf Meisterart alles betrachten, was in Ihrem »persönlichen Universum« geschieht. Und wir wagen es, Ihnen zu versichern, dass sowohl dieser Blick als auch die damit verbundenen Empfindungen sich grundlegend von dem unterscheiden, was Sie gewohnt sind.

Alles, was vorher schwierig erschien, erweist sich jetzt als lächerlich einfach, jedes Problem löst sich auf wie eine Nebelschwade, die Sie nur mit seinen drohenden Umrissen erschreckt hat; tödliche Gefahr verwandelt sich in ein ziemlich puppenhaftes Spiel, in das Sie als Autor und Schöpfer jede Ihnen beliebende Korrektur einbringen können; ein persönliches Drama, aus einem neuen, meisterlichen Blickwinkel betrachtet, kommt Ihnen nun wie eine »Seifenoper« vor. Vieles, was Ihnen einst wichtig und lebensnotwendig erschien, wird plötzlich ziemlich künstlich und unaktuell.

Und das, was für den Meister wirklich einzig wichtig ist und einen Sinn ergibt, steht plötzlich mit sehr einfachen Dingen in Zusammenhang – **zu leben, ohne irgendetwas in seiner Existenz zu negieren,** sich selbst und seine Umwelt vollständig anzunehmen und einen Strom ununterbrochener Freude daraus zu erfahren.

———

Jetzt würden wir Ihre Aufmerksamkeit gerne noch auf einen sehr wichtigen Aspekt des Lachens lenken – und insbesondere auf den des »*Inneren Lachens der dritten Ebene*«.

Es war schon davon die Rede, dass gerade beim Lachen in einem Bereich unseres Gehirns, dem Hypothalamus, die Produktion einer ganzen Reihe von Substanzen stattfindet, die wir Endorphine nennen. Sie sind eine Art natürliches Narkotikum.

Wie sich bei einer Detailanalyse zeigt, verfügen Endorphine aus der Gruppe der *Neuropeptide* über eine Doppelnatur. Manchmal treten sie in einer Eigenschaft auf, wie sie für Hormone charakteristisch ist – sie wirken über die Hypophyse auf die Funktion des Organismus insgesamt. Manchmal verhalten sie sich jedoch wie *Neurotransmitter* und wirken dabei unmittelbar auf die Gehirnneuronen ein, nehmen Einfluss auf Gehirnfunktionen und rufen darin charakteristische Veränderungen hervor.

Dabei wird klar, dass eine ziemlich anhaltende Einwirkung der Endorphine auf das Gehirn, und erst recht eine permanente, wie in der vorgeschlagenen Variante des Inneren Lachens, die Produktion origineller »Neuronenpfade« und »Netze« bewirkt und die Herausbildung neuer Reflexe fördert.

Das erlaubt es, die Wirklichkeit auf ganz besondere Weise wahrzunehmen, und weckt die überbewussten Umrisse unseres Bewusstseins. Gewöhnlich geschieht etwas Ähnliches nur als Ergebnis tiefer und anhaltender Meditationspraktiken oder bei wiederholter Einnahme starker Dosen psychedelischer Substanzen. Aber wir haben jetzt die reale Möglichkeit eines natürlichen Wegs über die Grenzen der normalen Existenz hinaus, über die Grenzen der geläufigen »Beschreibung der Welt«, in einen neuen *Tunnel der Realität* mit einer freieren und intensiveren Existenz.

Praktisch ist die Rede von einer Geburt, der Schaffung einer völlig neuen Art von Menschen mit ungewöhnlichen Eigenschaften, aber auf eine völlig natürliche Weise.

Dabei kann man annehmen, dass eine solche Transformation ziemlich fließend und allmählich erfolgt, ohne heftige und apokalyptische Sprünge.

Dieser unerwartete und kühne Übergang des Themas auf viel globalere Ebenen und Maßstäbe als die bisher betrachteten »angewandten Aspekte« des Lachens möge Sie nicht verwundern.

Erstens ist das unvermeidlich, denn die ganze Logik unserer Untersuchung spricht von der äußerst wichtigen Rolle des Lachens auf einem weiteren Ast der menschlichen Evolution. Zweitens beschreiben wir jetzt nur die Perspektiven und Möglichkeiten (auch wenn diese sehr greifbar sind – besonders für Sie), und schlagen Ihnen nicht vor, sich als die Vertreter der neuen menschlichen Gattung »Homo hihikulus« auszugeben (bis dahin müssen Sie noch ein wenig lachen). Und drittens ist das noch nicht alles, was wir heute über das Lachen und über Sie selbst sagen können, genauer über Ihre Möglichkeiten im Rahmen des Inneren Lachens.

Sie haben wohl schon vergessen, dass wir nicht nur versprochen haben, Sie das Lachen in einer neuen Art zu lehren, sondern auch selbst *zum Lachen zu werden*, sich als die

Urvibration zu empfinden, die einst unsere Welt geschaffen hat.

Sie sind davon ausgegangen, dass wir nur Scherze machen bzw. »künstlerisch übertreiben«?

Darauf brauchen Sie nicht zu hoffen.

Aber um ganz dicht an dieses Thema heranzugehen, müssen wir noch eine nicht sehr kurze und inhaltsreiche Abschweifung vollziehen.

——————

Für eine vollständigere Illustration des Themas, von welchem wir ausgehen wollen und dem wir eine logische Entwicklung zu geben versuchen, wenden wir uns an die Arbeiten von Satprem, Sri Aurobindo und Der Mutter (einer Mitstreiterin von Aurobindo). Weiter folgen Zitate aus diesen Arbeiten, versehen mit unseren Anmerkungen.

»*Der Körperverstand ist ein Hindernis* (für die Transformation). *Gleichzeitig ist er der Ausgang zu einer noch radikaleren Entdeckung, Ausgang zu der noch tieferen Schicht des Zellverstandes,* **der die Macht hat, nicht nur unsere Gewohnheit zum Unglücklichsein zu zerstören, sondern auch jede gattungsspezifische Gewohnheit und zuletzt die alte Gewohnheit zu sterben.**«

»*... Der Verstand der Zellen ... ist sehr ähnlich dem Verstand des Körpers in seiner unerschöpflichen Fähigkeit, das immer gleiche alte Motiv unendlich zu wiederholen ... Er befindet sich überall im Körper, wie Millionen kleiner Stimmen, die man leicht hören kann, wenn die mentalen Schichten ge-*

reinigt sind. *Er spiegelt unaufhörlich all unsere Gefühlsemp-findungen: Es genügt, wenn eine Gruppe von Zellen einmal von Angst, einem Schlag oder einer Krankheit betroffen war, und sie wird immer diese Angst und das Streben nach Unord-nung reproduzieren, sich an die Krankheit ›erinnern‹. Das ist der absurde* (uralte) *Herdenverstand.«*

»… *Durch seine Disharmonie ruft diese Angst früher oder später die Bewusstlosigkeit des Todes herbei.«*

»… *Aber all seine absurde Mechanik, der absurde Auto-matismus, kann der Wahrheit genauso dienen wie der Lüge.«*

»*Wenn er zumindest einmal auf die Vibration des Lichts eingestellt ist* (lies: des Lachens; im Laufe des Zitierens wer-den wir solche Stichworte zur Erklärung unserer Sicht ein-fügen, die wir dann später kommentieren werden), *wird er sie mit der Sturheit eines Maulesel wiederholen … Er wird sie Tag und Nacht wiederholen, ununterbrochen …«*

»… *Daher rührt seine riesige Bedeutung für die Transfor-mation, es kann ein exklusives Mittel für die Stärkung der supramentalen* (überbewussten) *Vibration im Körper sein.«* (Das Lachen kann so eine Vibration sein.)

»*Jede Sache, lebend oder nicht, trägt ihre eigene, besondere Vibration: der Felsen, das Feuer, der Virus, das Wasser.«*

»… **Es gibt andere Vibrationen, die die Macht haben, höhere Bewusstseinszustände auszulösen …«**

»**Der Liebe ist ihr eigener Ton eigen, vielleicht sogar ein bestimmter Ton des Universums …** *Ihr Mantra* (hier: Vi-bration) *ist in der Lage, bestimmte Bewusstseinszustände zu erzeugen.«*

»... Die Mutter (ebenso wie Sri Aurobindo) sah deutlich in der Zellsubstanz die Fähigkeit zur Wiederholung, und sie kam zu dem Schluss, dass, wenn es gelänge, eine bestimmte festgefahrene Art der Vibration in der Materie zu ersetzen, etwa durch eine Vibration der Freude, des Lichts, die offen ist wie die Liebe, anstelle der üblichen egozentrischen, pessimistischen und tödlichen Vibration, könnte der Mensch wohl dieser Zellsubstanz ein neues Prinzip der Kommunikation geben, die nicht auf den Gewohnheiten, sondern auf dem Göttlichen begründet ist.*

(Statt ein Totentuch zu weben, werden die Zellen das ewige Leben weben ...)«

»... Die Schwingungen verbreiten sich. Sie sind ansteckend. Geistige Schwingungen ... mentale ... vitale Schwingungen sind ebenso ansteckend ...«

»Die Materie ist der Ort, wo die Ansteckung augenblicklich erfolgt ... wo eine sofortige Verbreitung stattfindet.«

»Ich habe bemerkt, dass das Mantra (eine Vibration, und man kann kühn hinzufügen – eine Vibration des Lachens) über eine bildende Einwirkung auf das Unterbewusstsein verfügt, auf das Unbewusste, auf die Materie, auf die Zellen ...«

»Das Mantra (die Vibration des Lachens), das von den Zellen wiederholt wird, zerstört die Gewohnheit.«

»... Es ist erstaunlich, aber (diese) Vibration verfügt über eine verbindende Wirkung: **Das ganze Zellenleben wird zu einer einheitlichen Masse mit einer einzigen Vibration!**«

»Anstelle der für den Körper gewohnten Vielzahl von Vibrationen ist hier nur eine einzige Vibration.«

Zweifellos haben Sie schon erraten, wovon die Rede ist. Sri Aurobindo und Die Mutter haben ein grandioses Experiment begonnen, dem sie ihr Leben gewidmet haben. Ihre Aufgabe sahen sie darin, den archaischen »Verstand« der Zellen in einen überbewussten Verstand zu verwandeln, und sie machten damit *den ganzen physischen Körper des Menschen, sein ganzes Wesen erkennbar.*

Die Zellen mit ihrem eingeschriebenen Programm zwingen uns, stumpf zu erkranken und zu sterben. Aurobindo und Die Mutter wollten, indem sie den Zellen »Vernunft« gaben, die Unsterblichkeit des Menschen erreichen, aber nicht in der abstrakten jenseitigen Welt, sondern *im physischen menschlichen Körper.*

Das heißt, sie wollten in sich den Meister nicht nur in einem transformierten überbewussten Geist erkennen, sondern in jeder Zelle.

Eine umwerfende und erstaunliche Aufgabe! Bis jetzt ist das noch niemandem gelungen. Viele waren in der glücklichen Lage, sich an ihr meisterliches Wesen zu erinnern, aber noch niemandem ist es gelungen, diese Bewusstwerdung auf den kompletten Menschen zu verbreiten, insbesondere auf seine Physis.

Sri Arobindo und Die Mutter machten sich mutig an diese Aufgabe ... Aber sie arbeiteten nicht mit dem Lachen, und es war für sie unsagbar schwer, diese Pionierarbeit zu leisten.

»Das größte Problem besteht darin, dass das Körpergewebe aus Unwissenheit gewebt ist, und deshalb muss jedes Mal, wenn die Kraft, das Licht, die Macht versuchen, irgendwie

einzudringen, in erster Linie diese Unwissenheit beseitigt werden ... Die ursprüngliche Reaktion (der Zellen) ist stabil eine Ablehnung. Wenn man stattdessen hier immer ein Lächeln als Antwort setzte, verschwände der Schmerz fast augenblicklich.«

Sie waren schon nahe dran, sie spürten, sie ahnten es, aber irgendwie konnten sie diese Grenze des Verstehens nicht überschreiten ...

»Wenn der Schmerz nach einigen Stunden zurückkehrt, sind es die Zellen selbst, die das (das Lächeln, die Empfindung der Freude – und wir möchten hinzufügen: das Lachen) *herbeirufen, denn sie erinnern sich ... Sie treten aus ihrer hypnotischen Trägheit heraus. Befreit von den gewohnten Hüllen, beginnt das Wesen der Zellen seine wahre Natur zu eröffnen.«*

»... Die Vibration des Schmerzes ist eine Vibration der Lüge, denn es gibt auf der ganzen Welt nur eine Vibration – die der göttlichen Freude. Gott ist die Freude.«

Wir nennen es Lachen. Lachen ist Einheit. Lachen ist Liebe. Lachen ist Gott.

Wie nahe sich unsere Wege sind ... Wie identisch ist doch die Quelle, die uns nährt ...

*»Die Aufgabe des Suchenden ist es weniger, **mit den sogenannten schlechten Vibrationen zu kämpfen, als die wahrhaftige Vibration in sich zu bewahren** ... die göttliche Freude im Körper zu wahren, damit sie alle falschen und armseligen Vibrationen der betrogenen Zellen heilt und in Einklang bringt.«*

Die beiden hatten nicht unser Verständnis des Lachens, sie hatten nicht unsere Techniken, und doch handeln alle ihre Worte gerade von der Vibration des Lachens, gerade mit dieser göttlichen Vibration der Freude verbanden sie all ihre Pläne und Hoffnungen.

»Der Tod ist die Dezentralisation des Bewusstseins, das in den Zellen des Körpers enthalten ist ... Solange die Kraft der Konzentration überwiegt, kann der Körper nicht sterben ... Ein echter erster Schritt zur Unsterblichkeit wird folglich ein Ersetzen dieser mechanischen Konzentration durch eine bewusste sein ...«

Die lachende Zelle, die sich als Meister erkennt, unterwirft sich nur sich selbst. Sie pfeift auf Programme, die sie zur Selbstzerstörung aufrufen – das ist das Geheimnis des Mechanismus der Unsterblichkeit.

Lesen Sie aufmerksam die folgenden Worte und erinnern Sie sich an Ihre noch geringe, aber bei vielen schon wirksame Erfahrung, denn viele haben in sich schon den Kinderchor der lachenden Zellen gehört:

*»Das Bewusstsein der Zellen fängt an, das Mantra (**das Lachen!**) zu beherrschen, und wiederholt es schließlich automatisch und mit solcher Hartnäckigkeit! Ich habe gehört, wie die Zellen ihr Mantra (**das Lachen!**) wiederholen! Das erinnerte an einen Chor ... Es erinnerte an zahllose winzige Stimmchen, die wieder und wieder ein und denselben Ton wiederholten. Sie klangen wie ein Lied, das von zahlreichen Kinderchören gesungen wird, mit winzigen Stimmchen ... Ich war sprachlos ...«*

Wir sind auf dem richtigen Weg, Freunde. Blicken wir nicht allzu weit nach vorne, aber – der Weg ist schon gelegt, die Richtung ist von den Wegzeichen schon vorgegeben, und auf jedem Schritt erhalten wir eine Bestätigung der Richtigkeit unserer Bewegung.

Wir haben das Innere Lachen, wir wissen nicht, woher es gekommen ist, von wem wir es bekommen haben, wahrscheinlich von der ZEIT und wahrscheinlich rechtzeitig, jeder hat jetzt die reale Chance, sich bedeutend über sich zu erheben und den ersten Schritt zum Lachenden Meister zu machen.

Schließen wir das Thema mit einem weiteren Zitat von Sri Aurobindo ab. Glauben Sie mir, es ist an uns alle, an jeden Einzelnen von uns gerichtet:

»Unter uns muss eine besondere Rasse geboren werden, ein vollkommener Mensch, wenn wir nur dazu unser Einverständnis geben.

… Dann werden wir über die Freude dieser beiden Welten verfügen, und im Übrigen aller Welten, als wären sie eins … **Denn das ist das Endziel unserer Evolution – die Freude. Diese Freude kann niemand fälschen, denn sie ist das Kind, das in der Sonne lacht …**

Die Freude, und nicht das Kreuz muss das Ziel sein, das auf den Sieg der menschlichen Seele ausgerichtet ist, – aber die Menschen sind bis heute in den Kummer verliebt … Deshalb hängt Christus immer noch gekreuzigt in Jerusalem.

… Aber die Evolution tritt aus der Nacht und betritt den Sonnenzyklus … Der gekreuzigte Gott in uns steigt von seinem Kreuz (befreit von unserem Lachen), und der Mensch wird schließlich er selbst – er wird normal.

Denn normal zu sein heißt, göttlich zu sein …«

Und Satprem sagt: »… *Die Ersetzung der Vibrationen. Das Wunder der Erde, das an die Stelle der irdischen Lüge tritt.*

Apokalypse ja, eine Apokalypse mit Lächeln.

Tödlich für die Sterblichen und strahlend für die ewig Lebenden. Ein Zaubermärchen in den Zellen der Erde.«

———

Ein kurzer Kommentar hierzu:

Die Unvollkommenheit, die Schadhaftigkeit und die Begrenztheit des Menschen in dieser Welt sind durch die Nichtentsprechung zwischen seinen uralten, im Wesentlichen tierischen, zellulären Programmen und den vom Sozium stammenden, mentalen Programmen bestimmt. Zudem arbeitet jedes dieser Programme in der nur ihm eigenen Vibration, und *infiziert* buchstäblich bestimmte Zellgruppen. Deshalb ist die Gesamtvibration der Zellen ziemlich chaotisch. Außerdem verwandelt sich der Mensch, der die Einheit mit der Außenwelt eingebüßt hat, in ein in sich selbst geschlossenes System, in welchem jetzt unvermeidlich das Chaos wächst. Und das Chaos führt zum Tod.

Die Zellen sind vernünftig, ihr Verstand ist primitiv. Die Freundlichkeit des Zellverstandes wird durch den Grad der Übereinstimmung der in ihnen dominierenden Vibrationen bestimmt, den Frequenzwerten des menschlichen Bewusstseins. Und solange in unserem Bewusstsein die chaotischen Vibrationen des Kopfes dominieren, ist eine Wechselwirkung zwischen ihnen nicht möglich. Deshalb ist ein Bewusstsein einer dritten organisierenden Kraft er- forderlich – einer überbewussten.

Dem Überbewusstsein sind die Frequenzen der Liebe und Freude eigen. Dem Lachen ebenso. Das ist auch die dominierende, vielmehr die ursprüngliche und folglich stetig harmonische Vibration unseres Existenzraumes, die dazu dient, zwei Arten von Verstand in uns zu verbinden – den zellulären und den mentalen, und einen neuen, integralen, den Meisterverstand zu schaffen.

Wenn der Mensch mit dieser ursprünglichen Vibration übereingestimmt ist – nicht nur auf der Bewusstseinsebene, sondern auch auf der Ebene des physischen Körpers, der Zellen – so entsteht zwischen diesen Systemen (Mensch – Universum) unvermeidlich Resonanz.

Jetzt wird die Vibration, die das Leben des Menschen bestimmt, zu *einer mächtigen, nicht nachlassenden, dem Wesen nach unsterblichen* Vibration, weil sie ununterbrochen von der Energie des Universums selbst unterstützt wird.

Vibrationen sind »ansteckend«. Eine bestimmte Vibration, die lang genug auf der Zellebene wirksam ist, »steckt« ihre Umgebung gleichsam »an«. Die Zellen fangen an, auf einer gemeinsamen Frequenz zu »vibrieren«.

Wenn man das Lachen zu solch einer dominanten Frequenz macht, wird die Vibration des Lachens mit der Zeit zur einzigen existierenden Vibration im Menschen.

So ein Mensch wird ein Zentrum der Harmonisierung, er erwirbt die reale Möglichkeit der Unsterblichkeit und kehrt zu seiner göttlichen natürlichen Quelle zurück, er wird selbst zur Vibration des Lachens, er wird zum Lachen selbst.

Wir schlagen Ihnen vor, das über dem Scheitel gelegene Chakra zum »Ansteckungszentrum« für die Vibration des Lachens zu machen. Warum, das erklären wir später.

Außerdem schlagen wir vor, das oben Erläuterte *nicht zu Ihrem Ziel zu machen bzw. sich nicht an dieses Ziel zu klammern*. Leben Sie einfach weiter, freuen Sie sich am Leben und an sich selbst, leben Sie jede Minute genießend.

Und was kommen muss, wird kommen …

———

Beim Beschreiben der Perspektive des Inneren Lachens halten wir es für erforderlich, zumindest flüchtig über ein Thema zu sprechen, in dessen Rahmen ein vollständigeres Begreifen der Mechanismen der harmonisierenden Wirkung des Lachens auf unsere Umgebung möglich ist.

Sie wissen schon und gehen vermutlich damit konform, dass wir die Welt, die uns umgibt, selbst erbauen, entsprechend unserer inneren Qualität.

Auf diese ziemlich allgemeine Feststellung haben wir uns bisher beschränkt, aber jetzt haben wir die Möglichkeit, sie tiefer zu erforschen.

Die Form bestimmt in unserer Welt bestimmt immer den umgebenden Raum, nimmt auf ihn Einfluss und »baut« ihn.

Wenn man auf einer Fläche einen Winkel zeichnet, wirkt sich das sogleich auf die Eigenschaften des Raumes aus, der den Winkel umgibt. Links und rechts von ihm unterscheidet sich der Raum und wird in gewissem Maß sogar »gegensätzlich« in der Qualität.

Wenn man sich so einen Winkel im dreidimensionalen Raum vorstellt, mit realen Flächen versehen, wird sein Einfluss auf den Raum viel intensiver und deutlicher.

Dieser Effekt ist unter Magiern und Volksheilern sehr geläufig – eine ganze Reihe von Ritualen werden bei ihnen mit spitzen Gegenständen durchgeführt (Degen, Messer, Nadeln); Bioenergetiker und Feng-Shui-Experten berücksichtigen immer den Einfluss von Winkeln in Gebäuden, Zimmern, sogar den Einfluss eines Schreibtisches auf die Umgebung; im Alltag existiert sogar eine Reihe von Empfehlungen, denen wir folgen, ohne uns der Mechanismen bewusst zu werden, die in ihnen verborgen sind, welche aber den genannten Effekt bestätigen. So soll man zum Beispiel einen Rutenbesen immer mit dem Griff nach unten aufstellen, es heißt, dass Kakteen die Strahlung von Computern absorbieren, wenn man jemandem ein Messer reicht, niemals mit der Spitze nach vorne usw.

Am typischsten ist in diesem Zusammenhang eine Raumstruktur in Form einer Pyramide. Nicht zufällig sind Pyramiden in der Geschichte der Menschheit etwas Besonderes. Sie haben eine erstaunliche Form, vor allem, wenn man sie mit einem »neuen«, von den üblichen Stereotypen freien Blick betrachtet.

Die Pyramide als räumliche Struktur entsteht – man könnte sogar sagen, Sie wird »geboren« – aus einem Punkt, welcher sich an ihrer Spitze befindet. Dass heißt, die ganze Pyramide, ihr ganzer Umfang ist aus dem Nichts geboren, denn der Punkt ist ein Nichts. Ein Modell des Universums?

Aber die Pyramide ist statisch, und damit das Gesagte glaubhaft wird, fehlt uns noch eine »Bestätigung durch die Bewegung«. Würden wir sehen, wie sie sich aus dem Punkt heraus zu ihrer Form entwickelt, dann … Unsinn, nicht?

Aber nicht ganz. Wie sich herausstellt, kann man das sogar sehen und mit Geräten registrieren.

Aus der Spitze der Pyramide »kommt« nicht die Pyramide selbst, *sondern der Raum, der von ihr organisiert wird. Jede Pyramide wirkt als Raumgenerator.*

»Moment, Moment«, werden Sie vielleicht sagen. »Was hat das mit uns als Zauberer zu tun und mit unserem Inneren Lachen?«

Wie sich zeigt, gibt es da eine ganz unmittelbare Beziehung. Aber alles der Reihe nach.

Bevor wir auf Ihre Frage eingehen, stellen wir fest, dass die Pyramide nicht einen beliebigen Raum generiert, sondern *nur einen ganz bestimmten und von ihren Parametern festgelegten.* Das heißt, wenn die Maßverhältnisse der Pyramide harmonisch sind, wird der Raum um sie herum auf alle Fälle harmonisiert, auch wenn er es bis dahin nicht war.

Was bedeutet »harmonische Maßverhältnisse«? Das bedeutet, dass sie die Parameter des »ursprünglichen Raumes« spiegeln, der »Matrix«, die der Energiestruktur unserer Welt zu Grunde liegt.

Ohne ins Detail zu gehen, behaupten wir:

– Die wirkliche Dimensionalität unseres Raumes ist eine Bruchzahl, wir leben nicht in einer dreidimensionalen

Welt, sondern in einer π-dimensionalen, also die Zahl der Dimensionen, die unseren Raum ausdrückt, beträgt 3,14....;

- demgemäß entspricht die bestimmende Vibration unserer Welt ebenso der Zahl π;
- also muss die Ursprungsvibration, die unsere Welt geschaffen hat, das »Wort Gottes« ebenso der Frequenz der Vibration der Zahl π entsprechen;
- der berühmte »Goldene Schnitt«, der allen Proportionen auf unserer Welt zu Grunde liegt, ist eng verbunden mit der Zahl π, das heißt in ihrer Grundlage sind sie eins.

Dem Goldenen Schnitt begegnen wir auf Schritt und Tritt, womit auch immer wir zu tun haben: die Form der Schneeflocken, die Verteilung der Nadeln auf dem Kaktus, die Spiralen der Panzer von Mollusken, die Lage der Kerne im Apfel, und schließlich die Parameter des Körperbaus des Menschen – überall in der Natur finden wir einen »Goldenen Schnitt« von Maßen und Parametern.

Wenn diese beiden Harmoniemuster (der Goldene Schnitt und die Zahl π) in den Maßen einer Pyramide ihren Niederschlag finden, wird sie unvermeidlich um sich herum einen harmonischen Raum schaffen.

Die weithin bekannten Pyramiden des Alexander Golod, die erfolgreich an den unterschiedlichsten Orten funktionieren, u.a. in der Umgebung von Moskau, verwenden gerade dieses Prinzip, obwohl es so aussieht, dass selbst der Erbauer dieses Prinzip nicht bis ins Letzte verstanden hat.

Nichtsdestoweniger ruft die Realität der Wirkung dieser Pyramiden auf ihre Umgebung bei niemandem Zweifel hervor, nicht einmal bei Skeptikern: Es ziehen sich die Ozonlöcher über riesigen Territorien zusammen, die Fruchtbarkeit von Sämereien, die man ins Innere einer Pyramide gebracht hat, erhöht sich bedeutend, und die physikalischen Eigenschaften des Wassers verändern sich nach einer »Pyramiden-Bestrahlung«.

Was hat das jetzt mit unserem Lachen zu tun?

Der Mensch selbst stellt in seiner energetischen Grundlage ebenfalls eine Pyramide dar. Genauer gesagt, er ist eine etwas komplexere Form, die quasi aus zwei Tetraedern (dreiseitigen Pyramiden) besteht – das ist genau die berühmte »Merkaba«, welche ein dreidimensionaler Ausdruck der Einheit der beiden Prinzipien männlich und weiblich (Yang und Yin) ist.

Das heißt also, dass der Mensch selbst ebenso erfolgreich in Übereinstimmung mit denselben Prinzipien den Raum um sich herum organisiert, generiert, schafft. So also äußert sich der Mechanismus seiner Schaffenskraft! Und den Raum um sich herum organisiert er ausschließlich in Übereinstimmung mit seiner inneren Qualität. Natürlich wird dieser Raum bei einer so komplexen Erscheinung, wie es der Mensch ist, nicht allein von den linearen Maßen und Konfigurationen seines Körpers gebildet. Die Rede ist vielmehr von seiner energetischen Struktur.

Bei Golods Pyramiden erfolgt die »Strahlung des neuen Raumes« über den höchsten Punkt der Pyramide. Den Auswurf einer »Ionensäule« über der Pyramide als Begleiteffekt dieses Prozesses registriert sogar ein Flugzeugradar in einer Höhe von mehreren Kilometern.

Bei uns entspricht diese Säule dem oberen Chakra, dem Raum über dem Scheitel, der Zone des Lachens der dritten Ebene.

Aber wodurch wird eigentlich die harmonisierende Wirkung des Lachens auf den Raum bewirkt, wie gelingt es ihm, die energetische Struktur des Menschen zu balancieren, wo in ihm verbirgt sich der universelle »Goldene Schnitt«?

Wir haben schon davon gesprochen, dass das Lachen gewöhnlich beim Zusammenstoß von zwei gleichgerichteten Programmen erfolgt. Es »lebt« gleichsam in der Zone der gegenseitigen Aufhebung ihrer Gegensätze – das heißt, am Punkt der unausweichlichen Entstehung einer neuen Qualität. Die Parameter dieser Lachzone bzw. ihre energetische Konfiguration werden immer den Parametern des Goldenen Schnitts entsprechen. Warum genau, davon sprechen wir später.

Also ist unsere Lachzone der dritten Ebene eine Art Filter, eine Matrix, die den von uns geschaffenen Raum harmonisiert, der gleichsam durch sie »hindurchgeht«.

Alexander Golod baut seine Pyramiden und verteilt sie über Dörfer und Landstriche, zur »Gesundung« unseres kranken Raumes. Es kann gut sein, dass das wirkt. Aber wäre es nicht richtiger und natürlicher, wenn jeder aus sich heraus eine solche »Pyramide« herstellte, über das Innere Lachen?

Eine bestimmte Anzahl von Menschen, die das Innere Lachen praktizieren, ist zusammen in der Lage, den Energieraum der Erde zu harmonisieren. Erinnern wir uns an Satprem: »*Apokalypse mit Lächeln* ...«

Ein Mensch, der zum »Lachen« geworden ist, der jede seiner Zellen in die Vibration eingeschlossen hat, die den Harmoniemustern unseres Raumes entsprechen, wird selbst zu der ursprünglichen Vibration, die einst unsere Welt geschaffen hat, er wird zu Gottes Wort, zu seinem Lachen, zum Lächeln des Universums ...

Empfehlungen zur Herstellung des Zustands

Praktizieren Sie die Technik des Lachens der dritten Ebene so oft wie möglich am Tag, nach unserem Prinzip: »Gedacht – getan«. Überzeugen Sie sich davon, dass es keine Situation gibt, in der man nicht aus der Distanz und mit einem Lächeln auf sich und auf die Umstände blicken kann. Erlauben Sie dieser Technik, Sie mit der Zeit *zu durchwachsen,* erlauben Sie ihr *aufzuhören, eine Technik zu sein* und Ihr natürlicher und beständiger Zustand zu werden. – In dem Moment, wo Sie in sich das lachende Echo des Meisters hören, wenn Sie Ihr Lachen nicht mehr von dem seinem unterscheiden können, wenn die beiden eins werden und *Sie damit als Meister bestätigen,* erwerben Sie wahre Freiheit, und es gibt nichts in der Welt, was sie Ihnen nehmen könnte.

Möge der Raum des Lachens der dritten Ebene für Sie zu einem »Infektionsherd des Lachens« werden. Sie müssen dafür nicht eigens etwas tun.

Nur anfangs halten Sie Ihre Aufmerksamkeit willentlich in der Zone des Lachens und erlauben ihm dann einfach, dort stattzufinden, *indem Sie sich vorstellen, wie immer mehr Bereiche Ihres physischen und Ihres feinstofflichen Körpers in den »Lachakt« einbezogen werden. – Visualisieren Sie Ihre Zellen, indem Sie ihnen zuerst vorschlagen zu lachen und ihnen helfen, sich in das Lachen einzureihen; und dann beobachten Sie sie einfach, wie sie lachen. Versuchen Sie das zu empfinden und vielleicht sogar zu hören.* Züchten Sie das Lachen in sich, ohne konkrete Ergebnisse anzustreben, freuen Sie sich einfach über die Ihnen geschenkte Freiheit in Ihren Gedanken, Handlungen und Empfindungen.

ZUSTAND ACHT –
ein bisschen schwanger

Peter bewegte sich raschelnd in dem Haufen von oben geworfenen Laubs, streckte sich und gähnte lauthals mit weit aufgerissenem Mund. Die Blätter fielen ab, sie ließen die morgendliche Kühle und die Feuchte des Taus an seinen Körper.

»Heute ist der erste Tag meines verbliebenen Lebens«, dachte der laut und erhob sich mit einem Ruck, um entschlossen den Morgen zu begrüßen.

Es war noch sehr früh, und Vogelgezwitscher lag über dem dichten Bodennebel.

Die Arme weit ausgebreitet stand er im Angesicht der gerade aufgehenden Sonne und rüttelte seinen noch nicht ganz ausgeschlafenen Körper mit einem kräftigen Inneren Lachen durch.

Er lachte, bis er genug hatte, atmete tief ein, beugte sich zu dem Bach nieder und tauchte Lippen und Stirn in das kühle Nass ...

Er rieb sich trocken, richtete sich auf und lächelte – der Tag hatte begonnen.

Das war nun schon der dritte Tag, an dem Peter auf einen Auftrag vom Drachen Gorynytsch wartete, oder zumindest auf einen kleinen Hinweis auf einen solchen.

Sein Enthusiasmus wurde ein wenig gedämpft. Nichts im Äußeren oder im Inneren verhieß auch nur eine Andeutung davon. Selbst Mauz gab kein Lebenszeichen von sich, und unmerklich kroch eine schwarze Schwermut in sein Herz.

Die Munterkeit und Freude des begonnenen Tags schmolzen zu einem gespenstischen Nebel, und dunkle, verzagte Gedanken machten sich breit ...

»Nichts stört die Freude am Leben mehr als das Leben selbst«, murmelte er, während er den Waldrand entlang trottete und den morgendlichen Brotkanten zu Ende kaute.

»Obwohl ich doch alles verstehe«, wunderte sich Peter, »bekomme ich mich dennoch um nichts in der Welt in den Griff. Ich verstehe, dass mein Leben einen Sinn hat, aber es ist ein fremder Sinn, der sich anstelle des Meisters eingenistet hat. Wer war es, der mir so eine düstere Freude geschenkt hat?

Sehr langsam, nur ganz langsam wächst in mir das neue Wissen des Meisters«, grämte er sich, während er sich durch das Dickicht plagte, »eine träge Schwangerschaft ist das. Die Angst wächst unaufhörlich, was auch immer ich versuche ... Und ich bin müde geworden, darüber zu lachen ...«

»Wenn du von der inneren Angst davonlaufen willst«, hörte Peter plötzlich eine bekannte glucksende Stimme, »dann übe das Innere Laufen ...«

Direkt vor ihm über dem Fußweg erschien das rotblonde Lächeln von Mauz.

»Und wenn das Schicksal dir ein Schwein geschickt hat«, fuhr Mauz glucksend fort, »dann schau es dir genauer an: vielleicht ist es ja nur der Keim deines Glücksvogels?«

»Ach Mauz …« Peter konnte sich nicht einmal richtig über den Kater freuen. »Schon den dritten Tag strenge ich meine Gehirnwindungen an, aber nichts fällt mir ein. Mein Kopf zerspringt mir bald von diesen Gedanken …«

»Solange der Kopf weh tut, heißt das, dass er da ist«, beruhigte ihn Mauz. »Das ist schon mal nicht schlecht. Jetzt muss man ihn nur noch richtig anwenden …«

»Aber wie denn?«, rief Peter verzweifelt.

Mauz' Lächeln wurde noch breiter. Es machte ihm sichtlich Spaß.

»Widme deinen Problemen jeden Tag eine halbe Stunde und nütze diese Zeit, um ein Nickerchen zu machen«, riet er ihm kichernd.

»Du lachst mich aus«, kränkte sich Peter und zog die Brauen hoch.

»Ich helfe dir«, seufzte Mauz leise auf Katzenart. »Das Leben ist widerwärtig, Peter, wenn man viel darüber nachdenkt, und wunderbar, wenn man einfach lebt.«

Und er verschwand.

»Immer das Gleiche«, grunzte Peter böse. »Warum sagt er es mir nicht so, dass ich es verstehe … Aber nein, alles mit diesem katzenhaften Unterton, alles in Rätseln …«

Er setzte seinen ziellosen Weg durch das taunasse Gras fort und schimpfte über Mauz. Er ging und ging, als es ihm plötzlich vorkam, als würde er sich von der Seite betrachten und darüber lachen, was er sah. Er hörte sogar das Geräusch des Lachens, es klang fast wie das von Mauz.

Peter blieb stehen und lauschte … Aber anstelle eines Lachens hörte er plötzlich ein Weinen, das aus den Büschen zu *ihm drang. Es war fein und durchdringend, nicht unbedingt menschlich, aber nach Hilfe rufend. Ohne lang zu überlegen, folgte er dem Ton, wobei er vorsichtig und leise auftrat.*

Hinter dem Busch saß eine Häsin zwischen zwei Felsen wie in einer Falle und hielt sich vor Schreck die Ohren zu. Ihr gegenüber machte sich ein Fuchs zum Sprung bereit.

Ohne eine Sekunde zu zögern, packte Peter mit seiner starken Fischerhand den Fuchs am Nacken und hob ihn hoch. Mit der anderen nahm er vorsichtig die Häsin vom Boden hoch und drückte sie an sich, um sie zu beruhigen.

Jetzt begann der Fuchs, erschrockene und klagende Laute von sich zu geben. Er wand sich und versuchte, mit seinen scharfen Zähnen ...

Aber vergeblich, Peter hielt ihn fest.

»Danke dir, Peter«, sagte plötzlich die Häsin mit einer menschlichen Stimme, »du hast nicht nur mich gerettet, sondern auch meine Kinder. Ohne mich wären sie verloren gewesen ...«

Da wunderte sich Peter, aber nicht so sehr darüber, dass die Häsin sprach – im Märchen ist ja alles lebendig –, sondern vielmehr, dass man ihn mit seinem Namen angesprochen hatte. Er wollte schon fragen, warum er im Tierreich so bekannt sei, als er plötzlich die Ohren spitzte:

»Und mich? Und wer erbarmt sich meiner Kinder?«, hörte er die Füchsin sagen. Sie hatte es aufgegeben, sich losreißen zu wollen und blickte Peter traurig in die Augen. »Sollen sie vielleicht allein überleben? Was ist an Hasenkindern besser als an Fuchskindern? Sag schon, Peter. Denk nach ...« Peter hielt die wilde und schlaue Füchsin in der einen Hand und in

der anderen die langohrige schutzlose Häsin. Es sah aus, als würde er ihre Bedeutung gegeneinander abwägen. Als würde er den Wert des eines Lebens mit dem des anderen vergleichen ...

Da begann das Gedankenchaos der letzten Tage sich in eine Ordnung zu fügen ... Aber er kam gar nicht dazu, darüber nachzudenken, denn etwas Riesiges und Starkes packte ihn am Kragen und schüttelte ihn grob. Hase und Fuchs fielen ihm aus den Händen und liefen in verschiedenen Richtungen davon. Und der Kopf fiel ihm mit solcher Kraft nach vorne, dass es im Nacken knirschte und ihm schwarz vor den Augen wurde ...

———

Peter hing am Kragen an einer Höhlenwand und wedelte hilflos mit Armen und Beinen – fast wie der Fuchs, der gerade noch sein Gefangener gewesen war – und interessante Gedanken spazierten ihm durch den Kopf ...

Unweit von ihm machte sich ein Riese zu schaffen, der ihn gefangen hatte. Er hatte schon ein Feuer angemacht und war im Begriff einen riesigen Kessel heranzuschaffen. So groß, dass einer wie Peter locker darin Platz hätte. Als der Kessel an seinem Platz war, begann der Riese ganz beiläufig seinen Gefangenen zu betasten.

»Kein großer Fang«, murmelte er vor sich hin, aber immerhin ein Stück Fleisch ... Für die Fettaugen wird es reichen ...

»Neulich dagegen«, beklagte er sich bei Peter, »hab ich einen ausgemergelten Penner in die Suppe zum Kochen geworfen. Da hat dieser Schuft, als das Wasser noch am Kochen war, alle Kartoffeln aufgefressen und dann das Weite gesucht. So schnell konnte ich gar nicht schauen.«

Er trat aus der Höhle, und an dem folgenden Geräusch konnte man hören, dass der Menschenfresser das Messer wetzte. Aber seltsam, Peter spürte weder Sorge noch Angst. Er hing da und hörte den Kakerlaken zu, deren trauriges Summen wie fallendes Herbstlaub klang, während sie an den Wänden und am Boden der Höhle hin und her flitzten. Sie konnten es sich gut gehen lassen, denn an Resten von den vergangenen Gelagen des Menschenfressers mangelte es nicht.

Die Gedanken gingen gemächlich durch Peters Kopf. Er hatte ein klares Empfinden, als hätte er kürzlich verstanden, was jedes Problem lösbar und jede Gefahr lächerlich machte, auch die jetzige.

Solange Peter an der Wand hing in Erwartung des Riesen, hatte er genügend Zeit, an seine geistige Entdeckung zu denken und die nötigen Konsequenzen zu ziehen. Und er überlegte, während er an seine jetzigen Qualen dachte:

Hat mein Meister, also ich, die Welt als Einheit geschaffen? Ja, als Einheit. Und woher kommen dann unterschiedliche, extreme Begriffe, die sich gegenseitig ausschließen? Woher kommen Freude und Leid? Wenn ich zum Beispiel in Freude bin, woher kommt dann das Leid in der Welt? Oder umgekehrt, wenn mein Geist im Schaffen bekümmert war – woher kommt dann die Freude in der Welt? Wenn es in dieser Welt den Tod gibt«, wunderte sich Peter weiter, »wie konnte sich dann das Leben ansiedeln? Wie konnten Tag und Nacht von demselben Schöpfer geschaffen sein? Hartes und Weiches? Mann und Frau?

Was soll das – waren es vielleicht zwei Schöpfer? Ein böser, »dunkler« und ein guter, »heller«? Aber nein, es war doch nur einer …

Es kann also nur eines sein, wurde ihm schließlich klar. Alles kam paarweise in die Welt, zuerst als Ganzes und dann wurden zwei Hälften daraus.

Es kam die Nacht in die Welt, Arm in Arm mit dem Tageslicht, freute sich Peter, der am Haken hing und mit Armen und Beinen zappelte. Und das Böse mit dem Guten. Und der Kummer kam zugleich mit der Freude …

Also ist alles paarweise in der Welt. Peter staunte über sich selbst. Solange die Sonne am Himmel steht, versteckt sich der Mond. Und wenn der Mond hervorkommt, geht die Sonne schlafen. Wenn ich im Äußeren Freude habe, dann lauert schon der Kummer, noch im Inneren verborgen, dachte Peter weiter. Und wenn das Problem im Außen ist, dann ist innen was? Seine Lösung! … Schau dir das an, von Anfang an ist sie in mir, die Lösung, aber vor lauter Problemen kann ich sie nicht sehen …

Worauf läuft das nun hinaus?, fragte sich Peter und machte sich Sorgen um seine Schlussfolgerungen, während er sich am Haken wand. Wenn ich mich in meinem Inneren an das Gute hefte, heißt das, dass ich im Äußeren das Schlechte fördere? Wie das? Soll ich mich vielleicht an das Böse hängen, damit das Gute nach Außen kommt? Was für ein Schwachsinn!

Vielleicht sollte man sich an gar nichts hängen? …

Und wozu? Und was macht es für den Meister für einen Unterschied, womit er spielt? War es vielleicht falsch, dass er alles in Paaren auf die Welt geschickt hat?, führte Peter seine

Forschungen weiter. Worin ist denn der Mond schlechter als die Sonne? Und die Nacht als der Tag? Das Weib als der Mann? Die Tränen als das Lachen? Warum schlechter? Manchmal können auch Tränen süß sein ...

Annehmen muss man alles, dafür ist es ja ein Ganzes, freute sich Peter seiner Entdeckung. **Woran du dich aber hängst, das verlierst du, weil das Gegenteil sofort an die Oberfläche kommt.** Ganzheit heißt ja: Schwarz und Weiß – alles ist eins.

Deshalb komme ich auch derzeit zu nichts, wurde Peter schließlich klar, »**weil ich mich an die Lösung meines Problems geheftet hatte, und nach Außen tritt die andere Seite – das Problem selbst.**

Komisch, dachte Peter verwirrt, **das heißt, man soll ein Problem nicht lösen, man soll sich nur davon freimachen ... Häng dich nicht an die Lösung, und es löst sich von selbst** ... So ist das also ...

Darum hat der Fuchs geweint, erinnerte er sich. Wenn ich die Hasenjungen retten will, mache ich die Fuchskinder unglücklich. Wenn ich den Füchsen den Hunger erspare, leiden die Hasen ... Und was wäre angebracht? Einfach nicht denken, nicht entscheiden ...

Denn zwischen den beiden hatte ich nichts zu schaffen ... Der Mensch ist schon sehr klug – er wählt ständig ... Hier aber geht es um eine tierische, spontane Sache ...

Und wie kann man diese Spontaneität, diese Wahlfreiheit erreichen, die diese Einheit nicht zerstört?, fragte er sich und schlug sich auf die Stirn. Das ist doch der Meisterzustand! Und ich, ich renne wie ein aufgeschrecktes Huhn durch die

Gegend und denke an Gorynytschs Aufgabe. Immer seltener war ich in dem Zustand, und so bin ich jetzt an diesem Haken gelandet ...«

Man hörte Schritte, und zwei Riesen betraten die Höhle, die sich gleich sahen wie zwei Wassertropfen.

»Das ist er«, sagte der Schmutzigere und Ungepflegtere von den beiden und stieß Peter mit dem Finger. Jetzt sah sein Gesicht im Vergleich zu dem anderen noch dümmer und primitiver aus. »Seit dem Morgen hängt er hier«, kicherte er.

Der zweite Riese war dem ersten zwar ähnlich, aber in seinen Zügen zeigte sich ein Hauch von größerer Entwicklung, vielleicht sogar Intelligenz ...

»Mit wem man sich alles abgibt, nur um zu irgendwas zu kommen ...«, seufzte der intelligentere Riese und betrachtete Peter aufmerksam.

Der erste lachte auf und bekam einen lauten Schluckauf.

»Ein Schluckauf«, erklärte er und setzte sich auf einen Stein, »ist ein verirrter Pups. Ich denke, da ist mir ein Schluckauf lieber ...«

Der zweite Riese warf nur einen flüchtigen Blick auf ihn.

»Du hast eine gute Seite, Brüderchen«, sagte er zu ihm und wandte sich wieder Peter zu. Aber du sitzt gerade auf ihr ...

Wie geht's, Peter?«, fragte er.

»Mir geht's gut«, antwortete Peter und schaukelte an dem Haken, aber aus irgendeinem Grund beneidet mich niemand. Mein Leben hängt an einem Haken, könnte man sagen.«

»Ja richtig ...«, grinste der intelligentere Riese selbstgefällig und machte sich daran, Peter vorsichtig abzuhängen. »Ich war unlängst bei Kostschej, er hat von dir erzählt ...«

Der erste Riese machte sich lautstark zu schaffen, er richtete sich ein Lager. Ihm war klar geworden, dass er um sein Mittagessen gekommen war und wollte sich offenbar aufs Ohr legen. Er brummte still vor sich hin.

»Den ganzen Tag habe ich gestern am Fluss herumgelungert«, erklärte Peter, »und eine Menge Steine hinein geworfen. Und egal wie ich die Steine hinein warf, immer traf ich genau in die Mitte eines Kreises. Die Steine sind verschieden in der Form, aber die Kreise sind immer rund ...«

Der intelligentere Riese stellte Peter vorsichtig auf die Beine und grinste, während er zu dem anderen deutete:

»Brüderchen muss noch zwanzig, dreißig Jahre wachsen, dann ist er richtig klug. Die Anlagen dazu hat er ...

Sinniere darüber«, sagte er zu seinem Riesenbruder, »leg dich hin und denke nach. Wenn ich zurückkomme, überprüfe ich es.«

Er ging mit Peter zusammen aus der Höhle, und sie setzten sich auf einen Stein.

»Wir sind zwei Brüder«, erzählte der intelligentere Riese. »Auch ich habe einmal in der Höhle gelebt, auch ich habe gefressen, was mir in die Finger kam. Aber was willst du machen? Wir sind im Märchen, und das hat seine eigenen Regeln. Willst du oder willst du nicht, du musst ...

Bis ich irgendwie begriff, dass die Märchen überhaupt keine Regeln haben und die Gesetze des Märchens wie Schall und Rauch sind.

Aber was es wirklich gibt, das ist die Angst vor sich selbst. Denn wenn man sich von diesen Gesetzen lossagt, bleibt man mit sich allein. Solange man dich dreht und wendet, denkst du nur an einen vollen Bauch. Aber sobald du die Freiheit bekommst, was man da alles denken, entscheiden, wählen muss ... nicht jeder hat den Mumm dazu ...

Ich habe es riskiert«, sagte der Riese, »und ich bereue es nicht. Kostschej hat mir geholfen. Ich war bei ihm zu Gast und lebte bei ihm – mit dem verrückten Kostschej soff ich, mit dem weisen Kostschej lernte ich ...

Damals begriff ich: Wie sehr man auch mit sich kämpft, man wird immer verlieren. Der Meister wird immer aus dir hervorbrechen, vielleicht sofort, vielleicht in tausend Jahren, aber er kommt durch.«

»Man muss lange warten«, schaltete sich Peter ein, nachdem er sich an sein märchenhaftes Alter erinnert hatte.

»Kommt darauf an«, erwiderte der Riese. Im Leben ist alles relativ. Und auch die Zeit ist relativ. Die Länge einer Minute hängt davon ab, auf welcher Seite der Toilettentür du dich befindest. Wenn es sehr drängt, findest du den Meister noch zu Lebzeiten.

Das heißt,« sagte der Riese, »die Wege des Meisters sind unerforschlich, Peter, aber sie sind begehbar.

Vor Problemen fürchte dich nicht. Wenn du keine Probleme hast, heißt das, du bist schon gestorben. Ohne sie zu leben, ist uninteressant. Gib ihnen nur einen anderen Namen – nenne sie zum Beispiel Spiele, und spiele nach Herzenslust. Die Probleme fügen uns nur durch unsere Gedanken über sie Schmerz zu, sozusagen wenn du Angst hast vor dem Spiel. Aber wenn du verstehst, dass es nur ein Spiel ist, – was kann man da schon verlieren? Das Spiel? Du fängst einfach von vorne an.«

Peter erzählte, was er herausgefunden hatte, und der Riese freute sich, er klatschte sogar in die Hände.

»Bravo, Peter«, sagte er, »Kostschej hat mir schon erzählt, dass du nicht ohne bist … Er hat sich nicht getäuscht.

Und ich bin zu dem gleichen Schluss gekommen – es gibt nichts zu wählen in dieser Welt – alles ist eins. Und wenn du wählst, was du willst, bekommst du das Gegenteil. Es ist wie eine Schaukel. Du drückst auf einer Seite, und die gegenüberliegende Seite geht nach oben.

Deshalb geht es in dieser Welt nicht darum, das Bessere zu wählen, sondern einfach zu leben, sich darüber zu freuen … Und das Leben nicht zu ernst zu nehmen, wir kommen ohnehin nicht lebend davon …«

Der Riese hörte sich Peters Bericht über die Abenteuer mit dem Drachen Gorynytsch an und musste lachen.

»Gorynytsch macht es ganz richtig«, sagte er rätselhaft, »damit man sich nicht auf die Finger haut, muss man den Hammer in beide Hände nehmen …«

»Was für einen Hammer?, fragte Peter.

»Den Meisterzustand …«, kicherte der Riese listig. »Ganz so einfach ist das alles nicht, Peter. Wenn ein Mensch richtige Worte spricht, dann heißt das noch nicht, dass er sie versteht. Das Verstehen muss durch und durch gehen, und nicht vom Kopf aus.

Du hast auch so schon vieles begriffen«, sagte er und tippte Peter wohlwollend auf den Bauch, dass dieser fast vom Stein gefallen wäre. »Wenn du verstanden hast, dass du den Rat, den du irgendjemandem gibst, selbst zu befolgen hast, dann kannst du davon ausgehen, dass du durch die Hälfte *deines Märchens schon durch bist. Vielleicht sogar noch weiter …«*

Noch lange sprachen die beiden, dann erreichte sie die Nacht, und sie legten sich schlafen.

Und am Morgen, nachdem er Peter einen Sack mit Essbarem gepackt hatte, sagte der Riese:

»In einem klugen Buch habe ich was gelesen. Ich habe es zwar nicht ganz verstanden, aber es klingt gut. Es inspiriert einen: ›Wenn dir scheint, dass beim Klavier alle Tasten schwarz sind, dann hebe einfach den Deckel‹.«

Und mit einem Blick zur Seite fügte er hinzu:

»So, und jetzt geh, sonst gewöhne ich mich noch an dich …«

———

Das Tosen einer lärmenden Menge, Pferdegetrappel, das Rattern von Fuhrwerken, die Rufe der Marktschreier betäubten Peter. Er ging über einen lärmenden Markt, und er verstand nicht ganz, wie er hierher gekommen war. Die Beine selbst hatten ihn wohl hergetragen …

Man fasste ihn am Arm, um ihm etwas anzupreisen, schrie ihm Angebote ins Gesicht, und seine Ohren füllten sich mit Satzfetzen.

»Nach dem, was der Zar mit seinem Volk gemacht hat, ist er einfach verpflichtet, ihm jetzt zu helfen …«, beschwerte sich jemand nebenan.

»… Brauchen Sie keinen Botenjungen? Nur dreihundert Werst einmal hin und zurück«, bot ihm einer an.

»*Alle Bienen kamen mit Honig in den Stock zurück, nur eine, die kleinste und böseste, mit Teer …*«, erzählte jemand links von ihm.

»*Verkauft hier niemand normale menschliche Eier?*«, vernahm er eine empörte Stimme von der rechten Seite.

Er drängte nach vorne, da bemerkte er in der Menge ein bekanntes Gesicht. Neben einem großen Zelt stand Baba Jaga und las jemandem aus der Hand:

»*… Bis du fünfzig bist, wirst du an Geldmangel leiden*«, erklärte sie mit singender Stimme.

»*Und dann?*«, kam die fragende Antwort.

»*Dann ist gar nichts, du wirst dich daran gewöhnen …*«

Als sie Peter erkannte, freute sie sich. Sie hängte sich an seinen Hals.

»*Vergiss mich nicht*«, sagte sie dann, »*jetzt bin ich beschäftigt, Arbeit bis zum Gehtnichtmehr, aber wenn es dunkel wird, komm da rüber!*« *Sie deutete auf eine baufällige Hütte in der Nähe.*

Nur mit Mühe konnte Peter dann in der Dunkelheit die Hütte finden. Er klopfte.

»*Wer ist da?*«, *fragte eine krächzende Stimme hinter der Tür.*

»*Ich bin hier*«, antwortete Peter müde.

»*Nein … Ich bin hier! Und wer ist dort?*«, fragte die Stimme streitsüchtig.

Wer weiß, womit das Gespräch geendet hätte, wenn Peter die Stimme nicht erkannt hätte.

»*Waldgeist, bist du es?*«, fragte er.

Ein Knarren, und die Tür ging auf.

Kurze Zeit später erzählte Peter von seiner Suche nach der Schüssel mit dem Apfel, und Jaga hörte ihm aufmerksam zu.

»Eine schwierige Aufgabe hast du dir da ausgesucht, Peter«, sagte sie schließlich.

»Und es geht dabei nicht um die Schüssel mit dem Apfel«, fügte sie überlegend hinzu. Deine letzte Prüfung ist angesagt. Feuer und Wasser hast du überwunden, fehlt noch das eine. Sie wollen dich etwas lehren ... Dass du über dich selbst hinauswächst ...

Aber wehre dich nicht«, sagte sie, »was geht dich die Form des Krugs an, wenn du trinken willst?

Das Wissen kommt auf verschiedene Art ... Ach«, grämte sie sich, »mein ganzes Leben kämpfe ich mit fremden Fehlern, aber mit geringem Erfolg ... Aber du bist ein toller Kerl, Peter, nicht umsonst verstehen wir uns so gut ...

Sei nicht traurig«, sagte sie, während sie das Bett aufschüttelte. »Wir finden einen Ausweg. Morgen machen wir uns auf die Suche. Und jetzt leg dich zur Ruhe ... Der Morgen ist immer klüger als der Abend.«

Das Letzte, was Peter vor dem Einschlafen hörte, waren Jagas Ermahnungen.

»Trinke niemals so einen heißen Tee,« sagte sie zum Waldgeist, sonst platzt noch vor Stundenfrist deine Harnblase und du verbrühst dir die Beine ...«

Einheit und Dualität der Welt.
Die Illusion der Wahl.
Wenn man mit einem Problem
schwanger geht.

Es ist Zeit, unser Tempo zu reduzieren und uns etwas gründlicher auf dem eroberten Territorium des **spielenden Meisters** einzuleben.

Wir hoffen inständig, dass unsere vorhergehende Lektion nicht umsonst war, dass die neuen und witzigen Techniken, die Sie erworben haben, nicht in den verstaubten Regalen Ihres Gehirns ihr Dasein fristen müssen, sondern immer aktivere Instrumente in Ihrer Beziehung zur Außen- und Innenwelt werden. Was im Grunde ein und dasselbe ist, wie Sie bereits wissen.

Und wenn das so ist, dann haben Sie wohl bemerkt und gespürt, wie sich Ihr Verständnis des Meisterzustandes und des Meisters selbst verändert, *wie Sie sich selbst verändern in dieser neuen Qualität.*

Das ist unvermeidlich, und das ist erfreulich, aber es ist erst der Anfang unseres Wegs in den neuen Status der Lachenden Zauberer. Zauberer nicht nur Ihres Innenraums, sondern immer mehr des Raums Ihrer Umwelt, Ihrer Verkörperung im Äußeren.

Bis jetzt haben wir geklärt und unser Einverständnis dazu gegeben, dass die *Welt,* in der wir leben, in all ihrer Vielfalt *eins* ist und in sich ein *Ganzes.*

Aber um zu so einem Schluss zu kommen, bedurfte es einiger gedanklicher Mühe, das scheinbar Unvereinbare zu verbinden. Tatsächlich ist die lebendige und sich ständig verändernde Welt voll von einander ausschließenden Phänomenen, Prozessen und Verhältnissen.

Es kann sogar das Gefühl aufkommen, dass wir gleichzeitig in zwei verschiedenen Welten leben, die gleichsam übereinander liegen. *Und wirklich, können denn so unterschiedliche Begriffe und Phänomene wie Gut und Böse, Leben und Tod, Liebe und Hass in einer Welt existieren?*

Die Menschen haben schon seit Jahrhunderten über diese Frage nachgedacht und in der von ihnen beobachteten Welt zwei Herrscher angesiedelt: Gott – der über das Reich des Guten herrscht, und den Teufel, den »Fürsten der Finsternis«. Und das erschien immer logisch und gerecht. Und schon *seit Tausenden von Jahren währt dieser Kampf zwischen dem bösen und dem guten Prinzip.* Es geht ja noch, wenn sich dieser Kampf nur in den Köpfen abspielt, aber häufig wird er ganz real geführt und dabei ist die menschliche Existenz bedroht.

Und dann knistern die Feuer der Inquisition, und es sterben Millionen in Kreuzzügen und anderen Unternehmen zur »Rassensäuberung«. Wolkenkratzer stürzen ein und Kinderwagen und Autobusse mit den Kindern von nicht »Rechtgläubigen« fliegen in die Luft. Und die Worte »Kampf«, »Gefecht« werden zu Synonymen von »Freiheit«, »Gerechtigkeit« und »Glück«.

Freunde, wir leben in einer Welt, die eins ist und unbeschreiblich schön, gerade weil sie unendlich vielfältig und unvorhersehbar ist, weil sie lebendig ist und sich ununterbrochen wandelt und erneuert.

Das wäre nicht möglich, wenn in ihr die innere Dynamik und das Bestreben nach Selbstentwicklung fehlte. Und diese wird gerade von der uns erschreckenden Dualität und der einander ausschließenden paradoxen Erscheinungsform allen Lebens bestimmt.

Tatsächlich ist es für das menschliche Bewusstsein, das in einem ziemlich engen, kanonischen Rahmen von Moral und Sitten erzogen wurde, schwer, die Begriffe Gut und Böse in eins zu denken. Aber wenn wir sie ein wenig anders nennen, zum Beispiel + und –, dann wird uns, die wir durch anderes Wissen schon klüger geworden sind, verständlich, dass eine positive Ladung ohne eine negative gar nicht existieren kann und umgekehrt.

Die Existenz dieser Kategorien wird durch ihre Paarigkeit, Parität und Gleichzeitigkeit gerechtfertigt. Und die *elektrische Bewegungskraft* ist nur möglich unter der Bedingung ihrer gegenseitigen Existenz.

So entsteht auch der Strom des Lebens nur unter der Bedingung einer »Potenzialdifferenz« in dieser Welt, und zwar in allen ihren Aspekten.

Wenn es etwas *Heißes* gibt, muss es auch etwas *Kaltes* geben. Dem *Licht* entspricht immer die *Finsternis*, dem *Schwarzen* das *Weiße*, dem *Oben* das *Unten*, dem *Genuss* der *Schmerz*; dem *Guten* wird schließlich das *Böse* entsprechen und dem *Leben* der *Tod*.

Wenn man konsequent ist, wird man schnell einverstanden sein, dass die *Ursache des Todes das Leben* ist. Tatsächlich kann ohne das Leben ein Begriff wie der Tod nicht existieren. Aber seien wir konsequent bis ins Letzte, und das heißt, dass auch das Gegenteil richtig ist und zwar: dass der *Tod die Ursache des Lebens ist.* Und analog: *die Ursache der Gesundheit ist die Krankheit, und die Ursache des Problems ist seine Lösung.* Wie man sieht, kein Leid ohne Freud …

Wobei das keine Kasuistik ist, sondern strenge Logik. Und das hängt damit zusammen, dass gerade das *Wort, das am Anfang war,* in sich schon zwei entgegensetzte Potenziale vereinte: Eins mit einem Pluszeichen – »Es werde Licht!« – und das entsprechende Gegenteil, die Finsternis. Ohne diesen Potenzialunterschied hätte das Leben als Bewegung, als Prozess gar nicht entstehen können.

Im Zuge der »weiteren Schöpfung der Welt« wurden diese beiden umfassenden Begriffe in kleine Splitter »zerteilt«, denen ebendiese Gegensätzlichkeit und Dualität zugrunde liegt.

Sie verstehen natürlich die Relativität dieser Konstruktion. Wir nehmen uns nicht heraus zu behaupten, dass genau so – durch ein »Kommando« oder mit genau diesen Worten das »große Geheimnis der Schöpfung« in Gang gesetzt worden ist, aber dass das alles in Übereinstimmung mit den dargelegten Prinzipien erfolgte, unterliegt keinem Zweifel.

Und es erschien das Rechte und das Linke in der Welt, das Oben und das Unten, das Große und das Kleine, das Lachen und das Weinen …

Im Osten gibt es ein grafisches Symbol des verkörperten Selbst im Prozess der Schöpfung des Absoluten – die Kreismonade. Sie kennen sie alle – in dem Symbol von *Yin* und *Yang.* Ein sehr starkes Bild, das Kampf und harmonische Einheit der Gegensätze ausdrückt.

Wenn wir uns mit einem beliebigen Teil dieser Monade in Beziehung setzen, entweder nur mit dem weißen oder nur mit dem schwarzen Aspekt, dann ist das Wort »Kampf« sehr passend. *Es genügt, sich ausschließlich als Licht zu empfinden, und sogleich erwacht das Bedürfnis nach Unterstützung dieser Reinheit – alles Schwarze wird als feindlich empfunden.* Der ganze Sinn des Lebens beginnt, sich um eine fixe Idee zu drehen: Schwarz ist das Böse, gebt mir ausschließlich Weiß!

Aber das Absolute gibt es nur in nicht verkörperter Form, deshalb erwartet die Verfechter der »Weißheit« früher oder später eine Enttäuschung, und vielleicht ein Kollaps all ihrer Lebenskonzepte. *Alles »Weiße und Federweiche« erweist sich bei näherer Betrachtung als »grau und borstig«.*

Und anders kann es nicht sein. In jener Kreismonade kann man sowohl in der Yin- als auch in der Yang-Darstellung einen kleinen Punkt von gegensätzlicher Farbe finden – das »Auge«. Das ist ein Hinweis darauf, dass *jede Qualität in ihrem Ursprung das potenzielle Gegenteil enthält.* Nicht zufällig heißt es, »*das Böse ist das Gute, das an die Macht gekommen ist.*«

Wie bezieht sich das alles nun auf unser alltägliches Leben? Wie sich zeigt, sehr unmittelbar.

Wir haben schon bemerkt, dass wir, wenn wir uns ausschließlich zu einer Seite der Monade in Beziehung setzen, automatisch mit der anderen Seite kämpfen müssen. Doch jeder Kampf ist ein Verlust – »*ein Krieg von zwei Glatzköpfen um einen Kamm*«, hat einmal jemand sehr treffend gesagt.

Erst wenn wir unser Einverständnis mit der Existenz der
ganzen Monade in unserem Lebensraum geben – nämlich
beider Teile, des schwarzen wie des weißen, wenn wir uns
ihrer Anwesenheit in uns bewusst und damit einverstanden
sind, ist ein Kampf als solcher nicht mehr möglich. Aber die
Wechselwirkung zwischen den Gegensätzen, ihr gegensei-
tiges Ineinanderfließen bleibt erhalten. Das Leben erstirbt
nicht, aber das ist dann kein Kampf mehr, der auf die gegenseitige Vernichtung aus ist, sondern ein SPIEL, das auf
gegenseitige Anerkennung und Beeinflussung ausgerichtet
ist.

Diese Welt ist ursprünglich vom Meister mit einem
Ziel errichtet worden – zu spielen. Das Spiel des Meisters
ist das Leben in all seinen Schattierungen und Äuße-
rungsformen. Es ist die Freude am Prozess der Existenz
selbst, dem Faktum des Gestalt Annehmens des Meisters in
der Welt, die er selbst geschaffen hat, in der ganzheitlichen,
vielfältigen und nicht vorhersehbaren Welt.

Gerade um Sie auf diese sehr einfachen und doch grundlegenden Begriffe unserer Schule hinzuführen, wurde auch
diese lange Präambel entworfen.

Jetzt machen wir noch einen kühnen Schritt, um den
Sinn des grandiosen Meisterspiels, in das wir involviert
sind, noch besser zu verstehen. Wir versuchen vorsichtig,
buchstäblich mit den Fingerspitzen, das heiligste Geheimnis
zu berühren, das dem Schöpfungsakt sowohl des ganzen
Universums als auch von uns persönlich zu Grunde liegt.

Der bekannte Erforscher transpersonaler Zustände Stanislav Grof hat eine vergleichende Analyse alter geistlicher

Texte und der Informationen durchgeführt, die er von Menschen erhalten hat, die in besonderen *holotropen* Zuständen die Tiefen ihres inneren Raumes erforscht haben und mit der Möglichkeit der *unmittelbaren Erfahrung* des alten kosmischen Bewusstseins in Berührung gekommen sind. Er spricht von einem *ursprünglichen Drang des göttlichen, nicht verkörperten Aspekts nach dem Erleben einer sinnlich wahrnehmbaren, materiellen Welt.*

»*Die geistige Komponente des Meisters erfährt den tiefen Wunsch, das zu erleben, was seiner Natur entgegengesetzt ist*«, sagt Stanislav Grof in Bezug auf alte vedische Quellen. »*Der ewige und unendliche Meister, grenzenlos und körperlos, sehnt sich nach seinem materiellen Aspekt, vergänglich und begrenzt durch Raum und Zeit.*«

Möglicherweise ist der endgültige **Grund für die Schöpfung unserer materiellen Welt gerade das Bedürfnis des freien Bewusstseins und des Geistes, unseren dreidimensionalen Raum zu empfinden.**

So maßlos und nostalgisch wünschenswert dem Menschen das Erleben des Göttlichen, das Erleben des Meisters erscheint, für das Göttliche selbst und für den Meister ist das gewöhnlich und normal. In einem gewissen Sinn kann man den Schöpfungsakt als eine »*titanische Anstrengung*« betrachten, »*die durch eine unendliche Sehnsucht nach Veränderung, Handlung, Bewegung und Spiel ausgelöst wird*«.

Unser allgemeines Unglück besteht darin, dass wir es nicht gewohnt sind, uns zu unserem Leben wie zu einem Wunder und Abenteuer zu verhalten. Wir glauben nicht, dass unsere sterbliche Existenz nicht die kolossale Anstrengung wert ist, wie sie die Schöpfung eines ganzen Universums erfordert.

Wir bemühen uns vielmehr mit aller Kraft, den Strom der nicht vorhersehbaren Vielfalt unserer Existenz in ihr Gegenteil zu verwandeln – in Geregeltheit und Vorhersehbarkeit –, und bemerken nicht, wie wir dadurch die ursprüngliche Idee des meisterlichen Spiels zerstören.

Wir richten all unsere Absichten auf die harmonischen und göttlichen Himmel und verstehen nicht, dass solche Banalitäten wie ein Sonnenaufgang oder das Zirpen einer Grille, wie der Geruch eines Gewitters oder der Lärm der Meeresbrandung, wie der Geschmack von einem Glas Champagner oder die Berührung der Lippen der Geliebten bezüglich ihrer göttlichen Tiefe und ihrem Wert für unseren Meister um nichts weniger wichtig sind. Dass die Möglichkeit, das alles zu erfahren, den Schöpfer auch einst zur Schöpfung unserer Welt bzw. der Welt insgesamt bewogen hat.

Wenn wir uns die Entstehung und das Ziel des meisterlichen Spiels bewusst machen, versuchen wir jetzt, die üblichen Kriterien für Vollkommenheit und Gerechtigkeit zu überdenken. Eine der wichtigsten Aufgaben, die auf diesem Weg liegt, ist die Fähigkeit, das Göttliche nicht nur im Schönen, sondern auch im Hässlichen, nicht nur im Erhabenen, sondern auch im Niedrigen zu sehen.

Der Meister ist gleichermaßen in der ganzen Vielfalt der Welt vorhanden, die von ihm geschaffen wurde, in jedem ihrer Teilchen.

Die Schnur bleibt eins,
auch wenn man hunderte Knoten hinein macht.

Rumi

In dieser Welt gibt es nichts ursprünglich Schlechtes oder, das Gegenteil, Gutes. In ihr existiert nur das, was für die Herstellung der Bewegungskraft unseres Lebens erforderlich ist, alles Übrige ist nur unsere subjektive Bewertung, die auf unseren armseligen Stereotypen beruht.

Ramakrischna antwortete auf die Frage, warum es auf der Welt das Böse gäbe: *»Damit sich eine Handlung entwickelt.«*

Also ist die **Welt, die vom Schöpfer entworfen wurde, ebenso wie jene, die von Ihnen als Mit-Schöpfer geschaffen wird, von Anfang an dual und besteht aus Gegensätzen.**

Daraus folgt eine Reihe unerwarteter Schlussfolgerungen, wie zum Beispiel: **Wenn ich als Schöpfer ein bestimmtes Kommando erteile, das in meiner Existenz ein Problem schafft, dann wird ihm gleichzeitig ein Kommando entsprechen, das eine Möglichkeit zur Lösung dieses Problems vorsieht.**

Wir sind nicht in der Lage, eine Frage zu stellen, ohne die Antwort in uns zu haben.

Unterbrechen Sie einen Augenblick die Lektüre dieses Textes. Denken Sie über das Gelesene nach …

Vergessen Sie das bitte auch nicht in den nächsten Tagen und Wochen …

Ich hoffe, Sie verstehen jetzt, wie dumm es ist, auf der Suche nach einer Antwort auf seine Fragen und Probleme zu seinen Freunden und Bekannten und zertifizierten Experten zu rennen. *Laufen Sie so schnell wie möglich zu sich! Die Antwort ist dort!* Tauschen Sie Ihre Antwort nicht auf der Suche nach Hilfe gegen ein billiges Surrogat.

Beseitigen Sie jeden Widerstand gegenüber der äußeren Welt, den Umständen, einer Krankheit. Sie existieren nicht losgelöst von Ihnen. Das ist schwer? Sie haben Instrumente dafür: die Arbeit mit Bildern, die ICH-Identifikationstechnik, das Innere Lachen, die Technik des Offenen Herzens u. a.

Kämpfen Sie nicht mit dem Problem. Empfinden Sie es als ein Element des für Sie entworfenen Spiels, von Ihnen selbst entworfen. Erkennen Sie sich darin als sein Schöpfer. »Drücken« Sie nicht auf die »entgegengesetzte Seite der Schaukel«, dorthin, wo die Lösung des Problems sitzt. Denn Sie haben schon begriffen: Je mehr Sie an der Lösung hängen, desto virulenter wird das Problem selbst.

Lassen Sie die Situation los, indem Sie sich innerlich harmonisieren. Sie werden staunen, wie einfach sich die komplexesten »Problemmonster« lösen.

Das ist keine passive Position! Das ist nicht ein Erwarten von etwas, sondern im Gegenteil, eine aktive innere Arbeit im Meisterregime.

Ich möchte nochmals unterstreichen: *Das Anhaften, das Verharren, die Übertragung der Aufmerksamkeit auf irgendeinen Aspekt des Geschehens führt zum Eintreten seines Gegenteils.*

Im Alltag äußert sich das so, dass wir immer das haben, was wir nicht annehmen, gegen das wir eingestellt sind.

Deshalb ist in Familien, die streng moralisch orientiert sind, der Anteil an Alkoholikern und Drogensüchtigen so groß. Leider ist das so, aber im Kampf gegen die Drogensucht bringen wir diese erst hervor.

Gerade deshalb vergießen die Politiker der Länder, die für Frieden und Abrüstung kämpfen, am meisten Blut. Leider, aber je stärker das Bemühen um Frieden ist, desto mehr Kriege werden provoziert.

Gerade deshalb erscheinen in kriminellen Familien manchmal »reine Seelen«, an denen gleichsam der Dreck nicht hängen bleibt, mit dem sie erzogen worden sind.

Und deshalb wurde die Sünderin Maria Magdalena zu einer Jüngerin von Christus.

Laotse sagte: »*Wenn die Menschen entdecken, dass das Schöne schön ist, entsteht auch das Hässliche ... Wenn alle wissen, dass das Gute gut ist, entsteht auch das Böse ...*«

Und der Philosoph Khalil Gibran schrieb: »*Wenn die Finsternis über euch kommt, dann sagt: Diese Finsternis ist das noch nicht geborene Licht ...*«

Seien Sie ehrlich mit sich. Beobachten Sie, wie Sie reden, die Richtung Ihrer Gedanken.

Was dominiert darin? Was strahlt Ihr Verhalten aus?

Glauben Sie mir, wenn Sie ein wütender Moralkämpfer sind, dann reift in Ihnen die Sünde. Sie lassen sie nicht raus? Sie wird herauskommen – bei Ihren Liebsten, bei Ihren Kindern.

Sie verachten Drogensüchtige? Vermutlich ist eine analoge Abhängigkeit in Ihnen schon da: Alkohol, Domino spielen, Lesen von Krimis oder Anschauen von Serien.

Sie sind für Frieden und hassen Gewalt? Geben Sie zu: Haben Sie niemals Ihre Hand erhoben gegen jemanden, der schwächer ist als Sie, gegen ein Kind oder ein wehrloses Tier? Vielleicht auch gegen jemanden, der im »Unrecht« war?

»Ich erkenne das Gute mit der Faust« – bezieht sich das nicht zufällig auf Sie?

Sie hassen Prostituierte und verurteilen den Sittenverfall? Erlauben Sie mir, Sie beim Betrachten erotischer Inhalte zu beobachten, wenn niemand dabei ist ...

Das ist keine Verurteilung, das ist eine Feststellung. Wir sind darin alle eins. Es wirken einheitliche Prinzipien. Es wirkt ein allgemeiner Mechanismus.

Alles, gegen das wir eingestellt sind, tritt unvermeidlich in unser Leben. Nur das vollständige Annehmen von allem – über die Bewusstwerdung, über den Meisterzustand, *über das Verwischen der Grenzen zwischen »Schwarz« und »Weiß«* – ist der einzig richtige Weg.

Sehr häufig im Leben sind wir von widersprüchlichen Wünschen ergriffen, wir wissen nicht, wie wir uns verhalten sollen, wir quälen uns, fallen in Extreme, und dann machen wir uns Vorwürfe und verurteilen uns für unsere Unentschlossenheit.

»Herr Doktor, ich habe ein Problem, ich bin zur Hälfte Jude und zur Hälfte Ukrainer ...«

»Nun gut, aber wo ist hier das Problem?«

»Sehen Sie, zum Beschneiden ist es mir zu schade, aber Abbeißen tut weh ...«

Denn im Grunde haben wir **keine Wahl**. Es gibt nichts, woraus wir wählen könnten. Alle Wünsche, die Sie empfinden, sind nur Varianten des Meisterspiels. Und wenn diese total angenommen werden, ohne Zweifel und späteres Bedauern, können Sie zu nichts Schlechtem führen.

Wenn Sie von Anfang an für jede Variante des Spiels offen sind, eingestellt darauf, alles anzunehmen, wenn Sie sich also im Meisterzustand befinden, können Sie einfach nicht die Variante der Entwicklung der Ereignisse wählen, die zum Negativen führen. So eine Wahl wird eine wahrhaftig meisterliche sein, und das heißt, immer auf die Erhaltung eines harmonischen Zustandes ausgerichtet. Auch wenn Sie dabei das tun, was Sie am wenigsten von sich erwartet haben.

In dieser Welt gibt es keinen Weg, der nicht zur Wahrheit führt, zu Gott, zum Meister. Auf dem berüchtigten Stein an der Weggabelung muss immer stehen: *»Wenn du nach rechts gehst, kommst du zum Meister. Wenn du nach links gehst, begegnest du dem Meister. Wenn du nirgendwohin gehst, findet dich der Meister ...«*

Die Wahl ist nur eine Illusion des bedingten und programmierten Geistes. Im Kern ist das die Verdrängung eines Gedankens durch einen anderen. Oder einer Emotion durch eine andere, was im Prinzip ein und dasselbe ist.

Das, was für uns wie eine Wahl äußerer Umstände *aussieht*, ist in Wirklichkeit nur die Wahl des einen oder anderen Gedankens, ja noch mehr – des einen oder anderen

Programms, das dazu dient, uns zu steuern. Erinnern Sie sich, was Jerzy Lec gesagt hat: »*Der Traum der Sklaven ist ein Markt, wo sich jeder selbst den Herrn aussucht.*«

Aber die Welt des Meisters ist ganz, das heißt gleichwertig, und darin etwas zu wählen, ist zumindest sinnlos, und mehr noch, sogar »verbrecherisch«. Denn jede Wahl fragmentiert nur die Welt, spaltet sie und nimmt ihr die Ganzheit.

Deshalb ist das einzig Wertvolle in Situationen, die mit einer Wahl zusammenhängen, das vollständige Fehlen einer Wahl.

Wenn Sie im Meisterzustand bleiben, nehmen Sie *jede* Variante möglicher Ereignisse an und orientieren sich nur an dem inneren intuitiven Ruf, und Sie fahren fort, Ihr Leben wie ein Spiel zu führen. Ohne Anspannung, Zweifel und Erwartungen.

Und den Kopf, das gesammelte Wissen und die Erfahrung nützen Sie nur als notwendiges Instrument, nur als Hilfsmittel in dem Spiel. Keinesfalls sollen Sie sich davon abhängig machen.

Dann leben Sie einfach, Sie heißen sich und alles, was Sie umgibt, willkommen. Sie erfahren aufrichtige Freude und Genuss an jeder Ihrer Beschäftigungen, wie banal und unraffiniert sie auch aussehen mag.

Um einen wahrhaft tiefen Zugang zum menschlichen Wesen zu bekommen, ging es in allen spirituellen Schulen immer auch darum, die Natürlichkeit und den intuitiven Charakter des Verhaltens zu fördern: Gerade diese Qualitäten führten im Ergebnis zum Zustand der Erleuchtung.

Das äußere Bild der Handlungen eines Menschen vor und nach der Erleuchtung mochte sich in nichts unterscheiden. Es veränderte sich nur das, was für die Umwelt nicht sichtbar war – die Qualität des inneren Zustandes, die Empfindung einer buchstäblich göttlichen Teilhaftigkeit, die von elementar einfachen und alltäglichen Dingen ausgeht.

In unserer Schule gibt es keinen Begriff wie den der Erleuchtung. Aber die Qualität der inneren Veränderungen, die je nach dem Grad der eigenen Bewusstwerdung als Meister stattfinden, sind ihr in ihrem Wesen sehr nahe. Schon jetzt schlage ich Ihnen vor, nachdem Sie das bewertende Stereotyp der Wahrnehmung außer Kraft gesetzt haben, sich zu bemühen, die Quelle der inneren Befriedigung in jeder Beschäftigung zu finden, wie einfach und alltäglich sie auch immer sein mag.

Essen Sie, wenn Ihnen nach essen ist, und hören Sie auf zu essen, wenn das Bedürfnis erlischt. Selbst wenn das nach dem dritten Löffel eintritt. Aber im Prozess des Essens empfinden Sie Freude, nicht nur am Geschmack der Nahrung, sondern auch an der Natürlichkeit des Vorgangs.

Weinen Sie, wenn Ihnen zum Weinen ist, halten Sie sich nicht zurück. Aber im Moment des Weinens spüren Sie sich im Strom des meisterlichen kreativen Ausdrucks. Wenn Sie sich ohne Bewertung von der Seite betrachten als einen bewusst gewordenen Mitwirkenden des Meisterspiels, empfinden Sie die Freude und Befriedigung wie nach einem glücklich inszenierten und aufgeführten Theaterstück.

Seien Sie in zwei Qualitäten gleichzeitig – in jener der ausführenden Puppe, der bewusst ist, dass das mit ihr Geschehende nur ein Spiel ist, und in jener des Regisseurs, der Genuss aus dem gelungenen Spiel schöpft. In einem bestimmten Moment werden Sie spüren, dass die Bedeutung weniger im Inhalt und der Richtung des mit Ihnen gespielten Stücks liegt als vielmehr in Ihrer Sättigung an dem vor sich gehenden Spiel; in dem Moment Ihres schöpferischen Selbstausdrucks als Regisseur und als Spielpuppe.

Nachdem wir die Bewertung des Geschehens gelassen haben, nachdem wir die Wahl beseitigt haben, das heißt, nachdem wir potenziell jedem Ereignis in unserer Realität zu »passieren« erlaubt haben, betreten wir den intuitiven Kanal der Existenz in dieser Welt.

Auf keinen Fall brauchen Sie sich dabei zu beunruhigen, dass jetzt, wo Sie jedem möglichen Geschehen grünes Licht gegeben haben, sich alle vorstellbaren Katastrophen über Sie ergießen werden. Vergessen Sie nicht – die »Freundlichkeit« der Umgebung wird immer vom Grad der Harmonie Ihres inneren Zustandes bestimmt.

Und wenn Sie spielen, wenn Sie vollständig für das Spiel geöffnet sind, herrscht in Ihnen nicht die geringste Anspannung oder Widerstand, und daraus wird auch Ihr »Baumaterial« bestehen, aus dem Sie – der Schöpfer – Ihre Realität bauen. Wird in dieser Realität dann Platz für Unglück und Missgeschick sein?

Wir nehmen an, dass Ihr Lebensraum bis zu diesem Moment schon Veränderungen in die positive Richtung erfahren hat. Die akutesten Problemsituationen weichen, bei manch einem sind sie ganz verschwunden. Die Qualität Ihres körperlichen Zustandes hat sich verändert. Wenn

Sie allen unseren Empfehlungen in hoher Qualität nachgekommen sind, haben Sie in dieser Hinsicht keinerlei Zweifel.

Und jetzt ist es wirklich Zeit, die Akzente all Ihrer Tätigkeiten von der Ausrichtung auf Probleme auf den Alltag zu lenken.

Wenn Sie das ganze Spektrum der bekannten Techniken anwenden, versuchen Sie, in jeder Situation eine Bewertung des Vorgangs zu vermeiden.

Leben Sie nicht »für ein Ziel«, machen Sie nicht Zielpunkte Ihres Denkens zum Sinn Ihres Lebens. Seien Sie einfach im Dickicht der Lebensereignisse anwesend, sättigen Sie sich an allem Geschehen, und vergessen Sie nicht, Sie nehmen nicht wegen des Ergebnisses an dem Abenteuer teil, sondern wegen des Abenteuers.

Seien Sie in den unterschiedlichsten Situationen natürlich, das heißt, handeln Sie immer in Übereinstimmung mit dem inneren Ruf, geben Sie sich total und ohne sich umzusehen einer Sache, einem Geschehen oder sogar einer Untätigkeit hin. Trauen Sie Ihrem Meister. Trauen Sie sich, dem Meister.

Und erfahren Sie dabei die Freude einer vollblütigen Existenz.

Vergessen Sie dabei auf keinen Fall, dass Sie eine erstaunliche und unwiederholbare Welt umgibt, an der sich zu freuen ihr wahrer Schöpfer keine Sekunde lang müde wird. Aber er macht es nur über Ihre Empfindungen, über Ihre Wahrnehmung.

Gewöhnt euch nicht an die Himmel,
streckt euch danach aus.
Gewöhnt euch nicht an Wunder
wundert euch, wundert euch ...
Dem Schritt folgt ein Schritt,
dem Blick folgt ein Blick,
fallt in Erstaunen,
alles wird so sein,
und nicht so sein
im nächsten Augenblick ...
(Aus dem Gedächtnis zitiert, Autor unbekannt)

Die Spirale der Entwicklung.
Das schöpferische Prinzip der Zerstörung

Entdecken wir eine weitere, noch tiefere Schicht des Themas.

Bis jetzt hat wohl fast jeder ein Pulsieren von positiven bis negativen Stimmungen und eine entmutigende Unbeständigkeit der Ergebnisse dieser Arbeit spüren können. Eine gleichsam aus dem Nichts auftauchende »feindliche und zerstörerische Kraft« scheint bemüht zu sein, Sie zurückzuwerfen, und zwar nicht einfach auf frühere Puppenpositionen, sondern manchmal sogar in viel destruktivere und sogar krankhafte Zustände.

Was geschieht dabei? Woher kommt dieses »Engagement«? Natürlich könnte man einfach abwinken und sagen:

Das sind ja alles nur »Prüfungen« der Stabilität unseres neuen Zustandes, die vom Meister organisiert wurden. Aber versuchen wir dennoch, die Gründe derartiger Rückschläge etwas objektiver zu untersuchen.

Und dann wird auf einmal klar, dass diese Rückfälle gar nichts Zufälliges sind – es stellt sich heraus, dass hier ein allgemeiner Mechanismus wirkt, der die Etappenhaftigkeit jedes geistigen Fortschritts bestimmt.

Darüber sagte Satprem: »*Der Suchende begann seine Reise mit einem positiven Erleben … Er empfand eine neue Vibration in sich, die das Leben klarer und alles heller werden ließ … Er erlebte sogar eine Art plötzlichen Wegbrechens der eigenen Begrenztheit und begab sich auf eine neue Ebene.*

… Dann, nach diesem Hoffnung gebenden Beginn, fängt alles an, sich mit einer Art Schaum zu überziehen, als hätte der Suchende alles, was er erfahren hat, (nur) geträumt oder hätte einem kindlichen Enthusiasmus erlaubt, sich von sich selbst zu entfernen, und etwas in ihm würde sich dafür rächen, indem es Anfälle von Skeptizismus, Abneigung und Protest hervorruft.«

Zu demselben Thema sagt Sri Aurobindo: »*Der Mensch hat immer ein gleichsam mit ihm verbundenes Wesen, das man manchmal als seinen Teil betrachten kann und das das Gegenteil dessen ist, wodurch er in seiner geistigen Arbeit repräsentiert ist … Sein Widerstand wird sofort spürbar, sobald der Mensch seine Bewegung zur Erkenntnis beginnt. Seine Aufgabe besteht darin zu stören, Hindernisse und ungünstige Umstände zu schaffen.*«

Des Weiteren sagt Satprem: *»Wenn wir anfangen, unser Ziel zu erkennen, eröffnet sich vor uns auch eine besondere Schwierigkeit, welche das Gegenteil von unserem Ziel ist. Eine seltsame Situation:* **Als würden wir den Schatten unseres Lichts in uns tragen – einen besonderen Schatten, eine Schwierigkeit oder ein Problem, das sich immer wieder vor uns erhebt**, *das uns unter verschiedenen Maskierungen erscheint* ... **Er kehrt nach jeder gewonnenen Schlacht mit wachsender Kraft zurück ... Je klarer das Ziel wird, desto dichter der Schatten ...«**

Was ist denn das für ein geheimnisvolles und schädliches Wesen, das in uns lebt und einen »ungebetenen« Schatten auf all unser Beginnen wirft? Wenn wir es uns genauer ansehen, machen wir eine interessante Entdeckung.

Das ist der uns schon bekannte »Neandertaler«, der im Unterbewusstsein von jedem von uns wohnt; unsere uralte tierische und nicht besonders vernünftige Basis, die uns nichtsdestoweniger Lebenskräfte gibt und in Gestalt eines *Überlebensprogramms* über unsere Sicherheit wacht.

Sie kennen seine einfachen Grundsätze? *Alles Neue ist gefährlich.* Von dort also kommt der Widerstand gegen unser Fortschreiten. Und nachdem sich ausgerechnet im Amtsbereich des Unterbewusstseins auch der Mechanismus des »Schöpfertums« befindet, kann es gleichermaßen Hindernisse sowohl innerer (Krankheiten, Ängste) als auch äußerer Art (Umstände) errichten.

Das ist der *Wilde* in uns, unser *inneres Tier,* der *dunkle Urgrund,* der seit erdenklichen Zeiten alle erschreckt, die sich fest an ausschließlich lichte und geistige Ideale gebunden haben, das ist das, was man uns immer gelehrt hat, in uns zu töten und mit der Wurzel auszureißen ... **Aber gleichzeitig ist das ein rechtmäßiger Teil von uns, unser Lebenspotenzial, unsere irdische Wurzel.**

Sri Aurobindo sagt hierzu: *»Das menschliche Wissen wirft den Schatten ab, der die Hälfte der Sphäre der Wahrheit von ihrem eigenen Sonnenlicht abdeckt ... **Aber die Ablehnung der Lüge durch den Verstand, der nach der höheren Wahrheit sucht, ist einer der Hauptgründe, warum der Verstand keine stabile und vollkommene Wahrheit erreichen kann.«***

Und bei Satprem heißt es: *»**Wenn wir alles Unvollkommene beseitigen, kommen wir möglicherweise zu einer Wahrheit, aber diese Wahrheit wird leer sein.** ... Und wir bekommen unsere erste Lektion: **Jedem Schritt nach oben folgt gesetzmäßig ein Schritt nach unten.***

Statt diese steilen Brüche, Verzögerungen und Rückschläge wie ein fatales Schicksal anzunehmen, macht sie der Suchende zur Grundlage seiner Arbeit.

*Schritt für Schritt machend und jedes Mal im Einverständnis mit dem nächsten Schritt nach unten ... beginnt er zu sehen, wie sich allmählich alles vor seinen Augen klärt ... **Und er versteht, dass sein Feind sein eifrigster Helfer war, der sehr darum besorgt war, ihm die Effektivität seiner Realisierung zu sichern.***

*... Solange unsere psychologischen Zustände nur einander entgegengesetzt sind, und unser Gutes die Kehrseite des Bösen **(oder vielleicht die Stirnseite des Bösen?)**, wird das Leben niemals verwandelt werden.*

... Der Prozess des geistigen Werdens ist keine gerade Linie, die immer höher und höher steigt bis zu einem unendlich fernen Punkt, sondern eine Spirale, die langsam und systematisch einen Teil unseres Wesens nach dem anderen vereinigt, die sich auf dem Weg seiner immer stärkeren Entfaltung bewegt und sich auf eine immer mehr erweiternde Grundlage stützt.«

Sri Aurobindo schreibt: »*Mit jedem von uns bezwungenen Gipfel müssen wir absteigen, um seine Kraft und sein Leuchten nach unten zu bringen, in die tiefe Todesbewegung.*«

Wir können das Gesagte mit folgendem Schema illustrieren:

	Überbewusstsein	
Erwerb einer neuen Qualität	Bewusstsein	Schaffen Selbsterkenntnis
Linke Hirnhälfte (Logik)		Rechte Hirnhälfte (Kreativität)
Tierische Leidenschaften und Wünsche		Irrationale Ängste, Phobien
	Unterbewusstsein	
Zerstörung, Verfall		Verluste, Probleme
	Tierische Natur	

Abb. 1

Hier ist die Spirale gleichsam die Bahn des idealen Weges, bei welchem der ganze Raum der menschlichen Existenz

413

planmäßig angeeignet wird, und bei welchem der wahre Meister errungen wird, der alle Gegensätze des menschlichen Wesens in sich vereinigt.

Das Folgende erlaubt Ihnen, den Sinn dieser Grafik noch tiefer zu erfassen.

1977 erhielt Ilya Prigogine den Nobelpreis für anorganische Chemie. Seine Arbeit stand im Zusammenhang mit der Untersuchung der »*Bedingungen für die Entstehung der negativen Entropie in stochastischen Prozessen*« und hat auf den ersten Blick mit uns nichts zu tun.

Aber nur auf den ersten Blick.

Die Grundidee Prigogines besagt, dass jedes einigermaßen komplexe System (zum Beispiel der Mensch) sich ständig in einem instabilen und angespannten Gleichgewichtszustand zwischen Chaos und Ordnung befindet.

Je komplexer das System, desto höher seine Instabilität. Und es stellt sich heraus, dass gerade diese Besonderheit die prinzipielle Möglichkeit sowohl unserer Evolution als auch jeder Entwicklung bestimmt. Das heißt, *je größer die Instabilität eines Systems ist, desto höher ist die Wahrscheinlichkeit der Entstehung von hoch organisierten Veränderungen darin.*

Mit anderen Worten – **vieles, was uns als Symptom des Verfalls erscheint, ist in Wahrheit ein Vorbote eines Durchbruchs.**

»Das, was ich nicht jetzt machen kann«, schrieb Aurobindo, »ist ein Hinweis darauf, was ich danach tun werde. Die Empfindung der Unmöglichkeit ist der Beginn jeder Möglichkeit.

... Die Unmöglichkeit ist nur die Summe des nicht reali-sierten Möglichen. Sie verbirgt eine höhere Stufe und ei-nen noch nicht gegangenen Weg.«

Versuchen Sie deshalb bewusst allen vorübergehenden Misserfolgen und Rückschlägen zu begegnen, indem Sie sie als natürliche und unvermeidliche Wegmarken auf Ihrem Weg ansehen. Wegmarken, die nicht auf die Fehlerhaftig-keit Ihrer Bewegung hinweisen, sondern im Gegenteil – auf ihre Richtigkeit und die Bereitschaft zu einer höheren Ebe-ne der Transformation.

Wir erschrecken nur vor dem, was wir nicht verstehen. All unsere Ängste sind irrational und ausschließlich mit Unwissenheit verbunden. *Die Erkenntnis, dass das, was mit Ihnen geschieht, nur ein Teil eines einheitlichen Systems ist, aber mit einer wesentlich höheren Ordnung, gibt Ihnen Si-cherheit und Optimismus für Ihren Weg.* Wenn wir stolpern und fallen, wachsen wir und lernen gehen, denken Sie dar-an.

———

Deshalb machen wir gleich jetzt einen weiteren mutigen Schritt in unsere Tiefe, den »dunklen Kräften« des Unter-bewusstseins entgegen.

Beginnend mit der ersten Lektion haben wir viel gespro-chen von der Notwendigkeit des Einverständnisses mit den Problemen, vom Beseitigen jeglichen Widerstandes gegen sie. Unter Berücksichtigung des gewissermaßen paradoxen und ungewohnten Charakters dieser Empfehlungen, haben wir den größten Teil der ersten Stufe dem gewidmet, Sie Ihnen schmackhaft zu machen.

Aber auch der nächste Schritt wird nicht weniger seltsam und provokant aussehen – auf dieser Stufe schlagen wir Ihnen vor, nicht nur die Natürlichkeit und vorübergehende Unvermeidlichkeit jeglicher destruktiver Ereignisse zu akzeptieren, sondern nach Möglichkeit sogar *eine Quelle von Freude* darin zu erkennen.

Schwierig? Damit haben wir gerechnet. Doch je tiefer die Sackgasse, in die wir Ihre Erfahrung und das gewohnte Wissen jagen, desto weniger werden sie uns behindern. Und desto einfacher wird es für Sie sein, mit unseren Vorschlägen klarzukommen.

Für den Anfang gestehen wir uns ein, wie häufig wir, wenn wir in eine schwierige Situation geraten, geheimnisvolle Kräfte um etwas für uns Nötiges und Neues bitten und um »rettende Veränderungen« betteln. Aber sobald dieses Neue in unser Leben tritt, erschrecken wir sogleich und wehren es vehement ab – wir wollen es weder anerkennen noch annehmen.

Wie das? Die Sache ist die, dass als »Antwort auf unsere Bitte« die *Zerstörung* in unser Leben tritt, es beginnen überraschend neue Probleme aufzutauchen oder sogar alte Probleme lebendig zu werden.

Wir hatten einen *Prinzen auf einem weißen Ross* erwartet, aber man mutet uns stattdessen *etwas Unansehnliches und Runzliges* zu, *den unentwickelten Embryo unklar von was* – und wir weisen das sofort zurück. Und wieder warten wir. Und beten.

Und wir müssen lange warten, denn eben haben wir abgelehnt und haben in unserem Abscheu den Keim unseres Glücks *in die Tonne geworfen,* das wir *erbeten,* aber nicht erkannt haben. Wir wollten nicht in diesem *hässlichen Entchen* den zukünfigen *Schwan* erkennen, unseren lang ersehnten *Glücksvogel.*

Wir sehen, wenn wir etwas Neues *erwarten,* wenn wir danach *dürsten,* tritt es *immer* über Schmerz und Zerfall in unser Leben. Alle »rettenden Veränderungen« beginnen in diesem Fall mit einer Zerstörung.

Sie werden selbst verstehen, warum. Erinnern Sie sich, dass unsere Welt dual ist, denken Sie an die *Yin-und-Yang-*Kreismonade, die das Symbol sowohl einer Ganzen Welt, als auch jeder *Qualität* ist, die in dieser Welt existiert.

Gerade deshalb hat jede Qualität in ihrer Basis ebenso zwei entgegengesetzte Prinzipien, zwei widerstrebende Kräfte, *eine aufbauende und eine zerstörende Kraft.* Und wenn wir das Erscheinen von etwas Neuem in unserem Leben erbitten, müssen wir von Anfang an bereit sein, sein + und – anzunehmen.

Stattdessen passiert etwas Seltsames. Obwohl wir schon sehr gut wissen, dass jedes Plus von einem Minus kompensiert werden muss, erwarten wir vom Universum, von Gott selbst, dass dieses Gesetz uns zu Gefallen verletzt wird. Daher rührt dann all unser Leid.

Zuerst bitten wir, dann bestehen wir auf der »Aufspaltung« Gottes in zwei Hälften. Und natürlich fordern wir die »gute Hälfte« zu unserer Verwendung ein und weisen die »schlechte« mit Widerwillen ab.

Wir wollen nicht verstehen, dass *genau auf diese Weise und gerade infolgedessen das Böse in unsere Welt kommt,* das durch das von uns »gefesselte« Gute nicht mehr kompensiert werden kann. Es kommt sogar zu einer personifizierten Definition des Bösen, wir sprechen dann vom Teufel. Aber das Wort selbst entlarvt uns, denn es enthält das Wesentliche, das wir zu verantworten haben – *die Spaltung, die Abtrennung vom Ganzen.*

Bedauerlich für uns, aber das Böse kommt ausschließlich über den Menschen, über uns in die Welt. Abraham Lincoln sagte in diesem Zusammenhang: »*Der Teufel ist ein richtiger Gentleman. Er kommt niemals ohne Einladung.*«

Der Mensch ist die »Tür« für die »bösen Kräfte«, das heißt, für jene Kräfte, die wir so gemacht haben, indem wir in die Falle der »Wahl« gegangen sind und das »Rechte« vom »Linken« getrennt haben. **Das Gute, das nicht durch die Bereitschaft kompensiert wurde, das Böse anzunehmen, ist bereits das Böse.** Was später immer offenbar wird.

Aber worin besteht das berühmte »Wesen des Bösen«? So seltsam das klingt – *immer in dem Bestreben, die verlorene Ganzheit wiederherzustellen,* in dem Streben nach Vereinigung.

Aber »es« kann das ohne Sie nicht machen! Mehr noch, genau das erkämpft »es« sich von uns hartnäckig, indem es immer und immer wieder an sich erinnert – in Form von Problemen.

Was schlage ich Ihnen jetzt vor? Vor allem anzuerkennen: **Wenn wir in unserem Leben auf Veränderungen warten, müssen wir von Anfang an offen sein für das An-**

nehmen beider Teile der »Mikromonade« der erwarteten Qualität, das heißt, bereit sein für Gewinn und Verlust; zum Aufbau wie zur Zerstörung.

Nur in diesem Fall bildet sich eine *in ihrer Geschlossenheit stabile Qualität,* und wir erwerben wirklich etwas Neues in Form von Geld, Liebe, Wissen.

Möglich, dass das gezeichnete Bild Sie irritiert, vielleicht sogar erschreckt hat, aber bedenken Sie – das Wesen von allem, was mit Ihnen geschieht, hängt ausschließlich von Ihnen ab: *Wenn Sie bei den geringsten Anzeichen von Zerfall, Krankheit oder jeder anderen Unannehmlichkeit sogleich jeden Widerstand dagegen aufgeben, sie »anerkennen«, so verschwindet sogleich all ihre Schmerzhaftigkeit* und *Bedrohlichkeit.* Die geschlossene Monade entspannt sich, und das Problem beginnt zielstrebig, in Ihrem Leben zu einer lange erwarteten neuen Qualität zu führen.

Und nur, wenn Sie in den »Bruderkrieg« mit dem Problem eintreten, werden Schmerz und Zerstörung unvermeidlich anwachsen und sich vermehren.

Aber die Monade hat in sich nicht nur eine »Minus-Phase«, sondern auch ein »Plus«, deshalb versucht der Meister uns häufig »nicht mit der Peitsche, sondern mit dem Zuckerbrot« zu lehren, und dann will etwas Neues durch sein »Positives« in unser Leben treten, in Form eines »Geschenk des Schicksals« oder von »Fortunas Lächeln«, das heißt in Form eines Gewinns, eines erfolgreichen Vertrags oder einer schicksalsträchtigen Bekanntschaft.

In der Regel geschieht so etwas unerwartet und gerade dann, wenn Sie frei von *Erwartung* oder *Wünschen* sind (welche in der Regel negative »Erfüllungen« herausfordern).

Unsere Aufgabe bei der »glücklichen« Variante ist es, auf keinen Fall an diesen schicksalsträchtigen Gaben zu haften, im Gegenteil, in uns gleichsam das Gegenteil *zu dem erworbenen Gewinn* zu schaffen, und zwar das demütige Einverständnis mit seinem möglichen Verlust, der möglichen Zerstörung.

Das erlaubt uns, die Monade der neuen Qualität wieder »vollständig zu machen« und ihre harmonische Stabilisierung in unserem Alltag zu erlangen.

Seien Sie deshalb bei allen Dingen, die Ihr Leben verschönern, bereit, sich jederzeit davon zu trennen. Versuchen Sie, sich in Ihrem Verhältnis zum Leben, zu einem geliebten Menschen, die Empfindung einer *Unsicherheit, einer Zerbrechlichkeit* des Ganzen zu bewahren, die Empfindung der Unwiederholbarkeit gerade *dieses* Augenblicks, ohne zu versuchen, ihn mit Gewalt zu halten und ihn »unerschütterlich« zu machen.

Denn nur so, wenn Sie Ihr *aufrichtiges* und christliches Einverständnis mit seinem möglichen Verlust geben, und nicht, wenn Sie sich ihm aufdrängen, können Sie ihn aufbewahren und noch lange sein Dasein in Ihrem Leben genießen.

Aber geben Sie zu, dass so etwas sehr selten geschieht. Viel häufiger führt unser unersättliches Streben nach Besitz zu einem schnellen Verlust des Erreichten. Wonach die Monade uns schnell den Rücken kehrt, und wir es mit Problemen und Ärger zu tun bekommen.

Das ist ein wichtiger Moment: *Sehr häufig kommt etwas Neues in der Minus-Phase zu uns, und zwar, nachdem wir es in der Plus-Phase nicht annehmen konnten.* Also sollten wir manchmal nicht mit dem Schicksal hadern wegen dessen »Ungerechtigkeit« und sogar »Grausamkeit«.

Manchmal merken wir nicht einmal, dass etwas »stattgefunden hat«. Denn wir sind es gewohnt, nur mit dem umzugehen, was schon seinen »körperlichen Ausdruck« gefunden hat. Dem Umstand, dass bestimmte Anhänglichkeiten und Abhängigkeiten bei uns schon vorliegen, aber vorläufig nur in Form von »mentalen Schemata«, Hoffnungen und Wünschen, schenken wir überhaupt keine Beachtung. Und dann gibt uns der Meister sofort eine negative Variante der Ereignisse.

Also halten wir nochmals fest: Jede eingetretene Zerstörung, jedes auftretende Problem ist nur ein Vorbote von etwas **Neuem**, das in unser Leben treten will.

Versuchen Sie deshalb, wenn Sie im Austausch mit jemandem oder vor allem mit sich selbst sind, den Satz: »Mir ist ein Unglück geschehen«, zu ersetzen durch: »Mir ist ein Glück geschehen«. Denken Sie an einige Episoden in Ihrem Leben, die mit Problemen zusammenhängen, und versuchen Sie, sie unter diesem etwas abweichenden Blickwinkel zu betrachten.

Analysieren Sie die folgende semantische Kette: *Ein Problem ist eine Last; eine Last ist eine Beschwernis; etwas Schweres, durch eine Last Beschwertes, ist wie eine Schwangerschaft.* Das heißt, **ein Mensch mit einem Problem ist im Grunde ein schwangerer Mensch. Er geht mit einer neu-**

en Qualität schwanger, mit seiner eigenen, vollkommeneren Fortsetzung.

Sie erinnern sich doch: *Ein Problem ist nichts Objektives, es ist nur ein Ausdruck unseres Verhältnisses zu bestimmten Ereignissen,* und manchmal ist es recht einfach, die Akzente zu verrücken, den Kontext unserer Wahrnehmung des Geschehens zu verändern, damit das *Negative* vollständig durch etwas *Positives* ersetzt werden kann.

Unser Hass gegen die Zerstörung ist immer der Unwille zur Weiterentwicklung, die Verneinung unserer Zukunft. Was in vielem gleichwertig mit dem Hass auf die Schwangerschaft selbst ist, das heißt mit der Ablehnung des Lebens selbst.

Versuchen Sie, das Wort »Problem« durch »Neues« zu ersetzen. Jetzt sind Sie nicht mehr von Problemen umgeben, sondern von dem Neuen, das durch Sie in die Welt treten will.

Wenn ein Menschenkind geboren wird – wie viel Schmerz bringt die Geburt seiner Mutter! Und wie verschrumpelt ist es oft direkt nach der Geburt …

Aber das Anerkennen, dass ein *Wunder* geschieht, dass dieser Schmerz und dieses unansehnliche Knäuel Träger *eines neuen Lebens ist, einer neuen göttlichen Qualität,* die in diese Welt gekommen ist, zwingt uns feierlich auszurufen: »Wie schön!«

Schwanger zu gehen mit einem Problem ist genauso schön wie mit einem neuen Leben schwanger zu gehen. Und nur die gewohnten Stereotypen der Wahrnehmung zwingen uns, darin eine Tragödie zu sehen.

Etwas Neues strebt durch uns in die Welt, und jetzt hängt es nur von dem Grad unserer Offenheit und Bereitschaft ab, ob es ein »vollwertiges Kind« wird, herrlich in seiner *Ganzheit.*

Aber vergessen Sie nicht, dass es uns niemals gelingen wird, uns »abzuwenden« und davor zu verstecken, was wir nicht annehmen wollen und wovor wir Angst haben. Und deshalb, auch wenn Sie die schmerzlichen Aspekte einer *»Schwangerschaft mit einem Problem«* erschreckt haben und Sie damit nicht einverstanden sind, so kommt »Ihr Kind« trotzdem in die Welt, aber es wird *ein nicht vollwertiges und auf die ganze Welt wütendes Scheusal,* von dem Sie sich schon lange vor seiner Geburt losgesagt haben. Wir sagten schon, dass genau so, und zwar über uns das Böse in die Welt kommt.

Erlauben Sie sich deshalb den Gedanken, dass Sie nicht ein Problem erleben, sondern Ihre Bereitschaft zu Veränderungen, Ihre »Schwangerschaft« mit etwas Neuem. *Lieben Sie diese »Beschwernis«, diese neue Qualität, die Sie bereitwillig in die Welt bringen.* Spielen Sie das, aber mit beständig offenem Herzen.

Und vergessen Sie nicht: **Sie heilen sich nicht von Krankheiten, sondern durch Krankheiten. Sie befreien sich nicht von Problemen, sondern durch Probleme. Und glücklich sind Sie nicht ohne etwas, sondern ausschließlich mit etwas.** *Es macht Sie vollständig.*

———

Göttlich zu sein, Meister zu sein, das heißt, das Gleichgewicht zwischen Krankheit und Freude zu halten, zwischen Leiden und Glück. Denn der Meister ist in gleichem Maß das eine wie das andere.

Aber wenn Sie noch nicht bereit sind zum Annehmen der Zerstörung, wenn sie sich nicht erlauben, die Nützlichkeit und Notwendigkeit von Problemsituationen zu erkennen, dann sollten Sie beachten, dass **die Ablehnung von etwas auch immer gleich bedeutend ist mit der Ablehnung seines Gegenteils.**

So bedeutet etwa, wenn Sie das Böse nicht annehmen, dass Sie in gleichem Maße *auch nicht Ihre Zustimmung zum Annehmen des Guten geben,* obwohl Ihnen scheinen mag, dass das nicht so ist.

Wenn Sie die Ungerechtigkeit nicht annehmen, werden Sie auch niemals Gerechtigkeit erfahren, und Ihr ganzes Leben wird nur eine Bestätigung desselben sein. Dann bereiten Sie sich auf Betrug, Verrat und Erniedrigung vor.

Sie nehmen eine Krankheit nicht an? Aber im Meister ist sie gleichbedeutend mit Gesundheit, und das heißt, dass Sie auch nach der Gesundheit nicht in sich suchen werden.

Wovon spreche ich? Davon, dass wir **in dieser Welt auf natürlichem Weg nur das bekommen können, was wir innerlich bereit sind zu verlieren.** Das ist ein sehr wichtiger Punkt in dem besprochenen Thema.

Führen Sie sich folgendes vor Augen. Wenn Ihre Bereitschaft zu Verlusten und Zerstörung zum Beispiel hundert Einheiten (–100) beträgt, so wird die Menge des Positiven in Ihrem Leben, in Ihrem Alltag, die Menge dessen, was gleichsam »von selbst geschieht« nach eben diesen *hundert Einheiten* streben. (+100)

Das ist das für Sie im Moment sichere und stabile Maß des Guten. Eine größere Menge des Guten und Positiven vertragen Sie im Moment nicht. Sie sind dazu nicht bereit, **weil Sie nicht bereit sind für ein größeres Maß an Zerstörung, das dieses unausweichlich begleitet.**

Was geschieht, wenn wir versuchen, das Schicksal »auszutricksen« und auf all diese »relativen Einheiten« pfeifen? Ist das möglich? Seltsam, aber auch das ist vorgesehen.

Wenn man verschiedene Verfahren anwendet – magische, psychologische, reine Willenskraft oder abenteuerliche Gesinnung – kann man einen unbegrenzten Umfang an »Gutem« in sein Leben bringen.

Aber nicht zufällig haben wir das Wort in Anführungsstriche gesetzt, denn in dem Fall wendet sich das »Gute« in sein direktes Gegenteil und wird zu Ihrem gnadenlosen Henker. Urteilen Sie selbst.

Sie versuchen, in Ihr Leben ein Plus in einem für Sie ungewöhnlich großen »Umfang«, zum Beispiel »+1000 Einheiten« zu bringen. Aber Sie wissen bereits, dass diesem immer ein Minus entspricht, das heißt *Zerstörung* im gleichen Maß.

Und so tritt die unwillkürlich von Ihnen angelockte Zerstörung im Umfang von »-1000 Einheiten« in Ihr Leben, und das, obwohl Ihre Bereitschaft zur Zerstörung im Moment nur 100 Einheiten beträgt.

Sie haben noch großes Glück, wenn Sie, *der Sie unweigerlich den Widerstand des Schicksals spüren,* sich erlauben, dieses »Plus« schnell aufzugeben, das Sie »ungesetzlich« erwerben wollten. Aber je mehr Eifer Sie für seine Erhaltung an den Tag legen, desto mehr Zerstörung wird es in Ihrem Leben geben. Von Ihnen selbst »bestellt«.

Deshalb seien Sie äußerst vorsichtig in den Fällen, wo man Ihnen »garantierte« Methoden zur Verbesserung Ihrer Gesundheit, Ihrer persönlichen Beziehungen oder Ihres Wohlstandes mit Hilfe irgendwelcher »Seancen«, »Talismane« oder »Kodierungen« anpreist.

Es kann sein, dass Sie damit sehr schlecht fahren, wenn Sie tatsächlich einen Meister seines Fachs, einen Profi treffen, und das Ihnen eingeflößte Programm »des Wohlstandes und der Gesundheit« zu wirken beginnt und das Versprochene in Ihr Leben einzieht. Aber in gleichem Maß auch ein Maß an Zerstörung hervorruft, für das Sie im Moment gar nicht bereit sind, und dem gegenüber Sie vollständig schutzlos sind, aber mit dem Sie nach der ursprünglichen Euphorie und Begeisterung unvermeidlich konfrontiert werden.

Häufig passiert etwas Vergleichbares auch, wenn Sie für sich selbst mit Autosuggestion arbeiten, mit »Selbstkodierung« oder gar »Umkodierung«. Sehr unschuldig sieht zum Beispiel die heute sehr populäre Arbeit mit Affirmationen aus. Und wirklich, was ist auf den ersten Blick schlecht an einem Satz wie: »Mein Körper ist gesund und wird immer gesünder«, oder: »Meine Emotionen werden zu einer Quelle der Freude für mich«?

Aber was dabei vor sich geht, können Sie jetzt schon selbst beobachten.

Dabei ist zu beachten: je unschuldiger so ein Konzept aussieht, desto zerstörerischer ist es wohl. Und die tückischste Affirmation sieht sogar am »gnadenreichsten« aus: »Ich bin offen für die Liebe des Universums.«

In diesen Worten verbirgt sich die Bereitschaft, die *absolute Zerstörung* anzunehmen. Aber wenn Sie das so aussprechen, werden Sie kaum dafür bereit sein (sonst würden Sie sich nicht auf die Liebe »kodieren« wollen). Der Unterschied zwischen dem Grad der Zerstörung, den Sie in Wahrheit akzeptieren können, und dem, den Sie in dieser Affirmation »erklärt« haben, ist unendlich weit. Und wenn Ihre Arbeit zur »Selbstprogrammierung« in hoher Qualität ausgeführt wurde, erwarten Sie jetzt interessante Dinge ...

Aber wir dürfen Sie zum Glück ein wenig »enttäuschen« – die absolute Zerstörung hervorzurufen wird Ihnen kaum gelingen (obwohl auch die nicht absolute mehr als ausreichend ist!).

In unserer Welt existiert nämlich eine universelle, göttliche Konstante, die die Grenzen des möglichen Grades an Zerstörung festlegt, das heißt, die **den Grad der Stabilität dieser Welt bestimmt**. Das ist der berühmte »Goldene Schnitt«, der Koeffizient 1,618..., der im gesamten Existenzraum des Menschen vorhanden ist.

Es wird viel gestritten über den Sinn des Goldenen Schnitts, über die Gründe seiner totalen Allgegenwart, aber das ist ganz einfach zu erklären: Er ist eine Art **Koeffizient der zulässigen und jederzeit kompensierbaren Zerstörung** und in seiner »Antiphase« ein **Koeffizient des kompensierbaren Schaffens**.

Der Goldene Schnitt ist in seinem Wesen der absolute Ausdruck derselben »Potenzialdifferenz«, die die Bewegungskraft des Lebens unserer Welt hervorbringt. Das ist der »Spalt« zwischen den Grenzen des jeweils zulässigen Wachsens bzw. Vergehens, in dem sich die ganze Dynamik unseres Universums zeigt.

Wir haben bereits von der Theorie von Ilya Prigogine gesprochen, wonach »Zerstörung, Chaos, Destruktion notwendige Bedingungen für die Lebensfähigkeit eines beliebigen Systems (sind)«. Aber wenn die Menge der Zerstörung einen bestimmten Punkt überschreitet, wird die Zerstörung nicht kompensierbar. Gleichermaßen kann eine bestimmte Ebene des Wachstums nicht überschritten werden – sowohl im einen wie auch im anderen Fall stehen die Existenzbedingungen des Universums selbst in Frage.

Wir werden dieses äußerst interessante Thema jetzt nicht weiter verfolgen, aber machen Sie sich eine entsprechende »Kerbe« in Ihren Kopf – die Entwicklung des Universums ebenso wie des Menschen ist überhaupt nicht so geradlinig und eindeutig, wie Sie das vielleicht gerne hätten. Und die einseitige »Herrschaft des Guten und des Glücks«, *deren Notwendigkeit und Erwartung ständig im Raum steht,* ist die absurde Erfindung eines flachen Verstandes. Ihre Realisierung würde zu Destabilisierung und Tod des ganzen Universums führen.

Also, Freunde, was schließen wir aus all dem Gesagten? Die Antwort ist einfach – lest Märchen!

Alles, worüber wir gesprochen und was wir dargestellt haben, all unsere »intellektuellen Absonderungen« – all das ist viel bildhafter und poetischer in dem Märchen »Die feuerrote Blume« erzählt.

Erinnern Sie sich, in welcher Gestalt der Heldin ihr zukünftiges Glück zunächst erschien? Richtig – in Gestalt eines widerwärtigen Scheusals, aber ihr *Einverständnis mit ihm und ihre Akzeptanz* führten zu dem unvermeidlichen und natürlichen Finale – der Verwandlung des Problem-Wundertiers in einen wunderschönen Prinzen.

Erlauben auch Sie all Ihren Problemen, sich zu Prinzen zu wandeln, lieben Sie sie ... Dann gewinnen Sie schlussendlich einen ganzen »Harem« nicht endender Freuden und unbeschränkten Glücks.

Wie kann man Probleme lieben, wie lernt man, sich über Unannehmlichkeiten und begonnene Zerstörung zu freuen? Sehr einfach – über das Lachen.

Lassen Sie es uns ein weiteres Mal wiederholen: *All unsere Probleme sind nur unsere Beziehung zu dem, was vor sich geht.* Das ist unsere Nichtakzeptanz desselben samt den folgenden, in der Regel erfolglosen Versuchen, etwas zu verändern. *Das heißt, all das wird vom Verstand (mental) provoziert.*

Gerade mit ihm zusammen schlagen wir vor zu lachen.

Das heißt, *wir lachen nicht über den Schmerz selbst,* sondern über unseren mentalen Einspruch gegen diesen Schmerz und die *Empfindungen,* die in diesem Zusammenhang entstehen.

Wir durchlachen nicht das Problem selbst, sondern unseren Widerstand dagegen, das heißt wieder nur die entsprechenden *Empfindungen.*

Wir bilden gleichsam in uns den zweiten Teil der »Mikromonade« – das Einverständnis mit allem Geschehen, und durchlachen die »mentale Hülle« zwischen diesen beiden Teilen. Wir durchlachen die »mentale Schicht« unseres Protestes, unseres »Wissens« darüber, dass das »unvereinbare Dinge« sind.

Man kann! Und es ist nötig: »*Wenn zwei eins werden*« – hier geht es nicht einfach um Mann und Frau, sondern um die zwei Prinzipien, die von diesen verkörpert werden.

Ebenso – mit Lachen – arbeiten wir mit allem, was wir mit einem positiven Ausgang des Problems in Zusammenhang bringen. Sobald sich in der Seele die Hoffnung auf ein positives Finale regt, auf ein *Licht am Ende des Tunnels,* schwingen wir uns auf dieses Gefühl ein und schalten das Lachen ein. Durch das Lachen beseitigen wir alles Anhaften an einer möglichen Lösung des Problems und geben unser Einverständnis, *dass die Lösung auch nicht eintreten könnte.*

Wir durchlachen alle Situationen, in denen wir uns wohl und angenehm fühlen: Essen, Achtung vor uns, Sex, Freude an der Begegnung mit der Natur ... alles ... Durch das Lachen beseitigen wir die ganze grobe Seite unserer Gefühle, die ganze »Leidenschaft« in unserem Leben, gerade sie ist ein Kennzeichen unseres Festhaltens. Wir bringen uns **tiefere, feinere und bedeutend erfülltere Empfindungen bei** – Freude *nicht am Besitz,* sondern *an der Teilnahme,* an der Gemeinsamkeit, am Spiel ...

———

430

Lassen Sie uns das oben Beschriebene ohne Angst vor möglichen Wiederholungen zusammenfassen.

Wir sind zu dem Schluss gekommen, dass für die Herstellung unserer Ganzheit ein vollständiges Annehmen unserer uneindeutigen und problembehafteten physischen Grundlage unter gleichzeitiger Bewahrung der geistigen, göttlichen Bewusstheit in sich erforderlich ist.

Erinnern Sie sich, wie der Baum wächst: Seine Zweige strecken sich nach oben, sie nehmen Sonnenlicht und Energie auf, und seine Wurzeln streben nach unten, um ihn mit der Lebenskraft der Erde zu nähren und ihm Stabilität zu geben. Ein Baum mit prächtiger Krone und kurzen Wurzeln wird kaum überleben – selbst ein leichter Wind wird ihn umwerfen.

Wachsen deshalb auch Sie auf eben diese Weise ins Leben – indem Sie sich furchtlos Ihre innere physische Grundlage aneignen mitsamt all ihren destruktiven Informationen und manchmal wilden Instinkten und nehmen Sie sich restlos an, ohne Wahl und Bewertung.

Aber bedenken Sie, dass das Überlebensprogramm, das unlösbar in unser Unterbewusstsein eingeprägt ist wie ein völlig eigenständiges altes Wesen, alle sich mit uns vollziehenden *Veränderungen* beobachtet und Angst um sich und seine Unversehrtheit hat, weil es die potenzielle Gefahr alles Neuen ahnt. Gerade daher rühren seine Feindseligkeit und die Hindernisse, die es uns auf dem Weg unseres *geistigen Erwachsenwerdens* errichtet.

Der Mensch aber, der treu den Lehren des Soziums folgt, versucht mit aller Kraft »*den Sklaven aus sich zu vertrei-*

ben«, das Tier in sich zu töten, den »Teufel« loszuwerden, von dem er allein aufgrund seiner menschlichen Natur besessen ist.

So war es immer, so war es meistens, so ist es bis heute ...

Daher kommt der unvermeidliche und nicht enden wollende Kampf, der innere Widerstand; daher die Extreme, die Brüche und Rückfälle auf alte Positionen.

Aber was liegt diesem inneren Kampf zugrunde? Wen wollen wir eigentlich die ganze Zeit in uns besiegen? Vielleicht uns selbst, das heißt Gott, den Meister, der wir doch sind? Dieser Kampf ist nichts anderes als Hexerei und eine Verspottung unserer harmonischen Natur.

Und was passiert, wenn wir anstelle des Loswerdenwollens oder der »inneren Abtötung« eines Teils von uns selbst, nämlich der natürlichen tierischen Grundlage, diesem Teil die Vereinigung anbieten? Wenn wir ihm Anerkennung und Einverständnis, Zustimmung geben?

Wenn wir das so machen, dass dieser Wilde, der in uns lebt, das auch spürt und glaubt? Und daraufhin sämtlichen Widerstand gegen die eintretenden Veränderungen einstellt, weil er begreift, dass sie ihm nicht Gefahr und Tod bringen, sondern im Gegenteil Würdigung und Achtung vor der Lebenskraft, die in ihm steckt?

Jetzt gibt der Wilde in uns – erkannt und anerkannt – uns freiwillig die Lebensenergie zurück, die er bis jetzt für »kriegerische« Erfordernisse aufgespart hat. **Das ist eine sehr starke Energie, es ist die Energie der Erde selbst, die Kraft der dreidimensionalen, materiellen Welt. Das ist**

genau das, was uns immer für die Empfindung der Fülle des Lebens gefehlt hat.

Denn unsere gesamte physische Komponente ist für uns die Erde, genauso wie unser Überbewusstsein für uns der Himmel, das Universum, Gott ist. Wir sind der Baum, der diese beiden Gegensätze vereint, und wir müssen entsprechend in zwei Richtungen wachsen: nach oben und nach unten. *Indem wir uns von den Lebenskräften unserer tierischen, irdischen Grundlage nähren und damit die Möglichkeit einer vollblütigen Existenz in der dreidimensionalen Welt erlangen; wobei wir das in uns lebende Tier durch die kosmische Energie »waschen«, »transformieren« und es auf die göttliche Ebene heben.*

Und indem wir Gott in uns hineinlassen und zur ursprünglichen Ganzheit zurückkehren. Die menschliche Erfahrung zeigt, dass immer – IMMER! – wenn der Kampf mit sich selbst beginnt – mit der Bequemlichkeit, der Angst, der Grausamkeit, mit einer Krankheit, mit dem »inneren Tier«, dem Satan –, dies nur zur Stärkung der Position des Letzteren und zum Wachstum seiner Kraft führt. *»Der Versuch, das Böse zu vernichten, ist das Wesen des Bösen. Wenn der Mensch das Böse vermeiden will, dann nimmt er am Spiel des Bösen teil.«* *(Vernon Wolfe)*

In den seltenen Fällen, wo ein geistiger Fortschritt über eine Vereinigung erzielt wurde (wie im frühen Christentum, im Daoismus, im Sufismus), waren immer Leben und Freude das Ergebnis.

Wobei es dabei nicht um die Freude über das Loswerden des Dunklen und Bösen geht, sondern auch hier um die

Freude an der Erkenntnis des göttlichen Prinzips. Erinnern Sie sich an das Gebet, das Jesus Christus gelehrt hat: »... Dein Wille geschehe, wie im Himmel so auf Erden ...« – das ist ursprüngliches, volles Einverstandensein und Annehmen ohne Wertung und Wahl.

Ein schwierige Aufgabe? Unendlich schwer, wenn ... man sie lösen will. Und lächerlich einfach, wenn man sie vergisst und einfach lebt. Lebt, sich am Leben freut und **lacht.**

———

Ja, Sie haben das Lachen. Und mit jedem Tag wird es totaler und natürlicher. Sie haben den »goldenen« Schlüssel für die Tür zu einem göttlich menschlichen Wesen – dem Meister.

Ohne das Bemühen, Probleme zu lösen, sie lediglich in den eigenen Empfindungen beobachtend, ohne das Bestreben, Krankheiten zu vernichten und sie loszuwerden, sondern im Einverständnis mit dem Umstand ihres Auftauchens; ohne sich umzukrempeln und seine Fehler auszubessern, sondern einfach sich diese eingestehend, werden Sie weiterleben, und zwar lachend. Und durch das Lachen (und überhaupt nicht durch eine mentale Überzeugung) werden Sie **mit allem und mit sich selbst einverstanden sein.**

Sie haben jetzt Minute für Minute, Stunde um Stunde, Tag für Tag die Möglichkeit, leicht, spielend und lachend das zu tun, dem manch einer lange Jahre zermürbender und fruchtloser innerer Kämpfe für die Freiheit vom »*Inne-*

ren Tier« und für die »Erkenntnis« des Meisters in sich gewidmet hat.

Sie haben das mit grimmigen und ernsten Gesichtern versucht und unvermeidlich eine Niederlage erlebt. Und sich manchmal die Illusion der Freiheit erworben, einfach indem sie das Fleisch in sich abgetötet, in sich »erniedrigt« haben, indem sie vor ihrem körperlichen Wesen »geflohen« sind, aber dadurch wiederum eine Niederlage einstecken mussten. Denn damit haben sie eigentlich Gott in sich getötet.

Sie können das gleiche Ziel jetzt viel einfacher erreichen, indem Sie lächeln und lachen, ohne etwas in sich zu streichen, indem Sie ohne Ende alles in sich annehmen und ihm Ihr Einverständnis geben.

Verlagern Sie die Akzente Ihrer Existenz vom Kampf zur Freude. Sie haben ein Problem, eine Krankheit, Ärger? *Ja, Sie haben ein Problem, eine Krankheit, einen Ärger.* Lehnen Sie sie nicht ab, leben Sie damit und lachen Sie. Versuchen Sie nicht, sie loszuwerden – leben Sie und lachen Sie. Haben Sie keine Angst vor den Folgen – leben Sie und lachen Sie.

Und nehmen Sie alles an, was in diesem Prozess mit Ihnen und um Sie herum geschieht. Und beobachten Sie, wie sich die Probleme, Krankheiten und Ängste auflösen und ganz verschwinden werden. Ganz von selbst.

Und Sie? Sie werden lachen, das alles betrachtend, aber ohne daran festzukleben, ohne selbst dieses Ergebnis, diesen »Triumph des Loslassens« festhalten zu wollen. Und in der völligen Sicherheit bleiben, dass es anders gar nicht sein kann. Und immer vollständiger Ihre Ganzheit erkennen, die stetig wachsende Lebenskraft und die immer stärkere Empfindung Ihrer selbst als Zaubermeister dieser Welt.

Fragestunde

»Heißt das, dass man jetzt überhaupt keine Medikamente zu sich nehmen darf? Nur Lachen? Wir lassen uns nicht mehr behandeln, wir unternehmen nichts außer zu lachen?«

»Eine interessante Schlussfolgerung ... Aus Ihren Worten hört man die Hoffnung auf eine ›autorisierte‹ Rechtfertigung des süßen und gewohnten Nichtstuns. In dieser Hinsicht muss ich Sie enttäuschen.

Erstens ist völlig unverständlich, was im Meisterraum dieses ›dürfen‹ und ›nicht dürfen‹ soll. Wir haben doch, so scheint es, über die Fallen der Wahl gesprochen, und da ist sie wieder ... Was ist ein Verbot einer Sache? Nur die Kehrseite der Wahl. Sie erlauben sich im Gegenteil alles, aber ausschließlich aus dem Meisterzustand heraus.

Und zweitens schlagen wir Ihnen vor, keine übereilten Handlungen vorzunehmen, unter anderem auch ›auf Heilung gerichtete‹ Handlungen, soweit diese aus dem Puppenzustand erfolgen. Sonst wird Ihr ganzes Verhalten, werden alle getroffenen Entscheidungen entsprechend puppenhaft sein, mit den künstlichen Programmen, die Ihnen einst verpasst wurden.

Beginnen Sie all Ihre Maßnahmen nur ausgehend von dem Meisterzustand, machen Sie alles vor dem Hintergrund des Lachens und lachend. Und reagieren Sie dabei sensibel auf alle inneren Rufe und Bitten, auf alle intuitiven Meistersignale an Sie. Möglich, dass Sie äußerlich alles machen werden wie gewohnt: Medikamente einnehmen, eine Behandlungskur durchführen, aber dabei brauchen Sie nicht zu zweifeln – der Effekt wird vor dem Hintergrund des Lachens deutlich höher sein.

Aber gleichzeitig kann eine Menge unerwarteter und als ›Zufall‹ erscheinender Situationen auftreten, die auf irgendeine Weise auf das Geschehen Einfluss nehmen, so auch völlig unerwartete Reaktionen Ihres Organismus auf Ihre Lachtherapie, bis zu Prozessen der Selbstheilung.

Solche Fälle gibt es unzählige. Sie nehmen alles an – und lachen dabei.«

»Kürzlich wurde mir eine neue Arbeit angeboten. Sie hat viele Vorzüge, gute Perspektiven, aber es gibt ein gewisses Risiko – jetzt wird alles real von meinen Fähigkeiten abhängen.

Auf dem alten Arbeitsplatz werden Aufstiegsmöglichkeiten nur versprochen, es gibt keine Sicherheit dabei, im Gegenteil, es gibt das Gefühl der Abhängigkeit von fremdem Willen. Dafür ein stabiles ›Stück Brot‹, alles ist durchgespielt und bekannt. Hier weiß ich auch, dass ich niemals tiefer ›fallen‹ werde.

Mehr als eine Woche habe ich nächtens die Varianten in meinem Kopf zerlegt. Und hier sprechen wir gerade zum Thema. Ich beschloss damals, alle Gedanken zu dem Problem durch Lachen zu ersetzen und veranstaltete wirklich eine richtige ›Lust auf mich‹- Aktion: Kaum dachte ich an das Problem, lachte ich los, und wenn Zweifel hochkamen, lachte ich wieder.

Und gestern frühmorgens, als ich noch schlief, rief jemand an und fragte: ›Und, hast du dich entschieden?‹ Ich war noch halb im Schlaf und sagte: ›Ja natürlich!‹, und verabredete einen Termin.

Und erst, als ich den Hörer aufgelegt hatte, schüttelte es mich durch und durch. Ich saß im Bett und fragte mich: Wer in mir war das, der JA gesagt hat? Ich war doch noch gar nicht bereit!

Dann wurde mir leicht zumute, und ich fing sogar zu singen an. Das war die ganze Wahl ...«

—

»Ich habe schon zwanzig Dienstjahre als Raucher hinter mir. Wie oft ich schon aufhören wollte! Aber alles vergeblich.

Nach einem Seminartag dachte ich ein wenig nach – und erlaubte mir zu rauchen. Denn was ist ein Rauchverbot? Eine Wahl. Weg damit ...

Wenn ich jetzt ans Rauchen denke, schalte ich das Lachen ein und greife ohne Eile und weiter lachend nach der Zigarettenschachtel. Wenn ich sehe, dass jemand raucht, schalte ich das Lachen ein, wenn ich Werbung für Zigaretten sehe oder höre, lache ich wieder. Und kein Vorwurf an die eigene Adresse, ich mache alles wie gewohnt, nur lachend eben.

Die Geschichte ist noch nicht zu Ende. Aber in den letzten zwei Wochen kam ich von eineinhalb Packungen pro Tag auf zwei, drei Stück, aber auch das mehr aus Gewohnheit, und ohne den bekannten Genuss.

Erstaunlich, aber ich habe keinerlei negative Folgen dieser abrupten Entwöhnung, und niemand weiß besser als ich, wie diese Folgen sein können.«

———

»Neulich bemerkte ich eine interessante Gesetzmäßigkeit bei mir. Meiner Natur nach bin ich ein ehrlicher und verbindlicher Mensch, aber kaum verspreche ich etwas, kommt das nie zustande. Ich habe das Gefühl, dass das mit unserem Thema zusammenhängt ...«

»Sogar mehr als das. Danke für den Hinweis. Tatsächlich, wie häufig nötigen uns Freunde oder Bekannte, etwas zu versprechen, ein Gelübde oder einen Schwur zu tun, ohne zu verstehen, dass sie im Ergebnis meist das Gegenteil erreichen. Es gibt übrigens eine ganze Reihe von Menschen, die immer allen alles versprechen, sogar oft aus guter Absicht. Aber wie das alles endet, wissen wir nur zu gut.

Was ist ein Versprechen? Das ist eine Wahl, eine Bindung. Eine elementare Bindung an das Ergebnis. Je emotionaler sie ist, umso stärker die Bindung und entsprechend geringer ihre Realisierung. Deshalb heißt es, man kann entweder etwas versprechen oder tun. Nur selten geht das zusammen.«

———

»Mir hat das Bild von der Schaukel gefallen – auf der einen Seite ist das Gute und auf der anderen das Schlechte. Wir binden uns an das Gute, und schon taucht das Schlechte auf. Damit kann man einverstanden sein. Aber ein Frage: Muss man sich, damit das Gute in die Welt kommt, an das Schlechte binden, danach streben?«

»Wenn Sie sich dem Ziel verschrieben haben, das ›Gute‹ in die Welt zu bringen, dann müssen Sie nicht lange überlegen und nicht suchen, woran Sie sich ›binden‹ wollen – Sie sind eh schon an das ›Gute‹ gebunden. Und schon ziehen Sie das Gegenteil in die Welt. Es ist eine gewaltige Illusion, dass es in der Welt zu wenig vom Guten gibt. Es kann nur einen Mangel an harmonischem Gleichgewicht zwischen Gut und Böse geben. Aber so wurde es ursprünglich erdacht, und es lohnt sich nicht, sich da einzumischen, denn die Instabilität dieses Gleichgewichts definiert auch das Lebenspotenzial unserer Welt.«

»Und doch, werden wir konkret: heißt das, wenn man den Krieg will, dass dann der Frieden kommt? Wenn man unter Drogensüchtige gerät, wird man keiner von ihnen? Ist das nicht absurd?«

»Aber das ist wirklich so. Wenn ein angezettelter Krieg nur das Mittel zur Erreichung irgendeines Ziels ist, kann er lange dauern. Aber wenn er selbst das Ziel wird, ist er gleich zu Ende. So war es immer – analysieren Sie die Geschichte.

So ist es mit allem: in den Ländern, wo Prostitution und leichte Drogen erlaubt waren, registrierte die Statistik eine deutliche Entschärfung bezüglich dieser Thematik.«

»Und im konkreten Einzelfall?«

»Hier geschieht dasselbe. Drogenärzte wissen, dass der erste Schritt zur Heilung von Drogen- und Alkoholabhängigen die Anerkennung des Fakts ist: Ja, ich bin süchtig. Ohne das ist eine erfolgreiche Behandlung einfach nicht möglich.

Warum das so ist, wissen Sie schon. Erinnern Sie sich, dass die Puppe aufhört, eine solche zu sein, indem sie sich einfach dazu bekennt ... Und sogleich hebt sich die entgegengesetzte Seite der Schaukel, wobei es durchaus möglich ist, dass das nur zum Ausgleich der Balance dient.

Denn das Wichtigste ist doch das vollständige Fehlen der Wahl, das Fehlen von Anbindungen. Es ist äußerst dumm, das Gute vermehren zu wollen, indem man sich vom Bösen begeistern lässt, aber genauso dumm ist es, an jeder Ecke das Loblied des Guten zu singen. Eine Wahl gibt es nicht – in unserer Welt ist alles gleich wertvoll. Sie spielen nur darin, unter Vermeidung innerer Verwerfungen und ohne sich ›einen Götzen zu schaffen‹, wir brauchen tatsächlich eine ganze Welt, und nicht eine vom Guten kastrierte.«

———

»Ich erwachte am Morgen, lachte und fühlte, dass der Meister zu mir sagte: ›Geh heute nicht in die Schule.‹ Ich wollte das meiner Mutter sagen, aber ich hatte Angst, sie könnte glauben, ich hätte mir das alles nur ausgedacht.

Und im Schulhof rutschten die Jungs auf dem Eis, sie schubsten mich, und ich stürzte. Jetzt ist meine Hand im Gips.«

»Sehr schade, dass du nicht der inneren Stimme gefolgt bist und dich gezwungen hast, mit dem Kopf eine Wahl zu treffen, all deinen Erziehern und Lehrern zum Gefallen. Auch deiner Mama hättest du das ohne Angst sagen können. Glaub mir, wenn das wirklich wichtig für dich ist, wäre auch deine Mama kein Hindernis gewesen, aus welchem Grund auch immer, aber sie wäre auf deiner Seite gewesen. Vertraue mehr deinem Meister bzw. dir als Meister.«

———

»Es ist schwer vorstellbar, dass man bei einem Problem nichts zu seiner Lösung tun muss. Nur lachen. Das ganze Leben hat man uns was anderes beigebracht.«

»Halt, halt … Was heißt, nichts machen? Lachen in dem Moment, wo Ihnen was weh tut, wo Sie Angst haben, wo Sie verzweifelt sind, wenn das Leben es nicht gut mit Ihnen meint, nennen Sie das ›nichts tun‹? Heißt das, dass das Entwickeln von äußerer Geschäftigkeit und Panik, dass das Befolgen irgendwelcher mehr oder weniger kluger Ratschläge eine Äußerung von ›Lebensaktivität‹ ist, aber die Fähigkeit, in kritischen Momenten die Grenzen äußerst träger Stereotypen zu überschreiten und das zu tun, wozu die Mehrheit nicht in der Lage ist, soll ›Nichtstun‹ sein?

Das ist ein großes Missverständnis. Verzeihen Sie mein Pathos, aber was wir Ihnen vorschlagen zu tun, das ist *eine Heldentat, das ist eine große geistige Heldentat, die Sie jetzt schon sehr gut schultern können*, weil Sie sie gleichsam unmerklich für sich und beiläufig tun – lachend. Das ist auch die Einzigartigkeit unseres Systems, seine Fähigkeit zu einer wahrhaft phantastischen Transformation des Bewusstseins, die jetzt für jeden erreichbar ist. Jedem, der sich bis zum Inneren Lachen ›erniedrigt‹, bis zur Empfindung des Kindes in seiner Seele.

Wir haben schon mehrmals gesagt, dass das Lachen die Liebe ist, denn das eine wie das andere sind Synonyme für Ganzheit, Synonyme göttlicher Kategorien, die dem Meister eigen sind. Das heißt die Liebe, die wahre Liebe ist der Meister, das ist die Einheit aller Gegensätze: des Schaffens und des Vergehens gleichzeitig. Das ist das Fehlen der Ablehnung von was auch immer. Hier haben Sie keinen Einwand?«

»Nein.«

»Und jetzt geben Sie sich eine ehrliche Antwort: Wie leicht fällt es Ihnen, die Liebe in Ihrem Herzen zu bewahren, das heißt das Einverständnis und Annehmen von allem Geschehen in der Zeit von Zerstörung und Prüfungen, von Krankheiten und Erniedrigung? Ist nicht das die schwerste Aufgabe, ist das nicht wahre Meisterarbeit?

Jetzt erlauben wir jedem Verfall, jeder Unannehmlichkeit in unserem Leben stattzufinden. Wenn so etwas eintritt, heißt das, dass wir das brauchen, heißt das, dass vorher eine Anbindung vorlag, ein ›Haften‹ an etwas, was jetzt verloren geht. Jetzt versucht der Meister wieder, uns auf den Weg des Spiels zu bringen; auf den Weg, wo die Wahl fehlt; auf die Position der mehrdeutigen und nicht bewertenden Wahrnehmung von allem, was mit uns geschieht.

Er ›enthaftet‹ uns, reinigt unsere puppenhaften Verwerfungen und Deformationen *durch Unannehmlichkeiten.*

Aber nicht, um uns zu bestrafen und Schmerzen zu bringen, sondern um unsere Aufmerksamkeit darauf zu lenken und uns die Chance zu geben, die erforderliche Arbeit zu tun.

Welche Arbeit genau? Natürlich eine geistige Arbeit, von meisterlichem Charakter, auf keinen Fall Puppenarbeit. In der Zeit von Prüfungen, in kritischen Situationen schlagen wir Ihnen vor, die primitive, puppenhafte, menschliche Logik auszuschalten und die göttliche Logik einzuschalten. Und das ist immer die Logik und der Verstand des offenen Herzens, das ist Einverständnis und Akzeptanz. Das ist Lachen. Fallen Sie dabei nur nicht ins primitive Puppenhafte zurück: Wir ›erdulden‹ nicht einfach unser Missgeschick; wir ›tragen nicht demütig‹ unser Schicksal und sterben unter der schweren Last. Nein, wir nehmen alles Destruktive in unserem Leben an, wir geben unser Einverständnis durch die Liebe, bzw. in der Sprache unserer Schule ausgedrückt – durch das Lachen. Wir geben dadurch *allen* negativen Ereignissen ihre göttliche Bedeutung zurück, und uns die meisterliche Ganzheit und Einheit mit ihnen.

Und das ist noch nicht alles. Wenn Sie nur im Unglück lachen, ist das schon gut, und es gibt keinen Zweifel, dass das Unglück in Ihrem Leben bald zu etwas Attraktiverem und Freundlicherem wird. Aber wenn Sie auch im Fall des Erfolgs, des Gelingens, des Wohlbefindens lachen, dann ist das noch besser. Denn das erlaubt es, neue Probleme zu vermeiden, und Sie werden das Gute, das in Ihr Leben getreten ist, nicht mehr verlieren.

Das ist unsere Arbeit, unsere ›schwere‹, aber inspirierte Arbeit, denn sie geschieht mit beständig offenem Herzen und unbedingtem Lachen.«

———

»Ich habe ein fast unanständig einfaches Problem – Kopfschuppen. Was ich auch machte, um damit klarzukommen – Nichts hilft ... Sie haben versprochen, heute darüber zu reden.«

»Gut. Aber wir werden dennoch nicht über Kopfschuppen reden. In Ihrem Fall ist nur eines interessant, und zwar Ihr Verhältnis zu dem Geschehen.

Die Falle, in die Sie gegangen sind, ist Ihre Bemühung. Jedes Mal, wenn Sie sich *bemühen*, vereiteln Sie das Ergebnis. Sie wissen schon, dass jedes Problem als Problem verschwindet, wenn Sie sich mit ihm aussöhnen, wenn sie es ›liebgewinnen‹, es als Ihren Teil anerkennen.

Aber Liebe kann man nicht durch Anstrengung erreichen. Einheit kann nicht durch Überwindung gelingen. Anstrengung und *Überwindung* sind Widerstand, aber Liebe und Einheit sind vollständiges Annehmen, und folglich das Fehlen jedes Widerstandes.

Natürlich kann man *irgendein* Ergebnis erzielen durch *angewandte Bemühungen,* aber das Neue, das in Ihr Leben tritt, wird nicht *vollwertig neu* sein, weil ein unverzichtbarer Teil abgeht – die Bereitschaft es zu verlieren. Woher soll diese Bereitschaft zu verlieren auch kommen, wo Sie doch so gekämpft haben ...

Und jetzt wird dieses *Neue* entweder schnell aus Ihrem Leben verschwinden, oder um es zu erhalten, müssen Sie nicht weniger Mühe aufwenden, als für seine Aneignung. Und zwar auf Dauer …

Das alles betrifft das Geld, die Gesundheit, und die persönlichen Beziehungen. Dann wird das ganze Leben zu *Kampf* und *Geschäftigkeit*, ohne Ruhe und Freude. Alles ist jetzt dem einen unterworfen – das Erreichte nicht zu verlieren.

Was im Fall Ihres körperlichen Problems zu tun ist, wissen Sie bereits: Durchlachen Sie nicht nur die Symptome, das heißt das, wodurch sich die Krankheit auf körperlicher Ebene zeigt, sondern *in höherem Maß* all Ihre inneren Anspannungen, Gedanken und Emotionen aus diesem Anlass.

Durch Lachen beseitigen Sie den inneren Widerstand und Protest, mit einem offenem Herzen umwickeln Sie das Problem, nehmen Sie es selbst *und auch die Zerstörungen, die es möglicherweise in sich trägt,* an, das heißt entspannen Sie die Monade.

Erinnern Sie sich an den *allgemeinen Algorithmus der Integration durch das Lachen.*

Schmerz und Leiden nur mit Hilfe des Verstandes anzunehmen, das heißt durch Selbstüberzeugung, ist nicht möglich. Im besten Fall tut unser Verstand so, als wäre er einverstanden, dass er bereit ist, den Schmerz oder sonstige Zerstörungen anzunehmen. Aber das ist immer Selbstbetrug. Betrug ist die gewohnte Funktion des Verstandes.

Das Lachen dagegen schwächt die Dominanz des Kopfes, macht alle seine Konzepte durchsichtig, bis hin zu den

Reflexen. Und im Ergebnis hilft es real, den Schmerz, die Krankheit, die Schuppen anzunehmen, das nimmt uns den Widerstand dagegen und verbindet uns damit.

Und womit das enden soll, das wissen Sie bereits.«

———

Uns umgibt eine Welt, die wir auch selbst sind. So äußert sich die Dualität, aber gleichzeitig auch die Einheit der Welt. Und leider hängen damit viele unserer Fehler zusammen.

Eine unvermeidliche und tückische Falle auf dem Weg fast eines jeden beginnenden Zauberers ist der Wunsch und manchmal auch der Versuch, etwas in seiner Umgebung zu verändern, ohne dabei sich selbst zu verändern.

Ich schlage vor, dasselbe Ergebnis zu erzielen, aber einzig durch eine Veränderung unseres Bewusstseins, durch eine Veränderung der Qualität unseres inneren Zustands.

Natürlich fällt uns, die wir zu einer ganz anderen Art der Wechselwirkung mit der Welt erzogen wurden, die Gewöhnung an dieses »Zauberschema« nicht leicht. Aber ohne jeden Zweifel richten Sie sich schon viel häufiger nach dem Satz aus: »Willst du die Welt verändern, ändere dich selbst«, und dieses Schema durchdringt Sie immer tiefer durch wahres Wissen. Unterstützen Sie das Wachstum dieses Keims mit der gewohnten Logik. Irgendwann entfällt diese Notwendigkeit von selbst, und heraus kommt ein wahres Wissen, das weder Motivation noch Beweise braucht. Wenn Sie sich verändern, verändert sich die Welt;

Sie werden harmonischer, und die ganze Menschheit wird harmonischer.

Empfehlungen zur Herstellung des Zustandes

1. Setzen Sie die begonnene »Lust auf sich selbst« fort. Beobachten Sie ununterbrochen Ihren aktuellen Zustand, die Richtung Ihrer Gedanken und Stimmungen. Bemühen Sie sich, ein aufkommendes Anhaften an einen bestimmten Zustand mit den verfügbaren Methoden zu unterbinden, wobei es bedeutungslos ist, ob das ein positiver oder negativer Zustand ist. Das kann das Anhaften an einen Wunsch, ein Problem, eine Qualität, und besonders an eine Wahl sein.

Das Motto Ihres Verhältnisses zur Welt ist das Einverständnis mit der Teilnahme an jedem Spiel, das durch Ihren Meister in Gang gesetzt wird, ohne Bewertung und mit vollständiger Akzeptanz.

2. Bringen Sie sich bei, alle Ihre »Abstürze« und vorübergehenden Rückschläge als unvermeidlich und anfangs notwendige Bedingung für ein geistiges Vorankommen zu betrachten, als eine weitere Stufe auf Ihrem Weg.

Wenn Sie durch das Innere Lachen mit allem, was Ihnen in einer Minus-Phase geschieht, einverstanden sind und die negative Bewertung weglassen, erobern Sie Ihre tiefsten, »dunklen« Schichten der »vormenschlichen« Ebene des Unterbewusstseins.

3. Wenn Sie das Erscheinen des nächsten Problems beobachten, versuchen Sie *Freude zu empfinden.* Freude nicht an dem Problem als solchem, sondern *an dem Vorgeschmack des Auftauchens von etwas Neuem in Ihrem Leben,* einer Sache, von der Sie vielleicht noch keine Ahnung haben. Versuchen Sie die *Freude am Vorgeschmack einer neuen Lebensetappe, einer neuen Phase des Spiels* zu empfinden.

Fühlen Sie sich *schwanger mit einer neuen Qualität,* die bestrebt ist, in Ihre Existenz einzutreten, und beseitigen Sie jeden inneren Widerstand dagegen. *Weisen Sie diese Frucht nicht zurück,* im Gegenteil, entspannen Sie sich, öffnen Sie sich dafür, lächeln Sie und lassen Sie sie in Ihr Leben. Erlauben Sie sich, um dieses Neue reicher zu werden.

ZUSTAND NEUN –
staunend

Es sieht so aus, als ob die Welt noch existiert«, dachte Peter
beim Erwachen. Er öffnete die Augen, stand auf und sah sich
um, als wolle er sich nochmals vergewissern.

Die Welt war wirklich an ihrem Platz. Aber nicht ganz …
Peter konnte sich gut erinnern, dass er unweit des Jahrmarkts
eingeschlafen war, in derselben alten Hütte, wo Baba Jaga mit
dem Waldgeist untergeschlüpft war. In seinem Kopf erklang
noch Jagas hustendes Lachen und ihre Beschwörungen:
»Schlaf, Peter … Der Morgen ist klüger als der Abend … immer klüger …«

Jetzt aber umgab ihn undurchdringliches Walddickicht,
chaotisch aufgetürmte Stämme von riesenhaften Ausmaßen
mit aus der Erde ragenden knorrigen Wurzeln. Ein grauer
Morgennebel … Direkt unter seinen Füßen trat Sumpfwasser
aus der Erde, rostbraun und übel riechend. Ein Spinnennetz
voller Tautropfen spannte sich mit dicken und klebrigen Fä-
den zwischen den Zweigen. Im Sumpf schmatzte es, warf Blasen und zog Kreise, als würde jeden Moment etwas aus dem
Wasser auftauchen …

»Der Sumpf ist tot, verwunschen …« Peter erkannte mit
Schrecken den Ort, mit dem man ihm seit seiner Kindheit
Angst gemacht hatte.

Er trat zurück und ging langsam nach hinten, und er stockte bei seiner nächtlichen Lagerstatt. Mit weichen Tannenzweigen war sie in einer trockenen Senke hergerichtet. Mit Birkenblättern und jungen, feinen Zweigen war sie von oben sorgfältig bedeckt. Und als Kopfkissen ein Polster von weichem Moos ...

Peter stand da, schaute sich das an und versuchte sich zu erinnern, wie er hierhergeraten war, wie er sich diese Liegestatt gebaut hatte, wie er von Jaga Abschied genommen hatte ... Er gab sich alle Mühe, aber nichts ...

Er schaltete sein Inneres Lachen ein, um sich zu beruhigen.

»Ein Märchen«, sagte er zu sich, »ist die äußerste der realisierten Unmöglichkeiten. Es reicht jetzt, Peter, bei jeder Überraschung Panik zu schieben. Letztendlich, wenn du nicht kriegen kannst, was du willst, lerne zu lieben, was du hast ...«

Er bewegte sich vorsichtig durch den sumpfigen Wald, um Licht in dem Dickicht zu finden, und machte sich selber Mut.

»Ein Optimist«, sagte er, und sprang über einen Baumstrunk, »ist ein Mensch, der den Pessimismus satt hat ...«

Er hielt an und richtete seinen Rucksack zurecht, und er spürte deutlich, wie sehr ihn der Pessimismus nervte.

»Mit welchem Körperteil du denkst, Peter«, murmelte er, »durch den kriegst du auch die Antwort ...« Plötzlich fiel ihm etwas ein ...

Als würde er schlafen und im Traum eine Stimme hören ...

»Mit fremden Händen«, sagte Baba Jaga ausdruckslos, »vollbringt man keine Wunder. Pack schon an, Waldgeist ...«

»Jaja,« krächzte dieser und kicherte leise, »Wenn die gute

Sache gemacht ist – ab ins Gebüsch. Wie im Märchen ... Sobald er aufwacht ...«

»... Von hier aus geht sein Weg weiter. Mach das Bett weicher, mit mehr Blättern«, murmelte Jaga.

»Natürlich ist hier die reinste Einöde, aber macht nichts, der findets schon raus, der kluge Junge ...«, hörte er Jagas Stimme immer leiser werden, bis sie ganz verschwand.

... So ging der Alte Peter durch den endlosen dämmerigen Wald, während er sich die vergangenen Lektionen durch den Kopf gehen ließ und sich deshalb auch nicht besonders darum sorgte, wohin sein Weg führte. Seine Gedanken, beim Erwachen noch düster und missmutig, mischten sich nun mit zuversichtlich-neugierigen.

Riesige bemooste Stämme jahrhundertealter Bäume, rötliches und sich an die Beine hängendes seltsames Gras mit scharfen Rändern, der morastige Sumpfboden, der von Zeit zu Zeit unter seinen Füßen einbrach, riefen weder Sorge noch drückende Unruhe mehr hervor.

»Dass du so etwas zu sehen bekommst, obwohl du doch am Meer wohnst«, staunte Peter und sah sich um. »Sonst wird nur im Märchen von solchen Plätzen erzählt ... Natürlich gibt es hier auch Abgründe ... aber nur, wenn du den Meister nicht anerkennst, der hier gewirkt hat. Kaum denkst du an ihn, wird alles freundlich ... Denkst du an seine Spiele, fängst du selbst zu spielen an – da gibt es nichts zu fürchten ...

Wenn dich das Schicksal direkt auf die Stirn schlägt«, belehrte er sich selbst, »heißt das, du hast die lehrenden Stiche in deinen Hintern nicht beachtet ... Zufall gibt es nicht im Leben. Der Zufall ist derselbe Meister, der sich hinter dem

Baum versteckt hat und dir zuschaut, ob du ihn wohl anerkannt hast oder nicht.«

Indes wurde der Wald immer lichter und heller. Schon lan-
ge hatte das Schmatzen unter seinen Sohlen aufgehört. Die
Bäume wurden immer gerader und schlanker, und durch ihre
Blätter fing der blaue Himmel an hindurchzuscheinen …

Schließlich trat Peter auf eine runde Lichtung voller Gän-
seblümchen hinaus, hell im Sonnenlicht badend. Er trat an
eine einsam stehende Birke, deren Äste tief nach unten hin-
gen, und umschlang zärtlich ihren Stamm …

Er blieb stehen und freute sich … Und die Gedanken, die
fingen wieder an, in dem Kopf wild herumzuschwirren.

»Wie es aussieht«, dachte Peter laut, setzte sich hin und
brachte sein Schuhwerk in Ordnung, »hat Jaga beschlossen,
dass ich mein Problem allein lösen muss. Vielleicht ist es gut
so … Vielleicht sieht es die alte Hexe besser, aber wenn sie
wenigstens was angedeutet hätte … Mit dem Auge gezwin-
kert oder mit dem Zahn geblinkt …

Oder Mauz hätte mir einen Rat geben können«, maulte Peter und hängte seine Bastschuhe zum Trocknen in die Sonne.

Da tauchte Mauz mit seinem rötlichen Lächeln auf, unerwartet wie immer und doch wie gerufen …

»Hast du mich vermisst?«, gluckste er, im Kopf oder daneben.

Peter hob den Kopf und lächelte erfreut. »In letzter Zeit bin
ich gar nicht richtig zum Reden mit dir gekommen. Immer
nur Andeutungen und dann warst du wieder weg! Und ich
verknote mir mein Hirn und frage mich, was Mauz wohl gemeint hat …«

»So ist es gut, Peter.« Mauz lächelte noch breiter. »Je weniger Hilfe du jetzt bekommst, desto besser ist es für dich. Das musst du verstehen.«

»Das verstehe ich vielleicht schon«, stichelte Peter, »aber etwas anderes ist mir nicht klar – wo soll ich denn diesen saftigen Apfel, den verflixten suchen? Ich kreise und kreise mit meinen Augen herum, und da ist nicht einmal eine Andeutung davon zu sehen ...

»Kreise in dir herum«, grinste Mauz selbstgefällig. »Das mag kitzeln, ist aber nützlicher. Du schaust und kreist dir was vor – was genau, da wirst du dich wundern. Aber so ist alles Apfel wie Apfel ... Woher weißt du überhaupt, dass es ein Apfel ist?«

»Ich habe seit meiner Kindheit in den Märchen davon gehört«, wunderte sich Peter über Mauz' Worte. Und alle sagen es ...

ж даже нет...

»Man sagt es ... So ist das also ...«, kicherte Mauz. »Und tatsächlich, Peter, alles ist immer anders als in Wirklichkeit ... Und die Ursache der Ursachen liegt schließlich und endlich immer am Ursprung des Ursprungs ... Und um ihn zu erkennen, hilft dir gar nichts, am allerwenigsten die Erfahrung. Deshalb ist der beste Standpunkt das Fehlen jeglichen Standpunktes.«

»Was soll das denn heißen?!« Peter sprang auf die Beine.

»... Und nur ein einziger guter Rat für dich«, setzte Mauz in ätzender Sprache fort, »hör nicht auf gute Ratschläge ...

*Denke, Peter, und zweifle. Zweifle an allem ... Nur daran
sollst du nicht zweifeln ...«*

*Mauz' Lächeln löste sich auf, die Stimme wurde schwächer,
und das Letzte, was Peter hörte, war:*

*»Das Leben ist ein Traum, der deinem Meister erscheint.
Jetzt hängt es nur von dir ab, dass dieser Traum euer gemein-
samer wird ...«*

*Lange saß Peter danach da und betastete seinen Kopf von
allen Seiten.*

*»Entweder Mauz ist völlig durchgedreht«, dachte er, »oder
mit mir stimmt etwas nicht ... Das Einzige, was ich brauche,
ist eine Zauberschüssel und einen saftigen Apfel ... Wohin
führt all das Weisheitsgetue?«*

*Völlig verwirrt und richtig ärgerlich, aber aus irgendeinem
Grund im Inneren lächelnd, ging er los, drückte das dichte
Gras mit seinen Füßen nieder und trat einen neuen Weg aus ...*

———

*Der Wald endete abrupt und ging in einen flachen sandigen
Abhang über, der unten dicht mit Gras bewachsen war. Peter
stieg hinunter, und bald erblickte er den Stamm eines vor langer Zeit gefällten Baumes. Und darauf sitzend einen uralten
Greis von seltsamem Aussehen.*

*Er trat näher heran. Er nahm die Mütze ab, grüßte und
setzte sich neben ihn. Aus dem Rucksack holte er eine einfache Mahlzeit. Er bot sie dem Unbekannten an, welcher mit
einem Handzeichen ablehnte. Dann fing er selbst an zu essen,
den Alten im Blick.*

Der Alte, mit Vollbart und dichten Brauen, brummte von Zeit zu Zeit unverständliches Zeug vor sich hin, wobei er laut ächzte und stöhnte.

»Warum stöhnst du so?«, fragte Peter endlich.

»Du siehst ja, wie die Sache steht«, antwortete der Alte willig, »ich setzte mich gedankenlos auf die erstbeste Stelle und erwischte ausgerechnet einen Ast. Jetzt sitze ich darauf und quäle mich. Schon zwei Stunden, siehst du …«

»Setz dich halt woanders hin«, wunderte sich Peter.

»Was soll das jetzt – woanders hin …« Er winkte ab. »Ich hab mich eingesessen, und bald ist es Zeit zum Aufbruch …«

Peter blickte den Alten fassungslos an und hörte plötzlich deutlich das Kichern von Mauz: »Schau dich an, such dir auch so einen Ast …«, gluckste er und schwieg.

»… In fremden Märchen lebt es sich ganz anders«, sagte der Alte plötzlich und sah Peter in die Augen. »Es ist sehr angenehm, von einem zu hören, aber selbst zu leben, wie es dir taugt … So sieht es aus …« Er murmelte etwas, kratzte sich am Bart und redete weiter.

»Und wie hat alles angefangen? Es passierte vielleicht vor drei Jahren, ich war eben achtzehn geworden …«

Peter starrte ihn ungläubig an, aber er schwieg und lauschte.

»Ich lief durch den Wald, und während ich ging, sah ich einen Brunnen. Ich hatte so einen Drang zu trinken, einfach unerträglich. Ich schaute hinein, und ich sah kein Wasser. Ich warf einen Stein – es war still, nicht einmal ein Plätschern war zu hören. Noch einen, wieder dasselbe. ›Der Brunnen ist tief‹, dachte ich, denn es war fast nichts zu hören … Ich ließ

meinen Blick kreisen und fand einen ordentlichen Steinbrocken. Mit Mühe schleppte ich ihn herbei und riss mir fast den
Bauch auf dabei. Ich warf ihn nach unten und lauschte.
Plötzlich hörte ich Schritte. Ich hob die Augen, da stürmte
eine Ziege mit voller Wucht auf mich los, die Hörner auf mich
gerichtet. Mit Mühe sprang ich zur Seite. Sie stürmte auf den
Brunnen zu und ab in die Tiefe ...«

Peter lauschte aufgeregt – dieser seltsame Alte hatte etwas
Besonderes. Der sprach nun weiter:

»Ich erschrak. Klar, der Teufel, dachte ich, hat sich im
Brunnen eingefunden. Ich trat zurück und sah, dass eine Alte
mit Stock daherkam. Sie fragte mich, ob ich ihre Ziege gesehen habe. ›Sie hat hier gegrast, und ich habe sie mit einer
langen Schnur an einen Stein gebunden, damit sie nicht da-
vonrennt‹. So lernte ich Baba Jaga kennen ...«

Peter hustete, und versuchte, sein Lachen zu verbergen.
Und der Alte fuhr fort:

»Ich sagte nichts, aber sie hatte wohl etwas gewittert, die
alte Hexe, und beschloss sich zu rächen. ›Du bist mir sehr
sympathisch‹, sagte sie. ›Ich will dir deinen größten Wunsch
erfüllen.‹ Und ich, ich junger Narr, nicht mit Feiertagen verwöhnt, griff zu: ›Ich wünsche mir, dass ich jeden Tag Geburts-
tag habe.‹ Jaga lachte, flüsterte etwas, spuckte über die Schulter, drohte mit der Faust und verschwand.

Und seither«, fuhr der Alte fort, »habe ich jeden Tag Ge-
burtstag. Kaum ist ein Tag vorbei, bin ich um ein Jahr älter.
Am Anfang hab ich es nicht gemerkt, und als ich begriff,
machte ich mich auf die Suche nach Jaga. Aber wo findet man
die ...

Ich hatte mich schon damit abgefunden, an Altersschwä-che zu sterben, als ich plötzlich zu den Zwergen kam. Zu der Zeit war ich schon so ausgetrocknet, dass sie mich für einen der ihren hielten. Und als sie es schnallten, war es schon zu spät – sie sind ja ein ehrliches Volk. Sie nahmen den Zauber von mir ...«

Peter saß da, er lauschte und lauschte ... Und der Alte sprach und sprach ... Sehr gesprächig – extrem sogar ... Von den Erzählungen über sich ging er allmählich dazu über, was er in der Märchenwelt erfahren hatte.

»Diese Helden spucken immer größere Töne. Je bekannter das Märchen, desto größer die Ambitionen. Wie zum Beispiel Ilya Muromez, der kam direkt aus dem Volk und war ganz bescheiden, und jetzt, wo er bekannt ist wie ein bunter Hund, reist er von Gelage zu Gelage, von Harem zu Harem! Ebenso der kleine Däumling – kaum geht ihm etwas gegen den Strich, da sagt er ›Ich bin ein kleiner Mensch‹ und schlägt zu – un-terhalb der Gürtellinie ... Und erst Doktor Aibolit – als ich zu ihm kam, griff er nach dem Skalpell und sagte: ›Ich allein weiß, wie man die Innenwelt des Menschen betrachten kann‹... Ich zog Leine, so schnell ich konnte.«

Er änderte seine Stimmung und sagte: »Bei mir stimmt was nicht mit dem Gedächtnis: Ich vergesse niemals etwas. In meinem Kopf tummelt sich eine ganze Herde fremder Wörter. Entsprechend gesprächig bin ich auch. Das Wort ist natürlich kein Rabe, aber wenn du es nicht rauslässt, dann fliegt es in deinem Kopf herum und denkt sich Gemeinheiten aus. Jeden Tag Neuigkeiten, neue, unbekannte Gesichter ... Aber im Kopf gibt es wenig Streit wegen der fremden Geschichten.«

Je länger Peter zuhörte, desto unwohler wurde ihm zumute. Er sah direkt, wie dieser Alte ihn mit seinen Worten in eine enge und stickige Welt versetzte. Und er sprach so viel, nur weil er sich selbst damit quälte und sich losreißen wollte, aber sich dabei nur noch tiefer verstrickte. Indem er die ganze Welt in Wörtern und Begriffen durchquerte, nagelte er sich nur umso fester an sein Märchen, über das er sich zwar lustig machte, aber ohne das er auch nicht mehr leben konnte. Er stöhnte auf seinem Ast, aber er hatte Angst runterzuklettern – schließlich konnte man ja nicht wissen, wie das enden würde.

»Aber ich war ja selbst so, und das ist noch gar nicht lange her«, erinnerte sich der Alte gerade und konnte es nicht glauben.

Peter blickte sich um, und da schien es ihm, als ob er von allen Seiten von eben diesen Wörtern umgeben war. Als wäre um ihn herum keine Welt, sondern nur eine Ansammlung von Wörtern.

Er sah in den spärlich mit Wolken bedeckten Himmel, der ihm so schön erschien … Aber kaum sagte er bei sich: »Das ist doch nur ein Himmel mit Wolken«, als die ganze Schönheit irgendwie verschwand, er blickte auf die dunkelgrünen, ausladenden Zweige einer Tanne – da begann er innerlich vor Entzücken zu wogen ob solcher Pracht, aber kaum erinnerte er sich, dass er ihren Namen – das Wort »Tanne« seit seiner Kindheit kannte, als die ganze Anmut dahin war.

Da wunderte sich Peter, denn das war ihm bisher noch nie aufgefallen. »Der Meister hat mich fühlender gemacht«, schloss er.

»Und dann sagte er: ›Die Operation ist gelungen‹«, führte der gesprächige Alte seine nächste Geschichte fort. »Schade nur, dass der Kranke davon nichts mehr erfährt … So ist das also. Da hast du den Doktor Aibolit.«

Der Alte verstummte nach Atem ringend und wischte sich den Schweiß von der Stirn. Das Gefühl einer übererfüllten Verpflichtung war auf seinem Gesicht deutlich zu lesen.

Nachdem er mehr als eine Stunde pausenlos geredet hatte, blickte er Peter jetzt mit offener Sympathie an. Gerade, dass er ihn nicht an der Hand fasste, als er ihn zu seiner Hauswirtin führte, um die beiden bekannt zu machen.

Lass den Menschen ausreden, dachte Peter, der hinter ihm ging, danach wird er dein Freund sein. Warum ist das so? Vielleicht weil sich so ein von dem Wortgepäck befreiter Mensch dem Meister annähert? Oder ihn in sich spürt, wenn auch nur vorübergehend? In jedem lebt doch ein Meister. Und kaum beruhigen sich die Wörter, kaum sprudeln sie hinaus, da lugt auch schon der Meister hervor … Daher kommt auch das Gefühl der Nähe.

Während er so nachdachte, tauchte in der Nähe ein Haus auf. Ein solides, unter einer großen Kiefer gebaut, weiß, aber mit roten Fenstern und Türen. Daneben weidete eine Kuh mit ihrem Kalb.

Der Greis öffnete, ohne zu klopfen, die Tür und trat ein.

»Damit die Milch nicht überläuft, muss man die Kuh anbinden«, sagte er anstelle eines Grußes zu der Hauswirtin.

Sie winkte nur ab, dafür betrachtete sie neugierig den Gast. Peter grüßte, zog die Mütze und verneigte sich tief – alles, wie es sich gehörte. Und er nannte seinen Namen.

»Und ich heiße Schneewittchen«, gab die Hauswirtin wohltönend zur Antwort und errötete mädchenhaft.

Mit Schneewittchen kam Peter schnell klar, zwei, drei Sätze, und die beiden hatten das Gefühl, sie würden sich schon lange kennen. Sie tranken Tee und aßen dazu Zwieback. Wie von selbst erzählte Peter von seinem Problem. Schneewittchen schickte sich an nachzudenken, aber nicht lange.

»Ich weiß, wie dir zu helfen ist«, meinte sie plötzlich. »Ich weiß von einer Schüssel und einem Apfel …«

Peter hätte sich fast an einem Zwieback verschluckt.

»Aber es gibt da einen Haken«, fuhr Schneewittchen fort und stieß Peter mit ihrer kleinen Faust zwischen die Schulterblätter.

»Welchen?«, stieß Peter hervor, kaum Luft bekommend.

»Eine Schüssel und einen Apfel zu nehmen ist nicht schwer. Sie sind in dem verwahrlosten Schlösschen meiner Schwester zu finden«, sagte Schneewittchen, »und es ist auch einfach, dahin zu kommen und sie zu finden … Aber von dort wegzukommen ist schwieriger. Ein schlafender Drache bewacht das Schloss schon seit vielen Jahren. Er lässt jeden hinein, denn er schläft abgrundtief fest. Aber wer von dort zurück will, der weckt den Drachen durch seine Gedanken. Das ist ein besonderer Zauber …«

Während er Schneewittchens Erzählung lauschte, schaute Peter kurz nach innen, auf den »spiegelglatten See der Ruhe«, der gerade leichte Wellen zu schlagen begann, und gab dem Spiegel seine Glätte zurück.

»Kein Problem«, sagte er laut, »wir leben doch im Märchen. Uns kann also nichts umbringen.

Schneewittchen blickte ihn aufmerksam an.

*»Sieh an, sieh an«, sagte sie spöttisch. »Gesagt, getan ...
Dann wird nachgedacht, man erschrickt und alles ist anders ...
Aber weit gefehlt ...*

*Aber was rede ich auf dich ein«, unterbrach sie sich. »Du
musst es entscheiden – es ist ja dein Märchen. Hör also aufmerksam zu, wie du dort hinkommst. Der Weg ist einfach,
aber nicht ganz nah ... Zwei Tage wirst du brauchen ...«*

———

*Weit und breit war kein Drache zu sehen. Peter lugte unent-
schlossen hinter den Büschen hervor, als er den Schlossein-
gang betrachtete, wartete ein wenig ab, dann rannte er schnell
in den Treppenvorbau und drückte mit seinem ganzen Gewicht die Tür auf ...*

*Im Schloss war alles mit einer dicken Schicht Staub be-
deckt. Lange flanierte Peter durch verwinkelte Gänge von
Zimmer zu Zimmer, aber er konnte das Gesuchte nirgends
finden. »Jenes Zimmer ist verwunschen«, hatte Schneewittchen gesagt. »Die Zeit hat es nicht berührt, dort ist sogar der
Esstisch noch gedeckt. Wenn du Hunger hast, kannst du sogar dein Mittagsmahl einnehmen. Aber beachte ...« Sie hatte
nicht zu Ende gesprochen – die Zwerge kamen von der Arbeit
zurück, und Peter wollte nicht stören, und nach einem hasti-
gen Abschied war er unbemerkt verschwunden.*

*Jetzt irrte er durch die Stockwerke und war sich selber
gram – warum hatte er nicht zu Ende zugehört? Wie lange
musste er noch gehen?*

»Stopp!«, sagte sich Peter plötzlich. »Und der Meisterzu-stand? Warum kann ich mich nicht daran gewöhnen, dass es mit ihm zusammen keine Probleme gibt?«

... Schon nach kurzer Zeit führten die Beine selbst den ziellos herumirrenden Peter zu einer vergoldeten, fein gear-beiteten Tür. Sie öffnete sich lautlos, ließ ihn in eine hohe Kammer eintreten, reich bestückt und wunderschön ausge-stattet.

Und das Erste, wohin es Peter zog, war die Tafel, die groß-zügig und reichlich mit allen möglichen Speisen gedeckt war. Er war ausgehungert nach seinem zweitägigen Weg ...

Zuerst schenkte er sich ein Glas mit rotem, Kraft spenden-den Wein ein. Er trank ihn in großen Schlucken. Als Nächstes umkreiste er mit den Augen ein verlockendes Stück Fleisch, naschte aber zunächst nur an einem Apfel.

»Wenn du einen Apfel isst«, dachte Peter kauend, »ist es immer angenehmer, darin einen ganzen Wurm zu sehen als einen halben.« Er schüttelte den Wurm in die goldene Schüs-sel, aus der er den Apfel genommen hatte, und erstarrte plötzlich, so kalt wurde ihm von des Rätsels Lösung ...

Langsam ließ er seinen Blick über den ganzen Tisch schweifen – sonst gab es keine Äpfel mehr darauf ...

»... Wer konnte denn ahnen, dass dieses Wurmige genau das gesuchte Saftige ist«, grämte er sich nachträglich, griff sich an den Haarschopf und verfiel einem maßlosen Kummer, um dann langsam die Treppen des verwahrlosten Schlosses hin-abzugehen ...

... Plötzlich ein ohrenbetäubendes Gebrüll, ein heißer Atem – woher war der nur gekommen! – ein schrecklicher,

Feuer speiender Drache, wild und unbändig, dagegen ist Gorynytsch gar nichts …

Augenblicklich sprang Peter zurück ins Schloss, die Tür verschloss er mit seinem Körper. Und der Drache begann von draußen zu schmeicheln, dann begann er mit menschlicher Stimme Peter zu verspotten.

»So schnellbeinig bist du nicht, wie ich langarmig bin. Früher oder später kommst du ja doch heraus … Ich kann es erwarten, inzwischen lege ich mich schlafen …«

Peter brauchte lange, um sich lachend wieder zu beruhigen, aber dann fand er die Situation sogar spannend.

Tja, Peter, tja, du toller Kerl! Dein Glück hast du aufgegessen, und anschließend hätte man dich fast gefressen …

Eine graue Persönlichkeit bist du, Peter, fuhr er seufzend fort, aber wie viele Schattierungen es da gibt … Jetzt denk darüber nach, wie du aus dem Schloss kommst.

Du überlistest den Drachen, was denn sonst?, dachte er, als er sich an Schneewittchens Worte erinnerte. »Der Drache schläft, solange er die menschlichen Gedanken nicht hört. Also ist hier etwas anderes vonnöten, etwas Gedankenloses …

Hier braucht es einen Meister«, klopfte sich der Alte auf die Stirn, »was gibt es da noch zu überlegen? Der Meister hat schließlich keine Gedanken, nur Absichten. Aber nur nicht verflachen … nur nicht plötzlich aus dem Meisterzustand herausfallen …«

Peter überlegte … Irgendwie fiel ihm der alte Quasselzwerg ein, die Wortkette, die dieser ausgespuckt hatte, und was er in dem Zusammenhang empfunden hatte … Etwas Wesentliches entwickelte sich in seinem Kopf.

»Zwischen mir und der lebendigen Welt«, sprach er zu sich, »gibt es noch eine Welt aus angehäuften Wörtern, in der leben wir alle. Wenn du zu der richtigen Welt willst, musst du die Bezeichnungen weglassen. Die Wörter, die die kleine Welt bezeichnet haben, die Wortzeichen wegschaffen ... Denn wie soll das gehen, entweder zu leben, oder zu denken, dass man lebt. Das richtige Leben ist nicht das Denken darüber, sondern sein Empfinden. Aber solange man Wörter denkt, lebt man ein fremdes Leben, das Leben dessen, der dir diese gedanklichen Wörter geschenkt oder hingeworfen hat.

Und wie soll man die Grenzgedanken löschen?«, überlegte Peter, »damit man sich mit der Welt eins fühlt? ... Denn ich brauche mich dann nicht vor dem Drachen verstecken, wozu auch, wenn an die Stelle von Gedanken Empfindungen treten.

»... Empfindungen, Empfindungen ...«, murmelte der Alte verlegen. »Wenn Gedanken da sind, gibt es keine Empfindungen. Und wenn Empfindungen da sind – können sich keine Gedanken dazwischendrängen ...

Wann habe ich denn zum letzten Mal so klar empfunden, dass nicht einmal Gedanken in meinem Kopf Platz hatten?, wollte sich Peter eben den Kopf zerbrechen, als er sich nochmals auf die Stirn schlug. Grade eben erst! ... Als ich lachte, um mich vor dem Schreck zu retten.

Also gut, lächelte Peter, der den Weg zur Rettung ahnte. Also das Lachen ... Wie oft habe ich mich damit schon aus der Not retten können, und da sollte es ein weiteres Mal nicht klappen?

Er schaltete das Lachen erst in seinem Bauch ein, dann lachte er mit der Körperwärme als Ganzes, dann blickte er in *die tiefste Tiefe – und half jedem kleinsten Teilchen in sich dabei, durch Lachen zu erklingen. Als ob er ganz aus Lachen bestünde …*

Lange stand Peter so da und lächelte. Dann sagte er laut:

»Die Welt der Gedanken wurde in mir so verschwommen und nicht überzeugend, so wortlos und durchsichtig, dass der Drache um nichts in der Welt von ihr geweckt werden kann …

Schlaf, mein Feuerspeier«, fügte er hinzu, während er zur Tür ging, »Schlaf, mein Langarmiger …«

Und wieder füllte er sich mit Lachen.

———

Ein kräftiger rothaariger Kerl mit einem roten Gesicht, über und über mit Sommersprossen bedeckt, und einer Katoffelnase, ging ungeduldig um den Baum herum, eine Leine in der Hand. Sein schwerer Schritt, der düstere Blick zwischen den buschigen, rötlichen Brauen und eine riesige Keule von der Stärke eines halben Baumes, die daneben lehnte, drückten in ihm eine wilde und unbändige Kraft aus.

»Wie oft hat man ihnen schon gesagt«, überlegte er mit müder Stimme, »wie oft hat man sie gewarnt: ›Hütet die Natur, Eure Mutter!‹… Aber alles umsonst – sie brennen Schnaps und schütten das Bier in den See. Die Nixen ergaben sich zunehmend der Trunkenheit und verfielen dem Laster, bis sie alle ausstarben … Wo soll man jetzt in der Einöde ein Mädchen für die Seele finden? Ach!« Er stöhnte genervt und zog an der Leine, um sie straff zu ziehen.

Peter stand, mit der Leine an den Baum gebunden und beobachtete schweigend das Geschehen. Der rothaarige Räuber drehte sich schwerfällig im Gras um und blickte ihn an.

»Wozu hast du denn meinen Knüppel geklaut, guter Mensch?«, fragte er ohne Bosheit. »Ein guter Knüppel war das, viele Jahre habe ich mich mit ihm geschlagen, nicht so etwas wie dieser Ast hier«, wobei er einen riesigen knorrigen Stock wegstieß. »Ein halbes Jahr schon quäle ich mich damit ab, und immer noch kein Treffer ...«

»Ich hab deinen Prügel nicht genommen«, antwortete ihm Peter zum x-ten Mal. »Ich könnte ihn nicht einmal aufheben ...«

»Schon gut, schon gut.« Als hätte er das nicht gehört, schüttelte der Räuber den Kopf. »Man hat mir erzählt, dass ein Kraftprotz hier in der Gegend herumzieht, nicht groß, aber Kräfte ohne Ende. Man rühmt ihn als Muromez ... Bist du das?«

»Ich bin Peter«, erklärte ihm Peter, »und deinen Prügel kann ich bestimmt nicht heben.«

»So siehst du auch aus«, fuhr der rothaarige Räuber fort, »woher sollst du Schwächling denn ein Muromez sein? Andererseits hast du den Prügel geklaut ... Wozu brauchst du den denn überhaupt?«

Er grub in seiner Tasche und sang vor sich hin. Peter hörte lange diesen wilden Gesängen zu und beobachtete ihn, dann seufzte er. Das Gespräch mit dem roten Riesen wollte einfach nicht gelingen. Dieser war frei von jeder menschlichen Logik. Er war auch völlig frei von musikalischem Gespür und Geschmack. Das Einzige, von dem er reichlich hatte, war der Geruch ...

Als hätte er seine Gedanken gelesen, fing der Räuber wieder zu sprechen an.

»Vielleicht hast ja nicht du den Prügel geklaut«, sagte er mit trauriger Stimme. »Niemand weiß doch so viel, wie ich nicht weiß ... Aber wozu das alles? Ich stieß mit meinem Kopf gegen einen Baum, da fiel der Baum in Stücke, und im Kopf ging auch etwas zu Bruch ...

Erst vergisst du die Namen«, klagte er, »dann vergisst du die Gesichter, dann vergisst du, die Pluderhose zuzuschnallen ...«

Er schwieg und seufzte:

»Aber am schlimmsten ist es, wenn man vergisst, die Pluderhose zuzuschnallen ...«

Dann stand er plötzlich auf, griff nach dem Prügel und steckte ihn gewandt unter die Achselhöhle. Bittend sagte er zu Peter:

»Entschuldige, dass ich ohne Streit gehe ... Aber ich habe was vor. Es ist Zeit, auf die große Straße zu gehen, auf meinen Wachposten. Bleib inzwischen hier stehen, wenn ich zurückkomme, kläre ich die Sache ... Wenn ich mich dann erinnere ...« – und mit wenigen riesigen Schritten verschwand er im Dickicht des Waldes.

Peter blickte ihm verwirrt nach.

»Wenn ich mich dann erinnere ... Interessant ...«, murmelte er, »... und wenn nicht?«

Er stellte sich vor, was sein würde, wenn der Riese ihn sich genauso wenig merken würde wie die Pluderhose ... Ein klägliches Bild kam dabei heraus.

»Wie viel ist bereits nicht gemacht worden ...« sagte Peter. »Und wie viel wird in Zukunft nicht getan werden?« Er zuckte die Achseln.

»Die Erfahrung«, beruhigte er sich dann, »ist das, was dem Menschen erlaubt, neue Fehler zur Untermauerung der alten zu machen ... Habe ich beim Menschenfresser am Haken gehangen? Hab ich ... Hab ich den Zauberapfel gegessen? Hab ich ... Hat mich der Drache fast verschlungen? Auch das ist geschehen ...

Das heißt, irgendetwas in mir ist noch nicht okay ...«, fasste Peter zusammen und seufzte.

»Ein Seufzer ist ein Vorwurf an die Gegenwart, er ist Angst vor der Welt«, hörte er wie eine Antwort in seinem Kopf, und direkt vor ihm erschien Mauz' Lächeln. »Denn du bist nicht weniger schutzlos vor ihr als sie vor dir. Wenn man sich schutzlos vor der Welt fühlt, das ist dasselbe, als würde man vor seinem eigenen Anblick erzittern.«

»Du kommst mir gerade recht, Mauz«, freute sich Peter. »Es gibt da etwas, das kann ich in mir nicht verstehen. Ich fühle etwas Unfertiges in mir, aber was es ist, kapier ich nicht. Siehst du, ich bin wieder in eine Falle gegangen ...«

»Du, Peter«, gluckste Mauz, »bist wie immer unbesiegbar im Kampf mit dir selbst. Ärger, das solltest du wissen, kommt und geht, aber sein Schöpfer bleibt ...«

»Genau davon spreche ich«, eiferte sich Peter. »Ich will ordentlich aufräumen in mir und das, was am meisten verfault ist, rauswerfen. Es reicht mir jetzt, durch die Märchen zu schlendern, es ist Zeit, die Alte nach Hause zu bringen, aus dem früheren ›Ich‹ herauszuhüpfen und nicht mehr zurück ...«

»Ach Peter«, sagte Mauz, »die Wissenschaft hat es nicht eilig, in dich einzudringen. Schau, dass du gleichsam aus dir heraustrittst, aber dich nicht in den anderen verirrst. Denn zurückkehren musst du sowieso ... Und so rotierst du und kennst dich nicht wieder. Schaff dir Geduld an, wenn du das Leben liebst, sei nicht so grob zu ihm mit deinen Gedanken und Selbstvorwürfen. In der Regel verstehen wir erst am Ende unseres Weges den Sinn des Wegs. Und auch das nicht alle, nur die, die nicht stehen geblieben sind und sich in den Gedanken verwirrt haben. Hoch lebe der Hinkende, Peter, denn wenn wir wissen, dass er hinkt, heißt das, dass er geht ...«

Peter schwieg, er versuchte, das Gehörte zu verdauen, und dann fragte er stichelnd:

»Hör zu, Mauz, sag, bist du wirklich so klug? Vielleicht tust du nur so?«

Mauz kicherte: »Was ich sage, gefällt dir nicht, Peter? Direkte Antworten, einfache Ratschläge willst du? Willst du, dass ich deinen Weg für dich gehe? Dir den Kopf streichle ... mit dir Tränen vergieße? Merk dir: Wenn jemand dir entgegenkommt, heißt das, ihr habt unterschiedliche Richtungen und nicht denselben Weg. Es fällt dir selbst in die Hand, du weißt was. Das, was nicht untergeht ...«

Das rötliche Lächeln begann zu verblassen, und im Verschwinden wurde Mauz' Stimmer immer leiser.

»Warte nicht auf den morgigen Tag, wenn du klüger und schöner bist. Beruhige dich, Peter. Das Leben vergeht ja heute ... Wenn du dennoch dein Glück suchst, wirst du verstehen, dass es die ganze Zeit neben dir war, wie ein Flicken auf deiner zerrissenen Hose ...«

470

Nachdem Mauz weg war, hörte Peter noch lange in sich hinein und versuchte, mit seinen Empfindungen klarzukommen. Wie immer begriff er das vom Kater Gesagte nicht sogleich, aber er hatte sich schon öfters von der Weisheit dieser roten Bestie überzeugt.

»Gut«, sagte er schließlich laut. »Jetzt stehe ich angebunden hier ... Was heißt das? Irgendwie hatte ich Pech. Und wer ist das, ein Pechvogel? Das ist ein Mensch, der die Lektion nicht richtig verstanden hat, die er sich selbst erteilt hat. Stimmt's? Stimmt! Worin besteht also diese Lektion?«

Peter dachte nach. Er stand da und bewegte nur die Finger und zuckte die Schultern, das war alles, was er angebunden tun konnte.

»Ein Misserfolg«, sagte er schließlich, »ist nur das, aus dem man den Erfolg baut. Es gibt keine ausweglosen Situationen. Es gibt nur Situationen, deren Ausweg uns nicht gefällt... Und was genau gefällt mir nicht?

Nun, ich sehe vorläufig überhaupt keinen Ausweg«, beantwortete sich Peter selbst seine Frage. »Ich kann nur annehmen, dass er dort ist, wo sich auch der Eingang befindet ... Und was mir nicht gefällt, ist, angebunden hier zu stehen, den Raben zum Spott. Und ich bin immer noch durstig, das gefällt mir auch nicht. Mich ständig wie ein Holzklotz zu fühlen, gefällt mir ebenfalls nicht. Ich bin schmerzhaft hin und her gerissen – mal fühl ich mich wie ein Wurm, mal wie ein Meister aus dem Märchen ... Und wer ich wirklich bin, das kann niemand sagen. Kein Wunder, dass Mauz ständig stichelt. Jaga freilich hat was Gutes gesagt – aber sie ist halt eine Hexe, wie soll man ihr glauben? Kostschej oder gar dieser vegetarische Menschenfresser, der mit seinem nicht sehr klugen Bruder, ihr Lob ist noch weniger wert, denn sie sind ja selber kleine Leute …«

Peter schwieg und zog dann einen Schluss:

»Es kommt also heraus, dass ich mir vor allem selbst nicht gefalle … Deshalb, so sieht es aus, stecke ich hier fest, von mir selbst festgesetzt, wenn auch mithilfe der Hände eines rothaarigen Räubers.«

Mit einem ohrenbetäubenden Gebell stürmte ein kleiner, unansehnlicher Hund aus dem Dickicht direkt vor Peters Füße. Er lief um den Baum herum und bellte ihn fröhlich an. Während Peter ihn beobachtete, traten einige Menschen auf die Lichtung. Sie kamen ganz nah heran, noch bevor er sie bemerken konnte.

Das war der Peter schon bekannte Heerführer, einige Wächter und noch jemand, dessen Hände mit einem Seil gefesselt waren.

»Oh, die Lachbekanntschaft …«, lächelte der Heerführer, als er Peter erkannte. »Wenn man die Welt betrachtet, wundert man sich, dass sich niemand wundert. Da steht ein Mann allein im Wald, gefesselt, als wäre das normal … Warum bist du hier?«

»Einfach so. Den Baum hier bewache ich«, witzelte Peter unfroh. »Auf Befehl des Zaren …«

»Aha«, sagte der Heerführer misstrauisch und respektvoll zugleich, »des Zaren, sagst du … Die Zaren wissen das wohl besser. Für uns hingegen heißt es: Befehle ausführen – Gehorsam leisten … Siehst du, wir sollen einen Verbrecher ins Gefängnis bringen …

»Was hat er getan?«, fragte Peter neugierig.

»Er wurde festgenommen wegen vorsätzlichen Selbstmordes«, erläuterte der Heerführer. »Ein gefährlicher Mensch ...«

Er setzte sich neben Peter, nahm die Mütze ab, wischte sich mit einem Tuch die Glatze und fing an, aus der Gerüchteküche zu plaudern, wie zu einem alten Bekannten.

»Das Volk«, sagte er, »schweigt immer lauter ... Wenn es noch lauter wird, dann hört es sogar der Zar. Er versteht nicht – er ist doch der Zar – dass in allem das Maß wichtig ist, besonders im Maßhalten, besonders, wenn es das Kostgeld betrifft ... Ich schweige ja, na und? – Ein geschlossener Mund hält die Zähne gesund ... Man muss seinen Standpunkt vertreten – und ich vertrete ihn ... wenn er ausgetreten ist, sag ich ihn ... wenn jemand fragt ... Aber vorläufig, damit die Worte nicht mit den Taten auseinanderklaffen, muss man schweigen und nichts tun ...«

Er erzählte noch ein wenig von diesem und jenem, dann erhob sich der Heerführer und streckte sich, dabei sah er aus wie ein Mensch, der es gewohnt ist, im Kampf gegen den gesunden Menschenverstand immer siegreich zu sein.

»Der Hund ist wieder da«, sagte er und zeigte auf das schnüffelnde Tier. »Ich dachte, es sei ein Pinscher, aber wie sich herausstellte, ist es ein Wolfshund. Seit wir unterwegs sind, hat der schon zwei Wölfe zur Strecke gebracht. Dem Zaren zum Geschenk. Also, wir gehen jetzt. Noch eine gute Zeit ...«

Peter versagte die Stimme vor Panik ...

»Okay, und ich?«, brach es schließlich heiser aus ihm hervor.

»Was – du?«, wunderte sich der Heerführer.

»Ja, losbinden halt«, erklärte Peter geduldig.

»Bist du verrückt?«, empörte sich der Heerführer. »Und der Befehl des Zaren? Du hast doch selbst gesagt ... Es ist befohlen zu hüten, also behüte deinen Baum, Bruder Zar weiß es besser ...«

Peter blickte hilflos den Abziehenden nach, und flüsternd beschimpfte er sich selbst, was das Zeug hielt.

»Genug gescherzt«, seufzte er schließlich. Und da ergriff ihn plötzlich ein solches Gelächter, dass sogar der Baum zu wackeln begann.

Er lachte lange und tief, bis ihm die Tränen kamen. Schade nur, dass er sie nicht trocknen konnte. Er atmete tief ein und beruhigte sich. Im Kopf verspürte er Klarheit und Ruhe.

»Womit bist du denn nicht zufrieden, Peter?«, fragte er sich selbst. »Vor kurzem, als du bei dem Menschenfresser am Haken hingst, warst du viel ruhiger. Damals hast du dich an den Meister erinnert, dich in Gedanken besänftigt, hast du das alles vergessen?

Du musst dich auch jetzt von Anfang an an alles erinnern ...«, sagte sich Peter besorgt. »Dadurch dass ich den Wunderapfel gegessen habe, wurde ich gleichsam nicht ich selbst – vielleicht war er vergiftet oder verflucht ...

Damals bei dem Riesen hab ich verstanden«, erinnerte er sich laut, »dass der Meister je zwei Befehle gleichzeitig erteilt, damit er etwas zum Spielen hat. Mit einem Befehl bereitet er das Problem vor, mit dem anderen seine Lösung ... Und in die Welt kommen die beiden wie Eines ...

Richtig, richtig ...«, erinnerte sich Peter weiter, »deshalb freute ich mich damals, weil ich es begriffen hatte – auf dieser

Welt muss man nicht ständig das Gute vom Schlechten trennen und sich hervortun, indem man bestimmt: Nur das darf es sein. Und der, der das begreift, wird wieder zum Meister. Und wenn er sich an seine Meisterschaft erinnert, wer wird ihm dann noch was Böses antun und wozu auch? Der Meister kränkt sich nicht selbst, denn wenn er auch seiner püppischen Hälfte manchmal Schmerz zufügt, dann macht er es nur, um sie daran zu erinnern, dass auch sie Meister ist. Das ist wie in einem wirren Traum – du zwickst dich selbst, um aufzuwachen, aber wenn du erwacht bist, wozu dich noch zwicken und quälen?

Das heißt, sobald du dich als Meister anerkannt hast«, belächelte Peter seine hochgeistige Hirngymnastik, »kannst du jetzt jedes Spiel wählen – was Schlechtes wird nicht dabei herauskommen. Darum freute ich mich damals, als ich am Haken hing, ich verstand plötzlich, dass mein Abenteuer nicht böse enden konnte, solange ich mich an mich als Meister erinnere. Warum bin ich jetzt nicht so lustig wie damals? Denn das Wissen hab ich auch heute, es ist in meinem Kopf ...

Ich muss das klären«, wisperte er besorgt, während er seine Schnüre betrachtete, »es muss eine Antwort kommen. In mir werde ich suchen, das hat Mauz richtig gesagt: wenn du aus dir rausspringst, kommst du mit einer fremden Antwort zurück. Wenn die Fragen in mir sind, sind es auch die Antworten.

Wozu hat der Meister die Welt geschaffen?« Wie oft schon hatte sich der unalte Alte Peter mit dieser Frage gequält! »Um zu spielen, sich zu freuen. Also, was soll ich tun, um mich, den Meister, nicht zu kränken? Mich freuen ... Und was ma-

che ich? Ich hänge an Schnüren und führe Selbstgespräche.
Kann man das auch freudig machen? Was soll's, hier ist die
Hauptsache, sich nicht ablenken zu lassen durch etwas ande-
res. Wenn du quasselst, dann quassle mit Genuss ... Und
wenn du dich in den Schnüren verwickelst, dann mach es
auch zur Gänze, ohne zu quasseln – nicht mit der Zunge,
nicht in Gedanken, sondern nur alles in den feinsten Feinhei-
ten spüren.«

Peter hörte sich selber zu – machte es ihm Freude, an den
Schnüren zu hängen? Die Arme waren eingeschlafen, die Bei-
ne schmerzten von den Schnüren.

Als hätte mich jemand mit seinem Maul geschnappt, dach-
te sich Peter.

»Stopp, stopp, unterbrach er sich. »Was mache ich denn
da? Ich muss die ganze Schnur spüren, stattdessen plaudere
ich mit meinen Gedanken und suche bildhafte Vergleiche ...
So nicht ...«

Wieder blickte Peter in sich. Mit seinem eingeschlafenen
Bein versuchte er aufzutreten. Solange ihm klar war, dass der
Fuß eingeschlafen war, tat es weh. Um die Gedanken auszu-
schalten, fing er an, tiefer in sich hinein zu hören ... Er spürte,
wie alle Venen im Bein anschwollen, heiß wurden, wie drin-
nen die Ameisen krabbelten und ihn mit ihren Bissen kitzel-
ten, wie das Blut pulsierte... Er schaute in sich und bemühte
sich, nichts zu verpassen ...

Und ganz wunderbar wurde ihm zumute nach einer Zeit.
Als wäre alles wie vorher, aber der alte Schmerz hatte irgend-
wie aufgehört zu schmerzen ... Er hatte sich aufgelöst in viele
verschiedene Empfindungen, von denen jede für sich genom-

men nicht schmerzhaft war. Aus irgendeinem Grund wurden sie sogar irgendwie angenehm.

»Der Meister hat sich freigespielt«, sagte Peter laut, »da ist auch der Gefallen am Schmerz nur von kurzer Dauer.«

Und in ihm war es still und ruhig – gedankenfrei. Peter schickte sich an, alles »auf Meisterart« zu betrachten.

Lange schaute er zu, wie die Bäume die Äste wiegten … Ohne inneres Gerede schaute er zu, kein einziges Zittern übersah er. Er lauschte, wie die Grillen zirpten … Die Wolken betrachtete er lange – und erfüllte sich mit ihrem Anblick … Er lauschte seinem eigenen Atem, wie ihn die Waldluft erfüllte, und wie sie ihn wieder verließ …

Und Peter verlor sich gleichsam in all dem. Er löste sich quasi in den Blättern auf, den Wolken, den Tönen … So eine Freude empfand er wie niemals zuvor.

Den Meister spielend merkte er nicht, wie es Abend wurde. Auf das Feld legten sich lange Schatten. Die Sonne, die tief herabgesunken war, schien ihm in die Augen. Die Waldmücken erhoben ihre feinen Stimmen und klagten über Hunger.

Nicht gleich spürte Peter, dass sich jemand dem Baum näherte. Er hob den Kopf – da stand vor ihm eine Frau mit einem so seltsamen Äußeren, wäre da nicht der verblichene Bauernkittel gewesen, so wäre ihm nicht klar gewesen, welchen Geschlechts sein Besuch war.

Ziemlich hochgewachsen war sie, um einen Kopf größer als Peter, und dünn wie eine Ranke. Die Haare wie Sumpfgras und wild durcheinander. Die Haut im Gesicht und auf den Armen wie die trockene Rinde einer Birke, und die Nase wie

477

ein Ast von einem Baum – dünn, lang und mit einem, sagen wir, mit einem kleinen vertrockneten Blatt…

»Was für ein Schreckgespenst«, dachte Peter im Erstaunen über seinen Gast.

»Genau das ist sie«, kicherte diese und rückte kokett den Kittel zurecht. »Es tut gut, wenn man anerkannt wird.«

Peter wunderte sich über sich. Er hatte zwar im Märchen davon gehört, aber es jetzt zum ersten Mal gesehen, und so sagte er laut:

»Kannst du Gedanken lesen? Oder hast du geraten?«

»Von jedem ein bisschen. Unsere Sache ist eine Waldsache, uralt«, polterte das Schreckgespenst los, griff ungefragt nach dem Ende der Leine und fing an, um den Baum herum zu laufen. »Was lernt man nicht alles mit den Jahren …

Liebt eure Nachbarn«, sagte es und löste den Rest der Leine von Peter, »die Quelle des Wissens … Du stehst hier erst einen Tag, und die Elstern haben es schon im ganzen Wald erzählt. ›Nachtigall‹, sagten sie, ›der Räuber hat schon wieder jemanden im Wald vergessen.‹«

»So ist das also nicht das erste Mal?«, fragte Peter, während er sich Arme und Beine rieb.

»Nicht das erste, und nicht das letzte Mal«, sagte das Schreckgespenst wichtig, während es um Peter herumlief, ihm mal eine Tasche reichte, mal in die Augen sah, mal ihn am Arm festhielt. »Ein guter Kerl ist er. Er hat ein reines Gewissen – er hat es auch kein einziges Mal in Anspruch genommen … Aber als er sich den Kopf angehauen und das Gedächtnis verloren hat, hat er ein für alle Mal mit seiner verbrecherischen Vergangenheit Schluss gemacht. Jetzt ist er nur noch mit der verbrecherischen Gegenwart beschäftigt. Und ich muss mich jetzt auch noch um ihn kümmern, sonst geht ohne ihn noch das Märchen verloren.«

»Sag, warum tanzt du denn die ganze Zeit um mich herum?«, fragte Peter, weil er es nicht mehr aushielt. »Als würdest du alles beschnüffeln wollen. Hast du noch nie einen Mann gesehen?«

»Menschliche Männer habe ich viele gesehen«, antwortete sie verlegen, als sie Peter gegenüberstand. »Aber mit dir komme ich überhaupt nicht klar … Irgendwie hast du ein menschliches Äußeres, aber innen ist es gar nicht so, wie ich es kenne – so natürlich, wäldlich, uralt. Ich spüre auch die Wolken in dir und die Regentropfen und Waldgerüche … Als wäre nur die Hülle bei dir von den Menschen, aber dahinter dasselbe, was auch außerhalb ist – die lebendige Welt. Bei den Menschen gibt es das nicht, sie haben so ein gedankliches Spinnennetz in sich, abgerissen und schmutzig. Woher kommt das, Peter? Wer bist du, lieber Mensch?«

Staunend hörte Peter dem Schreckgespenst zu. Erst verstand er nicht, aber dann erinnerte er sich, wie er gerade eben die Welt durch sich durchgelassen hatte, sich mit den Waldgeräuschen und den hiesigen Gerüchen erfüllt hatte.

»So also«, dachte er, »sieht man als Meister für andere aus. Wie ein Stück von der großen Welt, die im menschlichen Körper verborgen ist. Der Mensch …«, dachte er weiter, und streckte die Arme der schon tief stehenden Sonne entgegen, um sich dann ganz durchzustrecken, »der Mensch spielt in seinem Leben nur eine kleine Episode. Es ist so schön zu sehen, dass dein Spiel jemandes Herz berührt hat …«

Die Fallen der
»Beschreibung der Welt«

Wir haben weiter oben schon davon gesprochen, dass der Meister, wenn er den »Spielplatz« mit Namen Leben entwirft, den Raum seines Spiels mit Meistersignalen »markiert«, welche wir vorläufig *Objektbezeichnungen* nennen wollen. Jetzt machen wir etwas ausführlicher Halt an diesem Punkt.

Die Meistersignale sind eine Auswahl von Sinn-Festlegungen, die vom Verstand gebildet werden und sich in unseren Worten und Gedanken äußern. Das sind semantische Orientierungspunkte, die der Puppenpersönlichkeit helfen, sich nicht in der vom Meister geschaffenen Welt zu verlieren. Wir sprechen von den uns allen bekannten *Gegenständen, Phänomenen, Empfindungen und Gedankenbildern*, wie zum Beispiel ein Baum, ein Stein, ein Tropfen, eine Katze, ein Donner, ein Blitz, ein Gedanke, ein Schmerz, ein Geruch usw.

Genau aus diesen Objektbezeichnungen besteht die »Beschreibung der Welt«, von der in den vergangenen Kapiteln die Rede war. Die Bedeutung der Beschreibung der Welt und der Meistersignale ist zwiespältig und nicht eindeutig.

Einerseits ist hier ein sehr nützlicher Mechanismus wirksam, der es uns erlaubt zu funktionieren und uns in dem komplexen und mehrdimensionalen Raum zu orientieren, indem wir seine Unerkennbarkeit durch das uns gewohnte dreidimensionale Modell ersetzen, mit welchem wir in Wechselwirkung treten können.

Andererseits ist das eine Art »Fangeisen«, das die Wahrnehmung der wirklichen und lebenden Welt einschränkt, sie abtötet und unzugänglich macht.

Betrachten wir beide Aspekte. Auf der ersten Etappe der dreidimensionalen Inkarnation erweist sich ein meisterliches Wesen, das in dem geborenen Kind seine Inkarnation erfährt und die *bewusste* Verbindung mit den mehrdimensionalen, transzendenten Kanälen der Wahrnehmung verloren hat, völlig hilflos in der menschlichen Welt, einer Welt von viel größerer Dichte und mit für dieses neue Wesen wesentlich geringeren Möglichkeiten. Dieses neugeborene Wesen braucht jetzt zu seiner Orientierung in diesem Raum Anhaltspunkte, die einer dreidimensionalen Weise der Wahrnehmung entsprechen.

Die vom Meister geschaffenen Objektbeschreibungen haben einen neuen Mechanismus der Wahrnehmung der Welt gebildet. Zur Orientierung darin hat jedes Objekt eine originelle Definition – als Gedanke, und dann eine Bezeichnung – als Wort, das heißt als Sprachelement erhalten. Das menschliche Wesen, das die Möglichkeit zu denken und zu sprechen erwirbt, macht einen kolossalen Sprung in seiner Entwicklung. Sein zielstrebig sich entwickelndes Bewusstsein wächst allmählich und geht in Selbsterkenntnis über. *Selbsterkenntnis* ist die Eigenschaft, die den Menschen vom Tier unterscheidet. Denken – auf jeweils ihre eigene Weise – können alle lebenden Wesen. Aber die Möglichkeit, sich von der Seite zu sehen und sich die Fragen zu stellen: »Wer bin ich?«, und: »Wozu?«, gibt es nur beim Menschen. Und hier machen wir Halt.

Der Mensch hat mehr als eine Million Jahre gebraucht, um das Bedürfnis nach Selbsterkenntnis zu entwickeln. Beim Kind, das gleichsam im Prozess des Erwachsenwerdens die ganze Evolution des menschlichen Bewusstseins wiederholt, entspricht das etwa dem zwölften bis vierzehnten Lebensjahr. Das ist die so genannte Pubertät – und das erste Stadium der Entwicklung der eigenen Persönlichkeit. Das ist der Anfang seiner Selbstbestimmung, der Anfang einer wahrhaftigen Erforschung der Welt, der erste, vorläufig noch plumpe Versuch, die Grenzen der aufgezwungenen Beschreibung der Welt zu überschreiten. Die kindliche Frage »Warum?« wird durch »Warum gerade so?« abgelöst und fängt an, in der Welterkenntnis zu dominieren.

Und das war's. Auf dieser Etappe endet die positive Rolle der Beschreibung der Welt und ihrer Bezeichnungen. Denn sie entpuppen sich immer mehr als Fallen und Filter, die eine objektive Wahrnehmung der realen Welt behindern, und an deren Erkenntnis jedes menschliche Wesen ein scheinbar nostalgisches Bedürfnis hat.

———

Wir sind von einer wunderbaren und unwiederholbaren Welt umgeben, welche vollwertig wahrzunehmen wir leider praktisch nicht in der Lage sind. Anstelle dieser Welt sehen wir nur die Verwirklichung unseres Wissens darüber, wie sie sein soll.

Wir sehen keine realen lebendigen Bäume, Wolken, Meereswellen, sondern beobachten nur unsere Vorstellungen darüber, wie sie sein können, wie es sie gibt … Anders kann es nicht sein – wir sind nur in der Lage das zu sehen, was schon in uns angelegt ist, wir beobachten ständig nur eine Projektion unseres Wissens über etwas. Wie das? Sie sind jetzt schon in der Lage, diese Frage selbst zu beantworten. Denn wenn wir Mit-Schöpfer sind und die Welt »aus uns« bauen, woher sollte das kommen, was nicht in uns anwesend ist? Und was tatsächlich in uns anwesend ist, womit wir »angefüllt« sind bis zum Gehtnichtmehr, wissen Sie auch sehr gut: mit sozialen Stereotypen, mit Klischees der Wahrnehmung, Modellen und Begriffen, die uns irgendwann im Prozess des sozialen Lernens beigebracht wurden.

»Ich bin von einem überzeugt: Das, was uns zu sehen, zu befühlen und zu denken erlaubt ist, ist nur ein Tropfen im Meer des Lebens. Wäre die Welt so primitiv, wie sie uns gezeigt wird, könnte diese Welt nicht existieren«, sagte Nikolaj Varsegov.

Derartige Empfindungen, die wohl jeden heimsuchen, finden manchmal auch einen humorvoll-aphoristischen Ausdruck: *»Urteilen Sie nicht über Gott anhand unseres Planeten. Der ist nicht sein größter Erfolg.«*

Trotzdem – geben Sie es zu: Die Welt ist schön! Sogar durch das Prisma des uns aufgezwungenen Wissens, sogar gefiltert durch die Dürftigkeit unseres Sprech- und Denkapparats …

Um wie viel schöner kann sie sein, wenn wir die Grenzen unserer Wahrnehmung erweitern, wenn wir die Vorgegebenheit und die Bedingtheit dieses Sehens beseitigen!

Jeder von uns hat wohl zumindest ein mal in seinem Leben erfahren, dass in dem Moment, in dem ein Sonnenuntergang, ein Bild oder eine Melodie ihn entzückt hat, jemand neben ihm, der das Gleiche wahrgenommen hat, davon völlig unberührt geblieben ist.

Machen Sie ihm keinen Vorwurf. Er hat einfach andere Bewertungskriterien, ein anderes Modell der Welt, eine andere Art ihrer »Beschreibung«. Sie ist der Ihren ziemlich nahe, und zwar genau so weit, dass Sie sich unterhalten und darüber austauschen können. Aber lassen Sie sich nicht zu sehr verlocken – Sie leben trotzdem in unterschiedlichen Räumen. Sein *persönliches Universum* überschneidet sich nur zum Teil mit dem Ihren – nämlich durch die Ihnen gemeinsam geläufigen Begriffe und einheitlichen Lernstandards.

Psychologen sprechen hier von *unterschiedlichen psychologischen Räumen.* Wir gehen einen Schritt weiter und sagen – *ja, das ist so, aber der innere Raum ist gerade diese »Schablone«, die »Matrix«, bei deren Durchschreitung die Schöpfungsenergie eine ihr entsprechende Welt konstruiert, unser »persönliches Universum«.*

All unsere Versuche, in der Erörterung wichtiger, vielleicht sogar globaler Themen eine gemeinsame Sprache zu finden, die etwa die Probleme der Ökologie, der Abrüstung, des Kampfes mit der Armut, mit Krankheiten, mit der Drogensucht berühren, enden sehr häufig, vielmehr unvermeidlich, an einer Barriere des Nichtverstehens seitens der übrigen Teilnehmer der Diskussion. Anders kann es nicht sein. Denn manchmal, wenn wir über ein und dasselbe sprechen, benennen wir das mit Worten gegenteiliger Bedeutung. Oder anders herum – sehr häufig, wenn wir mit gleichartigen Termini operieren, sprechen wir von völlig unterschiedlichen Dingen. Das ist kein Zufall, das ist kein Einzelfall – das ist ein für alle gültiger Mechanismus, der uns ständig vor Augen hält, dass wir es nicht mit der objektiven Realität zu tun haben, sondern nur mit unserer Vorstellung von ihr. Mit ihrer Beschreibung.

Diese vorgefertigte Sicht hindert uns, unseren nahen, persönlichen, intimen Raum harmonisch zu entfalten, und sie hindert uns gleichzeitig, jene zu sehen, die sich neben uns in dieser Welt befinden. Denn man hat uns gelehrt, nicht den Menschen zu sehen, sondern nur unser Bild von ihm. Sein wahres Wesen bleibt wie immer hinter den Grenzen unseres durch die »falsche menschliche Erfahrung« verfälschten Wissens.

Die »falsche Erfahrung« ist gar nicht unsere persönliche Erfahrung. Sie ist das Wissen, das wir durch »Unterweisung« erfahren haben. Die großen Kenner der menschlichen Seele wie Balzac, Dickens, Dostojewski, Tolstoi haben uns ihre Schablone des Wissens darüber übermittelt, »wie« wir sind, und jetzt sind alle rundherum so »wie ...«. Aber wir sprachen gerade von Genies der Wahrnehmung – und wer hat sie gelesen? Wer verwendet ihre Kriterien zur Bewertung des Menschen? Für die Mehrheit von uns werden diese Kriterien doch eher durch das Betrachten von Genrefilmen und Seifenopern gebildet.

Wir töten den Menschen, der sich neben uns befindet, durch unser »Wissen« darüber ab, wie er zu sein hat, oder aus der Erinnerung, wie er einmal war. Und dann sind wir tödlich beleidigt, wenn wir merken, dass er diesem Wissen nicht entsprechen will.

Das kann mit einer Tragödie enden, oder mit einem Witz:

»Wenn du eine Fremde wärst«, sagt der Mann, während er seine Frau beim Umziehen betrachtet, »wärst du unschätzbar.«

Wir lachen über uns selbst: *»Der Traum eines Idioten sieht aus wie die Frau des Nachbarn«* – aber der Überwindung dieser Stereotypen sind wir nicht gewachsen, und so bleiben wir im Rahmen der Puppenspiele.

Uns umgibt eine lebendige Welt, aber weil wir sie mit den Etiketten mentaler Bezeichnungen und Wortdefinitionen behängt haben, nehmen wir ihnen augenblicklich die Lebendigkeit und das Recht zu leben, das Recht auf göttliche Unvorhersehbarkeit und meisterliche Natürlichkeit. Kaum entdecken wir etwas Neues, etwas das dadurch schön ist, weil es nichts Bekanntem gleicht, da müssen wir es auch schon definieren, da müssen wir es erklären, klassifizieren und machen es so für uns selbst uninteressant.

Statt uns über das Auftauchen von etwas Ungewöhnlichem in unserem Raum zu freuen: einer Naturerscheinung, einer ungewöhnlichen Fähigkeit, eines nicht trivialen Verhaltens eines Kindes, erschrecken wir. Und anschließend bemühen wir uns nach Kräften, alles Neue an das allgemeine Niveau anzugleichen oder ihm irgendein Fähnchen aufzukleben, das erklären soll, dass das zum Beispiel eine »Torsions-Singularität« ist, und alle, uns eingeschlossen, beruhigen sich – es ist doch ein Torsions-Dingsda, oder hatten Sie vielleicht an etwas Böses dabei gedacht?

Alles, was wir »verstanden« und mit einer Bezeichnung versehen haben, hören wir auf zu empfinden, und de facto verweigern wir ihm das Leben. Die »verstandene Welt« ist eine tote, bewegungslos gemachte Welt, das ist ein Raum ohne Empfindungen. Das ist eine Welt, wo von Anfang an alle einander fremd sind, denn jeder lebt in der Zone ausschließlich seiner Vorstellungen.

Aber dennoch gibt es Besonderheiten der Wahrnehmung, die allen gemeinsam sind. Gerade sie, die in jedem stecken, erlauben es auch, unsere tiefe Gemeinsamkeit zu empfinden, Punkte einer wahrhaft schöpferischen Einheit und Teilhaftigkeit an etwas zu empfinden, das manchmal weit außerhalb unserer Puppenpersönlichkeit liegt.

Erinnern Sie sich an einen Zustand wahrhaft schöpferischer Eingebung – Sie schreiben vielleicht ein Gedicht, komponieren Musik, Sie malen ein Bild, Sie sind verliebt (Das ist kreativ!) oder anders herum – Sie hören Musik, Sie genießen die Schönheit der Natur, Sie stehen sprachlos vor dem Bild eines Malers oder können sich nicht vom Anblick der Wellen losreißen … Was verbindet all diese Momente?

Ein besonderer Zustand der erhöhten Bewusstheit, in der Regel vor dem Hintergrund eines inneren Schweigens. Sie sind dabei offen für den Empfang von Signalen, die sich jenseits der Grenzen der Beschreibung der Welt befinden. Mentale Stille und Offenheit für reine und ganzheitliche Wahrnehmung … Leider noch sehr seltene Augenblicke …

Dann aber stellt sich heraus, dass man nur die Namenszettel zur Beschreibung der Welt entfernen muss und sich an den intuitiven Kanal des Wissens anschließen muss, den Kanal der Empfindungen, und schon kann man in jedem Gegenstand, in jedem einfachsten Vorgang – sei es ein Tropfgeräusch oder das Ticken einer Uhr – Gott bzw. den Meister erblicken, hören und erkennen.

Es gibt eine Parabel, die zur Sache spricht:

Ein erleuchteter Weiser einer östlichen Schule, nicht besonders ausdrucksstark gekleidet, der keine Wunder vollbringt und sich äußerlich in nichts von den Passanten unterschied, ging mit einer Gruppe seiner Schüler ins Teehaus.

Der Besitzer des Teehauses servierte allen Tee, fiel plötzlich vor ihm auf die Knie und, vor Freude weinend und lachend, küsste er ihm die Hände und bat um seinen Segen.

Etwas später nahmen die Schüler den Besitzer des Teehauses zur Seite und fragten ihn:

»Wir sind schon viele Jahre mit diesem Menschen unterwegs. Er wirkt keine Wunder, er gibt selten Unterweisungen, er macht häufig seltsame Dinge – sogar wir zweifeln manchmal an seinem Verstand.

Woran hast du, wo du ihn gerade ein paar Minuten gesehen hast, in ihm den Erleuchteten erkannt? Erklär es uns.«

»Ich arbeite schon dutzende Jahre als Teestübner«, antwortete er. »Unzählige Gesichter habe ich in diesen Jahren gesehen. Aber ich habe niemals gesehen, dass ein Mensch mit einer so ausdrucksstarken Liebe eine Teetasse betrachtet hat! Eine gewöhnliche abgegriffene irdene Tasse! ...«

Manchmal reicht es, das Etikett von so einem bekannten Wort wie »Tasse« abzunehmen, um darin ihr Wesen, ihre göttliche, meisterliche Natur zu erkennen. An diesem Beispiel ist gut zu sehen, wie Bezeichnungssignale in Form von Wörtern und Begriffen uns von der Einheit mit der Welt trennen und an der Herstellung der Ganzheit hindern.

Wir haben schon längst die lebende Welt mit einem klebrigen und staubigen Spinnennetz von Wörtern und Bezeichnungen überzogen. Am meisten tut weh, dass dieses Spinnennetz nicht einmal unseres ist – das sind nur fremde, uns von Kindheit an eingeimpfte Begriffe und Vorstellungen. Erst umwickelt man uns mit den Bedeutungen dieser Wörter, und dann töten wir selbst gehorsam die lebendige Welt mit denselben Wörtern ab.

Bei Carlos Castaneda heißt es in dem Zusammenhang: »*Jene Welt, die ich als meine Umgebung kannte, war nur eine Beschreibung der Welt, mit der ich vollgestopft wurde, sobald ich geboren war ... Die erste Handlung des Lehrers ist es, die Idee vorzustellen, dass die Welt, die wir zu sehen glauben, in Wirklichkeit nur ein Anschein, eine Beschreibung der Welt ist.*«

Khalil Gibran sagt zum selben Thema: »*Alle Lehren gleichen einem Fensterglas. Wir sehen die Wahrheit durch dieses Glas, aber es trennt uns auch von der Wahrheit.*«

Eine Unzahl von festgelegten Symbolen und Bezeichnungen in Form von Wörtern, Begriffen, Definitionen usw. hindert uns, die Ganzheit des Systems der Welt »zu sehen«, zu empfinden. Das ist der berühmte Wald, den wir vor lauter Bäumen nicht sehen.

Wir haben gelernt, Details dieser Welt zu sehen, aber die Welt als Ganzes entgleitet ständig unserer Wahrnehmung, sie zerfällt in Kleinigkeiten und Fragmente. *Unsere geliebten Probleme sind genau diese Details, im Rahmen derer wir versuchen, das Ganze zu erforschen.* Das ist sowohl lächerlich als auch unmöglich. Es ist notwendig, über die Grenzen des angeeigneten Raumes hinaus zu treten und das Problem von der Seite zu betrachten oder »von oben«, um seine Relativität zu erfassen, vielleicht sogar seine Lächerlichkeit.

Versuchen Sie, die folgende Aufgabe zu lösen: *Zu einem Fluss kommen gleichzeitig zwei Menschen. Sie müssen an das andere Ufer. Aber es gibt nur ein Boot, das nur einen Menschen tragen kann. Wie ist das möglich?* Haben Sie nachgedacht? Richtig, das ist eine sehr schwere Aufgabe. Lächerlich schwer ...

Aber es sieht so aus, als hätten Sie die Lösung noch nicht gefunden. Versuchen wir es nochmals. Sie lesen nochmals aufmerksam alle Bedingungen durch, aber jetzt versuchen Sie, das alles aus der Vogelperspektive zu betrachten, als Schema ...

Und? In der Regel findet mehr als die Hälfte die richtige Antwort: Die beiden kamen von verschiedenen Seiten ans Ufer – das ist die ganze Lösung. Anfangs sah die Aufgabe unlösbar aus ...

Was haben wir gemacht? Wir haben nur die nicht existierenden Grenzen der Aufgabe überschritten. Von wem waren sie vorgegeben? Von einfachen Worten. Von Worten, die in uns gewohnte, aber irreführende Erwartungen hervorriefen. Eine Aufgabe für Kinder also, und doch vielleicht ein Modell von jemandes Lebenstragödie.

Die Existenz von Symbolen und Begriffen stellt uns noch eine weitere ernsthafte und mehrfache Falle, in die wir gewöhnlich ohne Überlegung tappen.

Die Objektbezeichnungen und »Markierungen« der Welt, die der Meister uns als Spielsteine anbietet, das heißt die Begriffe und Wörter dienen zur Kennzeichnung unseres Lebensraumes und unsere Wahrnehmung, unsere Interpretation und Gestaltung des Raumes bedeuten eine ununterbrochene Bewegung von einer Bezeichnung zur anderen, von einem Objekt zum anderen. Mit anderen Worten, wenn wir uns in der Welt der (benannten) Objekte bewegen, ist die Einführung eines weiteren Spielelements erforderlich – des Begriffs der *Zeit*, das heißt der Begriff *der Dauer des Prozesses der (mentalen) Bewegung zwischen den Objekten.*

Mit einer Vorstellung von der Zeit entstehen Begriffe wie *die Zukunft, die Vergangenheit*, das Altern und entsprechend das *Sterben.*

Die Kategorie Zeit passt wunderbar zu unserem Denken, zu unserem Verstand, der sich jetzt gerne mit Ereignissen anfüllt, die längst vergangen sind, um gleichsam die graue Gegenwart mit der Vergangenheit zu »vermischen«. In gleicher Weise verhält er sich auch zur Zukunft.

Das ist ein inhaltsreiches und wichtiges Thema, deshalb schauen wir uns das jetzt genauer an.

Der Schritt in die Gegenwart.
Die Aneignung der Realität
der Existenz

Sagen Sie, haben Sie keine Angst vor Geistern?

Eingedenk der Tatsache, dass wir schon mehrmals über Angst gesprochen haben, und Sie in unseren Spielen gelernt haben, sie anzunehmen, gehen wir davon aus, dass Sie wohl kaum …

Fragen wir anders herum: Welche Gefühle rufen Geister in Ihnen hervor? Welche Gefühle können Wesen, genauer gesagt Wesenheiten oder »Elementarwesen« hervorrufen, die in ihrer postmortalen Bewegung stehen geblieben sind, die sich in unrealisiertem Durst nach Leben an den klammern, der für sie nicht mehr erreichbar ist? An etwas, was sie noch betrachten können, nach dem sie noch Sehnsucht haben können, aber mit dem sie nicht mehr in der Lage sind, in Wechselwirkung zu treten?

Sie sehen ihre Nächsten, aber können nicht mit ihnen reden, sie sehen Blumen, können ihren Duft aber nicht wahrnehmen, sie sehen erlesene Leckerbissen, aber auch die sind nicht für sie da. Vor ihren Augen küssen und lieben sich Menschen, sie erinnern sich noch an den Zauber der Liebe, aber leider durchdringen fleischlose Hände den einst geliebten Körper und können ihn nicht fühlen …

Tun sie Ihnen nicht leid? Oder empfinden Sie vielleicht nur ein Gefühl von Ekel, wenn Sie sich diese Fleischlosigkeit vorstellen, dieses »Unleben«, das nichts mehr mit lebenden Menschen gemeinsam hat?

Sagen Sie, haben Sie keine Angst vor Geistern? Warum antworten Sie nicht mit empörtem Schulterzucken: »*Warum soll man vor uns Angst haben?*«

Ja richtig, wie konnten wir das nur vergessen, Sie sind doch – ein Mensch ... ein stolzer Begriff ... Warum klingen Sie dann so, als wären Sie ein Geist?

Dabei sind Sie doch gar nicht fleischlos wie ein Geist, Ihnen ist die Freude aller menschlichen Empfindungen erreichbar, aber wo ist sie, die Freude? Ihr Leben gleitet wie ein blasser Schatten der Realität an Ihnen vorbei und wird von Ihnen wenig wahrgenommen und praktisch nicht bemerkt ... Geben Sie zu, wir haben verlernt zu fühlen, haben verlernt, uns an dem zu erfreuen, was uns umgibt. Was heißt hier verlernt – wir sehen es einfach nicht! Als wären wir nicht in unserer Gegenwart; der Körper ist hier, aber wo sind dabei unser Bewusstsein, unsere Gedanken, unsere Empfindungen?

Nachdem wir für die Gegenwart nicht da sind, heißt das, dass auch die Gegenwart nicht für uns da ist. *In welcher Hinsicht sind wir denn nun besser als Geister?*

Sehen Sie sich um: *Wie schön ist diese Welt, schauen Sie hin* ... Schnell, bevor Sie wirklich noch zum fleischlosen Geist werden, atmen Sie die Frische des Sonnenaufgangs, den Geruch des Sommergewitters ein ... Vergraben Sie Ihr Gesicht in einen Strauß Wiesenblumen, Sie müssen sie dafür noch nicht einmal pflücken! Ertrinken Sie in der Bodenlosigkeit der Augen eines Ihnen lieben Menschen, erfüllen Sie sich mit dem Klang seiner Stimme, dem Geschmack seiner Lippen ... Laufen Sie barfuß durch das kalte, taunasse Gras; tanzen Sie lachend im Regen, die Tropfen schluckend, die Ihr Gesicht benetzen; empfinden Sie jeden kostbaren Augenblick Ihres Lebens als ein Gottesgeschenk, das Sie nicht berechtigt sind, gegen Geschäftigkeit einzutauschen ...

Erinnern Sie sich an die in ihrer Einfachheit durchdringenden Worte des einst populären Liedes:

Schließ die Augen und warte,
und du wirst hören,
wie irgendwo ein warmer Regenguss
auf Dächer trommelt.
Und wie ein neuer Tag aufsteigt
im Stern des Sommers.
Die Erde heißt willkommen die
von ihr gewärmten ...
... Öffne dein Herz,
und begrüße den kommenden Tag.
Mach auf dein Herz,
sperrangelweit ...

Was machen wir denn mit unserem Leben? Woher kommt diese feige und falsche Empfindung von Unsterblichkeit? Wir haben ja gar nicht so viele morgige Tage in Reserve, auf welche wir die Erlebnisse des heutigen Tages mit all seinen kleinen Freuden verschieben können. Woher in uns kommt der ursprüngliche Unglaube an die Möglichkeit, wunderbare, entzückende Empfindungen in unserem Leben auskosten zu können? Stattdessen wollen wir immer woanders sein als im jetzigen Augenblick. Wie hoffnungslos, wie fruchtlos das ist …

Denken Sie an den Kinder-Zeichentrickfilm über den Dampfer aus Romaschkowo: »*Wenn wir um einen Sonnenaufgang zu spät kommen, verpassen wir ein ganzes Jahr …*«, sagt dieser Trickfilmweise. »*Wenn wir um einen Frühling zu spät kommen, können wir das ganze Leben verpassen …*«

Woher kommt dieser perverse Masochismus in uns? Wir erschrecken vor den Qualen des Tantalus, welcher bis zu den Lippen ins Wasser getaucht war und nicht trinken konnte, und verurteilen uns freiwillig zu ebensolchen Qualen, wenn wir uns die Möglichkeit nehmen, die Freuden des Lebensüberflusses zu genießen, der uns umgibt.

Wir hetzen durch das Leben auf der Suche nach etwas Besonderem, was uns vielleicht schon morgen das Gefühl der Zufriedenheit und der Sinnhaftigkeit unserer Existenz gibt, aber dieses Etwas, das immer unerreichbarer wird, entgleitet uns immer mehr – hinter die »Ziellinie«, hinter welcher dann alles unerreichbar ist …

Halten wir am Ufer an, verschnaufen wir und denken nach.

Vertiefen wir uns in die aufrichtigen Zeilen eines Menschen, der weiß, dass er stirbt, dass er dieses Leben bereits im Begriff ist zu verlassen. Er verlässt es nicht nur, ohne sich »an den Tagen gesättigt zu haben«, sondern im Gegenteil, weil er etwas unwiederbringlich verloren hat, weil er etwas Wertvolles neben sich nicht bemerkt hat.

Still fliegen die Spinnweben,
die Sonne brennt auf dem
Fensterglas ...
Habe ich etwas falsch gemacht?
Verzeiht.
Ich lebte zum ersten Mal auf dieser Erde.
Ich fühle sie erst jetzt,
ich falle vor ihr nieder und verneige mich vor ihr.
Und ich verspreche, anders
zu leben,
wenn ich zurückkomme, aber ich komme
ja nicht zurück ...
Robert Roschdestwenskij

Igor Kalinauskas hat von einer Begebenheit erzählt, als ein Professor des indischen Zentrums für psychologische Forschungen zu einem Gastvortrag nach Moskau kam.

Am Beginn seines Vortrags unterbrach er sich, wandte sich an den Saal, und bat jene die Hand zu heben, die sich vor einer Sekunde in Gedanken in der Vergangenheit befunden hatten. Die Hälfte des Saales hob die Hand.

Da bat der Professor jene, die Hand zu heben, die in dem Moment in Gedanken in der Zukunft waren. Jetzt hob die andere Hälfte des Saales die Hand.

Auf die erhobenen Hände blickend lächelte der Professor traurig: »*Für wen halte ich meinen Vortrag, wenn kein Mensch anwesend ist?*« Und er verließ den Saal.

Weiter oben haben wir, als wir vom Meisterspiel sprachen, definiert, dass die Meisterobjekte und Bezeichnungen zwingende Attribute dieses Spiels sind, denn ohne sie würde die Welt unbeschrieben bleiben und von uns nicht erkannt werden. Unsere Bewegung von einem Objekt, von einem Begriff zum nächsten erzeugt einen Prozess, welcher natürlich eine bestimmte zeitliche Dauer hat. Gerade so entsteht in unserer Welt der Begriff der ZEIT, sie beschreibt eine bestimmte Dauer des einen oder anderen Vorgangs. *So entsteht in unserem Leben eine der tückischsten Fallen, in deren Gefangenschaft wir uns das ganze Leben befinden. Und oft haben wir nicht den geringsten Verdacht, dass das so ist.*

Wenn es eine Zeit gibt, heißt das, es gibt eine Vergangenheit und eine Zukunft, ein Gestern und ein Morgen. Dadurch entsteht im Menschen ein unüberwindbarer Wunsch, dieses Morgen zu verbessern. Um auf diese Weise seine Existenz komfortabler und sicherer, besser vorhersehbar zu machen. *»Wenn ich mich heute um mein Morgen sorge«*, denkt er, *»werde ich morgen freier und glücklicher sein.«*

Damit tötet er jedoch das Heute, weil er darauf verzichtet, es qualitätsvoll zu erleben zugunsten eines nicht existierenden Morgen. Aber morgen geschieht dasselbe, und somit betritt er einen Teufelskreis der Existenz, in welchem niemals Freude am Heute herrscht und alles dem Glück eines niemals eintretenden Morgen unterworfen ist.

»Unsere Nachkommen«, sagen wir dann mit einem weisen Gesichtsausdruck, *»werden es besser haben!«*

Dabei scheint das doch alles logisch und sinnvoll zu sein. Zumindest nach außen hin. Stellen Sie sich vor, Sie haben einige Kilo Pfirsiche gekauft. Eine verderbliche Ware, nicht? Was machen sie? Sie sehen sie durch und essen zunächst die Früchte, die leicht beschädigt sind. Wie umsichtig von Ihnen. Aber morgen passiert das Gleiche, und übermorgen wieder ... Schließlich sind keine Pfirsiche mehr da, und Sie haben keinen einzigen makellosen Pfirsich gegessen ...

Aber immerhin haben Sie sie gegessen und sich eine Freude gemacht ... Sind Sie sicher? Wiederholen wir, was Sie gemacht haben: Sie haben das erste Stück abgebissen, haben Geschmack und Aroma des angenehm weichen Fruchtfleisches genossen, seine samtene Haut. Beim zweiten Bissen denken Sie nach, wann Sie zuletzt einen Pfirsich gegessen haben. Beim dritten Bissen denken Sie besorgt, während Sie den Saft von Ihren Fingern lecken, wo Ihre Taschentücher liegen. Sie haben den ganzen Pfirsich gegessen, Sie haben den Kern weggeworfen, *aber sind Sie sicher, dass Sie den Pfirsich wirklich gegessen haben?* Denn die übrigen Bissen haben Sie einfach gekaut, ohne zu merken, was Sie eigentlich kauen ... Denn Sie waren gar nicht mehr bei der Frucht: Ihr Bewusstsein, das sich seinen Erinnerungen überließ, spazierte irgendwo in der Vergangenheit oder kramte in der Tasche nach einem Taschentuch, also in der Zukunft ...

Ein ganzer Pfirsich und nur ein winziger Augenblick von Freude. Ist natürlich schade, aber immerhin ein kleiner Lichtblick der Berührung mit der Realität, meist gönnen wir uns nicht einmal das.

Ein weiteres Beispiel: Wir träumen von unserem Sommerurlaub, wo wir ans Meer fahren wollen.

Bis dahin haben wir kein vollwertiges Leben, alles ist der Erwartung und der Vorbereitung untergeordnet. »*Und wenn schon? Die Tage sind halt blass und nicht ausgelebt. Wenn ich bis zum Juli durchhalte, hole ich alles nach*«, trösten wir uns. Bis dahin leben wir mit halb geöffneten Augen und Ohren, im Halbschlaf, im Selbstlauf.

Endlich kommt der lang ersehnte Urlaub … Und tausend kleine Probleme. Die versprochene Lebensfreude? »*Jaja, zwischendurch auch das, na klar … Obwohl, ehrlich gesagt, ist mir gerade nicht nach Urlaub, zu viele Sorgen. Und um die Abreise muss ich mich auch schon wieder kümmern …*«

Und erst danach, wenn Sie in der gewohnten Umgebung vom Urlaub erzählen, bekommen Sie einen »blassen Schimmer« von dem lang ersehnten Erlebnis … Wobei Sie wieder aus der Gegenwart herausfallen.

Zwei Beispiele – sie stehen für unser Leben. Dahin, dorthin, hin und her in Gedanken, in Erwartungen, in Vergleichen, in Plänen – und fast kein Augenblick im *Hier und Jetzt*. Im Zustand der wahrhaft realen Existenz, im Zustand der Freude am Geschehen.

Ja, gestehen wir es uns ein, wir haben verlernt zu leben. Denn wir konnten es, wir konnten es alle ohne Ausnahme. Erinnern wir uns an unsere Kindheit – wie unendlich schien uns der Tag, der vollgestopft war mit Ereignissen und Empfindungen. Und der Sommer! Einige unserer Erwachsenenleben kann man in ein einziges Kinderleben stopfen, wenn man sie nach der Anzahl der Eindrücke, nach dem Lernen von etwas Neuem, nach der Intensität der Empfindungen beurteilt. Was wäre, wenn man sein ganzes Leben in solch einem Strom der ununterbrochenen Wahrnehmung verbringen würde? Wie viele Jahre hätten da in unseren durchschnittlichen siebzig oder achzig Jahren Platz? Dreihundert? Oder fünfhundert? Vielleicht sogar tausend? Vielleicht steckt gerade hier die Chance, nicht gerade Unsterblichkeit, aber eine vielfache Vermehrung der subjektiven Dauer des Lebens zu erwerben – durch ein qualitatives Erleben eines jeden Moments, jedes Augenblicks.

Leider ist die Realität ein bisschen anders. Nachdem wir verlernt haben, im Hier und Jetzt zu sein und jedes Fragment unseres Lebens voll zu erleben, *sammeln wir in unserer Erinnerung eine riesige Menge von nicht durch unsere Empfindungen gegangenem Material.*

Wir durchleben es dann später, indem wir es nur aus den »Archiven« der Erinnerung holen, wenn es eigentlich nötig wäre, in neuen Augenblicken des Hier und Jetzt zu leben, die wir wiederum ablegen in den Regalen unserer nicht gefühlten Vergangenheit. So werden wir Schuldner unserer Vergangenheit, und so wird diese zum Ersatz für unsere Gegenwart.

In der idealen Variante ist jeder Moment unseres Lebens so vollwertig in Empfindungen wahrzunehmen, dass nichts nicht Erlebtes übrig bleibt. In diesem Fall hört die Zeit auf, fragmentiert zu sein, und aus der einfachen Dauer der Prozesse verwandelt sie sich in einen ununterbrochenen Strom des Lebens. Sie bewegen sich dabei *mit der Zeit*, das heißt, Sie werden zur Zeit.

Zu Abstrakt? Gar nicht – denn genau so haben Sie gelebt, als Sie ein Kind waren, bevor Sie lernten, »richtig« zu leben ... Solange man Ihnen keine stereotypen Begriffe »eingebläut« hatte, solange Sie Ihre Sprache nicht endgültig gebildet hatten, Ihre Beschreibung der Welt, die aus fremder Erfahrung bestand – das heißt, aus eben dieser Vergangenheit. Es ist natürlich schwierig, sich im Hier und Jetzt zu befinden, wenn man mit Begriffen operiert, die nicht lebendig sind, das heißt, die in der Vergangenheit erlebt wurden.

Wir haben bereits davon gesprochen – *unsere Sprache, unsere Gedanken töten die Realität ab, sie erlauben es nicht, sie lebendig wahrzunehmen, weil sie selbst tot sind*, weil sie Vertreter der Vergangenheit sind, die sie hervorgebracht hat, und wir werden zu diesem Punkt noch öfters zurückkehren.

Man hat uns von Kindheit an die Gewohnheit zur ununterbrochenen Verbesserung unserer selbst eingeimpft, den Drang zu einer Art Vollkommenheit, nach dem Motto: »*Schlecht ist der Soldat, der nicht General werden will.*« Zahlreiche Beispiele von Helden, Volkslieblingen, finanziell erfolgreichen Menschen verfolgen uns auf Schritt und Tritt. Gute Menschen, kein Zweifel. *Aber warum soll ich so werden wie sie? Ich bin doch nach dem Ebenbild Gottes geschaffen worden. Und sind die anderen vielleicht besser? Besser als wer? Als ich oder als Gott, den ich ja in mir spiegle?*

Gibt es hier eine Logik? Im Gegenteil, wir haben es hier vielmehr mit einer Gotteslästerung zu tun, mit einer Verneinung seiner universellen Einzigartigkeit, einer Verneinung unserer selbst als eine Äußerung des göttlichen Willens, von Gottes Idee und Schaffen.

*Alles, was von unserem Schöpfer und Meister geschaffen wurde, **ist völlig ursprünglich, denn es drückt durch sich die Vollkommenheit des Schöpfers aus. Vollendet und unwiederholbar ist jeder Augenblick seines Lebens.*** Jeder Versuch, sein Dasein zu verbessern, ist eine Verneinung des oben Gesagten, eine Ablehnung seiner selbst, eine Ablehnung des »Jetzt«-Zustandes zugunsten eines ausgedachten Morgen.

Das Morgen ist im Wesentlichen nicht existent, was existiert, ist ein ununterbrochenes Hier und Jetzt. Wenn Sie deshalb auf das Jetzt verzichten, verzichten Sie in Wirklichkeit auf das reale Leben zugunsten eines ausgedachten Geisterlebens. Bezeichnen wir diesen Gedanken noch lakonischer und präziser – *Sie verzichten überhaupt auf das Leben ...*

Sie müssen dann leider zugeben: »*Das Leben ist eine endlose Vorbereitung auf eine Reise, die niemals stattfindet ...*«, wie Osho einst sagte.

Wir bereiten uns unendlich lange vor, wir planen, wir warten und denken: »*Heute bin ich noch nicht bereit für das Hier und Jetzt, heute bin ich noch nicht vollkommen. Wer klopft da an die Tür? Das Leben? Ja, ich brauche dich schon, natürlich, aber komm etwas später, jetzt bin ich deiner noch nicht würdig.*«

»*Siehe, ich stehe vor der Tür und klopfe an. So jemand meine Stimme hören wird und die Tür auftun, zu dem werde ich eingehen und das Abendmahl mit ihm halten und er mit mir*«, sagt Jesus Christus. (Offb. 3,20) Aber wir machen nicht auf, wir warten, wir bereiten uns wieder vor ...

Und das Leben, das für manchen eine so herrliche und natürliche Sache ist, geht von uns weg, verwandelt in eine Illusion, etwas »Geisterhaftes«.

Eines Tags flog so ein Stück
von der Glückskugel, der zarten,
losgeworfen auf gut Glück und
landete in unserm Garten.
Doch wir kamen nicht zusamm',
weil ich nicht bereit war eben
und so nah ich auch war dran,
flog sie nah
und doch daneben!
Wladimir Maximow

Und dabei ist doch alles so einfach …

Und ich nehme einen halben Grashalm
zwischen die Zähne
Und schon bin ich fröhlicher vom Geschenk der Felder,
von dem sauren Geschmack ,
von dem Bitterkraut.
Ich nasche leicht vom Frühling und vom Sommer
und bin glücklich von der Kleinigkeit des Grüns.
J. Jewtuschenko

Es ist ein schwerer Fehler zu glauben, dass das Leben ein Ziel hat, zu einem Ergebnis führt, für das man belohnt wird, wenn es »erreicht« ist oder durch Reide »verdient«.

Nicht geringer ist der Fehler anzunehmen, dass das Leben eine Schule ist, eine Vorbereitung auf etwas. Worauf kann das Leben vorbereiten? Höchstens auf den Tod. Das Leben ist ein Weg, aber nicht auf irgendetwas hin, sondern ein Weg in sich, eine Handlung, ein Spiel, bei dem es darum geht, Freude, Genuss, Vergnügen zu erlangen. Dafür wurde schließlich auch die Welt geschaffen. Erinnern Sie sich: Sie sind doch die Augen und Ohren Gottes, seine Hände, seine Nase und Zunge. **Erfüllen Sie bitte Ihre Vorbestimmung und Mission – seien Sie glücklich.** So will es Gott, so hat der Meister es verfügt …

Im Hier und Jetzt sein. Leben für das Leben. Die ununterbrochene Empfindung des Meisterspiels, die berauschende Freude an den einfachsten, unkomplizierten Ereignissen und Handlungen, an den eigenen Qualitäten und Eigenschaften. So einfach das ist, so ungewohnt ist es für uns, die wir den ewigen Kampf gewohnt sind.

»Halt«, werden Sie jetzt vielleicht sagen, »*was soll ich genießen, worüber mich freuen – über meine Wut und Reizbarkeit? Über meine Krankheit und mein Hinken? Vielleicht sollte ich doch vorher an mir arbeiten, gesund werden, und dann … Ich werde etwas haben, auf das ich schauen kann, und den Menschen zeigen …*« Wieder will uns unsere Logik helfen, und wieder sind wir in der Falle.

Die berüchtigte Vollkommenheit ist nicht das Ergebnis einer Bewegung zu ihr hin, sie ist eine Anerkennung. Ihre Anerkennung in uns. Wir sind vollkommen geboren, beachten Sie das, nicht um vollkommen zu werden, wir sind schon vollkommen. Unvollkommen, schadhaft macht uns nur das permanente Vergleichen, die ununterbrochene Wahl, unser Wissen, dass es einen **Maßstab** gibt, und der Maßstab ist das, mit dem es üblich ist, sich zu vergleichen. Wer hat festgelegt, was üblich ist? Wir wissen es nicht, aber gehorsam vergleichen wir, und weil wir uns nicht »so« annehmen im Leben, in diesem Augenblick, im Hier und Jetzt, töten wir das Leben selbst und begehen in gewissem Sinn Selbstmord.

In Wahrheit ist alles ganz einfach – wir sind, wie wir sind, wir leben nur unser für uns notwendiges Leben. Wenn wir andere werden, »besser« gemacht nach fremden Rezepten, dann werden wir ein fremdes Leben zugunsten unbekannter Ratgeber leben.

Das aufrichtige Einverständnis damit, dass wir schon zustande gekommen sind, schon vollkommen sind, macht uns sofort zu diesem, weil nur das Einverständnis für die Realisierung dieses Potenzials gefehlt hat. Wir fangen an ohne Anspannung und natürlich zu leben, *und unsere ganze Existenz verwandelt sich von einem Prozess mit einem Endziel einfach in eine Qualität.*

Und dann – schlafen wir, wenn uns nach Schlaf zumute ist, und haben Freude daran, ungetrübt von möglichen inneren Vorwürfen; wir atmen – ganz einfach – und spüren, wie herrlich das ist; wir trinken Wasser und empfinden das als eine heilige, meditative Handlung, und genießen jeden Schluck, jede Berührung …

Und wir machen das, ohne zu urteilen und zu vergleichen, ohne die Empfindungen zu analysieren und zu klassifizieren, *einfach sie erlebend.*

Versuchen Sie auf keinen Fall, Sie selbst zu sein, ohne dabei mit Ihrem jetzigen Selbst einverstanden zu sein, beginnen Sie keinen Kampf, um sich zu verändern. **Bleiben Sie einfach Sie selbst** in jeder Minute, in jeder Handlung. Spüren Sie sich im Zustand des Hier und Jetzt.

Sie sind schon bereit, diese auf den ersten Blick einfachen, aber phantastisch transformierenden Empfehlungen anzunehmen. Diese Empfehlungen runden gleichsam die Logik aller vorhergehenden Lektionen ab.

Betrachten wir das Ganze an einem dramatischen Beispiel, machen wir uns das Leben nicht leicht.

Nehmen wir an, jemand ist schwer krank. Die Krankheit bringt quälendes Leid, und der Mensch hat nur noch den Wunsch, sich von den Qualen zu befreien. Wozu würde das Einverständnis mit sich selbst, »so wie man ist« und ohne einen Versuch zu starten, auf das Leiden einzuwirken und die Situation zu ändern, führen? Vielleicht würden wir dadurch den krankhaften Zustand sogar verfestigen und verlängern? Wohl kaum.

Verlassen wir das düstere Krankenzimmer und versuchen wir, das Geschehen vom Meisterstandpunkt zu betrachten. Wir haben schon gesagt, dass auf dieser Welt nur ein Gesetz existiert – das Gesetz der Ganzheit und Einheit der Welt mit allen Elementen, die sie zusammensetzen. *Die uns umgebende Welt ist unser Teil und – bestraft uns niemals. Sie ist äußerst freundlich zu uns.* Auf Schritt und Tritt bekommen wir nur Signale von ihr. Einflüsterungen, die entweder die Richtigkeit des Wegs, das heißt die Harmonie unseres inneren Zustandes bestätigen, oder Warnsignale –

»du machst etwas nicht richtig, du gehst in die Irre –«, das heißt Signale, dass die innere Harmonie, der Meisterzustand, verloren gegangen ist.

Was bedeutet das? Die Ganzheit mit der Welt ist verloren gegangen, die Puppe hat sich vergessen – sich, den Meister, sie hat die Verneinung, die Verurteilung usw. gewählt, das heißt, sie hat aufgehört, sich in den Umständen, den Menschen und Krankheiten wiederzuerkennen.

Wozu führt nun das Einverständnis eines qualvoll kranken Menschen mit sich selbst? Das Annehmen seiner selbst? Es geht hier vor allem um ein Einverständnis mit der Krankheit, mit den Umständen. Um die Beseitigung des Widerstandes. Die Krankheit (genauer die Energie, die durch sie gebunden ist) versucht von Anfang an, sich mit uns »zu verbinden«. Da wir sie jedoch einst zurückgewiesen haben, entsteht eine Art »Druck« von ihrer Seite aus. Unsere Angst und unser »Wissen« (!) darüber, dass die Krankheit ein Feind ist, eine Gefahr, zwingen uns, uns zu wehren gegen diesen Druck, und Widerstand gegen die rettende »Vereinigung« zu leisten. Mehr noch, wir fangen an, uns zu behandeln, das heißt, die Krankheit zu »töten«, unseren eigenen Teil zu töten. Und geraten in eine Sackgasse.

Wenn wir jedoch unser Einverständnis mit unserem »krankhaften Jetzt« geben, das heißt mit uns selbst, mit dem Schmerz, mit dem Problem, dann »öffnen« wir uns dafür, »erkennen« es, und wir sagen zu ihm: »*Wir sind von einem Blut, du bist ein Teil von meinem Teil.*« Wir vereinigen uns …

Wenn es keinen Widerstand gibt, wird es dann Druck geben, wird es Schmerz geben? Kann das Rechte ohne das Linke existieren? Natürlich nicht.

Gibt es jetzt eine Notwendigkeit für die Welt, mich durch Probleme, Krankheiten und Unannehmlichkeiten auf meinen nicht meisterlichen Zustand hinzuweisen?

Wir haben unser Einverständnis mit uns Jetzigem – dem Kranken – gegeben. Wir haben uns gesagt: »Auch das ist wunderbar, wurde es doch vom Meister für das Spiel geschaffen.« *Wir haben beschlossen, uns nicht vor dem Schmerz zu verstecken und jede Sekunde intensiv zu erleben, im Hier und Jetzt zu sein.* Halten wir damit die Krankheit fest? Nein – wir haben vielmehr den Zugang einem Raum ohne Schmerz und Qualen geöffnet, zum Meisterzustand. In den Zustand des Hier und Jetzt. In den Zustand der einzig möglichen Existenz.

———

Wie kann man das technisch erreichen? Wie tritt man ins Hier und Jetzt ein, und wenn man sich in diesem Zustand befindet, wie bleibt man den ganzen Tag darin?

Das ist eine ernsthafte Aufgabe. Aber bestimmte Schritte in diese Richtung, und nicht nur die ersten, haben Sie schon gemacht, ein Stück des Weges ist also schon gegangen.

Bei der Aneignung der bisher angebotenen Techniken haben Sie bereits gelernt, in die Meisterqualität zurückzukehren und dabei Ihre »Puppe« aus ihrer Abhängigkeit zu befreien.

Zweifellos schleudert es Sie noch von einem Extrem ins andere, und Sie »heften« sich wieder an das Puppenspiel und vergessen den Meister in sich. Oder Sie haben, wenn Sie in den Meisterzustand eintreten, Angst, ihn zu verlieren, erstarren in Unbeweglichkeit und ziehen sich vorübergehend aus dem Dickicht des Lebens zurück.

Auf dieser Etappe ist das normal. Aber immer häufiger versuchen Sie auch, wenn Sie sich als Meister fühlen, aktiv an all seinen Spielideen teilzunehmen. Machen Sie das total, und genießen Sie jeden Augenblick des stattfindenden Spiels, denn, ich wiederhole mich, *wegen dieser Empfindungen hat der Meister von Anfang an dieses ganze »Karussell« mit dem Namen Leben gestartet.*

Die Möglichkeit, sich an Problemen und Hindernissen zu erfreuen, die bewertungslose Teilnahme an der Realisierung jedes Meisterspiels, jeder seiner Ideen, die Existenz im Strom des intuitiven Kanals, das intensive Erleben jeden Augenblicks unseres Lebens im Zustand des Hier und Jetzt – Freunde, wir nähern uns dem Finale des ersten Teils unseres Meister-Spektakels. Natürlich müssen die genannten Themen noch »sprießen« und sich festigen; es steht Ihnen noch ordentliche Arbeit bevor, damit es »Ihre« Themen werden, aber das ist nur eine Frage der Zeit, vorausgesetzt, Ihre Absicht lässt nicht nach. Wir sind jedenfalls schon ziemlich weit ...

Kommen wir auf das Thema des Hier und Jetzt zurück. Damit dieser Zustand alltäglich wird, brauchen Sie eine gewisse Konsequenz.

Zur Unterstützung schlage ich Ihnen folgende Technik vor. Im Osten ist sie bekannt unter dem Namen *Vipassana* und hat mehrere Versionen. Wir werden mit der Atemversion dieser Übung arbeiten.

Ich möchte gleich einschränken, dass Vipassana keine Atemtechnik als solche ist. *Das ist nur eine Methode, das Bewusstsein im Strom der ununterbrochenen Wahrnehmung der Wirklichkeit zu halten,* aber in diesem Fall machen wir das im Zusammenhang mit der Atmung.

Also, fangen wir an.

Vipassana-Atmung

Setzen Sie sich bequem hin. Versuchen Sie, jede Anspannung aus dem Körper zu entfernen. Eine Zeitlang sitzen Sie einfach und atmen. Die Atmung ist völlig frei und natürlich – auf ein fließendes Einatmen folgt ein ebenso fließendes Ausatmen.

Jetzt richten Sie **Ihre ganze Aufmerksamkeit** auf die Nasenspitze. Wir schlagen vor, dass Sie sich gleichsam vollständig in der Nasenspitze »versammeln«, Ihr ganzes Bewusstsein. Das ist nötig, damit Ihnen keine Nuance des Atems entgeht.

Also ist Ihre Aufmerksamkeit an der Nasenspitze, Sie verfolgen jedes Einatmen, Sie begleiten jedes Ausatmen. Sie sind **total** mit diesem Prozess befasst. Ihre ganze Aufmerksamkeit ist durch nichts anderes abgelenkt.

Halten Sie die Aufmerksamkeit nur auf dem einem Punkt. Beobachten Sie die Empfindungen, die die Atmung begleiten, sie werden immer feiner.

Wenn sich das Bewusstsein abgelenkt hat und auf Empfindungen im Körper übergegangen ist, führen Sie es sanft auf diesen Punkt zurück. Wenn ein Gedanke aufblitzt und Sie das bemerken, führen Sie das Bewusstsein wieder auf den Ausgangspunkt zurück.

Sie verfolgen keinerlei Ziel – Sie atmen bloß. Sie erwarten keine Ergebnisse – Sie atmen, um zu atmen. Der Atem kommt und geht von alleine. Sie beobachten nur seinen Prozess. Sie befinden sich total, mit dem ganzen Bewusstsein in diesem Prozess. Sie sind im Zustand des Hier und Jetzt.

Anfangs werden die ersten Minuten mit allerlei Gedanken erfüllt sein, mit Nebenempfindungen. Dann führen Sie Ihre Aufmerksamkeit ruhig an die Nasenspitze zurück und fahren mit der Technik fort; und allmählich fühlen Sie, dass alles Sie Beunruhigende außerhalb von Ihnen (gelandet) ist … Es gibt nur das Ein- und das Ausatmen …

In einem bestimmten Moment empfinden Sie vielleicht einen richtigen Genuss an dieser einfachen Aktion. Was geschieht dabei? Es geht nicht um die Atmung selbst, sondern *darum, dass jeder Augenblick des Geschehens bewusst geworden ist.* Die Freude empfinden Sie, weil Sie sich im Hier und Jetzt fühlen.

Vipassana ist eine eigenständige Technik, deren regelmäßige Übung zu einer vollständigen Transformation führen kann. Aber der Sinn ihrer Integration in unsere Schule ist ein anderer. Für uns sollte sie zu einer Art Kammerton werden. Ein Kammerton, mit welchem wir all unsere Handlungen, unseren ganzen Alltag auf den Zustand des Hier und Jetzt einstimmen wollen.

Deshalb schlagen wir vor, wenn Sie die Vipassana-Atmung eine Weile regelmäßig fünfzehn bis zwanzig Minuten täglich durchgeführt und sich ihre Prinzipien zu eigen gemacht haben, sie **maximal in Ihren Alltag zu integrieren, indem Sie jede Ihrer Beschäftigungen in ein Vipassana-Spiel verwandeln.**

Sie schälen Kartoffeln – seien Sie äußerst bewusst, machen Sie es mit äußerster Aufmerksamkeit. Sie lenken ein Auto – keinerlei Automatismus, seien Sie jeden Augenblick voll in das Geschehen integriert. Sie genießen den Sonnenuntergang – empfinden Sie ihn ohne Gedanken, ohne Analyse. Richten Sie einfach Ihre Aufmerksamkeit auf Ihre Empfindungen. Sie sind im Liebesspiel – auch hier seien Sie im Hier und Jetzt, danach vergleichen Sie, und Sie werden verstehen, wie »lebendig« Sie früher waren.

Freilich ist das am Anfang schwierig. Sie waren ungewohnt lange an eine andere Existenzweise gewöhnt. Aber allmählich, wenn Sie Schritt für Schritt Ihre Vipassana-Erfahrung im Alltag erweitern, kommen Sie auf den Geschmack – anders kann es nicht sein – und **der frühere Zustand in seinem krampfartigen mentalen Getriebensein wird Ihnen wie ein blasser Abklatsch des Seins im Hier und Jetzt vorkommen, und Ihr Leben verliert für immer Automatismus und Fremdbestimmung.** Und es fängt an, mit den ausdrucksstarken schöpferischen Meisterfarben zu spielen.

Erörterung des Zustands

»Heißt das, alle existierenden Bewegungen – für die Abschaffung der Todesstrafe, für die Rettung der Wale, für die Bewahrung der Wälder, alle Maßnahmen, die dazu dienen, unser Leben zu verbessern und seine Qualität zu verändern sind ›virtuell‹ und die Teilnahme daran ist sinnlos? Aber dann kann man das ganze Leben streichen ...«

»Natürlich kann man das. Wenn man durchstreicht, wenn man Verbote erlässt. Aber wozu? Das Leben ist ein Spiel, das ist ein ununterbrochener spielerischer Prozess, es ist ein Theaterstück mit einer Unzahl von Rollen. Nehmen Sie sich eine davon und spielen Sie. Aber ohne Raserei, ohne vor Eifer blutunterlaufenen Augen, im Gegenteil, mit beständigem Vergnügen, von den Vorgängen schöpferische Inspiration erfahrend und *sich auf keinen Fall an ein Endziel klammernd*. Das Spiel ist ein ununterbrochener Prozess, es hat kein Ende, es hat kein Endziel. Es gibt nur das Spiel.

Sie können sich jetzt eine Testfrage stellen: Was müssen Sie noch tun, um glücklich zu sein? Was fehlt dazu, in Ihnen, in Ihrer Umgebung?

Aber lassen Sie sich etwas Zeit mit der Antwort. Das ist eine Fangfrage. **Zukünftiges Glück ist eine Illusion.** Es gibt keine Zukunft – das heißt, das Glück in der Zukunft kann es auch nicht geben. Es gibt nur ein ununterbrochenes Jetzt. In der Erwartung des Glücks in der Zukunft zu leben, heißt, sich zum Fehlen des Glücks überhaupt zu verdammen.

Alle, die ›gegen etwas‹ oder ›für etwas‹ kämpfen, leben eigentlich nicht, sie erlauben sich nicht zu leben, *weil das jetzt noch nicht der Fall ist*. Sie sagen gleichsam mit all ihren Handlungen und Bestrebungen: *Wenn wir erst einmal all das ausgerottet haben, wenn das endlich eintritt, dann werden wir leben, wie es sich gehört. In einer Welt des Guten und der Gerechtigkeit. Aber vorläufig können wir nur davon träumen.*

Und sie haben völlig recht – sie träumen nur von der Ruhe, von der Freude. Das Leben selbst, das sie nicht angenommen haben, und das sie eigentlich nicht gelebt haben, kennen sie nur als Traum ...«

———

»Mich den ganzen Tag im Hier und Jetzt zu befinden, fällt mir noch schwer. Es gibt nur kurze Momente – ›Augenblicke‹ in diesen Zustand. Aber es werden ihrer immer mehr und mehr – es ist nämlich toll! Man weiß, wonach man strebt – diese Empfindungen möchte man immer wieder haben!«

»Wie sich herausstellt, ›schlafen‹ wir tatsächlich die meiste Zeit, unser ganzes Verhalten, unsere Wahrnehmung, alles geht seinen Gang, ohne besondere Farbe, ohne deutliche Empfindungen. Aber wenn es gelingt, sich jede Handlung *vollständig bewusst zu machen*, wenn es jeden Augenblick gelingt, alles *als Ganzes* zu erleben – nur dann versteht man, wie blass und ›gespenstisch‹ das Leben vorher war ...«

———

»Seltsam, aber wenn man seine Empfindungen anlässlich eines Problems oder das Problem selbst nach der Vipassana-Methode wahrzunehmen beginnt, verändern diese sich ursächlich ... Jetzt sind das nur noch *Empfindungen*, und der Schmerz, die Sorge, die immer das Problem begleiten, verschwinden. Ist das nur vorübergehend? Denn das Problem selbst ist ja noch nicht verschwunden? Und wenn man auf das frühere Bewusstseinsniveau zurückfällt, tut es dann wieder weh?«

»Erstens, wozu zurückkehren, wenn alles gelingt, und die Empfindungen davon angenehm sind? Obwohl, tatsächlich, anfangs wird es Sie noch zurückwerfen in frühere ›armselige‹ Zustände, aber immer seltener.

Und zweitens können Sie jetzt selbst auf die Frage antworten. Das Schema für die Meisteranalyse haben Sie bereits, sie ist universell: Sie sind der Schöpfer und bauen die Umstände aus ›sich‹, das heißt, aus der Qualität Ihres Zustandes. Wenn es Ihnen angenehm ist, wenn Sie harmonisch sind, – woraus werden Sie jetzt Ihre Umgebung formen? Ist es denn möglich, dass sich darin jetzt noch ein Platz für Probleme findet?«

———

»Tatsächlich, angenehm wird absolut alles, womit man sich beschäftigt – jede Routinearbeit fängt an, Vergnügen zu bereiten. Wobei gerade der Prozess selbst angenehm erscheint – man denkt gar nicht mehr an das Ergebnis. Kann man wirklich sein ganzes Leben so ausrichten?«

»Zweifellos kann und muss man das. Aber keine Eile. Vorläufig machen Sie das noch unter mentaler Kontrolle, indem Sie sich ständig an die Notwendigkeit dieser Arbeit erinnern. Aber das ist nur vorläufig.

Erlauben Sie sich einfach öfter dieses Spiel zu spielen – und ab einem bestimmten Moment wollen Sie sich nicht mehr von sich als Meister trennen, weil Sie gefühlt haben, dass dieser Zustand der einzig mögliche und äußerst natürlich ist.«

———

»Ich freue mich für jene, die uns ihre Ergebnisse mitteilen, aber bei mir klappt es nicht. Die Gedanken geben keine Ruhe … Drei Minuten halte ich vielleicht durch, dann lasse ich es: Ich verstehe, dass nichts dabei herauskommt …«

»Sie geben zu früh auf. Der Kopf kann ziemlich hartnäckig auf sich aufmerksam machen, aber am Ende ›ergibt‹ er sich doch, weil wir ihn nicht mehr mit der Energie unserer Aufmerksamkeit päppeln.

Und außerdem, machen Sie sich bitte auf keinen Fall irgendwelche Vorwürfe. Niemals. Sie sind, wie Sie sind, darin liegt Ihre Einzigartigkeit, und Ihr Entwicklungstempo und alle entstehenden Komplikationen sind nur die Besonderheiten Ihres Weges, dessen Wert gerade in seiner ›Unähnlichkeit‹ gegenüber anderen Wegen liegt.

Vergleichen Sie sich niemals mit anderen, versuchen Sie nicht, ein fremdes, ›nicht Ihr eigenes‹ Leben zu leben. Alles Nötige kommt im richtigen Augenblick.

Verwandeln Sie Ihre Arbeit mit der Technik in ein Spiel, und alles rückt an seinen Platz. Ein kleiner Tipp: Versuchen Sie, sich vor der Ausführung der Vipassana bis zur Sättigung ›auszulachen‹ – und dann fangen Sie an zu atmen. Vermutlich werden die vorherigen Schwierigkeiten verschwinden.«

——

»Ich fuhr mit dem Linientaxi und saß neben dem Fahrer. Direkt über meinem Kopf war eine Lautsprecherbox, und die ganze Fahrt über spielte Musik, und zwar eine, milde ausgedrückt, sehr eigenwillige. Den Fahrer zu bitten, die Kassette zu wechseln, war mir unangenehm, und zuhören ging einfach nicht.

Wohl wegen der Ausweglosigkeit fange ich an, Vipassana auf das zu machen, was ich höre – auf die Töne. Einige Minuten stimme ich mich ein, und dann geschieht etwas Seltsames – das Lied als solches verschwindet, es zerfällt in einzelne Töne. Ich höre alles einzeln: die Stimme des Sängers, jede Note, ich stelle die Lautstärke fest – aber es ist kein ganzes Lied mehr!

Und keine Irritation mehr darüber, im Gegenteil, das Ganze beginnt mich sogar zu interessieren. Freilich, sobald ich versuche, über alles nachzudenken, bin ich sofort in dem vorherigen Zustand. Ich musste mich also wieder einstimmen auf den Vipassana-Kammerton, um dieses ›bewertungsfreie‹ Hören wiederherzustellen, aber diesmal gelang das schon viel schneller und einfacher.«

Empfehlungen zur Herstellung
des Zustands

Widmen Sie der Vipassana-Technik fünfzehn bis zwanzig Minuten täglich. Wenn Sie die Besonderheiten der Entstehung des Hier-und-Jetzt-Zustandes gefühlt und tief empfunden haben, versuchen Sie, diese Technik auf jede Ihrer Handlungen und Schritte zu übertragen, gleichsam das Vipassana auf Ihren Alltag auszudehnen.

ZUSTAND ZEHN-
allgegenwärtig

»Wie viel man dem Menschen auch beibringt, er will doch vor allem gut leben«, murmelte Peter, der wieder einmal die Umgebung betrachtete.

Um ihn herum war alles wie immer: Steppe von der einen, Wald von der anderen Seite, und vorne mischte sich ein Streifen von Himmelblau mit dem Staub von der Straße. Eine Straßenkreuzung mit einem Felsbrocken an der Wegscheide, und darauf Peter, der mit Mühe hinaufgeklettert war, die Hand an die Stirn gelegt und angestrengt in die Ferne Ausschau haltend.

Es war jedoch nichts Interessantes zu sehen.

»Ojemine ...«, ächzte Peter, als er auf dem Bauch von dem Felsen herunterrutschte. »Wie heißt es doch so schön? – Ein Ei kann man nicht zweimal ausbrüten.

Wo soll ich jetzt einen zweiten Apfel samt Zauberschüssel herbekommen? Vielleicht war das der einzige in der märchenhaften Natur ...

Dummheit ist nicht das Fehlen von Verstand«, seufzte er, während er den Staub von seiner Kleidung schüttelte. »Der Verstand selbst ist dumm.«

Er setzte sich neben den Richtungsstein an der Straße, der von den Winden abgeschliffen, vom Regen gewaschen und von der Zeit zersetzt war. Die wegweisende Inschrift auf ihm war längst verwittert. Irgendein neunmalkluger Witzbold hatte kreuz und quer eingeritzt: Wenn du nach rechts gehst, kommst du zu dir. Wenn du nach links gehst, wirst du von dir gefunden. Gehst du geradeaus, kannst du dir selbst nicht entkommen.

»Hm«, sagte Peter, als er das fremde Werk las.

»Aber genau«, sagte er verwundert, »wie viele Tage laufe ich jetzt schon von einem Ort zum anderen? Eigentlich, wenn ich es recht bedenke, irre ich in mir selbst herum ... Wobei der Sinn davon keine Kopeke wert ist. So ist die Suche nach dem Glück die Hauptquelle des Unglücks.

Und meine Alte habe ich immer noch nicht befreit«, meinte er traurig. »Wie viele Nächte kann ich schon nicht ruhig schlafen, weil mir mein Gewissen zu schaffen macht ...«

Direkt auf dem Stein, auf der Höhe von Peters Gesicht, zeigte sich ein Katzenlächeln. In seinem Kopf gluckste es leicht, und eine lustige Stimme ertönte:

»Wenn dich das Gewissen quält des Nachts, versuch am Tag zu schlafen, aber bedenke: Wenn das Gewissen ganz aufhört, dich zu kratzen, dann stirbt es vor Hunger. Dann wirst du ganz gewissenlos.«

Peter lachte zusammen mit Mauz, erfreut über sein Erscheinen.

»Gewissen, Peter, ist Bewertung und Wahl, und nicht einmal deine Wahl, sondern eine dir von jemand geschenkte Wahl«, fuhr Mauz inzwischen fort. »Aber welche Wahl kann ein Meister haben? Warum vergisst du ihn immer, den Meister?«

»Wieso«, empörte sich Peter. »Ich hab nur angenommen, dass es anders sein wird … Verständlicher vielleicht … mehr wie ich es gewohnt bin … Ich dachte, dass ich mir, wenn ich den Meister in mir wecke, meine Wünsche alle schnell erfülle … Aber es funktioniert irgendwie nicht…«, endete er, Mauz' glucksende Rede nachäffend.

Der lachte wieder und kicherte kurz.

»Ein Wunsch, Peter, ist ein Fluss, in dem anstelle der Wellen Träume sind, anstelle des Wassers Durst, es tummelt sich darin das Krokodil der Leidenschaft, und darüber kreisen die Sorgenraben …«, sagte er leicht singend.

Peter schwieg, um das Gehörte zu verdauen.

»… Was für ein Krokodil?«, fragte er schließlich unwillig. »Ein wildes Tier aus Übersee«, erklärte Mauz freundlich, »wie ein irrer Hund, nur die Schnauze ist länger. Und es geht im Liegen …«

Da wunderte sich Peter, aber dann wollte er auf etwas anderes hinaus und sagte:

»Ich habe ja schon vieles verstanden. Ich habe verstanden, dass es dumm ist, sich vor dem Missgeschick zu verstecken, je tiefer man den Kopf in den Sand steckt, desto schutzloser wird dein Hintern. Das habe ich begriffen … Dass der Meister keine ungeliebten Spiele kennt – auch das ist mir verständlich, ich lasse mich zwar noch manchmal verwirren, aber immer seltener. Auch dahin habe ich mich durchgegraben … Aber wie ich es dem Drachen recht machen kann, das ist mir immer noch nicht klar …«

»Du sagst also, du hast dich zur Wahrheit durchgegraben? Da hast du offenbar tief gegraben«, sagte Mauz spöttisch.

»Und jetzt schau, dass du aus der Grube wieder heraus-
kommst. Wenn du es schaffst, wirst du sehen, dass der Apfel
dir von selbst zufliegt ...«

»Wie denn – da kann ich lange warten«, murmelte Peter
verlegen.

»Man kann nicht jedem alles geben!« Jetzt lachte Mauz
ihm offen ins Gesicht, und sein Lachen ging in ein Lächeln
über. »Alle sind viele, und wo soll man alles für alle herneh-
men?

Du hast den Apfel aufgefuttert – jetzt erschaffe einen ebensolchen aus dir ... Bist du nicht ein Meister?

Genug der Selbstzerfleischung, genug des Leidens, Peter.
Lass wenigstens einen kleinen Teil von dir für deine Alte übrig, entfalte deine Klugheit«, sagte Mauz, dessen Stimme im
Verklingen war. »Es gibt zwei unendliche Dinge: diese Welt
und die Dummheit der Menschen. Und was die Welt angeht,
bin ich mir nicht ganz so sicher ...«

Das rote Lächeln hatte sich längst aufgelöst, und Peter
stand immer noch unbeweglich, in sich vertieft ... In letzter
Zeit führte ihn jedes Gespräch mit Mauz in so einen seltsamen Zustand – als würde er sich in sich selbst auflösen und
verschwinden ... Als würde auch von ihm selbst nicht viel
mehr als ein Lächeln übrig bleiben ...

Da stand er und lauschte in sich hinein. Es war still. Außen still und innen still ...

»Die Stille ...«, empfand Peter wortlos begreifend, ohne einen Gedanken, »die Stille ist Zeit mit geschlossenen Augen ...
Das ist auch das Leben, das sich eben im Meisterzustand
befindet ... Und das Leben selbst ist nur eine Erinnerung

an einen flüchtigen Tag, den man zu Gast war. Beim Meister ...«

»Na also ...«, schien ihm eine innere Stimme wohlwollend zuzuglucksen.

»Onkelchen!« Jemand zog Peter heftig am Ärmel. »Hallo, Onkelchen?«

Vor ihm stand ein Mädchen, jung an Jahren, aber in einem alten, sauberen und gepflegten Sarafan und mit einem weißen Kopftuch.

»Habt Ihr mein Brüderchen gesehen? Den Iwan?«, fragte es ihn mit bittenden Augen.

Er hört überhaupt nicht mehr, was man ihm sagt ...« In den blauen, weit aufgerissenen Augen glänzten Tränen. »In den Wald ist er, er will ein richtiger Recke werden, nach Wundern sucht er ... Und ist doch so ein Knirps, kleiner als ich ...«

———

Nachdem er dem Mädchen etwas zu essen gegeben hatte, nahm er es an der Hand und ging mit ihm weiter.

Das Mädchen, Alenka mit Namen, fühlte sich neben Peter ruhiger und sicherer. Sie erzählte aus ihrem Leben.

»... Lange schon leben wir allein, was soll's? Wir sind es gewohnt ... Ein Großvater ist da, aber der wohnt so weit weg, und seine Frau ist eine giftige Kröte. Aber manchmal besuchen wir sie. Dann verwöhnt er uns mit Honig ... Imker ist er. Vor kurzem hat er eine neue Art Bienen gezüchtet. Groß wie Bären und wild wie Hunde ...«

»Aber Honig geben sie schon?«, fragte Peter zweifelnd.

»Na klar!«, sagte Alenka erstaunt. »Das ist bekannt – die geben Honig. Den nehmen sie den Mädchen am Markt weg, und dann bringen sie ihn.«

Lange gingen sie so, und die Sonne fing schon gnadenlos zu brennen an. Unweit fanden sie einen Baum, breit gewachsen und schattig, da wollten sie hin.

»Ob das eine Eiche ist?«, überlegte Peter, und als er näher kam, staunte er – so einen Baum hatte er nie zuvor gesehen. Alenka warf einen Blick darauf und sagte:

»Oh, das ist Hanf …«, und als sie Peters Staunen bemerkte, erklärte sie: »Der Hanf ist in Wirklichkeit ein Baum, aber man lässt ihn nicht groß werden.«

Unter dem Hanfbaum war es kühl, und Alenka, die sich gemütlich ins Gras gekauert hatte, schlief ein. Peter fing wieder an nachzudenken.

»Jetzt müsste man in den Himmel aufsteigen können wie auf Jagas Besen, und über den Wald fliegen. Im Nu würden wir Iwan finden … Von oben hat man ja einen guten Überblick … da behindern einem die Bäume nicht die Sicht …«

Peter kam es vor, als wären diese Gedanken nicht neu … Als hätte er etwas Ähnliches schon einmal gedacht … Oder gemacht?

»Die Bäume behindern also die Sicht?«, führte er seine Gedanken weiter aus. »Was ist denn eigentlich ein Baum? Für mich ist das einfach ein Wort. Ein Wort, mit dem der Meister, der aus sich heraus diesen Baum geschaffen hat, sich selbst durch ihn gekennzeichnet hat … Was ist um mich herum? Bäume, Berge, Wolken, Bäche … Und wenn man die Wörter *weglässt, bleibt nur Meister, Meister, Meister ... Kann sich denn der Meister in sich selbst verirren? Wohl kaum ...*

Das heißt, es gibt nichts Einfacheres als Iwan zu finden«, freute sich Peter. »Ich habe das doch schon gemacht, als ich mich vor dem Drachen gerettet habe, und als ich an den Baum gefesselt war ...«

Sofort machte er sich daran, seine Erkenntnis in die Tat umzusetzen. Zuerst schaltete er einfach das Lachen in sich ein; er lachte lange auf verschiedene Weise, und die Gedanken in seinem Kopf lösten sich auf wie der Morgennebel, aber Peter konnte nichts erkennen ...

Da machte er sich auf eine andere Weise an die Sache ran – er fing an, sich mit der Außenwelt zu verbinden. Als Erstes nahm er die äußerlich sichtbaren Bilder in sich auf, sodass ja keines verloren ging. Die sichtbare Welt vernebelte sich leicht, die Konturen wurden unscharf, als würde Peter sie aus dem Halbschlaf betrachten. Dafür hatte gleichsam alles in seinem Kopf Platz.

Dann nahm er die Waldgeräusche in sein Inneres hinein: mit allem, was nah und fern zu hören war.

Und dann versuchte er sich selbst gleichsam von innen zu spüren – von den Fußspitzen bis zum Scheitel ...

Zunächst schleuderte es Peter zwischen seinen inneren Einfällen hin und her – entweder es gelang ihm nur zu schauen oder aber nur zu hören ... Aber mit der Zeit versöhnten sich seine Empfindungen, und Peter konnte gleichzeitig rundherum sehen und hören und auch sich selbst spüren ...

Und davon wurde ihm so erstaunlich zumute, als hätte er sich in der Welt seiner Empfindungen aufgelöst.

Er wusste nicht, wie lange er so da gestanden hatte. Die Zeit war für ihn gleichsam stehen geblieben.

»So ist sie also, die Welt, wenn sie nur in Empfindungen verwandelt ist«, sagte Peter erstaunt und lauschte in sich.

»Als hätte ich mich in dieser Welt verloren ... Oder vielleicht ist es auch umgekehrt – als hätte ich sie in mir gefunden ...

Moment mal«, unterbrach er sich. »Wenn die ganze Welt sich schon in mir angesiedelt hat, mit all ihren Geheimnissen, warum kann ich dann Iwan nicht finden? Aber wie soll ich ihn in dem Dickicht der inneren Empfindungen aufspüren? Wie kann ich das Wissen über ihn aus ihnen herausziehen?

Vielleicht hätte ich gerade mit Iwan anfangen sollen«, murmelte er, »um dann zu wissen, wen genau ich in den Empfindungen suchen soll ...

Aber weiß ich denn, wie er ist?«, fragte er sich.

»Wenig weiß ich«, dachte er, sich an Alenkas Bericht erinnernd. »Was kann ich also tun? Vielleicht so ...«, murmelte er nachdenklich, während er das schlafende Mädchen betrachtete.

Peter stellte sich Alenka vor, und neben ihr den kleinen Jungen, gleichsam ohne Kennzeichen, und sagte innerlich zu sich: »Ihr kleiner Bruder ist das ...«

Dann füllte er sich wieder mit Empfindungen. Und als er spürte, dass sich die ganze Welt in ihm auflöste, befragte er sich über Iwan. Wortlos fragte er sich, aber mit einer solchen Kraft, als würde er sich nach dem Jungen ausstrecken, und für sich entscheiden, in welche Richtung er sich strecken sollte.

... Und Peter stieg gleichsam in die Höhe, so hoch, dass er den Wald und sein Märchen von oben sehen konnte. Er blickte dann gleichsam nach unten und sah eine große Eiche, die vom Blitz gespalten war, einen fauligen, stinkenden Sumpf, und den Jungen daneben. Er beugte sich gerade über den Sumpf, als wolle er das Wasser trinken...

Als er plötzlich zusammenzuckte ... Er stand kurz da, dachte über etwas nach, dann zog er ein Messer aus seinem Ranzen und schnitt einen Nusszweig ab, als wolle er sich ein Pfeifchen schnitzen, und setzte sich unter die Eiche.

Peter gab Alenka einen Stoß, und erzählte, was er gesehen hatte. Das Mädchen erschrak und erblasste.

»Hat er aus dem Sumpf getrunken?«, fragte sie mit zitternder Stimme. »Ein verlorener Sumpf ist das, ein verwunschener ...«

Peter beruhigte sie. Er wollte sagen, dass der Meister nicht zulassen würde, dass etwas Schlimmes passiert, im Gegenteil, er führte Iwan weg von dem Unheil. Aber er ließ es, um die Kleine nicht zu verwirren.

Aber Alenka stand auf, fasste Peter am Ärmel und zog ihn fort.

»Die Stelle ist ganz in der Nähe«, sagte sie atemlos. »Wenn nur kein neues Unheil geschieht ...«

———

Peter blickte den sich entfernenden Kindern nach und jedes Mal, wenn sich eines von ihnen umdrehte, winkte er mit dem Arm. Sie winkten zurück ... So nahm er Abschied ...

Er selbst ging ohne Eile zurück – wohin, das machte für ihn jetzt keinen besonderen Unterschied. Er ging in Erinnerung an die klingenden Kinderstimmen und ihre reinen Augen. Er und seine Alte hatten keine eigenen Kinder – so hatte es das Märchen verfügt …

Peter wollte gerade über die Märchengesetze nachdenken, als er plötzlich wie versteinert stehen blieb … Erst jetzt begriff er, was er geschaffen hatte …

»Heilige Mutter Gottes!« Mit diesen Worten schlug er sich auf die Stirn und setzte sich nieder.

»Also, Mauz! Also, Katzenkinder!«, brüllte er wie ein halb Wahnsinniger. »Aus mir selbst, soll das heißen … den Apfel … Mach ihn! Ja?!«

Peter drehte sich vor Begeisterung wie ein Kreisel, hüpfte über den staubigen Weg wie ein Ziegenbock und schrie aus Leibeskräften – er wusste nicht, wie er seine Freude ausdrücken sollte.

Dann beruhigte er sich ein wenig und kam zu sich. Er fing an zu überprüfen, wie der »innere Apfel, der Zauberapfel« funktioniert. Durch seine Empfindungen schaltete er Wörter und Bezeichnungen aus, und schon blickte er in sich selbst hinein, wie in eine Zauberschüssel.

Anfangs gelang es nicht immer. Aber dann klappte es etwas besser: Er sah etwas in sich, dann hörte er etwas, und das andere erriet er. Und was er schließlich (wie durch ein Fernglas) zu sehen bekam, war – wie man sieht – eine spannende Sache:

… Baba Jaga lief wichtig um den Tisch herum und redete eifrig auf jemanden ein:

»Esst, werte Gäste, esst, und wenn ihr überhaupt kein Gewissen habt, so dürft ihr morgen nochmals kommen ...«

... Kostschej, der ausgemergelte Geizkragen stand auf dem Balkon und schaute wütend irgendwohin in die Ferne.

»Alles rundherum ist ein Schmarrn«, tönte er leise, »es gibt nur dich und mich ... Und auch du bist ein Schmarrn, alles ist nur ich, nur ich ...«

»Er trainiert die ICH-Identifikationstechnik«, kommentierte Peter, der ihn beobachtete ...

... Der Zar, der stattlich mit seiner Glatze glänzte, sagte zum Heerführer mit leiser, zärtlicher Stimme:

»Bestell dir doch, Bruder, eine Mütze aus Karakul.«

»Und wozu, Bruder Zar?«, wunderte sich dieser strammstehend.

»So sieht es zumindest aus der Ferne aus, als hättest du Hirn ...«

Der Drache Gorynytsch beäugte jemanden, den Peter nicht sehen konnte, mit sechs glühenden Augen und, drei Gläser auf einmal erhebend, sprach er mit seinem linken Kopf:

»Und jetzt lasst uns Abschied nehmen. Nüchtern werden wir uns nicht mehr sehen ...«

Und er sprach mit dem rechten Kopf:

»Wir haben uns hier versammelt, um zu trinken, also trinken wir darauf, dass wir uns hier versammelt haben!«

Und er sprach mit dem mittleren Kopf, dem offenbar klügsten:

»Die objektive Realität – das ist der Schwachsinn, der von einem Mangel an Alkohol im Blut herrührt ...«

*... Die Sonne hatte sich schon dem Horizont zugeneigt,
aber Peter stand immer noch da und dachte nach, wie er seine
Entdeckung dem Drachen Gorynytsch am besten präsentierte.*

*»Also gut, Drache«, riss er sich endlich zusammen, »denn
Lächeln ist auch ein bisschen Zähne zeigen. Schauen wir uns
also an, was dabei herauskommt.«*

Und er machte sich auf den Weg.

———

»Ich bin zwar ein Depp, aber von reinem Herzen«, fauchte
Gorynytschs linker Kopf Peter an. Der Auftrag war doch, ein
Schälchen mit einem Apfel zu bringen ...«

»Und überhaupt ist es zu spät, um auf den Tisch zu hauen,
wenn du selbst schon fast eine Speise bist«, lachte der rechte
Kopf mit begierig glänzenden Augen.

Aber der mittlere Kopf blickte irgendwie sehr aufmerksam
auf Peter.

»Es ist kränkend«, sagte er, »wenn jemand anderes deinen
Traum realisiert ... Hast du die Wahrheit gesagt, Peter? Ist
das keine Erfindung?«

»Man kann das leicht überprüfen«, antwortete Peter. Er
stand völlig gelassen vor Gorynytsch und beunruhigte sich
keine Spur darüber, wie das Gespräch ausgehen würde. Der
Meister sprach aus Peters Mund, und Peter betrachtete sich
mit Meisteraugen quasi von der Seite. Spannend war das und
irgendwie ungefährlich, gleichsam auch unwirklich.

»Hör gut zu, Gorynytsch, was zu tun ist«, erklärte er sach-
lich. »Für dich ist die Hauptsache, dass du deine Köpfe nicht

durcheinander bringst, dass du in einem einheitlichen Rhythmus arbeitest …«

Den rechten Kopf wies er an, alle sichtbaren Bilder in sich aufzunehmen. Den linken, sich nur in Töne hineinzuhören, und zwar so, dass er keinen einzigen ausließ. Dem mittleren erzählte er, wie man sich von innen spüren kann …

Ziemlich lange trug Peter seine Wissenschaft vor. Fluchend, gackernd, die Zähne fletschend und furzend stellte sich Gorynytsch erst mit den äußeren Köpfen drohend hin, aber allmählich von dem mittleren Kopf angewiesen, der offenbar die höchste Autorität besaß, nahm er sich etwas zurück und fing dann mit allen Köpfen an, die Übungen auszuprobieren. Und er kam sogar auf den Geschmack.

Und dann … Und dann geschah das, worauf Peter gehofft hatte. Erst verstummte der mittlere Kopf, dann der linke und sogleich – der rechte …

Gorynytsch schwieg mit allen Köpfen und schaute in sein Inneres. Was er dort fand, ist nicht bekannt, aber es interessierte Peter auch nicht, er wartete auf etwas anderes … Da drehten sich alle drei Köpfe zu Peter hin und blickten ihn an. Ihre Mäuler öffneten sich.

»Schlau bist du, Peter«, sagten sie wie aus einem Munde. »Ich hätte nicht gedacht, dass du mich besiegst, noch dazu durch Lachen … Aber ich bedauere es nicht …

Wer hätte das gedacht, dass all meine Bösartigkeit nur von der Denkräude kommt, die mir für immer die Ruhe geraubt hat? Dass ich in der Sorge um den nächsten Tag und im Leiden am vergangenen Tag die Freude für den heutigen verloren habe?«

Jetzt kam kein beißender Gestank mehr aus Gorynytschs Kehlen, sondern hell geflammte Zungen. Er betrachtete Peter und lächelte mit allen drei Köpfen. Der Drache Gorynytsch als Meister ... Ein erstaunlicher Anblick. Ein Ungeheuer, das zur Harmonie gefunden hat ...

»Wie sich herausstellt«, sagte Gorynytsch gleichzeitig mit allen Köpfen, »kann man das ganze Leben lang kriechen, selbst wenn man Flügel hat ... Und gar nicht merken, dass man kriecht ...«

»Wozu an die Vergangenheit denken, wo sie doch nicht mehr ist«, meinte er mit dem linken Kopf.

»Wozu an die Zukunft denken, wo sie doch noch nicht da ist«, ergänzte er mit dem rechten Kopf.

»Wozu an die Gegenwart denken, wenn man sie einfach leben kann«, endete er mit dem mittleren Kopf. »Sie muss man fühlen, sie muss man genießen.«

»... Und wenn du es genau wissen willst«, sagte er und blickte Peter treuherzig an, »so ist mir schon lange danach, mich als Vogel zu fühlen – frei und leicht. Und nicht immer nur als Echse ... Eine kriechende, kriecherische Echse ...«

»Also lerne zu fühlen«, lachte Peter fröhlich, in einem seltsamen Vorgefühl auf das märchenhafte Finale. »Was soll das kluge Gerede – spreize die Flügel, und los geht's!

Und sorge dich nicht um die Schale mit dem Apfel«, fügte er hinzu, »du hast sie jetzt selbst in dir. Wenn der Meister beschließt, dir etwas zu zeigen – dann wirst du es in dir finden. Aber beachte, du wirst nur sehen, was du unmittelbar nötig hast, nur aus Neugierde alles sehen zu wollen, das haut nicht hin. Selbst Jaga hat das schon längst gelassen ...«

Zufrieden stand Peter da und blickte mit einem breiten Lächeln auf den Drachen. Und neben ihm erschien allmählich noch ein Lächeln – ein rotes.

»Das haben wir gut gemacht, Peter«, gluckste Mauz zufrieden. »Denen werden wir's ... Das nächste Mal, bevor sie den Kater am Schwanz ziehen, sollten sie wissen, wie seine Zähne sind.«

———

Hoch empor flog der Drache, er breitete die gewaltigen Schwingen aus und bewegte sie nur leicht, um mit entschlossener Kraft die Luftströme zu durchschneiden.

Peter saß, seine Gattin an sich drückend, zwischen seinen Flügeln und hielt sich an der Leine fest, die er dem Drachen extra dafür übergeworfen hatte. Und er erzählte von seinen Abenteuern. Mit Interesse lauschte ihm seine ehemalige Alte. Besonders interessiert fragte sie nach Alenka und Iwan. Peter verstand ...

Er verstummte und blickte auf die Erde. Und plötzlich fühlte er, dass er gleichsam aus der Meisterperspektive, von oben auf alles blickte. Er empfand eine völlige innere Stille und ein Gefühl des Erfülltseins von allem ringsum, eine Liebe zu allem ...

»Igel brauchen wir«, verriet er schließlich, was er innerlich gesehen hatte. »Wenn sie Nachwuchs bekommen, dann geht auch bei uns was in der Kinderfrage ...

So hat der Meister gesprochen ...« fügte er achtungsvoll hinzu.

Die Verknüpfung
von Zeit und Raum

In der vorherigen Lektion berührten wir sehr wichtige und inhaltsreiche Themen, die noch ihre Entwicklung erfahren werden, freilich erst auf höheren Ebenen unserer Schule.

Jetzt aber, bevor wir den nächsten Schritt tun und mutig in den Raum der außerzeitlichen Meisterexistenz eintreten, beschreiben wir kurz das Wesen dessen, was vor uns liegt.

Bis jetzt haben wir Folgendes geklärt: Im Prozess der Sozialisierung des Menschen verwandelte sich sein mentales Bewusstsein aus einem Instrument der Erkenntnis der lebenden Welt in einen gnadenlosen Diktator, der seinen Meister zwingt, die Ganzheit und Harmonie seiner Natur zu vergessen.

Gerade der Mentalapparat hat durch die Aufteilung der einheitlichen Welt in Fragmente und Markierungen Begriffe wie die Zeit geschaffen, womit er den Menschen in eine Welt von Prozessen gesetzt hat, wo jede Eigenschaft sich aus einer Gegebenheit in ein Resultat verwandelt. Der Mensch verliert dabei seine ursprüngliche göttliche Eigenschaft des ganzheitlichen *Seins* und tauscht dafür nur dessen Spezialfall ein – *den Prozess,* wodurch er sogleich in einen *potenziellen Problemraum* gerät. Das ist einsichtig, denn *jeder Prozess ist ein Problem,* weil jeder Prozess ein *Endziel hat.*

Erscheint das Ziel, so erscheint auch die Wahl, es erscheint das Gute und das Böse, das Schwarze und das Weiße, Hoffnung und Enttäuschung, Vergangenheit und Zukunft. Damit ist alles gesagt – *der Mensch sitzt in der Falle der von ihm selbst geschaffenen Begriffe.*

Nachdem der Mensch die Ganzheitlichkeit des Seins und den Zugang zum Kanal der Empfindungen und dem Zustand des Hier und Jetzt eingebüßt hat, ersetzt er sie durch das Denken und das ewige Hin und Her zwischen »vorher« und »nachher«, zwischen Vergangenheit und Zukunft.

Er versucht ehrlich und ohne Hintergedanken, die Zeit gut zu verbringen, aber er entdeckt zu seiner Verwunderung, dass man die Zeit nicht »verbringen kann«. Als ein »Fliehender in der Zeit« verliert der Mensch ständig die Gegenwart, er verliert sich selbst in dieser Gegenwart und büßt die Fülle des Lebensgefühls ein.

Nachdem wir verlernt haben, Lebenssituationen in Empfindungen zu erleben, und zwar »bis zum Grund« (insbesondere Krankheitssituationen), und ihnen nicht unser Einverständnis geben, schleppen wir sie dann unser ganzes Leben mit uns herum wie einen Fluch. Denn die Notwendigkeit ihres vollständigen *Durchlebens* ist eine zwingende Regel des Spiels namens »Leben«.

Das ist ein sehr wichtiger Moment. Es ist nämlich so, dass *der Kanal der Empfindungen eine außerzeitliche und außerräumliche Meisternatur hat.* Was heißt das? Das heißt, wenn man uns schon in unserer frühen Kindheit Schmerz zugefügt hat, uns gekränkt oder erschreckt hat, so erleben wir den ganzen nicht angenommenen Schmerz dann *ununterbrochen* unser ganzes Leben lang. Wir erfahren ihn, aber meist sind uns die Gründe nicht bewusst, die ihn hervorge-

535

rufen haben, denn durch den »schonenden« Mechanismus der Verdrängung wurden diese Empfindungen in die Tiefen des Unterbewusstseins verdrängt und »schmerzen« und »erschrecken« uns von dort aus, freilich in Form von unerklärlichen Verstimmungen, krankhaften Ängsten und Alpträumen.

Wie viele solcher sogenannten *traumatisierenden* Episoden es in unserem Leben gegeben hat! Um sie in einem unterdrückten Zustand zu halten, ist eine *riesige* Menge an Energie erforderlich. Lebensenergie, *die uns für die Empfindung von Fülle und Freude gegeben wurde!* Energie, die uns danach fehlt, wenn wir krank sind, vorzeitig altern und gehorsam sterben.

Aber es stellt sich heraus, dass eine derartige psychologische Interpretation nur der Ausdruck einer weiteren Lüge des erschrockenen Mentals und eines »primitiven« urzeitlichen *Überlebensprogramms* ist. Empfindungen sind nämlich *niemals* traumatisierend oder destruktiv oder krankmachend. Jedes Negative ist nur die mentale Bewertung der Empfindungen, und gerade die Bewertung erzeugt die entsprechende emotionale Motivation und die *Illusion* der Krankhaftigkeit.

Wenn wir *einfach empfinden,* verschwindet der Unterschied zwischen Gut und Böse, Positivem und Negativem, Krankem und Angenehmem. Intensive Empfindungen erlauben es dem Mental nicht, sich einzuschalten und eine Bewertung vorzunehmen, deshalb erleben wir sie völlig natürlich und *empfinden* sie bewertungslos. Das heißt, wir machen genau das, wofür man uns in der Welt erscheinen ließ.

Wir unterstreichen nochmals – Empfindungen sind ihrem Wesen nach *außerräumlich* und *außerzeitlich*, und das ist sehr wichtig. Der prinzipielle Unterschied unserer Schule zu der Mehrzahl anderer Schulen besteht gerade darin, dass wir für unsere Arbeit genau diese ihre Qualität (*außerräumlich* und *außerzeitlich*) verwenden, etwas, das bisher irgendwie unbemerkt blieb. **Im Rahmen der Schule arbeiten wir immer nur mit dem Kanal der Empfindungen.**

Das erlaubt uns, vollständig abzugehen von der Durchführung einer verpflichtenden mentalen Analyse und der Suche nach einer »Schlüsselepisode«, die angeblich die Ursache des Problems darstellt. Auf keinen Fall begeben wir uns in das undurchdringliche Dickicht von Urinstinkten und sexuellen Stimuli unseres Unterbewusstseins, wir rühren keine halbreligiösen Archive karmischer Beziehungen auf und erschrecken niemanden mit der Unabwendbarkeit der apokalyptischen Vergeltung für begangene Sünden. Wozu brauchen wir diesen ganzen von Moos überwachsenen Unsinn des vergangenen Jahrtausends? In dem von uns vorgestellten Arbeitsschema ist alles sehr einfach.

In unserer Schule ist die Ursache jedes Problems, seine Schlüsselepisode immer eines – der Verlust der Ganzheit und Einheit. Im Leben äußert sich das immer als Nicht-Einverständnis mit etwas und auf jeden Fall im *Nichtannehmen der entsprechenden Empfindungen, die vom Mental als krankhaft und entsprechend als gefährlich für das Überleben bewertet werden.*

Jetzt werden uns diese Empfindungen während unserer ganzen Existenz verfolgen, sie werden sich in der einen oder anderen Form äußern, sowohl in den persönlichen Beziehungen als auch in den Finanzen und in der Gesundheit, und uns mit aller Kraft beunruhigen, *mit dem einzigen »Ziel«, mit der einzigen »Bitte«, sie anzunehmen. Deshalb läuft die ganze Arbeit jetzt darauf hinaus, das gesamte »Negative« unserer Empfindungen planmäßig im Hinblick auf ihre vollständige Akzeptanz zu bearbeiten.*

Das heißt (Beachten Sie bitte unsere Konsequenz!), uns interessiert nicht unsere *Vergangenheit*, in der angeblich irgendwelche problematischen Schlüsselerlebnisse lagen. Wenn wir *in der Gegenwart* bleiben, arbeiten = spielen wir nur mit dem, was wir *jetzt gerade* empfinden. Und das erweist sich als das einzig Richtige, absolut erreichbar und äußerst effektiv.

Aber was bedeutet das – *»der Kanal der Empfindungen ist außerräumlich und außerzeitlich«*? Warum gibt es für den Meister weder Zeit noch Entfernung? Gehen wir noch einmal ein paar Themen zurück.

Sie wissen schon, dass unser Verstand für die Bewertung des Geschehens Wörter bzw. Bezeichnungen braucht, die Meistersymbole, mit denen er diese Welt zu markieren versucht und danach auch wahrnimmt. Genau damit wird die Welt, die erst eins war, gleichsam in eine Vielzahl von Fragmenten gespalten, sie wird dabei »zerrissen« und »unstetig«. *Aber für den Meister bleibt die Welt nach wie vor ganz,* weil er eine mentale Zerschlagung der Welt in Fragmente nicht nötig hat. Seine Wahrnehmung ist ganzheitlich, die Welt, die er wahrnimmt, ist ganz. Das heißt, ein Raum als Gesamtheit von Objekten bzw. Bezeichnungen existiert nicht für ihn. Ebenso wenig wie die Zeit, das heißt die Dauer eines beliebigen Prozesses, der mit diesen Objekten vollzogen wird.

Der Meister, der aus sich heraus die umgebende Welt geschaffen hat, blieb seltsamerweise der Ausgangspunkt, der er auch vorher war. Und an diesem Punkt gibt es weder Raum noch Zeit. Wundern Sie sich nicht – das ist eine weitere Äußerung der Dualität, das heißt der einander gegenseitig ausschließenden Qualitäten unserer Existenz.

Das heißt, dass alle Pläne unserer Existenz (äußere wie innere) für den Meister ein Ganzes sind. Und gerade deshalb sind all unsere Empfindungen bezüglich dieser Pläne, mehr noch, jedes Fragments des Meisterraums, ebenso *auf den Moment bezogen und ausdehnungslos* – unabhängig von ihrer physischen oder zeitlichen Entfernung.

Warum mussten wir uns so ausführlich an diesem Punkt aufhalten?

Wenn wir uns den Meisterstatus zurückgeben, verändern wir auf die natürlichste Weise die Art der Wahrnehmung unserer selbst wie auch der Außenwelt. Denn ein wahrhafter Meisterzustand ist die Möglichkeit einer gleichzeitigen Existenz in zwei Qualitäten, in zwei Räumen: im Puppenraum der bedingten Vorgänge und im Meisterraum der ganzheitlichen und im Augenblick konzentrierten Existenz.

Gerade wenn wir von der Existenz im Zustand des Hier und Jetzt sprechen, stoßen wir darauf, dass die Welt, die wir bisher nur in Etappen und Fragmenten erfassen konnten, in einem bestimmten Moment all ihre räumliche Ausdehnung verliert und wir die Möglichkeit ihrer augenblicklichen und ausdehnungslosen Wahrnehmung bekommen.

Das heißt, indem wir unser Bewusstsein auf eine bestimmte Weise einstimmen, vollziehen wir eine Art *Verschnürung von Zeit und Raum zu einem Punkt, dem die zeitliche und räumliche Ausdehnung fehlt.* Dabei verschwinden die Grenzen, die unseren inneren Raum vom äußeren Raum trennen, und es entsteht dieser besondere Zustand der Ganzheit und Einheit, von dem wir ständig reden, aber den zu empfinden noch nicht jedem gelingt.

Die folgende Technik soll dabei helfen. In einem gewissen Maß ist sie eine Weiterentwicklung der Vipassana-Technik, die Sie sich in der letzten Lektion angeeignet haben. Wenn Sie nun unseren Empfehlungen zur Anwendung von Vipassana in Ihrem Alltag gefolgt sind, wird diese neue Technik bei Ihnen kaum Probleme hervorrufen.

Kommen wir nun zu der **Technik der Verknüpfung von Zeit und Raum (VRZ).**

Die Rede ist von einer totalen Aktivierung unserer Aufmerksamkeit im Prozess der Wahrnehmung, vollzogen über drei Kanäle: *den visuellen, den akustischen und den sensorischen.*

Diese Technik kann als vollständig angewendet gelten, wenn es Ihnen gelingt, *gleichzeitig* Ihre Aufmerksamkeit auf diese *drei Ebenen* der Wahrnehmung zu richten.

Wir beginnen mit dem *visuellen* Kanal. Dafür ist es nötig, seinen Blick leicht zu *defokussieren* und dann seine Aufmerksamkeit *gleichmäßig* über das gesamte Gesichtsfeld zu verteilen. Dabei werden Sie *alle* Objekte, die sich in dem

Gesichtsfeld befinden, *gleichzeitig,* aber etwas verschwommen, unscharf wahrnehmen. Ihre Aufgabe ist es auf dieser Etappe, *Ihre ganze Aufmerksamkeit* in dieser Art der visuellen Wahrnehmung zu halten.

Das Mental schaltet sich dabei unwillkürlich aus, aber wenn Sie doch einen Gedankenfetzen bemerken, ist das nur ein Signal, dass die Aufmerksamkeit nicht genügend intensiv ist, und Sie sich abgelenkt haben.

Analog schaltet sich auch der *akustische Kanal* ein: Füllen Sie Ihr Gehör mit sämtlichen Ihnen zuströmenden Lauten und Geräuschen, sowohl den entferntesten als auch den leisesten. Nehmen Sie alle Geräusche *gleichzeitig* wahr, indem Sie nichts Konkretes bevorzugen, sie sind jetzt für Sie alle *gleichwertig.*

Jetzt verlagern Sie Ihre Aufmerksamkeit *nach innen.* Ihre Aufgabe bei dieser Etappe ist es, sich *von innen heraus* ganz vollständig zu empfinden. Sie müssen jede entstehende innere Anspannung, Empfindung oder Berührung von etwas, den Herzschlag, die Arbeit der Lunge etc. beobachten, Ihren gesamten inneren *sensorischen Hintergrund.*

Wenn Sie sich der Reihe nach alle drei Etappen der empfohlenen Technik angeeignet haben, versuchen Sie sie nun zu einem einzigen ununterbrochenen Strom von Empfindungen zu verbinden.

Wenn Ihnen jedoch eine totale Verbindung nicht sofort gelingt, so grämen Sie sich nicht – vorläufig ist das normal, *aber spielen Sie dieses neue Spiel weiter.* Alles, was Sie für seine vollständige Beherrschung brauchen, ist die regelmäßige und tagtägliche Praxis.

Und der Stimulus für Sie mögen die ungewöhnlichen und interessanten Zustände sein, welche unvermeidlich dabei auftreten – eigenartige und schwer zu beschreibende Empfindungen vollständiger Aufgelöstheit in der Welt. Dabei nehmen Sie diese Welt jetzt ununterbrochen und äußerst intensiv *als Ganzes* wahr, ohne sie in einzelne Details und Fragmente zu zerlegen, das heißt Sie empfinden sie *als eine Art einheitlichen Punkt,* auf den Ihre ganze Aufmerksamkeit gerichtet ist.

Wir empfehlen Ihnen, diese Technik von nun an immer mehr in Ihren Alltag zu integrieren und sie in den unterschiedlichsten Lebenssituationen anzuwenden.

Bestimmte Schwierigkeiten werden nur anfangs auftreten, sie hängen mit der Ungewöhnlichkeit dieser umfangreichen und von den üblichen, akzentuierten Sinnelementen befreiten Wahrnehmung zusammen. Dafür werden Sie sehr bald entdecken, wie viel Sie bei dieser Methode der intensiven Existenz und des vollständigen Angeschlossenseins an alles Geschehen entdecken.

Was genau ist gemeint? Wenn Sie total an das Geschehen in Ihrer Umgebung angeschlossen sind, ebenso wie an alle Feinheiten Ihrer inneren Empfindungen, ruht das Mental. Und das heißt, dass all Ihre Ängste, all Ihre Abwehr und Entfremdung »nicht funktionieren«, das heißt all das, was das *Ergebnis einer mentalen Bewertung ist.*

Deshalb wird jetzt jede (vom mentalen Standpunkt) destruktive Empfindung, jedes (vom mentalen Standpunkt) negative Ereignis, jeder (vom mentalen Standpunkt) krankhafte Zustand von Ihnen vollständig und restlos durchlebt.

Dadurch nehmen Sie genauso vollständig wie sich selbst auch Ihre Umgebung wahr: indem Sie alle Vorwürfe und Urteile beseitigen, und in der Substanz mit allem eins werden.

Die Welt, mit der wir zu einem Ganzen werden, wird uns nicht nur freundlich gesinnt sein – *sie wird zu uns selbst*. Sie erfüllt uns mit der Vielzahl ihrer Qualitäten und Möglichkeiten, darunter auch mit ihrer ganzen Information – das heißt mit all dem Wissen, das in ihr enthalten ist. Der Kanal der Empfindungen, der Kanal der Intuition ist in diesem Zustand vollständig geöffnet, und wir haben die Möglichkeit, durch unsere *Absicht* alles aus ihm herauszuholen, was wir für unser Leben brauchen, für unser Spiel, für unser Glück. Wobei die Rede hier nicht mehr nur von Information ist.

Es ist jetzt an der Zeit, etwas über die *Absicht* zu sagen – im Hinblick auf die folgenden Ebenen unserer Schule. An dieser Stelle sagen wir nur so viel, dass die Fähigkeit, die Absicht zu steuern, dem Verstand nicht zugänglich ist, sondern sich vollständig in der Zuständigkeit des Meisters befindet. Uns gefällt das, denn alle anderen Methoden einer künstlichen Manipulation der Absicht (davon gibt es nicht wenige) interessieren uns überhaupt nicht.

Aber dennoch ist die Fähigkeit, die Absicht zu erkennen, sie »nonmental« als eine Art *Vorgeschmack* von lebenswichtigen Entscheidungen zu empfinden und den Akzent auf sie zu setzen, für den Erwerb einer Reihe von Techniken erforderlich.

Wichtig ist hier eines – die Nichtigkeit eines Wunsches aus dem mentalen Bereich nicht mit einem existenziellen inneren Ruf zu verwechseln. Wie man das eine vom anderen unterscheidet, wissen Sie schon – durch Lachen, deshalb werden wir uns hier jetzt nicht ausführlich damit aufhalten.

Denn es geht gar nicht darum, ob Sie es geschafft haben, die in Ihnen lebende Absicht auf die Ebene der Bewusstwerdung zu bringen oder nicht. Man muss ihr nur »den Weg freimachen«, die mentalen Verbote und Beschränkungen aufheben und ihr erlauben, sich zu verwirklichen. Alles Übrige ist nicht Ihre Sorge.

Sehr häufig verstehen wir erst danach – wenn wir ein Geschehen neben uns registriert haben, oder wenn wir in uns die Antwort auf eine uns schon lange quälende Frage finden, oder wenn wir in uns ein neues Wissen in Form einer Überzeugung finden, die keinen Beweis braucht – worin das Wesen unserer Absicht bestand, worin sich ihr Sinn verbirgt.

Warum halten wir uns jetzt so ausführlich bei diesem Thema auf? Wenn Sie die Technik der VRZ bearbeiten und »umleben«, müssen Sie unvermeidlich und immer wieder auf seltsame Dinge stoßen: Sehr vieles von dem, woran Sie nur ganz oberflächlich gedacht haben, worüber Sie erschrocken sind oder, im Gegenteil, wo Sie die Vorfreude genossen haben, wird augenblicklich wahr, gleichsam aus dem Nichts wie von einer Zauberkraft herangezogen.

Und etwas, dem Sie Ihre erhöhte Aufmerksamkeit gewidmet haben, was Sie aus ganzer Kraft gewünscht hatten, will aus irgendeinem Grund hartnäckig nicht »eintreten«.

Gerade die *nicht vom Verstand gelenkte* Absicht erlaubt der »zufälligen Zauberei« sich zu verwirklichen. Bei der

Ausführung der VRZ-Technik kommen Sie sehr nahe an den Raum des Wunders und des Märchens, an einen Raum, in dem alles möglich ist, »*was du dir nicht wünschst*«. Und das, »*was du dir wünschst*«, ist dort eben nicht möglich.

Warum das so ist, wissen Sie schon. Unser »*Zauberstab*« hat seine Kraft nur im Meisterkanal der Empfindungen, das heißt im *nicht mentalen Bewusstseinszustand*. Und jeder Wunsch schließt uns sofort in den mentalen Puppenzustand ein, in dem wir nichts schaffen können, wo man aber mit uns absolut alles machen kann.

Das ist ein großes und interessantes Thema, aber jetzt ein wenig verfrüht, genauer nehmen wir uns das auf höheren Ebenen unserer Schule vor.

Jetzt interessiert uns die Möglichkeit, praktisch jede Information in Zuständen zu bekommen, die nach der VRZ-Technik entstehen. Sehr wichtig ist es, dass eine solche Information nur als Antwort auf eine Anfrage der *Absicht* erfolgt. Das heißt, wenn wir die Methode der VRZ verwenden, bekommen wir immer *gerade das für uns lebenswichtige **Wissen***.

Dabei wird der Kanal des intuitiven Wissens aktiviert, aber bei jedem äußert sich das unterschiedlich: Der eine spürt eine aus dem Nichts kommende Sicherheit in einer wichtigen Frage; ein anderer sieht in sich ein Bild oder einen ganzen *Wachtraum;* wieder ein anderer hört vielleicht eine innere Stimme.

Aber *immer*, wenn wir uns im offenen Kanal der intuitiven Empfindungen bewegen, werden wir einen Zugang zu der *gesamten* für uns lebenswichtigen Information haben.

Man kann sie durch eine präzise definierte *nonmentale Absichts-Anfrage bekommen,* aber man muss das nicht tun: *Man muss das Gras nicht aus der Erde ziehen – es kommt die Zeit, und es wächst von selbst.*

Wir schlagen Ihnen jetzt einfach vor, die VRZ-Technik zu üben und sich an die neue Art der Wahrnehmung der Welt zu gewöhnen, an die neue Form der Existenz in ihr – *und dabei ununterbrochen behutsam auf sich zu hören.* Sie brauchen nicht daran zu zweifeln – alles, was in dem Moment für Sie lebenswichtig ist, *wird von Ihnen ohne Zweifel wahrgenommen und berücksichtigt.*

————

Mit jedem neuen eigenen Schritt werden Sie mit immer größerer Achtung und stärkerem Vertrauen zu sich als Meister durchdrungen. Glauben Sie und spüren Sie, dass Sie schon lange nicht blind tastend durchs Leben gehen, sondern mit dem immer überzeugteren Schritt eines sich wertschätzenden und von sich überzeugten Spielers. Dass sich in Ihren weit geöffneten Augen schon lange keine bedauernswerte kleine Welt gestriger Probleme spiegelt, sondern ein riesiger und noch nicht bekannter Raum von unwahrscheinlich anziehenden Meisterspielen. Ihrer Spiele. Ihr Raum. Der Raum Ihres wirklichen Lebens.

Fragestunde

»Der Zustand, den ich erfahren habe, als ich zum ersten Mal die VRZ-Technik richtig angewendet habe, erinnerte mich deutlich an ein halb vergessenes, aber einprägsames Erlebnis aus meiner Kindheit. Ich war mit meinen Eltern im Urlaub im Kaukasus, und sie planten eine Wanderung in die Berge.

Ich war noch ganz klein, ermüdete schnell und war fast den ganzen Weg über sehr launenhaft. Aber als wir schließlich doch den Gipfel erreichten, der, wie mir heute klar ist, nicht besonders hoch war, und auf der Aussichtssplattform standen und nach unten blickten, da vergaß ich mit einem Mal all meine Müdigkeit und meinen Trotz.

Den Anblick der Stadt, die sich unten ausbreitete, der Felsen und Schluchten, von Nebelschwaden überzogen, der Anblick des Meeres, grau von der Brandung, habe ich bis heute vor mir. Und die Hauptsache – das ganz besondere Gefühl einer Zeitlosigkeit und Abkoppelung von jedem Geschehen. Ich wusste damals natürlich nicht, was innere Stille und ein Meisterzustand ist, aber das waren genau solche Empfindungen. Es ist erstaunlich, dass sich nach der VRZ-Technik der heutige Raum gleichsam mit dem kindlichen verbindet, der tief in mir existiert ... Eine seltsam angenehme Bestätigung des Fehlens der Grenzen von Zeit und Entfernungen für den Meister ...«

———

»Und ich habe keinen besonderen Zustand empfunden, es wurde nur ruhig, das ist alles …«

»Woran dachten Sie in diesem ruhigen Zustand?

»An nichts, Gedanken waren wirklich keine da, aber von einem besonderen Entzücken war auch nichts zu bemerken. Es war nur sehr ausgeglichen im Inneren, irgendwie leer.«

»Sie werden jetzt in Ihrer Praxis zu immer feineren Meisterempfindungen gelangen. Aber wenn Sie noch nicht gelernt haben, aufmerksam Ihrem inneren Geschehen zu lauschen, können sie tatsächlich eine ganze Reihe von Nuancen des neuen Zustandes verpassen. Das ist kein besonderes Unglück, alles kommt mit der Praxis. Die Meisterpraxis befindet sich quasi außerhalb des Rahmens dessen, was wir uns gewöhnlich zu fühlen erlauben, deshalb müssen wir unsere Wahrnehmung noch darauf einstellen, ihr eine bestimmte Tiefe und einen bestimmten ›Schliff‹ geben. Und nicht erwarten, dass die neuen Empfindungen wie ein Hammerschlag kommen, nein, eher wie eine ›Berührung eines Sonnenstrahls an Ihren Haarspitzen‹.

Das, was Sie an Unterschied in diesem Zustand gespürt haben, ist schon gut, und allein das ist schon beachtenswert. Nach einiger Zeit wird dieser ›Übergang der Zustände‹ deutlicher und spürbarer, gewohnter und steuerbarer.«

»Meine Großmutter war schwer krank. Noch beim Erlernen der Technik im Übungssaal spürte ich die Notwendigkeit, sie zu ›sehen‹.

Aber mein Meister gab mir ein seltsames Bild – ich sah meine kranke Großmutter, aber nicht als Menschen, sondern als Schmetterling. Ich spürte, wie schlecht es ihr ging, und fragte: ›Kann ich dir irgendwie helfen? Deine Qualen erleichtern?‹

Der Schmetterling antwortete: ›Ja, das kannst du – hilf mit aufzusteigen, lass mich los, ihr haltet mich alle fest ...‹ – ›Flieg‹, sagte ihr mein Meister. Als der Schmetterling losgeflogen war, spürte ich eine große Erleichterung, wobei das genau sein Erleben war – die Empfindung von Freiheit und Leichtigkeit.

Damals im Saal kapierte ich nicht ganz, was genau geschehen war. Ich erzählte niemandem davon, aber ich merkte mir die Uhrzeit, als das geschah.

Am nächsten Tag erfuhr ich, dass meine Großmutter gestorben war, gerade zu dieser Zeit ... War das Zufall? Oder habe ich wirklich auf ihren Tod Einfluss genommen?«

»Im Raum des Meisters gibt es keinen Zufall. Im Raum des Meisters sollte es auch keine künstlichen Beziehungen geben, basierend auf dem Puppenwissen, was gut oder schlecht ist. Wenn er eine solche Deformation bemerkt, stellt er einfach den natürlichen Lauf der Ereignisse wieder her. Sie haben ihm mit Ihrer Arbeit dabei geholfen.

Und die Hauptsache ist, Sie haben Ihrer Verwandten geholfen, überflüssige mentale Bindungen zu zerreißen und ihren Weg im geistigen Raum der feinstofflichen Energien fortzusetzen. Erinnern Sie sich – wir sind in höherem Maß geistige Wesen als körperliche. Haben Sie das immer im Sinn.«

Empfehlungen zur Herstellung
des Zustandes

Wenn Sie die Technik der Verknüpfung von Zeit und Raum gut beherrschen, machen Sie sie zu einem Teil Ihrer Existenz. Sie werden sich immer mehr angewöhnen, auf Ihre Empfindungen zu hören und ihnen zu vertrauen. Stellen Sie sich mutig alle Fragen in Form einer *Absichtsanfrage*.

Wenn Sie die Technik des VRZ verwenden, leben Sie *all* Ihre Empfindungen total, nehmen Sie alle auftretenden Zustände an.

Lernen Sie, die Welt *zu spüren*, in der Sie leben. Leben Sie vollständiger in dieser Welt, genießen Sie sie.

ZUSTAND ELF –
tödlich

Wenn du die Glut betrachtest –
sieh aufmerksam hin.
Deepak Chopra

Der Tod ist das Leben wert ...
Viktor Zoy

Das größte Gefühl für Humor haben die Toten:
Sie lachen über alles.
Jerzy Lec

Ode des Todes

Freunde, irgendwann haben wir alle ein Ticket erworben, das uns berechtigt zu einer unwahrscheinlich vielseitigen und unterhaltsamen Reise namens »Leben«. Und jetzt, wo wir mit einer vollkommenen Schöpfung unterwegs sind, einem Schiff mit dem stolzen Namen »Mensch«, können wir eine Menge uns früher unbekannter Empfindungen erfahren und spannende, unvorhergesehene Abenteuer erleben.

Aber es hängt nur von uns ab, ob diese Reise auch real stattfindet. Die Frage ist also, ob wir uns großzügig mit den Schönheiten vorher nie gesehener Landschaften, ungewöhnlichen Eindrücken und exotischen Gerüchen und Geschmäckern erfüllen und diese Reise wirklich in ein *Abenteuer* verwandeln. Oder ob wir die ganze uns zur Verfügung gestellte Zeit in der »engen und verrauchten Kajüte« unserer »Komfortzone« herumlungern, sei es betrunken oder schlaftrunken und uns in fruchtlosen Träumereien darüber ergehen, dass gerade jetzt das von uns Unbemerkte und Zurückgewiesene an uns vorbeischwimmt …

Bedenken Sie, die Endstation dieser Reise ist nicht mehr hinter den Bergen, und ihr Name ist »Tod«. Sie wird das Signal zur Beendigung der irdischen Etappe Ihrer Reise sein, zur Notwendigkeit der Rückkehr in den »geistig-vormenschlichen« Zustand, in dem Sie ursprünglich waren. In welchem es keinen taufrischen Sommermorgen gibt, keine abgrundtiefen Augen eines geliebten Menschen, und auch nicht den Tannenduft des Weihnachtsbaumes und das Kinderlachen.

Vergessen Sie niemals, dass Sie, als Sie das »Ticket gelöst« haben, **nur die Chance** auf ein Abenteuer, auf ein Spiel, auf den Erwerb von Freude und Entzücken von dieser Reise erworben haben. Ob das alles eintritt, hängt jetzt ausschließlich von Ihnen ab. *In diesem Ticket sind weder Garantien noch Versicherungen inkludiert …*

»… Aber wir sind doch noch nicht an der Endstation – wann soll die noch mal sein?«, flüstert uns der in seiner Tücke unermüdliche Verstand ein. *»Wozu sollen wir uns jetzt*

schon darüber Gedanken machen? Das kommt noch recht-
zeitig – wir haben noch so viel Zeit …«

Und weil wir ihm glauben, halten wir uns gedankenlos
für unsterblich. Nein, wir wissen vom Tod, wir denken sogar manchmal daran … aber gewöhnlich denken wir feige,
dass er mit uns gar nichts zu tun hat: *»Der Tod? Ja, es gibt so*
was, hab ich schon gehört. Aber ich lebe noch, belasten Sie
mich nicht, – was wollen Sie eigentlich? Ich bin doch noch
ganz am Anfang …«

Wie Kinder glauben wir nicht an unseren Tod, wir bereiten uns nicht auf ihn vor, und letztlich sind wir niemals für
ihn bereit …

Und wie soll das gehen … sich auf den Tod vorbereiten?
Brrr … Was für ein Bild – eine Grabstelle auf dem Friedhof;
Geld, das »für den Tod« zur Seite gelegt ist; ein Testament,
heimlich geschrieben; ein Sarg auf dem Dachboden, der auf
seine Stunde wartet – so soll die Vorbereitung aussehen?

Für viele von uns ist es unangenehm und sogar schrecklich, daran zu denken, deshalb versichern wir uns tief in
unserer Seele, dass uns das nicht betrifft, nicht betreffen
darf! Niemals! Unsere ganze Lebenserfahrung spricht nur
von einem: Der Tod ist das, was mit anderen geschieht, aber
für uns gibt es keinen Tod. Es darf ihn nicht geben! Wir lesen mit verzweifelter Hoffnung die Bücher von Raymond
Moody und Elisabeth Kübler-Ross, die über »Nahtoderfah-
rungen« erzählen. Wir wollen nicht sterben, wir haben
Angst zu verschwinden … Ängstlich beweisen wir uns: Ein
Tropfen, der sich in einem riesigen Ozean auflöst, verschwindet nirgendwohin.

Lüge! Er verschwindet. Und wie er verschwindet! Ewig ist nur der Ozean, und von dem darin aufgelösten Tropfen bleibt im besten Fall eine Erinnerung.

Sich auf den Tod vorzubereiten, heißt eigentlich, zum Leben bereit zu sein und nicht mehr als das. Für den Tod bereit ist der, der in Freude und erfüllt lebt, der seine Chance auf den Überfluss irdischer Empfindungen nützt, der, der äußerst ehrlich zu diesen Empfindungen ist, weil er immer daran denkt, dass:

Die Kirschen hängen nicht ewig an den Bäumen.
Die Chance, sich in der Menge zu zerstreuen, ist bewusst reduziert.
Wie du es auch drehst, wir gehen alle ins Netz
des Todes, – der wohl ehrlichsten Geliebten.
Sergej Wassiljew

»*Im Leben ist alles gelogen. Es gibt nur eine Wahrheit, und die ist der Tod*«, heißt es in einem alten Gesetzbuch der Samurai. Und das ist wirklich so – aber nur im Raum der Lüge der von Anfang an dem Untergang geweihten Puppe, welche nicht lebt, sondern nur so tut, die sich und anderen vormacht, als würde sie leben, und ihre ganze Lebensenergie für diese nutzlose Verstellung verschwendet.

Aber wozu auf den Tod warten, um der Wahrheit näher zu kommen, dem »lebendigen Leben«, dem wahren Selbst? Das ist genauso dumm wie unmöglich – denn wenn Sie Ihr Leben so ausgerichtet haben, dass Sie darin weder Wahrheit noch Sinn sehen, dann werden Sie das auch im Tod nicht finden. Dafür liegt es in Ihrer Kraft, all das jetzt und sogleich zu finden, in Ihrer Familie, in Ihren Geliebten, in sich selbst, in Gott und im Meister, im Lachen ...

Wie? Das wissen Sie schon – indem Sie sich ununterbrochen erweitern auf deren Maß, indem Sie sie alle in sich hineinlassen, sich mit ihnen erfüllen.

Dann verschwindet der berühmte Tropfen tatsächlich nirgendwohin, er verliert sich nicht, selbst wenn er sich im Ozean aufgelöst hat, denn er erweitert sich jetzt zu seiner Größe, er, der Tropfen, »nimmt den Ozean in sich auf«. Er löst also eher den Ozean in sich auf als umgekehrt. (Denken Sie an die Technik der Raum-Zeit-Verknüpfung!)

Aber möglich wird das erst, nachdem in dem Tropfen das ihn begrenzende Wissen von der Tropfen-Puppe stirbt, mit seinem Einverständnis stirbt, und er stattdessen den Tropfen-Meister gebiert, unermesslich wie der Ozean selbst.

———

Ob wir das wollen oder nicht – aber unser ganzes Leben ist von Anfang an so gebaut, dass es uns auf den Tod vorbereitet. Alles, womit wir konfrontiert werden – der Tod eines Haustiers, Katastrophen, Kriege und der Tod von uns unbekannten Menschen, schließlich der Tod von Verwandten – all das zwingt uns ständig über die Unausweichlichkeit des Todes nachzudenken, und in der Folge *über das Leben, seinen Sinn und seinen Wert.*

Der berüchtigte Sinn des Lebens ... Was wir uns auch immer ausdenken, er hängt nur von uns selbst ab, und deshalb kann er manchmal auch vollständig verschwinden:

»Unsere Bettstellen standen nebeneinander. Immer wieder hörte ich, wie Findikaki vor dem Schlaf wie ein Nachtgebet flüsterte: ›Das Leben ist Scheiße. Ein Scheißstück.‹ Fünf Jahre lang. Weder Ton noch Text der Beschwörung von Viktor Petrowitsch veränderte sich ...

›Hört ihr‹, schrie er, ›hört! Ich habe lange nachgedacht! Und ich hab verstanden, dass das Leben keinen Sinn hat ... Nein!‹« *(Aus: W. Schalamow, »Erzählungen aus Kolyma«)*

Leider sind solche »allzu menschlichen« Stimmungen so stark, dass sie mit einer erdrückenden Beständigkeit bei praktisch allen kreativen, feinfühligen Menschen vorkommen:

Mein Haus umschlingen die Lianen,
um mich auf ewig von der Welt
zu trennen, bis ich ohne Namen
vergessen bin und abgestellt.

Rabindranat Tagore

Bei Jewtuschenko klingt das so:

Mit der Zeit wird es sein,
bin ich noch mehr allein.
Kommen noch ein paar Jahr,
bin ich gar nicht mehr da ...

Und manchmal wird es sogar zur Groteske:

Nachts auf steinernem Gefilde
Berge, und dazu ein See.
Herzen schlagen, Beine tragen,
doch wohin?
O weh, o weh!

Leise zirpen die Zikaden,
Birnen reifen. Ich beiß rein.
Dass wir uns im Leben baden –
kann's verstehn.
Doch muss das sein?

Gleb Gorbowskij

Wenn wir den Tod fürchten, werden wir unvermeidlich auch vor dem Leben Angst haben, dann ist es für uns freudlos, voller Ängste und Ahnungen von Krankheit.

Wie soll man nicht alles lassen,
nicht verzweifeln an dem Sinn,
wenn der Wind dich morgen heimsucht,
wenn ein schwarzer Wind dich heimsucht,
macht dein Haus im Handstreich hin?

Wie kann ich die bösen Träume
weisen weit vor meine Tür?
Wie kann ich die Liebste hüten
vor dem Nebenbuhler hier?

Schwarz und leer der Nächte Räume
hohle Schritte, Schauerbäume …

Alexander Block

Da bleibt uns nur, mit Julio Cortázars Held zu wiederholen: »… Das Beste an meinen Vorfahren ist, dass sie schon gestorben sind; bescheiden, aber mit Würde warte ich auf den Augenblick, wo ich diese ihre Qualität erbe.«

Und nochmals Jerzy Lec: »Der kürzeste und witzigste Aphorismus ist der Bindestrich zwischen dem Geburts- und dem Sterbedatum.«

Aber zum Glück ist nicht alles so hoffnungslos, wie es sich den verehrten Klassikern darstellt, und die endgültige Wahl haben wie immer wir: entweder im Leben sterben oder sogar im Tod leben.

Ja, der Tod ist im lebensfreien Raum der Beschreibung der Welt immer eine Haltestelle des Lebens, sein Ende, die Trennung von ihm. Aber für den ganzheitlichen Meister ist die Trennung Nonsens, sie ist für ihn gar nicht möglich. Das heißt, für ihn existiert kein Tod, in seinem Raum ist ein Ende des Spiels nicht möglich. Es gibt nur eine unerschöpfliche Fortsetzung, ein ununterbrochenes Spiel, ein nicht endendes Leben.

Der Tod ist uns nur dafür gegeben, um einen Stimulus für das Leben zu schaffen, damit wir vollwertig leben, auf Meisterart. Und dafür *müssen wir aus dem ›Leben spielen‹-Spiel, das man für uns organisiert hat, heraustreten* und dieses Spiel nach unseren Meisterprinzipien ausrichten.

Aber was heißt das – »aus dem ›Leben spielen‹- Spiel heraustreten?« Ganz einfach, es heißt genau das – *zu sterben*. **Aber zu sterben nur in unserem Sozium-Ego, in unserer Puppe, das heißt sterben vor unserem physischen Tod ...**

Sergej Lazarev sagte in diesem Zusammenhang: »*Um das Göttliche zu erlangen, muss man für eine bestimmte Zeit das Menschliche verlieren*«; wir fügen hinzu: und mit seinem Verlust einverstanden sein.

»*Ein Mensch, der stirbt, bevor er stirbt, stirbt nicht, wenn er stirbt*«, sagte einst der Benediktinermönch Abraham a Santa Clara. Aber er hat nur wiederentdeckt, was lange vor ihm bekannt war.

Der heilige Text der Samurai »Das im Blatt Verborgene« kündet: »*Bushi-do – der Weg des Kriegers – bedeutet Tod. Wenn nur zwei Wege zur Auswahl stehen, wähle den, der zum Tod führt.*

Jeden Morgen denke daran, wie man sterben muss. Jeden Abend erfrische deinen Kopf mit Gedanken über den Tod. So soll es immer sein. Erziehe deinen Verstand. Wenn dein Denken sich immer um den Tod drehen wird, wird dein Lebensweg direkt und einfach sein.«

»*Alle, die am Leben hängen, sterben, und die, die keine Angst vor dem Tod haben, leben*«, sagte zu diesem Thema der schon legendäre Uesugi Kenshin (1530-1578), der auch noch die folgenden Zeilen hinterlassen hat:

Nicht mit Himmeln, nicht mit Höllen,
schrecken kann man mich durch nichts.
Im Mondschein steh ich

unerschütterlich –

und keine Wolke trübt mein Herz …

Und sogar noch lange vor ihm, im zweiten Jahrhundert vor unserer Zeitrechnung, entstanden Zeilen, die dann durch die Zeiten gingen:

> Leben ist für ihn
> wie Hingabe an den Schatten,
> Sterben ist für ihn
> wie Urlaub nehmen.

Chia Yi (200-168 v. Chr.)

Leider sind diese einfachen und harmonischen Wahrheiten, die dem Menschen erlauben, im Glück und Einklang mit ihrer Natur zu leben, in Vergessenheit geraten. *»Erst vor dem Antlitz des Todes wird das Selbst des Menschen geboren«*, sagte Augustinus in der Frühzeit des Christentums. Dagegen konstatiert unser Beinahezeitgenosse, der Franzose Luc de Vauvenargues (1715 – 1747) unfroh: *»Der Gedanke an den Tod führt uns in die Irre, denn er zwingt uns, dass wir zu leben vergessen.«*

In der Psychologie gibt es den Begriff »induzierte Angst«, das heißt, die Angst ist »nicht von mir geschaffen«, sondern »übertragen«. Das Prinzip ist einfach – alle fürchten sich, also fürchte ich mich auch. Die Angst vor dem Tod ist fast immer eine induzierte Angst. Wieder kommt das Sozium ins Spiel, mit der Botschaft: »Mach es wie ich«, und wieder verlieren wir uns in den uns aufgezwungenen Stereotypen der Wahrnehmung ... In Wirklichkeit ist der Tod nur der letzte Versuch, sich zu finden. Ein Versuch, Gott in sich zu finden, den Meister, die Möglichkeit der Erlangung von Lebensfreude durch ihn *nicht dank einer Sache neben uns, sondern ausschließlich »in uns«, im Faktum des Lebens selbst,* im Begreifen, dass die Quelle der Glückseligkeit, der unendlichen Freude in uns selbst verborgen ist. In uns, die wir uns dem ganzen Universum geöffnet haben.

Die Angst vor dem Tod ist immer Angst vor der Zukunft, das ist die Vorwegnahme des Schmerzes, das Nichtannehmen des bevorstehenden Leidens. Deshalb ist dieses Thema auch ganz natürlich mit dem des Hier und Jetzt verwoben, das wir schon mehrmals untersucht haben.

Sie wissen bereits, dass *eine der unfruchtbarsten und undankbarsten Stereotypen, die man dem Menschen eingeimpft hat, die Vorstellung ist, dass man die Freude am Leben, das Leben selbst erst verdienen muss, dass man seiner erst würdig werden muss.* Und der Mensch gibt sein Leben gehorsam hin, er opfert es (im Grunde tötet er es, weil er darauf verzichtet) zugunsten einer endlosen Vorbereitung darauf.

In Wahrheit braucht nicht das Leben eine Vorbereitung, sondern der Tod. Denn wenn wir nicht gelernt haben, das Leben total und bis zum Ende anzunehmen, ohne irgendwelche Bedingungen; wenn wir nicht vermochten, es in aller Vielfalt der Empfindungen zu leben, sondern es ständig nur abtöten durch unser Nichteinverständnis, so können wir ebenso wenig den Tod annehmen, und so werden wir auch ihn ängstlich abtöten. Wobei, bedenken Sie das, *nicht der Tod uns abtötet, sondern wir den Tod abtöten*. Und dann wird er tatsächlich das Ende von allem.

In Wirklichkeit *»stirbt unser Leben gar nicht, weil es sich erschöpft, sondern nur, weil es sich nicht findet«*, sagt Satprem. Es findet sich nicht in uns. Es wird müde, auf unser Wohlwollen ihm gegenüber zu warten und geht einfach – wie eine ungebetene Verliebte, wie eine abgewiesene Braut …

Wenn wir aber unser Einverständnis zum Leben gegeben haben, und zwar ehrlich und aufrichtig, *ohne irgendwelche Bedingungen zu stellen*, und es auf Meisterart gelebt haben, in Fülle und Freude, *dann können wir jetzt das Leben auch im Tod bewahren, und sogar nach dem Tod* – indem wir einfach durch ihn hindurchgehen, *den Tod* »mittendurch« durchleben, das heißt, ihn ebenso annehmend und akzeptierend. Dann wird der Tod nur zu einer *Bedingung für das Finden einer neuen Qualität der Existenz*.

Und darin besteht eines der wichtigsten Geheimnisse unseres Seins. Bereits Paulus schreibt im Korintherbrief: »Siehe, ich sage euch ein Geheimnis: Wir werden nicht alle entschlafen, aber wir werden alle verwandelt werden.« (1.Kor.15,51)

Davon spricht auch Laotse: »Die Geburt ist der Eingang. Der Tod ist der Ausgang.«

Und sogar die Brüder Strugatzki erklärten einst mit dem ihnen eigenen Humor: »Was ist schließlich und endlich der

Tod? Der Tod, werte Genossen, ist das interessanteste Abenteuer, das wir im Leben erfahren.«

Das Annehmen des Todes, das Einverständnis mit ihm – ist die Grundbedingung jedes geistigen Weges: des religiösen, des mystischen oder des auf fortgeschrittenen psychologischen Prinzipien beruhenden. Gerade das Verhältnis des Menschen zum Tod bestimmt das Niveau seiner spirituellen Entwicklung, die Qualität seiner Existenz und den Grad seines Glücklichseins. Jerzy Lec hatte recht: »Der Tod allein ist noch kein Beweis, dass du gelebt hast.«

Bestimmen wir deshalb für uns zwei Ebenen des Verständnisses vom Tod, oder sogar »*zwei Todesarten*«. Das ist der Tod im Puppenraum, in dem Raum, wo seine Synonyme heißen: der Verlust von allem, der vollständige Zerfall, das Ende des Spiels. Und das ist der Tod im Raum des Meisters, wo er nur *ein Symbol der Erneuerung, des Findens einer neuen Qualität, des Beginns eines neuen Spiels ist.* Versuchen Sie, diese nur äußerlich ähnlichen Begriffe nicht zu verwechseln.

Eigentlich »sterben« wir fast ständig, aus verschiedenen Anlässen und in unterschiedlichen Situationen. Denn der Tod ist immer ein Übergang, eine Vorbereitung auf eine neue Qualität, und würden wir uns nicht regelmäßig »sterbend« erneuern, könnten wir gar nicht leben.

So vollziehen sich in unserem Organismus Prozesse der permanenten Erneuerung des absterbenden Zellmaterials. Ohne diese wäre die Lebenszeit des Menschen sehr kurz.

Damit mein Blut nicht Zeit fand zu erkalten,
starb ich schon oft. Wie viele tote Körper
hab ich vom eignen Körper losgetrennt!

N. Zabolozkij

Unsere Atmung ist auch nichts anderes als ein Prozess des permanenten Sterbens und der Wiedergeburt. Jede Beendigung des Ausatmens ist ein Tod, das Einatmen ist neues Leben. Und umgekehrt. Das Einverständnis damit erlaubt es uns, den *ununterbrochenen* Prozess der Atmung zu schaffen, in dem unsere kleinen »Tode« nur ebenso kurze »Geburten« vollständig machen.

In uns stirbt eine riesige Menge von »hinfälligen« Persönlichkeiten, dieser »ehemaligen Ichs«, die wir noch vor einem Jahr waren, oder vor einem Monat, oder gar vor einem Augenblick:

Wir sind neu, machen wir uns bekannt,
und die, die wir früher waren,
sie hängen wie leere Kleidungsstücke
vom Fensterbrett herab.

Andrej Wosnessenskij

Aber dank dessen wächst auf unserem »Leichnam«, auf diesem »Nährhumus« etwas Neues. Das heißt – ein neuer pausenloser Wechsel von Tod und Leben.

Und letztendlich, wenn die vorhergehenden Beispiele Sie nicht inspiriert haben, können Sie sich an unsere »suizidale« Gewohnheit erinnern, in den Schlafzustand »*überzugehen*«.

Denn der Schlaf ist immer ein kleiner Tod. Viele werden sich wohl erinnern, dass sie in der Kindheit Angst vor dem Einschlafen hatten, weil sie auch damals schon spürten, dass wir dabei ein wenig »sterben«.

Vom Gesagten ausgehend können wir schon folgerichtig eine Brücke zum Begriff der meisterlichen Unsterblichkeit schlagen. Etwas später, auf der nächsten Ebene, werden wir uns ausgiebig mit der Aneignung des »Traumraums« beschäftigen, das heißt, wir sind uns jeden Augenblick unserer irdischen Existenz bewusst. Wenn wir uns unseren »schlafenden Zustand« bewusst machen, löschen wir gleichsam die Grenzen zwischen den beiden Räumen unserer Existenz.

Aber auf dieselbe Weise können wir uns auch den Übergang in den Raum des Todes voll bewusst machen, wobei wir den ganzheitlichen meisterlichen Blick auf das von uns inszenierte Spiel bewahren und die Empfindung seiner *Kontinuität. Das heißt, anfangs empfinden wir uns »im Schlaf« als Lachende* und machen damit den ersten Schritt zur realen Unsterblichkeit. Der nächste Schritt ist, *sich im Tod als Lachende zu erfahren.*

Kompliziert? Gar nicht. Im Gegenteil, spannend! Man muss nur bewusst und schrittweise an die Sache herangehen. Die Vorbereitung auf den Tod ist in vieler Hinsicht das, was wir schon täglich praktizieren. **Wenn Sie es geschafft haben, im Zustand der Kränkung, in der Empfindung von Schmerz, in jeder Problemsituation bewusst in Ihrer Puppe »zu sterben« und das Lachen in sich aufnehmen, Ihr Herz öffnen, haben Sie schon in einem gewissen**

Maß die Unsterblichkeit erreicht. Für diese destruktiven Situationen sind Sie jetzt durchaus real unsterblich, Sie sind jetzt unverwüstlich für Schmerz und Probleme, Sie sind gesund und unabhängig von ihnen.

Erweitern wir dieses Thema. Eben erst haben wir die Möglichkeit der Erhaltung des Meisterspiels nach dem Eintreten des Todes angekündigt. Und in dieser Behauptung ist nichts Besonderes oder Unwahrscheinliches. Aber davor muss man nicht nur lernen, sein irdisches Leben vollwertig und restlos zu leben, sondern im gleichen Maß – darin »nicht zu sterben« bzw. sich in einen Zombie zu verwandeln, einen »lebenden Leichnam«.

Die Rede ist von unserem katastrophalen Festhalten an allem, was wir Leben nennen, und vor allem von unseren Wünschen. Uns wurde angeboten, das Leben ausdrücklich **zu durchleben**, aber auf keinen Fall uns daran oder an seine »Bestandteile« zu hängen.

Der Mensch, der sich als Meister erkennt, sprich als Gott, *genügt sich immer selbst*. Er befindet sich ununterbrochen im Raum des Überflusses und Glücks, er verbindet diese Begriffe nicht mit etwas *außerhalb seiner,* mit Dingen, die nur Elemente seines Spiel sind. Aber wenn er sich dennoch abhängig macht von etwas Äußerem – von Wünschen (genauer: von dem, was man sich von der Verwirklichung der Wünsche erwartet), oder gar von der Anwesenheit des Lebens selbst (das heißt davon, wodurch es für ihn verkörpert ist – durch Gesundheit, Achtung oder Geld), so tötet er seine Existenz augenblicklich ab, weil er auf seine Selbstgenügsamkeit und Göttlichkeit verzichtet hat.

Denken Sie immer und überall daran: **Alles, was Sie tun, alles, was Sie in sich oder außerhalb finden können, darf nur ein Mittel im Lebensspiel sein, aber auf keinen Fall das Ziel.** Andernfalls, wir unterstreichen es nochmals, *wenn Sie sich etwas zum Ziel gemacht haben und sich davon abhängig gemacht haben, streichen Sie die Tatsache Ihrer Vollkommenheit und töten Gott in sich.*

Außerdem ist ein Ziel immer ein Festhalten, das heißt – ein Streben nach einem Halt, sprich: nach dem Tod. Das heißt, das Setzen eines Ziels führt unausweichlich zu dem Bestreben, es zu erreichen, durch die Realisierung eines Erfolg verheißenden Programms. Und das Streben nach seiner *endgültigen* Verwirklichung ist immer ein Streben nach dem Tod. Ebenso wie das Streben nach *ewiger* Liebe, einer *unerschütterlichen* Ehe, was ebenso unausweichlich zum Sterben derselben und zum Stillstand der Energie führt, die sich darin verbirgt. Deshalb ist ein »Sieger«, *der sein Ziel verwirklicht hat,* immer ein Verlierer, denn er hat es *erreicht*, folglich hat er in gewissem Maß begonnen zu sterben. Er mag sich das lange nicht bewusst machen, aber er wird es spüren.

Gerade deshalb wurde in den östlichen Kriegertraditionen das Thema des Todes so kultiviert. Der in den Zweikampf Tretende muss jedes Interesse am Ergebnis loslassen, es muss für ihn schon gestorben sein, ein Streben nach dem Sieg galt als Fehler.

Richtig war das Streben nach Bewegung, nach dem Spiel selbst, im Ideal, nach der *Bewegung der Energien*, der Verschmelzung mit ihnen, *der Teilnahme am Spiel der Elemente.* Deshalb gewann in einem vollkommenen Kampf immer der, der es schaffte, sich mit der Energie der Elemente zu verbinden, und sein Spiel ohne Interessen, aber mit hoher Qualität spielte.

Auch Sie können diese Samurai-Methode nutzen: Wenn Sie mit Krankheiten, Problemen konfrontiert werden, *sterben Sie einfach* für diese, das heißt, sterben Sie für das Ergebnis, für die Lösung, und erlangen Sie dadurch eine vollständige »Loslösung« von dem Ziel. Alle Ihre *Handlungen* können jetzt nur auf die Wechselwirkung konzentriert werden, auf das Spiel. Dann ist Ihnen der Erfolg sicher.

———

Wenn Sie sich aber dennoch in Abhängigkeit von Wünschen begeben haben, dann bedenken Sie: *Alle unsere Wünsche sind in die Zukunft gerichtet.* Alle! Und ein Versuch, in die Zukunft zu blicken oder sie »herbei zu ziehen«, *ist immer ein Nichtannehmen der Gegenwart, ihre Tötung.* Mit anderen Worten – eine Selbsttötung dessen, der Sie jetzt sind. *Und je mehr Wünsche Sie haben, desto nachdrücklicher und gnadenloser töten Sie sich, desto toter werden Sie.*

Sind Sie erschrocken? Dann lachen Sie! Wünsche sind immer durch unseren Verstand bedingt, und wir wissen, dass beim Lachen der Verstand zu dominieren aufhört. Jetzt erlaubt uns das, den Meister zu hören, zu empfinden und uns seinen Absichten zu unterwerfen, seinen *Meisterwünschen*, ohne uns an sie zu ketten, – einfach erlaubend, dass geschieht, was geschehen wird, und **das Geschehen zu genießen.**

Wenn wir also – und das ist sehr wichtig! – **den Tod ablehnen, ihn fürchten und nicht mit ihm einverstanden sind, hängen wir uns damit an das Leben, an die Wünsche, und verlieren im Ergebnis das eine wie das andere, das heißt, wir töten uns ganz real ab. Gerade wenn wir den Tod fliehen, schaffen wir ihn in unserem Leben.**

Scheuen wir uns nicht, noch einmal »wiederzukäuen«: Die Fixierung auf das Leben ist ein Versuch, etwas nicht in sich zu finden, sondern außerhalb von sich, was unausweichlich Abhängigkeit erzeugt, quälende Erwartungen und Wünsche. Wenn Sie deshalb dieses »Etwas« noch gar nicht gefunden haben, werden Sie es sogleich verloren haben, denn jeder Versuch, einen Wunsch zu verwirklichen, ist ein Versuch, die Zukunft vorwegzunehmen, das heißt, ein Verzicht auf die Gegenwart, sprich, auf das Leben selbst, denn dieses besteht nur aus der Gegenwart.

Wozu nach etwas suchen, was Sie schon haben? Wozu nach dem Leben suchen? Man muss es leben, man muss es spielen. Aber **sobald Sie das Spiel selbst durch seine Suche ersetzen, sind Sie schon gestorben.** Sie sind nicht im Hier und Jetzt, und folglich gar nicht da. »*Der Verstand, der sucht, findet niemals. Er versteht sich nur auf das Suchen. Wo wird er dann das ewige Leben finden?*«, fragt Vernon Wolfe.

Das heißt, **in den Momenten, wo Sie sich weigern, im Hier und Jetzt zu leben, und sich in Ihre Zukunft »verdrücken«, sterben Sie fast ununterbrochen.** Sie haben schon eine riesige Erfahrung im Sterben – und jetzt haben Sie immer noch Angst vor dem Tod? **Sie sind doch bereits ein Profi im Sterben!**

Vielleicht haben Sie ja Angst vor dem Schmerz, der dabei auftritt? Und wieder – er taucht nur auf, wenn Sie sich in die Vergangenheit versenken »zum Vergleich der Empfindungen« oder in Ihren Ängsten in die Zukunft fliehen, was dasselbe ist. Es zeigt sich, dass *der Schmerz nur eine Funktion des Todes ist, er kann nur bei jemandem entstehen, der schon tot ist. Tot für das Hier und Jetzt. Tot für die Empfindung des Gegenwärtigen.* Und solange Sie richtig lebendig sind, das heißt, total in Ihren Empfindungen anwesend sind, ohne sie zu bewerten, gibt es keinen Schmerz. Sie kennen das schon. Der Schmerz ist Widerstand gegen die Empfindungen. Der Tod ist Widerstand gegen das Leben.

Daraus folgt ein interessanter, aber durchaus gesetzmäßiger Schluss: Wenn *der erlebte Schmerz für uns als Schmerz verschwindet, so verschwindet auch der erlebte, ohne Einwände von uns angenommene Tod für uns als Tod.*

Hier kehren wir dahin zurück, wo wir in dieses Thema eingestiegen sind.

Wir haben einen großen Schatz, einen einzigartigen, meisterlichen Luxus – das irdische menschliche Leben. Man kann natürlich seine ganze Energie darauf richten, sich dieses mit allen Mitteln der Kunst zu nehmen, indem man seine Existenz mit leeren Wünschen, mit illusorischen Ängsten und mit endlosen Erwartungen vergiftet.

Man kann sich quälen mit den tierischen Ängsten seines physischen Wesens vor seinem unausweichlichen Tod oder mit der manischen Angst des Puppenegos, sich selbst zu verlieren. Um dann betroffen festzustellen, wie sich unser

Sein langsam in das verwandelt, was Faina Ranewskaja sehr genau (wenn auch etwas naturalistisch) beschrieben hat: »*Das Leben ist nur ein in die Länge gezogener Sprung aus dem Unterleib ins Grab.*«

Oder wie George Orwell gesagt hat: »*Das Leben (ist) eine tödliche Krankheit, die auf sexuellem Weg übertragen wird …*«, und »*die einzige Erleichterung, die es bieten kann, (ist) die Erleichterung des Magens.*«

Um dann an sich selbst zu leiden und immer böser zu werden darüber, dass das Leben nur ein »Anstellen zum Sterben« ist und keinen Sinn hat … Und um dabei alle, die in unserem Umkreis leben, ebenso unglücklich zu machen; alle, die wir mit aller Kraft »lieben«, und zwar so sehr wie auch unser eigenes Leben, denn sie sind zweifellos ein Teil von diesem … Um ihnen dann sorgend unsere »unschätzbare« Lebenserfahrung mitzugeben: »*Meine Lieben, das Leben ist schädlich, daran stirbt man. Und zwar jeder …*«, und sie »mitleidig« damit zu beruhigen: »*Das Leben ist so kurz – haltet noch ein bisschen durch …*«

Aber es geht auch anders. Man kann zum Beispiel den unvergesslichen Kozma Prutkow zitieren, nach dessen Meinung »*der Tod an das Ende des Lebens gesetzt wurde, damit man sich besser auf ihn vorbereiten kann.*« **Und sich auf den Tod vorbereiten, das heißt, ununterbrochen die Qualität seines Lebens durch sein grenzenloses Annehmen zu erhöhen. Denn der Tod lässt nur diejenigen sanft durch sich hindurch, die das größte Geheimnis des Lebens erfahren haben – seine Freude. Die durch nichts bedingte Freude am Leben selbst.**

Und vor dem Tod muss man keine Angst haben, im Gegenteil – man kann in ihm einen Helfer sehen, der stets in der Nähe ist, der uns unermüdlich daran erinnert, dass wir **schleunigst leben sollen! Und mehr leben sollen!** Man muss sich ununterbrochen fragen: *»Hab ich das nicht vergessen? Denkst du noch an den Tod?«* Genauso, wie einst Seraphim Sarnowskij gefragt hat: *»O Gott, wie soll ich sterben?«*

Und in voller Bereitschaft und absoluter Sicherheit sollte man sich die Antwort geben: *»Lachend! Lachend den Tod annehmend, und sich mit der Vibration des Lachens verbindend. Und nicht sich darin auflösend, sondern den Tod in sich auflösend.«*

Und darüber, wie man das macht, das heißt, wie man den Tod belebt und wo man die Kraft findet, das Leben nicht abzutöten, sondern im Gegenteil es wirklich zu einem Abenteuer von Überfluss und Freude zu machen, davon sprechen wir in den nächsten Büchern. Sie werden in vieler Hinsicht diesem großen und interessanten Thema gewidmet sein.

Empfehlungen zur Herstellung
des Zustandes

Als Hausaufgabe möchte ich Ihnen die folgende »tödliche« Übung aufgeben.

Praktizieren Sie das Erleben des Todes Ihrer *falschen Persönlichkeit,* Ihres *Egos,* dessen, was Sie stolz Ihr »Ich« nennen. Das heißt, wir schlagen Ihnen vor, Ihre Kommunikation mit Ihrer Umgebung wie auch mit sich selbst möglichst so zu gestalten, dass Sie vollständig auf die Verwendung des Fürworts »ich« und alle seine Ableitungen wie »mir«, »mich«, »mein« und »meine« verzichten.

Die Aufgabe ist zweideutig: Anfangs erscheint sie lächerlich, und dann so gut wie nicht durchführbar. Sie wird für Sie eine Art Test für die Überprüfung der Qualität der von Ihnen erworbenen Zustände.

Es gibt dabei nur eine reale Schwierigkeit – die Weigerung Ihres »Ich«, Ihrer »Puppe«, von seiner Persönlichkeitsbedeutung zu lassen, das heißt, die Weigerung und die Angst, *in sich zu sterben.* Üben Sie sich daher in aller Konsequenz in diesem Spiel. Spielen Sie mit Vergnügen, und das Sterben wird Ihnen geschenkt sein. Damit Sie lernen, nicht zu sterben.

ZUSTAND ZWÖLF –
vorläufig abschließend

Und immer stärker die Verlockung,
dem Betrug mit Vertrauen zu begegnen,
den Hunden in die Augen zu sehen
und sich an Bäume zu schmiegen.
Abschied nehmen wie im Spiel,
vom Start weg, von der Wende
und, wenn vollendet, verabschieden,
und jemandem verzeihen.
... Sich auf ein Nichts besinnen,
um hinter der Mauer
nicht Schatten zu werfen doch Licht,
das nicht von mir verdunkelt ist.

Bella Achmadulina

Es gibt, und ihr habt es, Genossen, so einen ungesunden, will sagen,
Skeptizismus. Ich würde sagen, so ein Misstrauen gegen die Kräfte der Na-
tur, gegen die menschlichen Möglichkeiten. Und wo ist es jetzt, Ihr Miss-
trauen? Geplatzt! Es ist geplatzt, Genossen, vor den Augen der breiten Öf-
fentlichkeit, und es hat mich und die Genossen von der Presse bespritzt ...

Arkadij und Boris Strugatzkij,

»Der Montag beginnt am Samstag«.

Machen wir noch eine weitere, und wohl die letzte, »lyrische Abschweifung«. Tatsächlich, allein mit den Lachenden Zauberern ist es nicht getan ... Es gibt in der Welt noch viele interessante Erfindungen, Begriffe und Wörter – »Tili-Mili-Trjamdia« zum Beispiel: Das ist dort, wo man sich mit »Trjam« begrüßt und auf dem Kopf geht; oder sagen wir den Zen-Buddhismus ... Über den wollen wir ein wenig sprechen.

Im Zen-Buddhismus gibt es eine Praktik – das Erreichen extrem transformierender Zustände mittels der Lösung eines Koans, einer auf besondere Weise formulierten Aufgabe. Dabei ist in einigen Schulen gerade die Suche nach der Lösung des Koans die hauptsächliche, wenn nicht die einzige Technik zur Gewinnung der Erleuchtung.

Man könnte fragen, woher die »Erleuchtung« kommen soll? Eine Aufgabe gelöst, noch eine, und dann? Wir haben doch schon mehr Worträtsel in unserem Leben geknackt und sind doch die Alten geblieben. Aber genau das ist der Unterschied zwischen einer raffinierten Denkaufgabe und einem Koan. **Ein Koan ist ein bewusst unlösbares Rätsel.** Und wirklich, wie zum Beispiel kann man das berühmte »Klatschen mit einer Hand« hören? Oder wie soll man auf die Frage antworten: »Warum hat Bodhidharma keine Haare?« – Wenn dem Schüler »zur Unterstützung« ein Portrait dieses bis zum Gehtnichtmehr zugewachsenen Zen-Patriarchen vor die Nase gehalten wird?

Zur Antwort vorzudringen, indem man die gewöhnliche Betrachtung der Welt benützt und die üblichen logischen Techniken der Lösungsfindung, ist nicht möglich. **Und**

doch hat jedes Koan eine Lösung! Die Lösung ist so ungewöhnlich, dass man *sich zu ihrem Finden von allen gewohnten Normen und Regeln des Denkens und der Existenz im Ganzen lösen muss. Der Schüler muss buchstäblich über seine Grenzen »springen«, was ihn übermenschliche Anstrengung kostet.* Manchmal dauert die Lösung eines Koans mehrere Monate oder Jahre. Von Zeit zu Zeit kommt der Schüler dann zum Meister und präsentiert ihm, was er für die Antwort hält. Im besten Fall dreht sich der Meister einfach weg, häufig schlägt er den Schüler mit dem Stock, um ihm zu zeigen, dass dieser es »*nicht erreicht*« hat. Im Zustand einer immer mehr wachsenden Anspannung, beim Sortieren aller möglichen Lösungsvarianten und unter dem ununterbrochenen Druck der mentalen Stereotypen, kommt der Schüler allmählich in vollständige Verzweiflung, weil er versteht, dass er in den üblichen Rahmen keine Lösung finden kann. Aber der Meister fordert eine Antwort! Und der Schüler selbst weiß, dass es sie gibt – denn darauf ist die jahrhundertealte Schule des Zen gebaut – es muss sie geben!

Und hier beginnt eigentlich erst die innere Arbeit, die zu einer wahrhaften Transformation führt. In völliger Verzweiflung »zerreißt sich« der Schüler »in Stücke«, wobei er sämtliche Dogmen, Regeln und Lehren mit Füßen tritt – alles, was bis zu diesem Moment seine Orientierung war. Alles, was seinen *Bewusstseinspunkt* in Unbeweglichkeit gehalten hatte, denn er fühlt, dass in der Welt, welche er von diesem Punkt aus wahrnimmt, keine Antwort liegt. Aber es gibt eine Antwort!

Weil er das weiß, unternimmt er eine phantastische, aber einzig mögliche unbewusste Anstrengung – *er erweitert die Grenzen seiner subjektiven Welt, oder er zerstört sie sogar ganz durch Verschiebung seines Bewusstseinspunktes.*

Und, o Wunder, die Antwort ist gefunden. Aber das hat jetzt keine Bedeutung mehr, *denn der wahre Sinn der Arbeit war nicht das Finden der Antwort auf das Koan, sondern der Prozess der Suche selbst.* Und die Welt rundherum verändert sich auf die wundersamste Weise, weil sich das Bewusstsein verändert hat – das Bewusstsein, das sie wahrnimmt, hat sich grenzenlos erweitert.

Und jetzt ergibt es keinen Sinn, im dreidimensionalen Labyrinth der früheren Probleme herumzuirren, die vollzogene Anstrengung hat es erlaubt, das Bewusstsein in eine neue Dimension zu heben und dieses Labyrinth von oben zu sehen, wie das Schema einer Landkarte. (Erinnert Sie das nicht an Dinge, die Sie hier gelesen haben?)

In der Schule des Zen bekommt man zur Zerstörung der inneren Barrieren ziemlich künstliche Aufgaben, die sogar abstrakt sind. Denn ein Koan ist nur ein Modell der Probleme, mit denen jeder Mensch zu tun hat.

Aber man muss überhaupt nicht ins Kloster fliehen und Schüler werden, um sich mit dem wunderbaren Zen zu beschäftigen. Wir stoßen in unserer Welt auch so auf eine endlose Zahl von Aufgaben. Einige können wir sogar lösen. Aber die fehlende Unterrichtung in einem intensiven Leben, die Unkenntnis oder der fehlende Wunsch (denken Sie an die Komfortzone), sein ganzes schöpferisches Meisterpotenzial im notwendigen Moment zu mobilisieren, führt dazu, dass der Mensch eine reale Lösung durch ein Surrogat ersetzt. Er denkt sich sogar eine Losung aus, die zum Beispiel heißen könnte: »*Meine Art, Hindernisse zu überwinden, besteht darin, sie zu umgehen.*«

Aber früher oder später steht vor jedem Menschen ein Problem, vor dem er sich nicht drücken kann. Und er ist dann vielleicht nicht imstande, es zu lösen. Wobei die Aufgabe nicht so abstrakt wie ein Koan ist, von seiner Lösung jedoch manchmal das Leben abhängt, vielleicht nicht nur sein eigenes, sondern auch das ihm nahestehender Menschen.

Letztlich muss praktisch jeder vor einem solchen »Stein des Anstoßes« anhalten, der ihm den Weg versperrt. Und es hat keinen Sinn, die Größe dieser »Steine« zu vergleichen – jeder von uns hat seine eigenen Grenzen psychischer Anpassungsfähigkeit. Wichtig ist eins – *das ist alles genau das Koan*, das **Sie selbst** in Ihrem Leben entworfen haben, womit Sie seine »Etappenhaftigkeit« festgelegt und die Notwendigkeit bestimmter qualitativer Veränderungen in Ihrer Weltanschauung und Ihrem Bewusstsein aufgezeigt haben.

Wenn Sie in einer solchen Situation sind, haben Sie nur zwei Bewegungsrichtungen – entweder nach unten, also den völlig destruktiven Weg, bei dem Sie mit dem Problem nicht fertigwerden oder sich überhaupt weigern, es anzugehen. In diesem Fall folgt eine deutliche Verschlechterung des Lebensniveaus und manchmal auch nicht umkehrbare Veränderungen im Bewusstsein. Oder nach oben – Sie haben es geschafft! – mit den entsprechenden äußeren und inneren Veränderungen. **Aber auf dem alten Niveau zu bleiben ist nicht möglich.**

Diese Krisenphasen des Lebens sind schon lange bekannt und gut erforscht. Sehr präzise hat sie Alexander Wolkow das »persönliche Golgatha« genannt. Niemandem gelingt es, seinem »persönlichen Golgatha« im Lauf des Lebens zu entkommen. Je früher es eintritt, desto gnädiger ist das Schicksal mit einem Menschen (oder er selbst mit sich), weil er noch eine Reserve an Kräften für die folgende Regeneration hat. Wenn ihn eine solche Prüfung trifft, wenn sein Lebenspotenzial bereits zur Neige geht, ist er oft nicht mehr in der Lage, sich zu erholen.

Vielleicht hat der eine oder andere sein »Golgatha« schon hinter sich, und er kennt den Preis. Aber es ist auch nicht ausgeschlossen, dass gerade jemand von Ihnen mittendrin steckt … In dem Fall freue ich mich für Sie – *Sie sind genau da, wo Sie in dem Moment sein sollten.*

Wovon sprechen wir? Und was hat das Gesagte mit unserem System zu tun, mit uns überhaupt?

Sehr viel, meine Freunde, sehr viel.

Vor kurzem haben sich unsere Wege gekreuzt. Wir wissen, dass es hierfür unterschiedliche Gründe gab. Manch einen quälte vielleicht die Frage, die einst Gleb Gorbowskij gestellt hatte:

»Wer bin ich – ein Grashalm, der in den Himmel wächst, oder ein Regen, der in den Dreck fällt?«

Für jemand anderen ging es vielleicht darum, eine Lösung für seine Alltags- oder Finanzprobleme zu finden. Wir wissen nicht, was bei Ihnen jetzt herausgekommen ist …

Aber wir wissen bestimmt, dass Sie eine Chance bekommen haben, sich zu verändern. Unsere Begegnung, die Themen, die wir besprochen haben, und die Techniken, die wir Ihnen gegeben haben, waren Ihr Koan, *und nur Sie können einschätzen, wie erfolgreich Sie daraus hervorgegangen sind.* Vielleicht auch noch nicht jetzt, sondern erst nach einiger Zeit.

Denn der Meisterzustand bleibt bei Ihnen, und das LACHEN treibt weiter in Ihnen aus, denn Sie alle öffnen sich mehr und mehr der Welt, die Sie umgibt, und Sie werden eins mit ihr, und immer öfter freuen Sie sich am Leben und genießen es …

Wir sind uns dessen bewusst, dass das vollständige Annehmen der Ihnen übermittelten Grundbegriffe, ihr Keimen und Wachsen in Ihrem Inneren, keine einfache und momentane Sache ist. Wenn das endgültig geschieht, ist das auch Ihr Ende. **Am Ende werden neue Meister-Wesen stehen.**

Auch wenn das nicht sehr schnell eintritt, auch wenn Sie die neuen Qualitäten nur zaghaft berühren, **auch wenn alles von Ihnen hier Erworbene nur ein kleiner Tropfen in dem Gefäß ist, in dem Sie irgendwann doch Ihren Durst nach dem richtigen Leben stillen werden – egal, das ist toll, und unsere Begegnung war nicht umsonst.**

Freunde, wir haben zusammen einen zeitlich kurzen, aber zielstrebigen Weg genommen. Sehr reich an Inhalt und sehr anregend für Ihre schöpferische Selbstverwirklichung, für die Festigung des Glaubens an sich, für Ihre *Selbsterkenntnis.* Lassen Sie mich kurz zusammenfassen, vielleicht mit etwas voreingenommenem Blick, und die wichtigsten Etappen noch einmal streifen.

In der ersten Lektion **hatten wir die Frechheit zu erklären, dass wir Teil eines großen Ganzen sind, welcher auch selbst das Ganze ist. Dass wir Mit-Schöpfer sind,** weil die Qualität zu erschaffen in uns unvergänglich ist. **Dass wir in unserer Grundlage vollkommen sind,** dies nur ein wenig vergessen haben. Und dass der vollkommene Schöpfer in uns lebt, und wir ihn den Meister nennen. Diese beiden Behauptungen waren der Ausgangspunkt, und sie waren unsere Leuchttürme in den scheinbar schwierigen Situationen, wo die Logik des Geschehens und ein Ausweg aus einem Problem nicht zu sehen war. Aber jedes Mal fand sich ein Ausweg, denn er war identisch mit dem »Weg ins Problem«.

Der Meister ist die natürliche harmonische Grundlage, die unverwüstlich in uns lebt, nur wurde das von uns vergessen und in die Ecke gestellt wie eine alte Spielzeugpuppe mit Glasaugen. Aber wie sich herausstellte, war alles umgekehrt. Denn **wir** waren wie Puppen, die ihre meisterliche Kraft vergessen hatten, ihre Eigenschaft als Schöpfer.

Schon in der ersten Lektion machten wir einen noch unsicheren, aber grundlegenden Schritt in den Meisterzustand. Wir riskierten zum ersten Mal, der ursprünglichen Energie freien Lauf zu lassen, die bis dahin in uns ruhte und gebunden war durch unser Puppenwissen über uns selbst. Wir erlaubten uns, uns mit dieser Energie zu verbinden.

Und mit Staunen und Misstrauen beobachteten wir, wie diese scheinbar einfachen Handlungen zu wirken anfingen, unser Leben spürbar harmonisierten und uns halfen, anstehende Aufgaben zu lösen.

Wir lernten, uns von der Seite zu betrachten als groteske »Vogelscheuchen«, was uns half, all unsere unangenehmen Seiten auf unernste Weise zu sehen. Und erstmals konnten wir in einem »abstoßenden« Problem unseren Anteil erkennen, unseren energetischen Beitrag, und wir erlaubten uns, uns damit zu verbinden und ihm die Freiheit zu geben und für uns selbst Lebenskraft zu schöpfen.

Nach kindlicher Gewohnheit an Wunder glaubend versuchten wir fast instinktiv anfangs die erhaltenen Resultate mit etwas zu verbinden, was uns noch nicht ganz verständlich schien, – mit lustigen Bildern und interessanten Spielen, an denen wir gerne teilnahmen. Wobei wir uns jedoch um die uns immer nachdrücklicher angebotenen Systemerklärungen herumdrückten. Das Gleiche galt für die bereits in der ersten Lektion gehörte Konzeption, die dem Ganzen zugrunde liegt, wobei wir nebelhaft eine von diesem Wissen ausgehende Bedrohung für uns fühlten – bzw. für uns als alte »Puppengestalten«. Wir spürten, dass, wenn wir ernsthaft das Gehörte annehmen würden, etwas geschehen würde mit uns. Brauchten wir das denn? Es ginge doch auch einfacher: Problem gelöst, und weiter wie bisher. Bis zum nächsten Mal.

Wir haben Begriffe wie »Nichtentsprechung«, »Rückkehr in die Kindheit«, »Tag der Nichtentsprechung« angenommen, aber mit etwas Mühe. Doch eigentlich ist es nicht so kompliziert, sich eine Narrenkappe aufzusetzen und ein paar Stunden in einem geschlossenen Raum damit herumzuwichteln. Ganz anders ist es, sein ganzes Leben nach diesem Narrenschlüssel umzubauen. Aber probieren kann man es immerhin, einfach so, aus Langeweile, denn wir hatten auch einmal Sehnsucht nach starken Gefühlen …

Und dann – das Innere Lachen … Ja, das geht freilich schon über die Norm hinaus, allein für sich zu lachen. Da muss schon etwas sehr weh tun, wenn man sich so etwas erlauben soll. Und dann – eine Lawine von Ergebnissen. Etwas im Inneren fängt an, mit einem fürchterlichen Krachen in Bewegung zu kommen. Und dann haben Sie sich immer mehr eingelesen und versucht zu begreifen, was eigentlich vor sich geht. Und plötzlich trauten Sie sich ernsthaft zu fragen: Wer weiß? Ich bin ja so klein. Aber Mit-Schöpfer? Bin ich das wirklich?

Das ist der Wendepunkt im System. Hier kommt es zu einer bestimmten Selektion. Bei einigen von Ihnen beginnt die Komfortzone aus dem Unterbewusstsein eindeutige Signale zu schicken: »Das ist gefährlich … Gefährlich … Du wirst nicht der Alte bleiben …«, und das Bewusstsein wird aktiv, und der Kandidat kann sich »retten«. Durch seinen alten Fluchtreflex …

»Jemand sagte mir, dass dieser Weg mich zum Ozean des Todes führt, und da kehrte ich auf halbem Weg um …« Ich weiß nicht, von wem das stammt, aber es ist treffend.

Hier beginnt der kleine Keim sich den Weg zu bahnen und zu sprießen – aus dem Samen, den wir in der ersten Lektion gesät haben. Wir sind Schöpfer, und die Welt ist eins … Hundert Mal gehört, aber wenn man sich nur ein Mal erlaubt, das anzunehmen, es in sich zu empfinden, fängt man an, es nicht nur mit dem Kopf zu verstehen, sondern auch mit einer anderen Stelle … Nein, nicht, was Sie dachten, wobei, bei jedem mag es anders sein, aber ich meinte das Rückenmark mit seinem uralten Bewusstsein …

Als Nächstes stellte sich heraus, dass man das alles auch machen muss. Man muss das üben, man muss lachen, man muss sein Herz öffnen und sich freuen, wenn man mit einem Problem schwanger geht, man muss die Zeit mit dem Raum verknüpfen, und man muss auf alles ein großes Ich malen. Das ist ja ganz nett, wenn das ein lieber Mensch oder eine Birke ist, aber mit einem dreckigen Penner oder einer Kippe in der Pfütze? Habe ich das etwa auch aus mir heraus geschaffen? Es ist nicht einfach, ein Zauberer zu sein …

Wenn man aber, die einfachen Techniken anwendend, drauf los spielt und aktiv wird, ist es gar nicht so schwer, und vor allem – höchst interessant und spannend. *Und plötzlich ertappt man sich dabei, dass das Leben, das sonst so gewöhnlich ist, sich wirklich ein wenig in ein spannendes Abenteuer verwandelt.*

Und man blickt schon leicht herablassend auf die, die einfach nicht begreifen, warum ausgerechnet sie der Erfolg im Stich lässt, weil man versteht, dass sie sich in einem bestimmten Sinn selbst betrügen, und sich andererseits bedauern. Sie sitzen einer Illusion auf, das heißt dem Anschein, dass in ihrem Leben etwas Neues entsteht, bleiben aber zitternd in den alten Grenzen in der berühmt-berüchtigten Komfortzone.

Es kommt das Verständnis, dass man Sie bei der »Verteilung der Zauberstäbe« wirklich nicht übergangen hat, wie es vielleicht am Anfang schien, aber suchen müssen Sie den Zauberstab nicht unter dem Haufen der Weihnachtsgeschenke, sondern in sich, und aus Ihnen ist er gemacht, und er sieht aus wie Sie.

Und plötzlich bemerken Sie, dass Sie das Angebot für einen besseren Job, die Rückgabe einer alten Schuld, die zufällige Begegnung mit einem alten Bekannten wie etwas Unvermeidliches wahrnehmen. Sie merken, dass in Ihrem Umfeld immer mehr lächelnde Menschen und immer weniger mürrische Gesichter auftauchen; immer mehr Anlässe zum Lachen und immer weniger das Gegenteil. »Es gibt keinen Anlass, nicht zu lachen …«, stellen Sie mit Staunen fest.

Und die Welt verwandelt sich auf seltsame Weise. Alle die gut bekannten Straßen ziehen Sie plötzlich durch etwas Neues an, das Sie vorher nicht bemerkt haben, und auch die Sonne geht anders auf als früher … Sie fühlen, dass in all dem das Alte weniger wird und von mehr Neuem abgelöst wird. Und Sie verstehen, dass weniger ernste Gedanken und Analysen da sind und immer mehr Empfindungen und Freude.

Und immer mutiger gehen Sie diesem neuen Zustand entgegen – der ununterbrochenen Freude des Seins, der Freude der Teilhabe an der ganzen Welt, und mit weit geöffneten Armen öffnen Sie sich ganz, öffnen Sie Ihr Herz, verschmelzen Sie mit dem, mit dem Sie niemals aufgehört haben eins zu sein, was Sie aber längst vergessen haben …

—

Auf dieser Etappe ist es sehr nützlich, sich die Frage zu stellen, die einmal von Igor Kalinauskas formuliert wurde, und zu versuchen, ehrlich darauf zu antworten:

»Lebe ich das Leben, oder lebt das Leben mich?«

Wer benützt wen? Haben Sie die gesuchte Freiheit gefunden? Von Krankheiten? Von Geldmangel? Von Stereotypen des Verhaltens? Von persönlichen Dramen? Überhaupt von Problemen?

Haben Sie den Überblick behalten bei all dem Neuen und Ungewohnten, womit wir Sie überschüttet haben? Ist in unseren vielen Erklärungen nicht die harmonische Schönheit und Einfachheit des Schemas der Beziehungen zwischen Mensch und Universum, zwischen Mensch und Gott untergegangen?

Versuchen wir, noch einmal kurz das zu formulieren, was unserer Schule zu Grunde liegt und letztlich ihre Konzeption geformt hat. Benennen wir flüchtig, was genau durch uns in diese Welt kam, was uns einen völlig neuen Zugang zu festgefahrenen Begriffen wie »Ganzheit«, »Ursache«, »Problem« mit allen Begleiterscheinungen erlaubt.

Also: In unserer Welt herrscht ein Gesetz – das Gesetz der Ganzheit und Einheit. Ursache jedes Problems ist eine Verletzung dieses Gesetzes. Ein Problem taucht in unserem Leben *immer* durch destruktive Empfindungen auf, deren Grundlage *Nichtakzeptanz* und *Ablehnung* ist. Jede Uneinigkeit (das heißt *Aufspaltung*) ist von unserem Verstand diktiert, konkreter von den Programmen, die ihm einmal implantiert wurden.

Dabei kommt es zu der üblichen Verlockung: »Aufklärungs- bzw. Erziehungsarbeit« mit dem Verstand durchzuführen, ihn auf »begangene Fehler« hinzuweisen und die Ursachen zu suchen, die sie hervorgerufen haben. Aber das Streben danach ist nur eine Provokation des Verstandes selbst, die auf seine **Selbsterhaltung** zielt. Deshalb beschäftigen wir uns niemals mit dem Verstand! Weder mit einer vorhergehenden Analyse, noch mit der Suche nach der *»karmischen Ursache des Problems«*. Wozu auch? Denn der Grund ist immer einer – der Verlust der Ganzheit und Einheit. **Im Rahmen unserer Schule schlagen wir immer vor, die ganze Arbeit nur über die Empfindungen zu machen.** Mentale Programme schließen sich dabei von selbst aus.

Der Sinn aller angebotenen Techniken (Inneres Lachen, Arbeit mit Bildern, Ich-Identifikationstechnik, die VRZ-Technik u.a.) sind eine Errungenschaft des Einverständnisses mit den erlebten Empfindungen, und *durch ihr Annehmen* – die Wiederherstellung der genannten Ganzheit und Einheit.

Über die Technik des Inneren Lachens möchte ich noch ein paar Worte verlieren. Sie ist vor relativ kurzer Zeit entstanden, und bezüglich ihrer Erlernbarkeit, Effektivität, Universalität und Zielstrebigkeit der Verbreitung hat sie sogar uns verblüfft – ihre Erfinder.

Hauptsächlich sehen wir darin ein verbindendes Prinzip, welches jeden Anwender zu einer realen Empfindung der Ganzheit in sich und der Einheit mit der ganzen Welt führt.

Sie wissen schon, dass das Vermögen, das Lachen in jeder zerstörerischen Situation zu bewahren, zu einer totalen

Gesundung der feinen geistigen Strukturen führt. Und die Fähigkeit, in Situationen des Erfolgs und der Freude zu lachen, schützt vor der Entstehung neuer Deformationen in diesen Strukturen, denn diese Fähigkeit erlaubt es nicht einmal, am Guten anzuhaften.

Das Lachen gibt uns sowohl das ganze Lebenspotenzial der irdischen als auch die kosmischen Energien zurück, und erlaubt es uns, vollwertig und in aller Fülle die eigene Existenz zu empfinden.

Im gegenwärtigen Moment wurden von uns noch längst nicht alle Möglichkeiten des Inneren Lachens entdeckt, sein Potenzial ist wahrhaft unerschöpflich. Vieles von dem, was wir heute über die Technik des Inneren Lachens sagen können, haben wir Ihnen vorenthalten. Noch wäre das verfrüht. Das sind Themen zukünftiger Begegnungen und Lektionen. Aber Sie haben die reale Möglichkeit, sich in einen gemeinsamen schöpferischen Prozess mit uns einzuschalten, wobei Sie sich mit den erzielten Ergebnissen bereichern und uns Unterstützung erweisen können bei der Erforschung des Spektrums der Anwendung des Lachens. Nur von Ihnen hängen die Grenzen Ihrer Möglichkeiten ab.

Wir möchten Sie jedoch an dieser Stelle vor einem möglichen und ziemlich verbreiteten Fehler warnen.

Bei der Entwicklung des Themas der letzten Lektionen *sind wir ziemlich gnadenlos mit dem tückischen Puppenmechanismus des Verstandes umgesprungen.* Und recht geschieht ihm! Viel zu lange hat er praktisch alles durch sich selbst ersetzt: die lebende Natur, lebendige Menschen, das lebendige Schöpfertum, den lebendigen Gott. Es tut gut, wenn man eine Zeitlang sein aufdringliches Gequassel ruhiggestellt hat, zu hören, wie schön die Stille klingt … Es ist so angenehm, die richtige Welt zu berühren, sich in ihr aufzulösen, wenn man für immer diese Welt der groben Formen verlassen hat …

Stopp! Hier ist … *noch eine Falle, ein Annullieren des Meisters, ein Nichtannehmen seines Spiels.* Spiele mit dem Verstand, Spiele mit groben Formen, mit physischen Formen, ja! – das gibt es alles, aber das ist ein Spiel des Meisters …

Sehen Sie sich um, was sehen Sie vor allem? Eine Welt von Gegenständen, viele geschaffen von Menschen. Das ist der verkörperte Verstand, das sind vergegenständlichte Gedanken, das sind unsere realisierten Vorstellungen von der lebenden Welt. Ja, das ist eine Barriere, eine Haut zwischen uns und der realen Welt, aber das ist auch eine riesige Schicht unserer Existenz. Es nehmen – und ablehnen? Das ist dumm. Und unmöglich. Wenn wir sagen, dass die Welt freundlich zu uns ist, dann sprechen wir auch von der mentalen Welt, und dann wollen wir im Gegenzug sagen – weg mit dir?

Tatsächlich haben wir auf einer bestimmten Etappe, als wir zum Meister vorstoßen wollten und die Stimme unserer Empfindungen, unserer Intuition hören wollten, den uns übermäßig gesprächigen Verstand vorübergehend zum Schweigen aufgefordert. Aber jetzt sagen wir zu ihm: »**Wir sind ein Wesen, du und ich …**«

Der Verstand, unser Vermögen, uns im dreidimensionalen Raum zu orientieren, ist der Schlüssel zur Welt der Materie. Und hinter vorgehaltener Hand sagen wir Ihnen, dass *Götter nicht direkt mit unserer dreidimensionalen Welt kommunizieren können.* Die Wahrnehmung ihrer Eigenschaften ist für sie verloren. Um die Welt der physischen Formen zu empfinden, müssen sie sich »vermenschlichen«, das heißt, sich von einem Großteil ihrer transzendenten und wunderbaren Fähigkeiten trennen, gerade von denen, von denen wir hier träumen, dass wir sie erwerben könnten. Andererseits – haben Sie noch nicht gespürt, wie sehr Ihr menschlicher Status sich vergrößert hat? Dabei sind wir doch daran gewöhnt, uns in allen Dingen zu erniedrigen, ohne auf den Gedanken zu kommen, dass wir etwas haben, was den Göttern unerreichbar ist – freilich nützen wir das leider nur wenig.

Seit Menschengedenken waren für den Kontakt mit den höchsten Kräften Vermittler nötig. Das sind Wesen, die mit einem Bein in der physischen Welt stehen und mit dem anderen in der Welt der feinstofflichen Energien.

Menschen, die in sich die beiden Varianten des Meisterspiels vereinigt haben. Ihrer waren jedoch immer sehr wenige.

Aber die Zeit bewegt sich jetzt zielstrebig, und vor unseren Augen werden die Seiten der kosmischen Epochen umgeblättert. Es wechseln die Äonen, es stürzen vermeintlich ewige und unerschütterliche Konstanten und Grenzen der Naturgesetze.

Jetzt hat jeder von Ihnen die reale Möglichkeit, in sich eine Qualität zu entdecken, die Ihnen immer gehört hat, Ihren meisterlichen Ursprung, kurzgeschlossen mit der mentalen Basis. Schon jetzt ist unsere Welt voller Menschen, die diesen Weg betreten haben, und das sind keine Einzelfälle mehr, und nicht nur Tausende. Das sind schon Hunderttausende, und sehr bald Millionen neuer Wesen. Es hängt nur von Ihnen ab, ob Sie sich ihnen anschließen wollen oder nicht.

Aber setzen Sie sich nicht gleich ein so hohes Ziel nach dem Motto: »*Ich will sein wie Buddha*«. Das wäre ein dummes Spiel. Seien Sie Sie selbst, freuen Sie sich des Lebens und verpassen Sie keinen seiner Augenblicke, lehnen Sie nichts in sich ab und nichts in Ihrer Umgebung.

Dem Mentalen sollte man nicht erlauben, seine spirituelle Basis zu unterdrücken. Aber auch die Spiritualität sollte man nicht zu einer Herabminderung und Verspottung des Mentalen benutzen. Sie können nicht ohne einander, *ihre Qualitäten ergänzen sich wechselseitig, sind jedoch nicht auswechselbar.*

Seien Sie ganz. Seien Sie eins. Seien Sie Meister.

Das technische Instrumentarium, das Sie in diesem Buch erhalten haben, und vor allem die Zustände und Empfindungen der Meisterqualität, die Ihnen für immer als Erinnerung an die erstaunlichen Möglichkeiten bleiben, die in Ihnen stecken, werden dabei helfen.

Und leben Sie, nicht nur lächelnd, sondern lachend! Lachend, wie ein Kind lacht, in dem freudigen Schock über den Überfluss an Empfindungen der sich ihm eröffnenden Welt; so wie Verliebte lachen, die sich an der Hand halten und im warmen Sommerregen tanzen; wie unser Schöpfer lacht, wenn er uns ansieht, uns Lachende,

und der seine Freude über die wiedergewonnene Einheit mit unserem Bewusstsein nicht verbirgt.

Unser Gebet, unsere Meditation sind das Dickicht des Lebens, das sind die menschlichen Beziehungen, das sind die Empfindungen des unvergänglichen Entzückens an der Begegnung im dreidimensionalen Raum. **Einer Begegnung unter vollständiger Bewusstheit des Geschehens.** Unter ununterbrochener Selbstempfindung als Meister, der seinen gleichwertigen Teil, den Menschen, beobachtet, und *in seinen irdischen Freuden lebt*. Und mit ebenso ununterbrochener Empfindung der göttlichen Meisternatur in sich, dem Menschen.

Das ist genau der *Zustand des Schwebens*, von dem wir in der ersten Lektion gesprochen haben. Wir haben nur darüber geschwiegen, dass dieser Begriff **so inhaltsreich** ist, dass die Lösung wichtiger Probleme nur ein kleiner Teil davon ist.

———

Danke für die Freude des Austausches mit Ihnen. Für die schöpferische Inspiration, die Sie ins Leben gegeben haben.

Wir lieben Sie. Lieben Sie sich auch selbst. Lieben Sie sich so, wie Sie sind. Und Sie sind wunderbar.

Der weise Laotse unterstützt uns dabei:

»... Die Schneegans muss sich nicht waschen, damit sie weiß ist«, sagt dieser unerschöpfliche Ratgeber, der Sie zusammen mit uns **auf Ihrem Weg segnet.**

Empfehlungen zur Herstellung
des Zustands

...Und sie kamen zu ihm, und als sie in der Menge um ihn standen, sagten sie:

»Wir lieben dich, Herr. Gib uns die Möglichkeit, unsere Liebe zu offenbaren ... Zu jeder Heldentat – körperlich oder geistig – sind wir bereit ...«

»Wahrhaftig?«, wunderte er sich. »Und habt ihr keine Angst, in den Abgrund zu stürzen?«

»In deinem Namen schreiten wir vereint ...«

»Und vor wilden Tieren habt ihr keine Angst?«

»In deinem Namen füttern wir die Tiere mit uns ...«

»Und werdet ihr ins Feuer gehen?«

»Wie ein Mann, Herr, in deinem Namen ... Prüfe uns, gib uns eine Aufgabe, die über unsere Kräfte geht ...«

»Nun gut«, murmelte er nachdenklich, aber mit Hoffnung im Blick, »dies wird eure Heldentat sein:

GEHT HIN ... UND SEID GLÜCKLICH ...«

Anstelle
eines Nachworts

... Und wie geht's weiter? Ist das schon das Ende oder folgt noch eine Fortsetzung? Nein, es folgt nur ein Anfang ... All das ist nur eine Einleitung, und das Märchen als solches liegt noch vor uns.

Das Märchen vom Wunder, das einst im Herzen der Menschen gezeugt wurde; das Märchen vom Traum, der schon in unseren Vorfahren lebte, dessen Zeit gekommen ist, wahr zu werden – das Märchen vom Narren.

... Das ist der Tribut an den inneren Ruf, der in jedem Herzen verborgen ist, es ist das erste, noch nicht deutliche Lallen des Kindes, das lange auf seine Geburt gewartet hat und erst jetzt anfängt, die Sprache zu erwerben, mit der es sich mit uns verständigen kann. Und diese Sprache ist das Lachen. Und der Name des Kindes ist Narr.

Eine besondere Beziehung zum Bild des Narren kann man in unseren Traditionen beobachten, in der Märchenfolklore, in unserem Bewusstsein selbst. Wir finden weder eine Herabsetzung noch eine Verspottung seiner, weder Nichtanerkennung noch Verurteilung. Im Gegenteil, es gibt einen verborgenen, gesunden Neid auf seine Freiheit und Unabhängigkeit, auf seine Beständigkeit aus Glück und Optimismus.

»Den Narren schützt der liebe Gott.« – »Für den Narren ist kein Gesetz geschrieben.« – »Gott gibt, der Narr nimmt.« – »Beim Narren kommt auch das Weinen als Lachen heraus.« – »Wer auch im Kummer lacht, dem glückt alles.« Wovon steckt mehr in diesen Sprüchen – von belehrendem Tadel oder von der Begeisterung über die »Unangreifbarkeit« des Narren durch Probleme und Missgeschicke? Uns ist klar, dass es wohl keine eindeutige Antwort geben wird. Jeder sieht nur, was für ihn selbst zutrifft. »Was man in den Becher schüttet, das trinkt man«, heißt es. Und Sie legen jetzt die Richtung Ihres weiteren Weges fest. Antworten Sie, wer Ihnen lieber ist – der gewöhnliche und bekannte Schlaukopf, der nur an fremdem Wissen reich ist, oder der ungewöhnliche und nicht vorhersehbare Narr, der nicht durch Worte und Gedanken, sondern durch Taten und intuitives Wissen wahrhaft weise ist? Aber irren Sie sich nicht in der Wahl. Sonst greifen Sie sich auf den Kopf, wenn es zu spät ist – denn der Narr ist ansteckend …

Wer ist er also, dieser ewig lachende Narr? Der nichts dafür gibt, woran sich gewöhnlich die Spießer klammern in ihrem Bemühen, ihre Würde, ihren Status und sich selbst zu bewahren? Der Narr pfeift auf Ehre und Ruhm, aber von ihm erzählen die Märchen und Sagen; er freut sich immer über Kleinigkeiten und wird von trockenem Brot satt. Aber aus irgendeinem Grund hat ausgerechnet er das Tischlein-deck-dich. Reichtum und Geld haben für ihn keine Bedeutung, aber wieder – nur er bekommt alle Schätze, und in der Regel ein halbes Königreich als Draufgabe. Er ist nicht darauf aus anzuschaffen, aber um ihn herum sind immer genug Helfer, die reichlich ihre Dienste anbieten. Alle Entscheidungen trifft er nicht mit Verstand und aus Berechnung, sondern nach Eingebung und einer inneren Anwandlung, und gerade sie erweisen sich dann als die einzig wahren und zum Erfolg führenden.

Eimer gehen bei ihm zu Fuß, Öfen fahren ohne Räder, Schiffe fliegen durch die Luft, Äxte schlagen selbst Holz – vielleicht ist er einfach ein Faulpelz? Aber warum dann können andere, offenbar keine Faulpelze, nicht Ähnliches erreichen? Vielleicht, weil Faulheit weniger äußeres Nichtstun ist als innere Starre und Unbeweglichkeit der Seele? So kann der Narr ohne sichtbare Geschäftigkeit sein Bewusstsein vom Thron stürzen und sich auf jede, auch die unwahrscheinlichste Situation einstellen. Während er spielt und offenbar Gefallen daran findet, und tut, was für seine Umgebung absolut unmöglich ist. Auf Narrenart macht er es, nicht auf Menschenart, er setzt sich Spott und Missfallen aus, aber am Ende erklingt beständig ein neidisch-bewunderndes: »*Die Dummen haben das Glück ...*«

Und es stellt sich heraus, dass die Qualitäten, die sich im Narren ausdrücken, uns immer irgendwie sympathisch und nahe sind; dass sie buchstäblich ursprünglich tief in uns angelegt sind, in unserer Kultur, in unserem Weltbild.

Es ist interessant, dass der Narr, der ein geläufiger Held ist und im europäischen Märchen häufig vorkommt, nur bei uns eine wahrhaft esoterische Tiefe erlangt.

Alexej Tolstoi versucht, das Märchen von dem italienischen hölzernen Bengel Pinocchio für den russischen Leser umzuschreiben, und was kommt dabei heraus? Genau dieser Narr, nur mit dem neuen Namen Buratino. Es gelingt ihm einfach nicht, »auf italienische Art« ein vorbildlicher Junge zu werden! Nein, er bleibt mit Freuden eine Holzpuppe, die sich vollständig als solche akzeptiert. Er freut sich des Lebens, treibt Schabernack, lacht, alles Unglück gleitet von ihm ab wie das Wasser von der Gans, und am Ende erhält er den Goldenen Schlüssel.

Das ist alles kein Zufall. Wenn Sie sich zum Lesen dieses Buches entschlossen haben, verstehen Sie zweifellos bereits, wozu wir neigen. Wenn Sie an sich die Wirkung des Inneren Lachens spüren können, wenn Sie von der Freiheit und Lebensfreude gekostet haben, die uns von ihm geschenkt wird, wenn Sie den Meisterzustand geschmeckt und den Meister in sich erkannt haben, haben Sie wohl längst und ohne ermüdende Beweise den Narren erkannt. »*Meister!...*«, entfuhr es Ihnen eines Tages. Und Sie haben sich nicht getäuscht.

Genau so. Der Narr – das ist auch der Meister. Das ist der spielende Meister. Das ist der immer freudige und ins Leben verliebte Meister, der lachende Meister. Der Narr ist das Lachen. Das Lachen des Meisters.

Wenn wir mit dem Begriff des »Narren« in Berührung kommen, erfahren wir ein gewaltiges Potenzial von Möglichkeiten, die sich vor uns auftun. Das ist nicht einfach die abschließende Ebene unserer Schule. Das ist ein großes und selbstständiges Gebilde – eine »Narrenschule«, mit all ihrer närrischen, aber seltsam harmonischen Architektonik und absolut absurden, aber umso lebensfroheren Logik. Es ist das, was noch nicht da war, weil kein erreichbares und einfaches Instrumentarium für die erforderliche Transformation vorhanden war. Der Kanal, an welchem man sich hätte entlang bewegen können, war gefühlsmäßig noch nicht erfassbar. Es fehlte die Orientierung für einen solchen Weg.

Aber jetzt wurde das möglich. Wir denken, dass das Erscheinen der Technik des Inneren Lachens selbst durch die Notwendigkeit hervorgerufen wurde, der schon lange in der Luft hängenden Idee einer »Narrenschule« eine Form zu geben. Und jetzt, anstelle endloser Überlegungen und Klugscheißereien über die Figur des Narren können wir Ihnen real anbieten, sich zu ihm auf den Weg zu machen, diese vergessene Qualität endlich zu entdecken und Ihrem Narren seinen rechtmäßigen göttlichen Status zurückzugeben.

Glauben Sie mir – das ist durchaus möglich, versuchen Sie es, es ist gar nicht schwer, und machen Sie es spielend, denn der Narr verspricht ein ununterbrochenes Abenteuer. Das ist unser weiter Weg, unser göttliches Spiel, das ist die Möglichkeit eines wahrhaften Erwachens und einer realen und nicht illusorischen Existenz.

Erinnern Sie sich, was genau wir in den letzten Lektionen besprochen haben; erinnern Sie sich an das Wesen der Begriffe Komfortzone und Beschreibung der Welt, die von der Lüge einer fremden Unterweisung entworfen wurden; erinnern Sie sich, dass wir nur das um uns herum aufnehmen können, wozu wir im Rahmen dieses »Wissens« die Erlaubnis bekommen haben, denken Sie daran und hören Sie auf das Folgende:

Alles, was du hörst, ist Lüge.
Alles, was du siehst, ist Lüge.
Alles, was du sprichst, ist Lüge.
Alles, was du weißt, ist Lüge.
Dich gibt es nicht. Du bist der Traum eines anderen.

Dich umgibt eine tote Welt,
gewebt aus der Lüge der anderen.
Das heißt – wenn du gegen das Wissen handelst,
erwachst du.
Weniger redend und mehr lachend –
offenbarst du dich in dieser Welt.

Spür sie – und du fängst an zu leben.
Beobachte sie, ohne Analyse – und du wirst erleuchtet.
Das Absurde ist dein Geist. Das Lachen deine Stimme.
Narr ist dein Name.
Wach auf, die lebende Welt wartet auf dich.

Am Anfang war das Wort, und das Wort war bei Gott, und das Wort war Narr.

Und was er mit ihm machen sollte, wusste Gott nicht. Denn in seiner Vollkommenheit vergaß er dessen Bedeutung. Etwas vor unsagbar langer Zeit Erlebtes, aber unendlich Anziehendes ...

Und Gott entschloss sich, sich zu erinnern. Und erdachte ein Spiel … Fünf Tage lang baute er ausgeklügelte Spielplätze. Und am sechsten Tag schuf er den Hauptspieler und gab ihm den Namen »Narr Adam«.

Und es ging der Narr in Gottes Reich – ein ausgemachter Narr. Was er tun sollte, er wusste es nicht. Da überkam Gott eine solche Sehnsucht, dass er Adam den Narren zu einem Baum führte und ihn mit dem Finger anstieß:

»Iss nicht von ihm«, sagte er zu ihm. »Sei keine Narr. Sonst verjag ich dich.«

»Wohin?«, fragte der Narr.

»Was heißt hier wohin …«, ärgerte sich Gott. »Mir wird schon was einfallen. Und du iss nicht davon.«

Und er versteckte sich. Und fing an zu warten. Und er wartete nicht lange. Denn der Narr wäre kein Narr gewesen, wenn er nicht begriffen hätte, worauf Gott wartete. Und so aß Adam der Narr den Apfel aus Achtung vor Gott.

Und da gab es keinen Narren mehr. Und Adam blieb als Waisenkind zurück …

Da wurde Gott böse und rieb sich die Hände über dem gelungenen Spielzug.

Und er verjagte Adam.

Und er rief ihm nach: »*Ohne Narren kommst du nicht zurück. Ich lasse dich nicht.*«

Und der Hexentanz kam in Fahrt.

Und das Spiel begann.

Unsere Leute

Sokrates ist unser Mann, weil er sagte: »Ich weiß, dass ich nichts weiß«.

Nils Bohr ist unser Mann, weil er erklärte: »Diese Theorie ist nicht verrückt genug, um wahr zu sein.«

Grigorij Gorin ist auch unser Mann, ihm gehört der Satz: »Ein kluges Gesicht ist noch kein Zeichen für Verstand. Die größten Fehler wurden gerade mit diesem Gesichtsausdruck begangen.«

Ekklesiast ist unser Mann – von ihm stammt der Satz: »Wer das Wissen vervielfacht, der vervielfacht den Kummer«.

Michail Schwanezkij ist einfach unser Mann und basta!

Jerzy Lec ist ohne Einschränkung unser Mann, denn er hat geschrieben: »Die Witzglocken entziehen Pawlows Hunden den Nutzen.«

Laotse ist unser Mann, nicht zufällig sagte er: »Die ausgesprochene Wahrheit ist eine Lüge.«

Michail Zadornow ist eisern unser Mann, denn aus seinem Munde stammt der Satz: »Ein belachtes Problem hört auf, ein Problem zu sein.«

Archimedes ist unser Mann – Sie glauben es nicht? Dann laufen Sie selbst nackt durch die Straßen und schreien: »Hurra!«

Norman Cousins ist natürlich unser Mann, denn ihm ist es gelungen, den Tod selbst auszulachen.

Hodscha Nasreddin ist unser Mann – braucht es Argumente?

Diogenes ist zweifellos unser Mann, denn er war Tag für Tag mit einer Lampe auf der Suche nach der Wahrheit unterwegs. Er hat sie übrigens nicht gefunden.

Grigorij Skoworoda ist unser Mann, auf seinem Grabstein steht: »Die Welt wollte mich angeln, hat mich aber nicht erwischt.«

Osho ist unser Gigantomann, er hat nicht nur einmal gesagt: »Lachen ist ebenso heilig wie ein Gebet.«

Jean-Baptiste Molière ist auch unser Mann, denn er sagte: »Schlagt mich lieber, aber lasst mich lachen.«

Albert Einstein ist eindeutig unser Mann, es genügt das Foto, wo er allen Klugscheißern die Zuge zeigt.

Wollen Sie in einer Reihe mit diesen Menschen stehen?

ÖFEN GIBT ES VIELE. NARREN NUR WENIGE.

Der Narrenkodex

1. SUCHET DEN NARREN, UND IHR WERDET IHN FINDEN.

2. DIE EVOLUTION GING VOM KLUGEN ZUM NARREN. DER KLUGE KANN IN SICH DEN NARREN ENTDECKEN. DER NARR WIRD NIEMALS BEREIT SEIN, WIEDER KLUG ZU WERDEN, DER »NARR« IST EINE SACKGASSE DER EVOLUTION.

3. DER NARR IST SO EINFACH, DASS MAN SICH WEIGERT, AN IHN ZU GLAUBEN.

4. »FÜR DEN NARREN IST KEIN GESETZ GESCHRIEBEN«, LACHT DER NARR, »ER IST DAZU VERURTEILT, FREI ZU SEIN.«

5. WENN EIN KLUGER, DER ZUM NARREN WIRD, ERWACHT, VERSCHWINDET DIE WELT. DANN ERFINDET DER NARR SIE LACHEND NEU.

6. DER VERSTAND IST EINE FALLE DES TEUFELS. DER NARR IST DER AUSWEG, VON GOTT GEGEBEN.

7. »DIE MEHRHEIT DER KLUGEN«, LACHT DER NARR, »STIRBT NOCH VOR IHRER GEBURT.«

8. DER NARR IST EIN WUNDERBARER SPIELER: ER SIEGT NIEMALS.

9. ABER DER NARR IST UNBESIEGBAR, WEIL ER NIEMALS KÄMPFT.

10. MISSERFOLGE VERFOLGEN ALLE, ABER DEM NARREN KOMMEN SIE NICHT HINTERHER.

11. »WARUM SOLL MAN SICH DER SÜNDE DES VERZAGENS HINGEBEN«, LACHT DER NARR, »WENN ES ANDERE SÜNDEN GIBT?«

12. DER NARR GEHT IMMER MIT OFFENEM MUND – DESHALB IST ER IMMER SATT.

13. »ERKENNE DICH«, LACHT DER NARR, »BEVOR DICH ANDERE ERKENNEN.«

14. DER NARR GLAUBT NICHT AN WUNDER. ER NÜTZT SIE.

15. »LIEBE DEN NARREN IN DEINEM NÄCHSTEN«, SCHLÄGT DER NARR VOR.

16. ALLE MENSCHEN KOMMEN VON GOTT, NUR DER NARR GEHT ZU IHM.

17. HAST DU ALLES GETAN, UM EIN NARR ZU WERDEN?

18. DER NARR KÄMPFT FÜR NICHTS. ER LEHNT EINFACH NICHTS AB.

19. LACHEN IST DER KÜRZESTE WEG VOM KLUGEN ZUM NARREN.

20. DER NARR SUCHT NIEMALS, DENN ER WEISS, WENN ER FINDET, DANN NUR SICH.

21. DER NARR IST IMMER IN DER NÄHE. WENN IHN DER KLUGE ENDLICH FINDET, MUSS ER DANACH LANGE LACHEN, WENN ER AN SEINE SUCHE DENKT.

22. WAS DER NARR ISST, DAS IST ER. UND ER ISST ALLES.

23. DER KLUGE KÄMPFT MIT DEM SATAN. DER NARR LACHT NUR, WENN ER SEINEN NAMEN HÖRT.

24. SUCHE DEN NARREN IN DEINEM HERZEN.

25. ALS NIETZSCHE SAGTE: »GOTT IST TOT!« – WAR ER ZU SCHNELL IM URTEIL. DENN DER NARR IST GEBLIEBEN.

26. DAS ENDE DER WELT KOMMT NICHT, SOLANGE ES ZUMINDEST EINEN NARREN GIBT.

27. NICHT DIE WELT HAT DEN NARREN ERSCHAFFEN, SONDERN DER NARR DIE WELT.

28. ZWINGE EINEN NARREN ZU GOTT ZU BETEN – UND DU HÖRST EIN GEWALTIGES LACHEN VON OBEN.

29. DER NARR IST IMMER VERLIEBT.

30. »WAS DU BESITZT, DAS BESITZT DICH«, LACHT DER NARR UND SCHAUT IN SEINE LEERE TASCHE. »WENN DU NICHTS BESITZT, DANN HAST DU ALLES«, FÄHRT ER FORT UND HOLT EIN BELEGTES BROT HERAUS.

31. »WIE VIEL MUSS MAN TUN, UM NICHT UNGLÜCKLICH ZU SEIN«, LACHT DER NARR, »UND WIE WENIG UM GLÜCKLICH ZU SEIN.«

32. »REICH WIRD NICHT DER, DER WEISS, WIE MAN REICH WIRD«, LACHT DER NARR, »SONDERN DER, DER NICHT WEISS, WIE MAN ARM IST.«

33. DIE TASCHE IST BEIM NARREN IMMER VOLL, WEIL SIE LÖCHRIG IST.

34. DER NARR BLINZELT – UND DIE WELT IST EINE ANDERE.

35. »EIN GUTER GOTT«, LACHT DER NARR, »IST EIN GOTT, ÜBER DEN MAN WITZE ERZÄHLT.«

36. GOTT SPIELT MIT DEM NARREN VERSTECKEN. DER NARR SUCHT NICHT, ABER FINDET STÄNDIG.

37. ALLES, WAS SICH EIN KLUGER VORSTELLEN KANN, KANN DER NARR MACHEN.

38. DER NARR KANN ALLES, ABER ER WILL NUR, WAS ER HAT.

39. »LERNE ZU WOLLEN, WAS DU HAST«, LACHT DER NARR, »UND DU WIRST ALLES HABEN, WAS DU WILLST.«

40. »DU BIST NICHT GLÜCKLICH, WEIL ALLES GUT IST«, PRUSTET DER NARR, »SONDERN ALLES IST GUT, WEIL DU GLÜCKLICH BIST.«

41. »IN DER WELT DER SCHLAFENDEN«, LACHT DER NARR, »IST DER KLUGE KÖNIG. ABER WER ERWACHT IST, BRAUCHT KEINEN KÖNIG.«

42. »WIE EIN BLINDER DEN SPIEGEL NICHT VERSTEHT«, FÜGT DER NARR HINZU, »SO DER SCHLAFENDE AUCH NICHT DEN NARREN.«

43. »WENN DIE LEUTE MIR RECHT GEBEN«, SAGT DER NARR LACHEND, »WILL ICH MICH IMMER ENTSCHULDIGEN.«

44. »WENN DU FEST AUF DEN BEINEN STEHST«, LACHT DER NARR, »VERGISS NICHT ZU KLÄREN, AUF WESSEN.«

45. »DER KODEX DES NARREN IST EIN SPIEGEL«, LACHT DER NARR, »WENN IHN EIN ESEL LIEST, DANN SIEHT ER EINEN.«

46. »JE LAUTER DAS LACHEN, DESTO NÄHER BEI GOTT«, LACHT DER NARR.

47. »FRAG MICH«, SAGT DER NARR, »UND ICH LÜGE.«

48. »KLUG SEIN IST DIE LÄCHERLICHSTE GEWOHNHEIT«, SAGT DER NARR.

49. »VIELE STELLEN SICH DUMM«, LACHT DER NARR, »ABER UNVERSTELLT NARR ZU SEIN – WAGEN NUR EINZELNE.«

50. »VERSUCH ES, LACH DOCH MIT EINEM KLUGEN GESICHT«, SCHLÄGT DER NARR VOR.

51. »TRITT VOR DEN SPIEGEL«, LACHT DER NARR, »UND DU ERBLICKST DIE WELT, IN DER DU LEBST.«

52. »WIRF DEN SPIEGEL WEG«, LACHT DER NARR, »VIELLEICHT ERBLICKST DU DICH?«

53. »HAST DU DICH IMMER IN DER HAND«, WUNDERT SICH DER NARR. »WIE HAT DARIN WAS PLATZ?«

54. »WILLST DU DIE SCHULDEN ZURÜCKZAHLEN«?, LACHT DER NARR. »FANG MIT DEM AN, WAS DU DIR SELBST SCHULDEST.«

55. »WENN ES IN DEINEM LEBEN WENIG GELD GIBT«, LACHT ER, »HEISST DAS, DASS IN DEINEM GELD WENIG LEBEN IST.«

56. »DAS LEBEN«, LACHT DER NARR, »IST EIN TAG, AN DEM MAN BEI SICH ZU GAST WAR.«

57. »DAS LACHEN IST EINE SCHÖNE METHODE EIN GE-SPRÄCH ZU FÜHREN«, SAGT DER NARR.

58. »NEBEN MIR KANN MAN NUR EINES LERNEN«, LACHT DER NARR. »VERGESSEN.«

59. »VERGESSEN«, LÄCHELT ER SCHLAU, »HEISST ERIN-NERN.«

60. EIN NARR STREITET NIEMALS. »MIT WEM SOLL ICH STREITEN?«, LACHT ER.

61. »BIST DU IN EINER SACKGASSE?«, LACHT DER NARR. »GUT SO, VON DORT AUS BIN ICH BESSER ZU SE-HEN.«

62. »WENN ETWAS FALSCH LÄUFT«, LACHT DER NARR, »HEISST DAS, DASS ALLES LÄUFT WIE ES LAUFEN SOLL.«

63. »DER KLUGE«, LACHT DER NARR, »DAS IST EINE KERZE FÜR DIE SCHLAFENDEN.«

64. »KOSTENLOSEN KÄSE GIBT ES NUR IN DER MAUSE-FALLE«, SAGT DER NARR WICHTIG, UND SCHNEI-DET SICH NOCH EIN STÜCK AB.

65. »VERLIEREN«, LACHT DER NARR, »HEISST FINDEN.«

66. »DAS LEBEN IST NICHT SO EINFACH, WIE DU DENKST«, LACHT DER NARR, »ES IST NOCH VIEL EINFACHER.«

67. DER NARR IST DER SCHLÜSSEL ZUR TÜR, HINTER DER NICHTS IST.

68. DER NARR IST DER SCHLÜSSEL ZUR TÜR, HINTER DER ALLES IST.

69. »ES IST NICHT WICHTIG, WAS DU TUST«, LACHT DER NARR, »WICHTIG IST, DASS DU ES TUST.«

70. »ABER TU NICHT«, FÜGT ER HINZU, »WAS DU LASSEN KÖNNTEST.«

71. »WILLST DU FREI SEIN?«, FRAGT DER NARR. »DANN VERGISS DIESES WORT.«

72. »LACHE UND VERNEIGE DICH ÖFTERS«, LACHT DER NARR. »SONST HALTEN SIE DICH FÜR EINEN KLUGEN.«

73. »LOBT MAN DICH?«, LÄCHELT DER NARR, »VERZEIH IHNEN.«

74. »WENN IHR MEIN LACHEN NICHT VERSTEHT«, LACHT DER NARR, »WIE VERSTEHT IHR DANN MEINE WORTE?«

75. »DAS GUTE?«, FRAGT DER NARR ERSTAUNT. »JA RICHTIG ... DAS MIT DEN FÄUSTEN ...« LACHT ER.

76. »JEDE SÜNDE«, LACHT DER NARR, »HAT EINEN GÖTTLICHEN BEIGESCHMACK.«

77. »DU BIST SEHR KLUG«, LACHT DER NARR, »DESHALB BIST DU DER ALTE GEBLIEBEN.«

78. »WIE VIEL VERSTAND BRAUCHT MAN, UM NICHT ALS NARR ZU ERSCHEINEN?«, ERGÄNZT ER MIT GELÄCHTER.

79. »DER MENSCH VERFOLGT EWIG DAS LEUCHTENDE WESEN, INDEM ER SICH VOR DEM SCHWARZEN WESEN RETTEN WILL«, SAGT DER NARR NIESEND. »SO EINEN STAUB HABEN DIE AUFGEWIRBELT, ALS SIE UM MICH HERUMRANNTEN ...«

80. »JE WENIGER MAN REDEN WILL, DESTO BESSER GELINGT ES, ETWAS ZU SAGEN«, LACHT DER NARR.

81. »NICHT WIR SIND DIE SKLAVEN, WIR SIND KEINE SKLAVEN ...«, KANN DER NARR SEIN LACHEN KAUM

ZURÜCKHALTEN. »UND WAS IST MIT DEM VER-
GNÜGEN?«

82. »DIE TÜCKISCHSTE KRANKHEIT IST DIE DIAGNO-
SE«, LACHT DER NARR. »ABER WENN DER MENSCH
WIRKLICH LEBEN WILL, IST DIE MEDIZIN MACHT-
LOS.«

83. »FÜLLT EUCH MIT WISSEN AUF, PUMPT ES EUCH
HINEIN«, LACHT DER NARR.*

84. »KENNST DU DEN WEG«, FRAGT DER NARR ER-
STAUNT. »UND DU HAST SOGAR EINE KARTE?«,
LACHT ER. »DIE MUSS GEZINKT SEIN.«

85. »WENN DU WIRKLICH WEISST, WOHIN DU GEHST,«
LACHT DER NARR, »WOZU WIRST DU DORT GE-
BRAUCHT?«

86. »VERSUCH ES«, SCHLÄGT DER NARR VOR. »EMPFIN-
DE DEINEN FALL WIE EINEN SPRUNG.«

87. »WENN DU DIE WAHRHEIT BERÜHRT HAST«,
LACHT DER NARR, »VERGISS NICHT, DIR DIE HÄN-
DE ZU WASCHEN.«

88. »WILLST DU DIE WELT VERRÜCKT MACHEN? SAG
IHR DIE WAHRHEIT«, LACHT DER NARR.

89. »DIE WAHRHEIT VERSTECKT SICH IN IHREM FEH-
LEN«, ERGÄNZT DER NARR LACHEND.

90. »DAS GLÜCK MUSS MAN NICHT SUCHEN«, LACHT
DER NARR. »MAN MUSS ES LEBEN.«

---

* Der Narr pfeift darauf, dass einigen Unsinn, den er redet, schon
andere vor ihm gesprochen haben: »Gehen Sie davon aus, dass Sie
sich das ausgedacht haben?« lacht er. »Sie irren sich, das hat der Narr
gesagt, der in Ihnen wohnt. Also ich.«

91. »WENN DU ERFOLGREICH MIT SCHWIERIGKEITEN KLARKOMMST, HEISST DAS, DU BIST AUF DEM RICHTIGEN WEG«, LACHT DER NARR. »NUR NICHT AUF DEINEM.«

92. »ABER WENN DU IMMER RÜCKENWIND HAST«, LACHT ER, »BIST DU SICHER, DASS DU IN DIE RICHTIGE RICHTUNG SCHWIMMST?«

93. »BEIM EINEN OHR REIN, BEIM ANDERN WIEDER RAUS«, LACHT DER NARR. »UND DAS DEN GANZEN TAG. VERRÜCKT KÖNNTE MAN WERDEN!«

94. »WOZU SOLLTE ICH DENKEN?«, WUNDERT SICH DER NARR. »ICH WEISS!«

95. »WOHER WEISS DER WIND«, LACHT DER NARR, »IN WELCHE RICHTUNG ER WEHEN SOLL?«

96. »DER SCHÜLER«, LACHT DER NARR, »MUSS SICH VON DEM ERNÄHREN, WAS VOM LEHRER ÜBRIG BLEIBT.«

97. EIN RUNDER NARR SPIEGELT DURCH DIE VOLLKOMMENHEIT SEINER FORM DIE VOLLKOMMENHEIT DES UNIVERSUMS.

98. »MIR KANN AUCH EINE FLIEGE IN DIE SUPPE FALLEN«, VERSICHERT DER NARR UND LÄCHELT ERFREUT.

99. »WILLST DU ES SEHEN?«, LACHT DER NARR. »SCHLIESS DIE AUGEN.«

100. »WILLST DU DEN SPRECHER VERSTEHEN?«, MACHT ER SICH LUSTIG. »HÖR AUF IHM ZUZUHÖREN.«

101. »WILLST DU VERSTANDEN WERDEN?«, LACHT ER. »SPRICH IN AUSLASSUNGSPUNKTEN …«

102. »WENN MAN DICH UNVERDIENT GEKRÄNKT HAT«, LACHT DER NARR, »VERDIEN ES DIR!«

103. »ZU MIR GIBT ES KEINE FENSTER«, SAGT DER NARR, »NUR TÜREN.«

104. »WENN ES KEINE WETTERFAHNE GIBT«, LACHT DER NARR, »VERSCHWINDET DER WIND.«

105. WENN DER NARR AUF DEN MOND GESCHAUT HAT, SCHALTET ER IHN EIN WIE EINE LAMPE.

106. »DER VERSTAND IST EINE SCHAUFEL«, LACHT DER NARR. »JE SCHÄRFER, DESTO TIEFER DAS GRAB.«

107. »AM ANFANG WAR DAS WORT«, ERINNERT SICH DER NARR. UND DANN WORTE, WORTE, WORTE ...«

108. »SCHREIBST DU?«, LACHT DER NARR. »SCHREIB. ABER VERGISS NICHT, JE REINER DAS PAPIER, DESTO REINER DER HINTERN.«

109. »AU!«, SCHREIT DER NARR DURCHDRINGEND UND ERKLÄRT LACHEND: »EIN GEDANKE IST EINGEDRUNGEN UND HAT SICH SOGLEICH IN DEN GEHIRNWINDUNGEN VERIRRT.«

110. »ZERSCHLAG DEN STOCK, ZERSCHLAG IHN«, LACHT DER NARR, »VIELLEICHT SCHAFFST DU ES, DASS NUR EIN ENDE BLEIBT.«

111. »ZIELE GUT«, SCHLÄGT DER NARR VOR, »UND WENN DU GLÜCK HAST, SCHIESST DU EINEN BOCK.«

112. »HAST DU DOCH INS ZIEL GETROFFEN?«, LACHT DER NARR. »DANN SUCH DAS LOCH IN DEINEM EIGENEN KÖRPER.«

113. »WENN DU WEISST, WOHIN DU GEHST, BIST DU EIN TAPFERER KERL«, LACHT DER NARR, »DENN DU KÖNNTEST WIRKLICH DORTHIN GELANGEN.«

114. »UND HAST DU GUTE SACHEN GEBEICHTET?«, LACHT DER NARR.

115. »WILLST DU GLÜCKLICH SEIN?«, LACHT DER NARR. »DANN WOLLE ES!«

116. »WENN DU EIN EHRLICHER MENSCH BIST«, SAGT DER NARR, »HEISST DAS, DASS DU IMMER LÜGST.«

117. »JEDE BEHAUPTUNG IST EINE LÜGE«, LACHT DER NARR. »DIES AUCH.«

118. »DESHALB, JE MEHR HOLZ«, LACHT ER, »DESTO WEITER DER WALD.«

119. »DIE UMSTÄNDE«, BLÄST DER NARR WICHTIG SEINE BACKEN AUF, »DAS BIN ICH.«

120. »WILLST DU WIRKLICH LEBEN?«, LACHT DER NARR, »NUN GUT, DANN VERSUCH ZU STERBEN – VOR LACHEN.«

121. »DU TRÄUMST NUR VON DIR SELBST«, LACHT DER NARR.

122. »UNMÖGLICHES?«, LACHT DER NARR. »GENAU. DAS IST GENAU DAS, WAS NÖTIG IST.«

123. »NUR EIN MISSVERSTÄNDNIS ERLAUBT ES, ETWAS RICHTIG ZU VERSTEHEN«, LACHT DER NARR.

124. »GOTT IST EIN GROSSER WITZBOLD«, SAGT DER NARR. »ABER ER LACHT ERST, WENN ICH DEN MUND AUFMACHE.«

125. »DIE HOFFNUNG«, LACHT DER NARR, »IST EIN BONBON AM STIEL, MIT DEM DU GOTT NÖTIGEN WILLST.«

126. »DIE ERFAHRUNG«, LACHT DER NARR, »IST EIN EINLAUF. PROBIER ES AUS UND VERGLEICH. UND, WIE WAR'S? WAS IST AUSSER DER ÜBLICHEN SCHEISSE AUS DIR RAUSGEKOMMEN?«

127. »DU SPRICHST DAVON, WIE MAN BESSER WIRD«, LACHT DER NARR, »UND ICH DAVON, WIE MAN EIN NARR WIRD.«

128. »EINS UND VOLLKOMMEN?«, LACHT DER NARR. »SIEHST DU, ICH SPRECHE VON DEM GLEICHEN.«

UND KOKETT RÜCKT ER SEIN BÜNDEL ZU-
RECHT.

129. »DAS WAR AM ANFANG«, ERINNERT SICH DER
NARR. »UND DAS WIRD AM ENDE SEIN … ABER WO
WOLLTEST DU HIN?«, LACHT ER. »DU BIST JA JETZT
AUCH SCHON DORT.«

130. »LIEBE?«, LACHT DER NARR, »UND WER WIRD LIE-
BEN?«

131. »HAST DU DAS ALLES GELESEN?«, WUNDERT SICH
DER NARR. »UND DU FÄNGST SOGAR AN ZU VER-
STEHEN?«, LACHT ER. »DANN LIES ES NOCH EIN-
MAL!«

132. »ICH KANN NICHT MEHR«, LACHT DER NARR UND
FASST SICH AN DEN BAUCH. »ICH PLATZE!«

Der Narr rät: Trage diesen Kodex immer bei dir.
Er wird dir helfen, wenn es am kritischsten ist –
wenn zum Beispiel plötzlich das Klopapier alle ist.

Ihr Postskriptum

»Die Schule der ›Lachenden Zauberer‹ stellt sich als eine besondere Kunstform dar – der Kunst nicht zu winseln, sondern sich am Leben zu freuen. Das ist eine neue Form von Schöpfertum – sein eigenes Glück, Frieden in der Seele und Wohlergehen zu schaffen, wobei man sowohl aus dem Prozess als auch aus seinem Ergebnis einen Genuss zieht. Die Kunst, Herr des Lebens zu sein, und nicht seine Fehlgeburt.

Aufwändig und nutzlos ist es Worte zu suchen, mit denen man die Eindrücke von der ersten Stufe der Schule der »Lachenden Zauberer« ausdrücken könnte. Denen, die hier gelernt haben, braucht man es nicht zu erklären, und dem Unbedarften kann man es mit Worten nicht erklären. Alles Geniale ist nicht nur einfach, sondern auch lustig, schön und effektiv.«

Euer noch nicht alter Freund Wolodja

——

»Schöpfer – das ist ein stolzer Begriff!

Was kann größer sein als die schöpferische Kraft, die uns nötigt zu leben, zu lieben und unbeschreibliche Wunder zu schaffen – Danke!«

Jewgenija Rak

»Ich habe Euch genau in dem Augenblick meines Lebens erschaffen, als mir alles unerträglich geworden war. Für mich galt der Satz: Haltet die Welt an, ich steige aus … Mir war schrecklich zumute: Mein Freunde verkrümelten sich, alles ging schief, mein Liebster verhielt sich nicht so, wie er sich verhalten sollte. Ich verstand nicht, warum ich die Zeit nicht anhalten kann … Wie oft habe ich mir in dem mir entgleitenden Leben gesagt: Das und das mach ich noch schnell, und dann fange ich endlich zu leben an, dann erlaube ich mir, glücklich zu sein.

Danke, dass Ihr mir geholfen habt, mich selbst wieder zu finden, dass Ihr mich das Lachen gelehrt habt und mir geholfen habt, sorgenfrei durchs Leben zu gleiten, jeden Augenblick zu genießen und mich als Schöpfer meines Lebens zu fühlen …«

Anja

—

»Ich wünsche mir, dass das Wissen, das Ihr vermittelt, sich in der Welt verbreitet – immer weiter und weiter. Ich bin sicher, dass das der einzig richtige Weg ist. So sei es!

Und ich werde Euch dabei helfen. Je mehr Menschen das wissen, was Ihr wisst, desto vollkommener wird die Welt, vollkommen durch diese Menschen.«

Mascha Menschinskaja

—

»Ich habe nicht erwartet, dass ich nicht nur viel über das Lachen und seine Möglichkeiten erfahre, sondern auch selbst noch mehr lachen werde. Ihr habt mir geholfen, anders auf das Leben zu schauen, es freundlicher und fröhlicher zu sehen.

Ich habe hier eine Bestätigung vieler Wahrheiten gefunden, die ich, wie mir schien, immer schon kannte, von denen ich aber nie gehört hatte ... Ich habe mit Freuden erkannt, dass ich nicht allein bin in meiner Art, die Welt wahrzunehmen. Ich habe hier Menschen getroffen, die anscheinend von demselben Planeten wie ich kommen ...

Endlich habe ich mich selbst als Schöpfer meines Lebens empfunden. Früher fühlte ich mich mehr als eine Marionette in jemandes Händen.

Danke Euch für die schönen Minuten der Kommunikation, des Spiels, und für das Lachen ...«

Ludmilla Podkowka

———

»Anfangs dachte ich, man würde mir helfen, Probleme zu lösen. Aber zunächst schlug man mir vor, mich selbst zu verändern, man gab mir dafür konkrete Techniken und Empfehlungen, man schlug mir vor, längst vergessene Kinderspiele zu spielen.

Und ich fing an zu bemerken, dass ich eine Andere werde! In mir keimte das Interesse am Leben, ich fing an, mich über alles zu freuen, selbst über des Lebens unbedeutendste Schätze.

… Jeden Morgen nehme ich die Pose des »Sterns« ein und schalte das Lachen zweiten Grades ein. Sogleich vergeht die Schläfrigkeit und hebt sich die Stimmung. Seltsam, aber auch in die Arbeit gehe ich jetzt gut gelaunt, und sogar die Straßenbahn kommt rechtzeitig.

… Früher fiel mir nicht einmal auf, wie viele besorgte und mürrische Gesichter mich umgeben! Aber sie alle sind doch ich selbst. Jetzt weiß ich das ganz genau, jetzt fühle ich, wie von meiner Stimmung die Stimmung der anderen abhängt …«

Olja Smirnowa

———

»Danke der Schule dafür, dass sie mir das Gefühl der Kindheit zurückgegeben hat, ihre Freude und ihren Zauber. Seit vielen Jahren freue ich mich zum ersten Mal richtig auf den Frühling, über meine Stadt (wie sich herausstellt, ist sie wunderschön!), über jedes Blatt und den blauen Himmel. Wie schön ist es, endlich zu sich selbst zurückzukehren …«

Natascha

»Vielen Dank dafür, dass Ihr den Spiegel reingewaschen habt, in dem ich MICH betrachten konnte und diese neuen, noch in mir heranwachsenden Spielregeln mit dem Namen LEBEN zu fühlen bekam.«

Alexander Okun, Spieler

———

»Eure Schule (und jetzt auch meine) ist ein Wundermärchen, in dem man sein ganzes Leben verbringen will. Ich bin glücklich, dass Ihr mir über den Weg gelaufen seid.«

Eure Zauberin

———

»Ihr habt meine Seele erwärmt, habt mir geholfen in mir klar zu sehen und die Bruchstücke meines Wissens zusammenzufügen, und Ihr habt mich, einen Halbmaterialisten und Halbidealisten, zu einem Ganzen zusammengefügt.«

Wolodja

———

»Ein riesiger Hund ohne Leine kam mir und meiner Tochter entgegen, aber die Tochter erschrak nicht und verging nicht vor Angst wie früher, sondern sagte ruhig: ›Mama, wir haben keine Angst, wir haben doch das Innere Lachen!‹ Danke Euch!«

Olja

———

Dem Inneren Lachen gewidmet.

Ein fröhlicher Strahl auf meinem Arm
strich mir wärmend über die Schulter
und flüsterte mir lachend zu:
»Warte, bald fliege ich zu dir.« Ich warte.
Und finde jetzt überall

lachende Splitter von Wärme – tausend kleine Wunder
und einen Regenbogen in einem gesprungenen Glas.
Ich lächle die Menschen an, die Vögel und Katzen,
die Autos, die Pfützen, die Sonne, den November.
Und die Schneesterne, die meine Hand kosen.
Ich flüstere lachend: »Hallo! Ich liebe euch!«

Irina Danilowa

———

»Eine erstaunlich einfache, aber dabei allumfassende praktische Philosophie, die die Gesetze der Kausalität und
Merkaba enthält, den Alten Peter und das Lächeln des
Katers! Alles, was ich heute weiß, erlaubt mir erst, seine Tiefe zu empfinden … Und da ist noch das Gefühl der Berührung der Unendlichkeit, der Schönheit und Harmonie.
DANKE!«

In Liebe, Irina

———

»Hauptsache ist, dass ich Optimistin werde. (Ich spüre es
selbst, und andere sagen es.) Und dafür GIGANTISCHEN
DANK!… Es kam das Verständnis, dass man mit Problemen nicht zu kämpfen braucht und es nicht lohnt, sich de-
retwegen zu grämen.

Denn es gibt immer eine Lösung, und die ist immer einfach. Es ist leicht, sie zu sehen – man muss sich nur von der
Seite betrachten und lächeln. Lachen. Denn die Umstände,
das bin ich. Das ist sehr einfach. Das zu erkennen hat sehr
vieles in meinem Leben verändert.

Interessant, dass sich allmählich auch die Menschen in meiner Umgebung verändern. Zum Beispiel mein Mann. Vor Ihrer Schule hatten wir eine sehr schwierige Zeit in unserer Beziehung.

Wir gingen sogar zusammen zum Psychologen. Aber nachdem ich auf Anraten meiner Freunde zu Ihnen gekommen bin, begriff ich, dass Ihre Schule weit effektiver ist.

Jetzt weiß ich, wie und mit wem ich spielen will, und den Schöpfer in mir, den lasse ich nicht mehr gehen. Danke!!!«

Anja

———

»Dank der Schule habe ich gespürt, dass das Leben eines jeden von uns nur von uns selbst abhängt.

Wir können wirklich unsere Welt schön machen, indem wir nur lachen und uns über jede gelebte Minute freuen.«

Zauberin Ludmilla

———

»Ich dachte nie, dass man, wenn man sich innerlich harmonisiert, sein ganzes Leben derart verändern kann, die Beziehung mit anderen Menschen, die Umstände.

Das Innere Lachen hat mich im wahrsten Sinn des Wortes vom Kopf auf die Beine gestellt. Es ist für mich eine Medizin gegen alle Krankheiten und Unannehmlichkeiten, und diese Medizin hab ich immer bei mir.

Und das Interessanteste ist: Diese Medizin wirkt wie eine ›Infektion‹, die alle in meiner Umgebung mit Optimismus und ›Problemlosigkeit‹ infiziert.

Ich glaube, ich hab mich ernsthaft verliebt – in das Innere Lachen.«

Nina

—

»Danke, dass wir einander in unserem Leben begegnet sind. Danke für das, was ich in Ihrer Schule erworben habe. Alles in Worte fassen kann ich nicht, aber die Hauptsache ist, dass in mir jetzt ununterbrochen das Gefühl herrscht, mein eigener Schöpfer zu sein. Eure ›Schmiede des Zaubererpersonals‹ ist notwendig und wirksam. Ich liebe Euch.«

Lena Golowina

—

»Postskriptum – das schreibt man, wenn etwas zu Ende ist. Aber es fängt ja alles erst an, sowohl das Leben als auch die fröhliche Schule.

Danke für die Erkenntnis neuer Facetten des Lebens, für das Gefühl der Freude, für das vergessene Lachen.«

Leonid

—

»Danke, dass Sie da sind! Bitte, hören Sie niemals auf!«

Nadeschda

—

»Lehnen Sie sich nicht zurück – wir sind noch nicht am Ende!!!«

Ihr Grigorij Kurlov

Danke

Mein Dank geht vor allem an Leonid Reschetnjak, den bemerkenswerten Menschen, altersweise, aber mit einem Kind in der Seele, der dieses Buch lange vor dem Erscheinen schon in den vagen Plänen des zukünftigen Autors gesehen hat und vieles vorhergesagt hat von dem, was jetzt real passiert; an Inna Sulaewa, Tanja Wassiljewa, und besonders an Wolodja Sergeew, Wadim Duchownyj und Irina Klimenko für die unschätzbare technische Unterstützung; an Tanja Terestschenko – für die kreative Empathie und Unterstützung in der schwierigen Anfangsphase; an Irina Latyschewa und Olga Slotwinskaja – für die Abende, die sie der Korrektur meiner Fehler gewidmet haben; an Igor Tschernobelskij, einem Menschen mit einem feinen künstlerischen Geschmack, für die kreative Unterstützung; der ganzen zahlreichen Mannschaft der Lachenden Zauberer, die großzügig ihre Geschichten preisgegeben haben, die entweder in dieses Buch eingegangen sind oder noch in unseren »Archiven« warten; all denen, die mit ihrer inspirierten Energie und dem Lachen des »Offenen Herzens« in vieler Hinsicht die Entwicklung unserer Alternativen Schule geprägt haben.

Spezieller Dank gebührt Burlan Peter Terentjewitsch – für einige Themen, die er in seiner Schule »getestet« hat. Aber gleichzeitig gibt es auch viele Entschuldigungen, denn diese Themen haben bei uns eine eigene, völlig verrückte Entwicklung genommen, die in vieler Hinsicht ihrem ursprünglichen Sinn widerspricht. (Tut uns natürlich leid, aber wofür will man denn Narren verantwortlich machen, wenn nicht einmal die Naturgesetze für sie gelten?)

Ein besonderer Dank gilt den Leuten (leider waren es sehr wenige), die Hindernisse auf dem Weg der Schule schufen und dadurch der inneren Reifung auf den Weg halfen.

—

Außerhalb des allgemeinen Kontexts – ein großes Dankeschön an einen erstaunlichen Menschen, Pawel Wassiljewitsch Starych, der mich einst in ein System besonderer Vibrationen einschloss, gerade solcher, die im Verlauf vieler Jahre unmerklich, aber unbeugsam meinen Weg formten, meinen »Zauberweg aus einem gelben Ziegel« – den Weg zum Narren.

—

Und letztendlich – eine tiefe Verbeugung vor dem Narren in mir, der es immerhin geschafft hat, bis zu mir vorzudringen und all das zu organisieren.

Um die ganze Welt des GOLDMANN
Body, Mind & Spirit Programms
kennenzulernen, besuchen Sie uns doch
im Internet unter:

www.goldmann-verlag.de

Dort können Sie
nach weiteren interessanten Büchern *stöbern*,
Näheres über unsere *Autoren* erfahren,
in *Leseproben* blättern, alle *Termine* zu Lesungen und
Events finden und den *Newsletter* mit interessanten
Neuigkeiten, Gewinnspielen etc. abonnieren.

Ein *Gesamtverzeichnis* aller Goldmann Bücher finden
Sie dort ebenfalls.

Sehen Sie sich auch unsere *Videos* auf YouTube an und
werden Sie ein *Facebook*-Fan des Goldmann Verlags!